吴方 著

图说中国文化史

THE ILLUSTRATED
HISTORY OF CHINESE CULTURE

生活·讀書·新知 三联书店

Copyright © 2019 by SDX Joint Publishing Company.
All Rights Reserved.

本作品版权由生活·读书·新知三联书店所有。
未经许可，不得翻印。

图书在版编目（CIP）数据

图说中国文化史/吴方著.—北京：生活·读书·新知三联书店，2019.8
（2020.12 重印）
（图说系列）
ISBN 978-7-108-06528-5

Ⅰ.①图… Ⅱ.①吴… Ⅲ.①文化史-中国-图集
Ⅳ.①K203-64

中国版本图书馆 CIP 数据核字（2019）第 041240 号

责任编辑	王振峰
特邀编辑	张静芳
装帧设计	康　健
责任校对	张国荣
责任印制	卢　岳

出版发行　生活·讀書·新知 三联书店
　　　　　（北京市东城区美术馆东街 22 号 100010）

网　　址	www.sdxjpc.com
经　　销	新华书店
印　　刷	北京图文天地制版印刷有限公司
版　　次	2019 年 8 月北京第 1 版
	2020 年 12 月北京第 2 次印刷
开　　本	720 毫米 × 1020 毫米　1/16　印张 26
字　　数	280 千字　图 144 幅
印　　数	10,001-15,000 册
定　　价	98.00 元

（印装查询：01064002715；邮购查询：01084010542）

目 录

事件、现象与文化踪迹（代序）   1

引　子   1

远古（约公元前 2070 年以前）

沧桑大陆   6
石器时代与史前传说   9
早期农耕文明   13
远古神话与宗教   18
陶文化演变   22
原始艺术・王权・巫术   30

夏・商・西周（约公元前 2070—前 771）

有无夏文化   36
青铜时代   41
殷商艺术与天人通感   44
西周礼乐文明制度   49
古文字初始   55

商周文化体制	59
风、雅、颂	62
《周易》的世界观	66

春秋·战国（公元前770—前221）

周室东迁与王纲解纽	72
春秋战国之际的商业与城市	75
技术主义时代	80
"春秋无义战"	83
教育与学术：由官学到私学	88
"士"之兴起	91
竞争中的改革	95
兵家思维	99
衣冠·名教·家族	102
阴阳五行	104
孔子与儒家思想	107
墨家·法家·道家	112
楚文化宗风与屈原	115

秦·汉（公元前221—220）

秦始皇统一中国	122
专制秩序	128
汉高王道	132
汉初之治	135
汉武帝功业与传统政教体系确立	139

社会风俗	143
丝绸之路·北方边患	149
容纳百川	153
两汉神学	158
东汉文化兴衰	162

三国·两晋·南北朝（220—589）

由汉末动荡到三国鼎立	168
魏晋文化冲突	172
玄学与清谈	177
士林情怀·文苑风度	181
南北朝	188
本土道教	192
佛陀东来	196
儒、道、释的冲突与融合	200

隋·唐·五代（581—960）

统一与大运河	206
贞观之治	210
唐代教育与科举制度	214
风气开放	218
盛世荣华	221
唐诗的意象世界	227
佛教本土化及禅宗兴起	231
禅意·隐逸文化·敦煌艺事	234

中唐思想文化的融合嬗变	239
绘画与书法	243
内忧外患	253
"安史之乱"以后	256
民俗韵致	260
晚唐及五代十国	264

宋·辽·西夏·金·元（960—1368）

兴隆北宋	272
瓷的时代	277
科技与教育	282
理　学	286
"庆历新政"与"熙宁变法"	290
宋　词	294
俗与雅	296
略说辽、西夏、金的文化	304
南宋偏安	310
元朝杂色	314
元画与元曲（剧）	317

明·清（1368—1911）

明初秩序格局	326
权威与事功	330
"国家导向"与工艺器物	335

明中叶社会生活演变	338
市民文化	342
常规与突破	349
晚明动态	353
清帝国	357
实学思潮及清代朴学	362
康乾盛世	366
踵事增华天朝梦	370
兴亡之感	375
西方文化冲击波	381
晚清历史大变局	384
艰难的选择	387
中国历史年表	394
引用及参考书目	396

事件、现象与文化踪迹（代序）

尚 刚

结识吴方是在1987年初冬。那时，我刚从苏联留学归国，好友李庆西来访，还带来一位中等身材、衣着朴素的中年人，说是我的邻居，文学评论家吴方。他黑黄的脸上嵌着一双大眼，虽然略显忧郁，但满脸友善，透着真诚。两个话题恰巧撞上我的"枪口"，我说得起劲，他笑得开心，还几次插话。他话不多，但既给力，还幽默。当晚，我们就去喝酒吃肉，从此订交。

我们都是中文系出身，话题本来就多，又是近邻，虽然在两个胡同，但门到门不过百米。情趣相投，住得又近，来往自然就多，常常每周两三次。他住在三间小南屋里，低矮逼仄，我家还算宽敞，往往是他来。我们或者聊天，或者看电视，最喜欢的节目是美国的职业篮球赛。看NBA，我主要是找刺激。吴方的热情不及我，但他是细心人，不仅读书治学，哪怕娱乐，也要追究原委，知道许多篮球术语的真义。但是我不问，他不说。因为他太低调，从不显摆。

我的居室离街门挺远，嫌开门麻烦，我就给了吴方全套钥匙。可是他怕惊扰我，总照约好的暗号，先按门铃，一长两短，让我知道"方邻驾到"，然后再开街门。这显然出于他的本性，愿意处处与人方便。西去的早晨，他给一些友人打了道别电话，淡然如常，全无暗示（但没有打给我，一定是怕我干扰了他的西行）。电话里，他还特别关心朋友家的病患，这又说明了他的仁爱。吴方撰文著书同样关爱读者，内容再高深，也要转为平实的文字，编成隽永的语言，令人"悦读"，从不唬人吓人。要知道，在吴方写作的年代，文史学科正被理化、哲学和自造名词等轰炸得哀鸿遍野，不少风云人物都有不艰涩毋宁死的气概。

吴方朴实笃诚，特别可靠。故去之后，友人写了不少回忆文章，但是他太过平和安稳,从无奇行异事,大家只能从平和之中感受其真挚,从安稳之中体会其诚恳。因此,回忆文章也只能质实。朋友都认为他最可信赖,可以托死生。他走以后,至交聚会时,总要感叹:"如果吴方还在,该有多好!"古圣以"温柔敦厚"评诗,如果以其字面意义说人,至少在我的见闻里,吴方是绝好的注脚。

早年,吴方曾在京西煤矿做工。大学毕业后,他长期供职中国艺术研究院,先在《文艺研究》,做到副主编,再调中国文化研究所,任副所长,晚年又入北京语言大学教书。起先,他热心当代文学评论,还做得风生水起,但他温柔敦厚,做批评却讲究刀刀见血、鞭鞭留痕,两者毕竟距离太大。于是,他渐渐转行。那时,他有几个最近的朋友:冯统一、葛兆光、李庆西和我,还有统一夫人吴彬、兆光夫人戴燕。五条汉子,依次小一岁,而吴方居长。我们大多是做古代的,吴方的转行大概也跟我们有关。当然,没人劝说,转行全是吴方自己忖衡的结果。调入中国文化研究所,他和冯统一、葛兆光成了同事,已经彻底转行。在最后几年的闲聊里,他常有自悔少作的意思。

吴方做事特有板眼,转行也循序渐进:从近现代的文化人物、文化事件入手,很快就有了大成绩。当年,《读书》杂志如日中天,发文章犹如登龙门,而吴方一年能有七八篇。他的文章大多已在生前结集,如《世纪风铃——文化人素描》《末世苍茫——细说晚清思潮》《斜阳系缆》,另有专著《仁智的山水——张元济传》。他过世以后,还有文集问世,如《尚在旅途——吴方书话》《追寻已远——晚清民国人物素描》。几年之中,能有这许多文章,能出这许多书,显示了吴方兼人的禀赋和超凡的勤奋,他已经成为近现代文化研究的翘楚。

吴方治学总爱探寻究竟。近现代是中国文化的转型期，同古代的牵连既深又多。临时查找固然可行，但急来抱佛脚总难免理解肤浅、表述失准、左支右绌。因此，他要追根溯源。我见过他到处找书的艰辛、四处请益的奔走、伏案写作的勤奋。《中国文化史图鉴》就是吴方心血的结晶。如今，此书更名《图说中国文化史》，由生活·读书·新知三联书店再版，实在可喜可贺。我想，再版不仅因为它仍有重要价值，也同三联人的厚情高义直接联系。那是他们的宝贵传统：抗日战争爆发，其前辈就有过大力资助老作者的事迹。

中国历史太悠久，"文化"一词包罗太广，至少含有哲学、宗教、学术、文学、戏剧、美术、建筑、音乐、舞蹈，有些专家还要把科学、技术甚至游艺纳入。内容宽泛至此，如果面面俱到，以一人之力，合格完成如同梦呓。况且，它们还各有专史，专门的读者自会阅读专史。

吴方此著加了不少图版，看去体量很大，其实文字不足三十万。以这样的篇幅，也只能择要而言。吴方的选择是睿智的，他先把内容限定在人文领域，又着重述说各时代的重大文化现象，兼及其他。比如唐代，他主要说禅宗、说唐诗、说书画；两宋，他主要说理学、说陶瓷、说宋词；元代，他主要说绘画、说戏曲。文化事件和现象都发生在特定的历史背景里，以吴方的细致周详，当然不会遗漏。但他的述说都与主题有最紧密的关系，不像许多著作那样，热衷亚似中学历史教材般的概述。两者的差距真不可以道里计。

著作终归不是论文，言必己出实在太难。因此，吴方此著虽然从内容甄选上显示了学术识见，在不少问题阐述里体现了个人研究，但多数内容难免参证他人的成果。参考引证看似简单，其实不然。参证什么，本身也需要功力，也是学术。吴方是在广泛阅读、转益多师之后，才择善而从的。此著后附《引用及参考书目》，列出了百余种，所列都是当年可以读到的重要专著。遍读学术典籍既然不可能，但有识有才有学的吴方择其精要纳入此书。这样，也可以说，吴方是在做功德，替大家读了许多书。

在吴方的生命里，此著的写作应当最"较劲儿"，困惑也应当最多。在书的结尾，他写道："困惑往往与体悟并存，也正是历史这本'大书'永远读不尽的缘故罢。事犹未竟，毛锥暂搁，让我们继续注视和倾听。"我痛惜他的搁笔，渴望再享阅读吴方新作的快乐。我想，倘若天假以年，他会成为卓越的古代文化史研究者，那样，我们的话题就会更多。同吴方交谈，那种意趣、那份踏实、那个舒坦，简直无法描述，依然恍如昨日。

今年是吴方的七十冥寿，他谢世已经二十三年了，走时才四十七岁！与吴方交好，真是人生幸事。太可惜，这幸福在我，只有八年。如果吴方还在，该有多好！

2018 年 9 月 11 日

引 子

距今一千三百余年前，正是中国历史上的好时候，即史家所称的"盛唐"。那时有位诗人张若虚，作了一首《春江花月夜》。这首诗，由于韵境优美，后世吟咏弦歌不绝。不过，这儿提起，主要倒不是因为这首诗的文学描写。可能不同于一般的写景抒情，也很难说是否缘于一种灵感，诗人面对春江花月，却提出了不易回答的问题："……江畔何人初见月？江月何年初照人？人生代代无穷已，江月年年只相似。不知江月待何人，但见长江送流水。"人生何来何去？古今更替的奥秘又在哪里？实际上也就是对历史、对人生与自然的关系在做着叩询，虽然不免有些朦胧的直感，甚至是思无所依——"江水流春去欲尽，江潭落月复西斜。斜月沉沉藏海雾，碣石潇湘无限路……"大约，这种情形也正是促使人们去进行文化史追溯的原因吧。

中国文化史追溯的目的，当然是试图描述一番中国文化发生发展的历程。不过这相当不容易做好，它属于探索不尽的对象，更何况不免如古诗所谓"沧海月明珠有泪，蓝田日暖玉生烟。此情可待成追忆，只是当时已惘然"。不妨承认，任何文化史追溯都还是有限的了解，虽然了解的范围和程度在扩大和加深着。

显然，由远古至今，沧海桑田，眼前的世界，整体的生态环境已经由于人类的参与活动，由于人类与其所处的环境长期相互作用而经历了巨大变化；我们的感觉趋向于逐渐加快的变化节奏，便以为"日新月异"实在是不足为怪。因此，历史，总的看确是一个文化的过程。（"文化"乃是一包容广大的概念。《周易》曰："刚柔交错，天文也。文明以止，人文也。观乎天文，以察时变；

观乎人文,以化成天下。""文"似意指种种天地人伦间的关系以及凝结的迹象,而说到"文化",则意指种种关系衍存推移之过程了。)用个理论味稍浓的词语来说,也就是"自然的人化"与"人的对象化"两个方面叠合在一起。再用个比喻来形容,文化的过程,即文化史所追溯的对象,有些像溪河江湖、峰原陵谷自然形成的网络系统。可以说,每一种文化事实,简单或者复杂,又都在系统的关系中,都是无穷无尽的大网上的一小部分。

再具体说,关系确实复杂。文化的过程之中(无论是历史生活的物质层面还是精神层面,不管是先天行为还是后天的习俗),重要的是环境条件,人的自由意志与选择,文化变动的方式是突变还是渐变等多元因素;需要考虑的方面,有时还是矛盾的,又都互为关联,曾经发生或明显或隐晦的碰撞、交汇以及嬗替演变。时间长了,一个民族或传统地域,就会逐渐形成有较稳定的"核心""基质"的传统风格——文化类型。追溯源远流长的中国文化历程,也不外乎是。

头绪万千,而且追溯的努力,不免有成语所谓"雪泥鸿爪"的情形。虽然不到"雾失楼台,月迷津渡"的地步(尽管岁月淹没了不少历史消息,前人还有不少文化史料留存下来),但描述和解释之中一定有确定的和不确定的。不过,大致也可以说,主题还是清楚的。

文化史追溯的基本主题在于:人与自然的关系以及人与人的关系。前者为一种广大的文化生态圈,后者则为社会生活秩序。接着,在此一基础上又孕育了不同民族及地域的心理体系,也包括风俗、道德、法律、信仰、知识、艺术等精神方面或"心物相关"的现象在内。总之,人与自然的关系之所以是文化史阐述的关键,首先是因为这是一个基础性的问题,它或明或暗地贯穿在文化史程途中。也许，主题的浮现，有助于在纷纭大千的文化史景观中找到历史发生发展的线索，也不妨当作省察的焦点。

粗看，人与自然之关系这一主题，是不是很重要呢？英国考古学家柯林·伦福儒对此问题说过一段话：一个文明的生长程序，可以看作人类之逐渐创造一个较大而且较复杂的环境，通过生态系统中较广范围中的资源的进一步开发，在自然境界中如此，在社会与精神中的境界亦然。而且，野蛮的猎人居住在一个在许多方面与野兽没有什么不同的环境中（纵然这个环境已为语言的使用以及一大套的文化中其他人工器物的使用所扩大），而文明人则住在一个差不多是他自己创造出来的环境中。在这种意义上，文明乃是人类自己创造出来的环境，它用来将它自己与纯然自然的原始环境隔离开来。（张光直《中国青铜时代·二集》）

这一看法表明：文明与野蛮（蒙昧）的不同，或者说文化过程与自然过程的差异，关键在于人对自然原始环境的超越。换言之，文明人开辟了创造性的生活，开辟了重新塑造自己、改变人与自然原始关系的途径。这一途径又意味着它是在技术和贸易经济的新环境（包括生产工具、方式及社会组织结构的进化）中形成的。这一认识，大体抓住了人类文化发生发展的基本线索，有启发性，但是由于还只是发自对西方文化史轨迹的体察，因而未必普遍适用于世界上的其他地方。

考古学家张光直在比较文化转变方式时便指出：我们从世界史前史的立场上，把转变方式分成两种：一个是我所谓世界式的或非西方式的，主要的代表是中国；一个是西方式的。前者的重要特征是连续性，就是从野蛮社会到文明社会，许多文化、社会成分延续下来，其中主要延续下来的内容就是人与世的关系、人与自然的关系；而后者（即西方式的）是一个突破式的，就是在人与自然环境的关系上，通过技术、贸易等新因素的产生而造成一种对自然生态系统束缚的突破。（张光直《考古学专题六讲》）同一主题，却有两种方式、两种风格，这或许提示着文化史、文化发展模式有离有合，有相似的因缘，也有不同的源流。中西文化形态的差异，确实体现着两种自然观、两种生态和心态系统的差异。张氏的观点因此也值得重视。

晚近时代，世界上的地理阻隔越来越小，不同文化的交互影响越来越大。人们不能不注意到一个事实：近代以来，西方文化带有明显的主动性，进展大，而中国传统文化则显得停滞以至在历史动荡和文化撞击情势中呈被动姿态，这确实同它在把握"人与自然关系"主题时的方式、途径有关。百年谈"变"，谈来谈去，很难不谈"体用"问题。"体用"正是围绕着基本主题所构成的有机系统，包括人的活动与自然物质环境的关系，物质生产与精神生产的关系，还涉及技术经济、社会组织、价值观念等方面的选择。文化谈"变"，大概都不能不考虑这一系统中的关系，文化史追溯固然也会追溯到这些环节上去。总的来看，这也像古人所说的"道与器"，器为现象，道为规律，好像是两回事，其实又是整一的。过去的事情也好像离我们很远了，但就其文化脉络和某些基本问题来说，又离我们很近。历史和今天是相联系的。

远古

(约公元前 2070 年以前)

沧桑大陆

与可知的人类活动时间相比，地球大环境的历史（地质和古生物时期）似乎漫远无涯，千万年光阴若等闲。晋代葛洪的《神仙传》里说，麻姑活得很长，曾见沧海三次变为桑田。这当然是神仙日子，凡人不能领略。不去提开天辟地、洪荒草莽，即使将中国文化史的起点搁远一点儿，兴衰沉浮，也不过数千年而已。比一下，如把这一段行程同距今一千八百万年前的大陆板块运动（它造成喜马拉雅山系隆起和广大地区生态景观巨变）相形，有如一瞬之于百年；即使同考古发现的元谋人（距今约一百七十万年）、北京人（距今约七十万至二十万年）的年代相衡，也未免太短。

但讲史最难说机缘，许多事情的发生往往又与机缘有关。正如在时间长河里演变的某种地理生态环境，不觉地逐渐为人类滋生、进化准备了条件，触动了文化之起源，诸如人类原始祖先的直立行走、手脚分工、大脑开发、火的使用以及语言和劳动，等等。也正在这个意义上，人们对宇宙的机缘想不通时便有"奇迹"一类的感想。中国文化初始发生的地理环境，似乎也具有某种奇迹的意味。

古人称："东渐于海，西被于流沙，朔南暨声教，讫于四海。"这种以"九州"为中心的天下四方感，与今天中国大地版图格局的大模样相似。在这块地方，民族文化扎下根来，成长其枝叶花朵。不论怎么分析此一环境的自然特点和人文意义（比如由环境特点联系到地域文化类型或者民族性格等），这片水土，显然都属于中国人的活动场所、生业资源，也是民族文化赖以存衍的前提条件和温床。谁能说，地理环境仅仅是历史的舞台、背景，而不算文化共生的"场中角色"呢？地理环境对文化史的影响是深刻的。

中国大陆的地势，看去西高东低，由"世界屋脊"般的青藏高原，向东南倾斜降落，依次也不乏错落地置列着山地、高原、丘陵、盆地和冲积平原，其间有长江、黄河蜿蜒东流入海。南北气候历热带、亚热带、暖温带、中温带、寒温带，而适于农耕的平原、盆地又只占到总面积的三分之一。地理面貌的特

奇峰沐浴
摄影：滕彬

点，不妨说一是疆域广大，二是小环境多样又各有特点，所以又不免物产不齐，风土人情各异。传说太古时候，共工与颛顼争帝，结果共工失败，因发誓与颛顼不共戴天，用头去撞不周山。不周山是西北顶天的柱子，遭共工这一撞，天倾西北。这当然只能当神话故事听。之所以有这神话，确实是因为不了解中国地形怎么来的。实际上，西高东低起因于玄古时代喜马拉雅山系隆起，西北地层因挤压而上升，天未尝垂下来过。

有了那么一个构造基础，中国大地逐渐堆积而成。地层的堆积与文明起源也不无重要的关系。试说中国主要地层有五种：一、玄古地层，被压在下面，有矿床；二、石灰岩层，大海时代积成；三、煤层，大海退却时森林压入地中而成；四、沙石层，大海退后，海底泥沙积成，容易风化；五、黄土层，这是最近几万年堆积而成的，以西北一带的堆积为厚并且覆被华北平原。这些地质层次，对于文明进步分别具有资源开发的意义。就上古时代而言，沙石层与黄土层均属文化发生的物质环境条件，如沙石层在湖沼时代风化堆积成为"陶土"，后来的陶瓷工艺以之为原料；至于黄土，与农业息息相关，更是显著可见，有时中国文化被称为"黄土文化"。

"乾坤日夜浮"，说到远古，从这一广大地域发生地质构造变动起，气候变动而影响生态，时间漫长，我们不可能观察到变化过程，但大致可以说，由猿转变到人也正可能受到这一过程及后果的影响。设想喜马拉雅山系突起之后，印度洋吹来的含水汽的云被阻挡在山南麓，山北面的中亚大陆雨量因而减少，森林趋渐消失。古猿为适应环境的改变，求生存，逐渐由树栖落至地面，其觅食内容、方式、防御和获取本能便向着接近人的生存功能的方向去经历一个自然选择的过程，也可称为刺激—反应的进化过程。中国大地地层中的古人类遗存，以骨化石和原始石器为主，后世发掘遍及东西南北，这表明，在考古学划定的旧石器及中石器时代（距今三百万年到公元前七八千年间）❶，都散落着文明的早期萌芽。如留下遗迹的元谋人（云南）、蓝田人（陕西）、北京人、郧县人（湖北）、金牛山人（辽宁营口），以及稍晚的丁村人（山西）、马坝人（广东）、河套人、山顶洞人（周口店）。总的看，都是在一个对生存个体

---

❶ 旧石器时代，现在一般认为是距今约 300 万年至距今约 10000 年；中石器时代，一般认为是距今 15000—10000 年至 8000 年。——编注

来说比较艰难又具有生存可能性的地理气候环境中，度过他们的艰辛岁月。

到了新石器时代（距今七八千年到三四千年之间）❶，地理环境与中华文化起源的关系更见具体。例如，在黄河中游地区，山区、草木坡地与平原及河流的冲积谷地相毗连，气候较温和，有足够的季节性的降雨量，鸟兽繁衍，似乎正是出现农人和牧人的地方。有一种流行看法，说黄河是中华文化的摇篮，其实并不准确。大量新石器时代的考古资料显示，先民早期聚落的地理环境与大河并不相干。在河谷地带定居以及考虑灌溉可能是更晚的事。

已知的新石器时代中国主要文化类型，大致分布于四个区域。这些区域共同显示先民生息于近水的高地。"近水"指靠近水系支流或湖泊，"高地"则为山前台地或丘陵，如古人所谓古之民为"丘民"，"就陵阜而居"。当然这些区域更不仅限于黄河流域。其中，第一个区域是中原地区，由裴李岗文化、磁山文化到仰韶文化，地理环境多以土丘、小河和平坦土地为特征。第二是山东半岛，前有大汶口文化，后有龙山文化，遗址皆位于傍山近水的台地。第三，长江三角洲经太湖流域至杭州湾口，有河姆渡文化、马家浜文化和良渚文化，大体处于平原、湖沼和丘陵山地的交接地带。第四，汉水与长江中游有稍晚的大溪文化、屈家岭文化，也都靠山临水或在小河汇流处伴以小丘错落。不难发现，上述地理环境同先民的农业活动（包括改良种植野生谷物和驯养家畜等）及聚落定居的选择有关。这种选择比较有利，主要体现为利用自然所提供的条件，可谓因势而成体。虽然也有改造自然的意义，主要却是与自然环境的共处，说明文化的发生并非都符合"征服、驾驭自然"的模式。中国文化史风格的形成也可能内含先民这种选择的影响。

石器时代与史前传说

长话远说，缺乏文献可考的中华史前文化状况，来源一是传说，但古史传说不大可靠，因为难免夹缠了后人的许多虚构、附会；另一个来源，则是近数十年来田野考古发掘的地下资料，如人骨化石、工具器物、聚落遗址及生业和

---

❶ 新石器时代距今约10000年至距今5000—2000年。——编注

丧葬痕迹的出土。资料虽尚待补充、整理，所内含的文化内容也还需要进一步研究，但史前文化现象的某种轮廓已有所呈现。

由旧石器时代到新石器时代，时间跨度虽然甚大，但时序越晚，生存状况的变化频率也越快。这是因为原始先民对环境的适应能力逐渐增加了，对环境渐为熟悉，包括对动植物的熟悉与利用。另外，可能的原因还有各区域文化分布之间的交互作用以及人口增加的反馈作用等。可以说，出现了一个对自然环境资源加以广幅利用的过程，而促使这一过程成为可能的，则是当时工具的复杂化。

旧石器诸文化类型（如周口店、蓝田、许家窑、丁村等）的石器，从形制上看，石片占主要部分，砾石石器和石核石器次之；从制法上看，以石锤直接打击、单向反面加工为主；从功用上看，刮削器、尖状器两类为普遍，兼有砍砸器、雕刻器，包括石球及不太发达的手斧。降至旧石器晚期，人们制作石器时，除了掌握纯熟的直接打法，还部分使用间接打法，最终出现了典型细石器，开始有了刮制、磨光的骨工具；在骨器和装饰品上，较普遍运用了刮削、磨制和钻挖孔眼等新工艺。这些因素为新石器时代的到来准备了技术条件。

承上启下，早期的新石器在形制、制法、功用上都有了进步。如河北武安磁山石器中出现了引人注意的磨盘、磨棒、石铲、石斧、石凿、石镰；河南新郑裴李岗石器中的石铲呈窄长扁薄，两端均为圆弧刃，刃部有细密锯齿。此外如镞、镖，如陶器，器物由粗糙向精致、由单调向多样的变化，反映出史前文化正在摆脱原始状态，迈向以农耕、畜牧和一定财富积累为标志的发达文化的门槛。

旧石器文化与新石器文化的分界大致有三个方面：一、以石器制造技术区分，磨制为"新"，打制为"旧"；二、从渔猎、采集的经济转向农耕、豢畜的经济；三、除了工艺技术的进步之外，人与人之间的组织结构关系也发生了变化，新石器时代已存在较稳定的农村聚落，有一定时序的工作既已产生，则家庭或其他社会组织也就有了新的适应方式。

夏、商、周三代以前的历史情况，因无可靠记载，致令今人觉得上古情形渺茫无稽。连古代的列子也说："太古之事灭矣，孰志之哉？三皇之事，若存若亡，五帝之事，若觉若梦……"不过经了许多人来研究，"上穷碧落下黄泉，

旧石器时代和新石器时代部分文化遗址（示意图）

动手动脚找东西"，史实若何虽难——重建，蛛丝马迹或许可使那时的文化氛围有所闪现。

先看先民文化活动的时空范围。新石器时代下迄夏商周三代，已有较多文化遗址被发掘，大致显示东西南北中的七个地区三个时期的时空序列。七个地区为：黄河流域的中原地区、上游地区、下游地区，长江流域的中游地区、下游地区，东北地区，华南地区。七个地区所对应的新石器早期的文化呈现依次为：①裴李岗、磁山、老官台文化，②大地湾一期文化，③北辛文化，④河姆渡文化，⑤新乐文化，⑥仙人洞文化。所对应的新石器中期文化依次有：①仰韶，②马家窑，③大汶口，④大溪、屈家岭，⑤马家浜，⑥红山。再晚一些，到了新石器晚期，也就是比较接近古人常向慕远寄的"三代"以上尧、舜、禹的时候，又依次有：①河南龙山和陕西龙山，②齐家，③山东龙山，④青龙泉三期，⑤良渚，⑥富河，⑦石峡、昙石山。

远古（约公元前2070年以前）

上述时空范围，综合显示早期文明一方面有多元发生的特点，另一方面也可能有包括迁徙、战争在内的文化交流，从而反映出古代文化在民族融合与地域上的系统联系。譬如到新石器时代，由于技术经济的水平变动引起社会组织关系的变动，血缘关系成为一种基本的组织纽带，氏族社会逐渐发达。不妨猜想，像仰韶、龙山两大系文化可能同古史传说时代的古氏族情况是有密切关系的。一族之内不通婚，作为氏族制"定姓氏，别男女"的主要规则，开了伦常纲纪的头绪，大概是后世政治组织结构的雏范。《尚书·尧典》称颂帝尧："克明俊德，以亲九族；九族既睦，平章百姓；百姓昭明，协和万邦，黎民于变时雍。"九族指尧自己的氏族，百姓指其他的氏族长，万邦是天下各部落。族、部落、部落联盟，组织形式具有天然、和谐的色彩。其实，传说所谓的"五帝"，例如举出黄帝、颛顼、帝喾、尧、舜，大抵指的是氏族或氏族部落的首领，也不一定专指一个具体的人物。正如只能说隐约可见未必实有的某一位有巢氏、燧人氏、庖牺氏、女娲氏，还有氏族中各司其职的弃、契、皋陶、共工等，都是氏族社会中起主要作用的文化或政治"角色"。名，或许只是代表氏族及其主要角色的标记罢了。

关于民族融合、发展（一定时空中氏族群的交互关系），也有类似的标记可寻。中国又称"华夏"，据有人考证，华夏本为氏族名，华为山名，夏为水名，可能最早定居于这块水土，后虽迁徙或扩展，不免一仍旧名，不觉地就把"华夏"的所指扩大了。我们也猜想，这种扩大可能起因于文明程度由高向低的扩散，或者说由于人口增长的压力，旧氏族向新的农耕空间转移。例如华夏族中有一氏族叫作少典，它的生活区域在陕、甘交界的黄土高原一带。从这个氏族后来又分出黄帝与炎帝两支，渐渐有一部分，沿着黄河、渭水向东北和东方发展。发展中便与土著的东夷族相遇，遂相冲突。炎帝族打不过东夷的蚩尤，后来还是黄帝族壮大起来，打败了蚩尤（传说中的阪泉、涿鹿战事）。战争平息后，黄帝就从东夷族里面找出一位可合作的首领少皞，以后相处较好，有所同化，也就体现着社会组织由"血缘式"向"地缘式"的转化。太史公说，黄帝"东至于海"，"西至于空桐"，"南至于江"，"北逐荤粥"，"合符釜山而邑于涿鹿之阿，迁徙往来无常处，以师兵为营卫……置左右大监，监于万国（国即大村庄）"。黄帝俨然有中州天下部族大酋长的气象了。

有学者曾考诸先秦若干典籍,推论三代以前民族融合,最重要的意义是带动了文化进步。如华夏与东夷两族文化混合后有高阳氏族的首领帝颛顼,进行了某种意义上的宗教改革,使大巫重为南正"司天以属神",又使大巫黎为火正"司地以属民",专门掌握祭神、定农历等初级制度。这是一种带有分工意义的文化角色,因其凭借所谓"绝地通天"的智慧能力,必然影响扩展到掌管民事、维护秩序,实际上也就有了无上的政治权力了。如陈梦家所说:"由巫而史,而为王者的行政官吏;王者自己虽为政治领袖……同时仍为群巫之长。"到商代也还是这样一脉而来的。相信早期氏族生活的梗概雏形也如一脉遗传,影响及于后世。

由时空环境的交错氤氲到民族人群的离合交汇,新石器时代的历史文化的总体特征渐为凸显。有学者论及那一消息闪烁的过程,曾归于当时华夏、东夷、苗蛮三大氏族文化集团的接触与混融,最终较发达形态的文化"同化"了较原始形态的文化,形成以华夏系统为轴心,然而也不排除在边缘上仍存续着楚、吴越、巴蜀等个性系统。

早期农耕文明

在比较思想史的背景上来看中国文化,科学史家李约瑟谈道:"从原始的参与式思想发展出来的(至少)有两条路,一条(希腊人走的)是将因果概念加以精练,这种态度引出如德谟克利特那种对自然现象的解说;另外一条路(指中国思想文化),是将宇宙万物万事都有系统地纳入一个结构形式,这个结构决定各部分间的相互影响。"当希腊思想"移向于机械的因果概念时,中国人是在发展他们的有机思想方面,而将宇宙当作一个充满着和谐意志的有局部有整体的结构"。如果我们承认他的意思不错,接着,该考虑的问题之一,就是为什么中国传统思想会有它所谓的特点——在观察世界时注重整体和谐与有机关联?至少应该承认,这一选择并非偶然,有什么样的生存环境和状态,便会塑造什么样的文化类型。按古人的话说,这是"道器"关系的问题,按现在的话说,则是"存在决定意识",尤其是在早期的文化定型时期,情况大抵如此。

尖状器
史前人类使用的石制工具

  逐渐扩展参与自然的行为，即文化过程，第一批成果就是人借此改善了自己的生存条件。比方说要获得温饱，显然有赖于农业活动代替简单的采集与渔猎活动，成为先民的主要生业。在这个意义上，中国文化与粮食可谓息息相关。在远古的新石器时代，现知所有的彩陶文化，都是具有粟、黍、麦、稻种植史的农业文化；伴随着谷物种植，家畜（山羊、绵羊、猪、牛等）豢养也发展很早。

  农业对自然资源的较深度开发，重要意义自不待言。至于这一开发对塑造中国文化的影响，更有值得重视的两点：一、起源很早，并且成为立国的根本，由此启发文化创造活动并影响于尔后的社会政治、经济结构；二、农业性的参与实践，折射出中国人对自然的态度以及对所处身其中的世界的"基层性"理解。试再加分别略述。

  首先，农业文化的历史，至少可上溯到七八千年前。在黄河流域，考古发现，如裴李岗、磁山、老官台、大地湾遗存中不仅有不少农业生产工具（石斧、石锄、石铲、石镰、石磨盘、磨棒），还有与农业生活相关的大量陶器。那时已开始形成定居的村落，遗址窖穴中发现有积存的朽粟，表明口粮已略有剩余。此后如仰韶、马家窑、大汶口、龙山、齐家诸处，农业因素更见发达，标志有：农业村落规模已较大、分布更密集，农业劳动工具的数量、形制更为进步（西安半坡的仰韶文化遗址出土农业工具达百余件，制作精细），储粮的窖穴亦普遍增多，容量加大（半坡的一座窖穴，贮存小米多达数斗）；大汶口和龙山，

石磨盘以及石磨棒 新石器时代
河南新郑裴李岗出土 中国国家博物馆藏
这是远古人给谷物脱皮的工具

还出土有大量酒器，粮食作物品种除粟外，兼有高粱、黍，甚至有芥菜与白菜籽。总的看，那时农业经济的规模，相信能说明先民在对自然环境的初步适应中已掌握住有利条件，具备了使生产活动由粗放式向集约式进展的可能性。于是，人们在体力和脑力上获得了一定程度的解放。早期的文化创造活动，可以从素朴而又天机流露的彩陶与黑陶（分别以仰韶和龙山为代表）艺术上看出，也体现在墓葬（如大汶口墓葬中的随葬品已有玉器、象牙器等奢侈品）和初步的宗教性符号活动中。由于可以安居，北方地区有了由半地穴式木骨泥墙架棚逐渐进化的房居建筑（如中原地区），南方则有木桩干栏式的房居建筑（河姆渡）。与农业生活有关的器物不胜枚举，大都为后世生活诸方面的发端雏形。与黄河流域的情况大体相当，在长江中下游，像河姆渡、大溪、屈家岭、马家浜、良渚，均有稻谷遗存显示，表明稻谷种植在中国有悠久历史。

　　天时、地利、人和，也可以说是中国农业文明滋生成长的三个基本前提。

半坡房屋遗址

发展一种先进而稳定的农业生活，有一些因果环节：气候条件、地理环境、土壤、水、植被等自然资源，为一层；工具、耕作方式、谷物及家畜种类，又为一层；再有一层就是以血缘为纽带的家庭、氏族聚落。层次之间有机地关联着，成一自足的系统。看来，这一系统经历了一个自然协调的过程，演化也是系统内连续性的演化。先民们对环境的适应与反应，处于利用与限制的适度范围之内。譬如在黄土覆积的平原、丘陵地带，种植耐旱的粟，当雨季来临，立即用简单农具松土下种，而黄土所吸收的水分渗入深处，蒸发缓慢；旱季时再由地下经毛细管作用而上升，补给作物根部所需水分，溶解的土壤矿物质等肥分也随着水分上升。黄土和小米的意义不仅在于为人们提供较有收获保障的食粮，还反映着限制与利用这一对矛盾关系对于生活的影响。大约因此吧，传说中的黄帝、尧、舜才能够"垂衣裳而天下治"。换句话说，中国文化初始便带有"应天命、顺人事"的色彩。

起源早，而且生态上有系统的传承关系，便容易产生一种行为和心理上的"定势"。一方面是重农，以农耕为本，使乡土性成为中国文化的一种内质，产生一种凝聚力，一种有根的感觉。另一方面是习惯的影响，文物故实像有规律的农事生活一样浸润于常态中，人们所接触的似乎是生而与俱的事情，处于

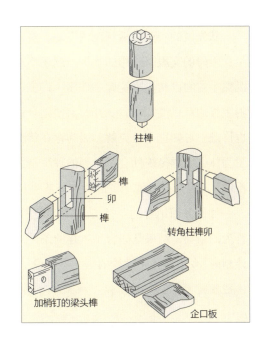

河姆渡木构榫卯类型
足以证明同类实践早在七千年前就已经在中国出现

无须选择,甚至先我而在的生活环境中。农业文化的特点是比较注重亲切而熟悉的经验。如费孝通所说:熟悉是从时间里、多方面、经常的接触中所发生的亲密的感觉。这感觉是无数次的小摩擦里陶炼出来的结果。这过程是《论语》第一句里的"习"字,"学"是和陌生事物的最初接触,"习"是陶炼,"不亦说乎"是描写熟悉之后的亲密感觉。在一个熟悉的社会中,我们会得到从心所欲而不逾规矩的自由。这和法律所保障的自由不同。规矩不是法律,规矩是"习"出来的礼俗。从俗即是从心。(费孝通《乡土中国》)换句话说,自然、社会、个人在这里相通了。

其次,数千年来,中国历史社会是分层的,但是虽然有庙堂有市井,乡村仍然是"基层"。大地上农耕的村庄星罗棋布,农人们"日出而作,日入而息,凿井而饮,耕田而食,帝力于我何有哉!"(《击壤歌》)顺乎自然,稳定平和,习惯于有一定节律变化的秩序(如农历的普遍采用),这种意识该是久已同农耕生活风度一起滋生的。《诗经·豳风·七月》所描绘的那一番农事月令中的"程序",虽然反映的是周代,却与更早的时期相去不会很远。被一种既定的生活秩序所长期陶冶的传统文化意识,认定宇宙的安排有一个完善的秩序,秩序超于人力的创造,人不过是去接收它、维持它。

远古(约公元前2070年以前)

从先民的农业生活状况去设想，对自然的态度毕竟倾向于利用，而不是对生命阻碍的克服，利用的水平虽然还不高，毕竟已可适应于一种自足的秩序。既然宇宙间已初步确定此一秩序，许多现象、因素便可视为有机关联的；农作物生长的有机性，人与它的配合，便是合目的性的生活的缩影。许多现象的因果，也许既不可知也不必究解，因为存在状况尚未给究解提供刺激动力。这也表明了为什么中国传统社会对世界的理解是"有机的""整合的"，而不是"机械的""分析的"，因为前者偏于"因为在一起生长而发生的"社会，后者则属于"为完成一件任务而结合的"社会。"在乡土社会中欲望经过了文化的陶冶可以作为行为的指导，结果是印合于生存的条件。但是这种印合并不是自觉的，并不是计划的，乡土文化中微妙的搭配可以说是天工，而非人力，虽则文化是人为的。"（费孝通《乡土中国》）

远古神话与宗教

前面提及中国史前文化带有农耕生活的风度，意思也是说，如果推想远古先民对世界的观感和精神活动并非一片空白，那么精神的流衍恐怕是与他们的生存环境相印合的。然而农耕生活由简陋到发达、由游徙到稳定，一定经历了一个很长的过程，因此不难想象"三代"以上的生存状况，那时毕竟还是草莽初辟，混沌初开，其时其人，其"世界观"自然不免还被笼罩于混沌与朦胧之中。

自然现象（诸如日月星辰、风云雷电、春夏秋冬、山林泽海、飞禽走兽）也好，人的命运（生死、祸福）也好，无时不可感知其生生变化，却又无从究解。虽然许多事情被看作是有机关联的（如太阳的升落、光明的始终，似乎同人类生命有着某种一致，容易引起类比性联想），究竟怎么关联，就难讲了。这样那样的想法于是不免带有了神秘性，处于想象和猜测中。想象和猜测当然也是一种智慧活动，而且载有某些在时间中已消逝得若隐若现的文化信息。例如关于"羿射十日"的著名神话（《淮南子·本经训》："逮至尧之时，十日并出，焦禾稼，杀草木，而民无所食……尧乃使羿……上射十日。"），当然不可能真有其事，然而作为幻想，也许在这一故事的表层叙述流传中，还寓有深层的文化信息。有人解释说,这是"远譬于物",表示远古十个以太阳为神祇的氏族相冲突,最终被一个文化上强大的氏族所统一。有人说,这一神话的真实意义,实际上暗示了一场重大的历法改革——东夷族内以羿为首领的一支商族进入中原后,学习了帝尧高辛族的先进历法(把一年分为十二个月,每月三十天),废止了每年十"日"轮流值月的变法,这就是所谓"上射十日"。有人又说,这一神话显示了一个"叛神"的神的形象,这一形象是现实中那些要摆脱自己所处地位而追求更高理想的人对自身的写照,是以"叛逆"为主题标志的一种人文意境。今天的人承认每一种神话的来龙去脉和意义,颇难被理顺和确定(甚至是一本糊涂账),因而解释纷纭,但也恰恰表明它们与上古文化有着关联。同时,神话典型地反映了原始思维具有超现实的整合特点,一方面主客体没有明确区别,另一方面,天象与人数之间似乎被发觉有一种神秘的同构性,都有节律性生命现象,如睡眠—觉醒、昏病—康复、死亡—诞生等,使人猜想冥冥中是否有神明呢?"人类是'自由能动'的动物,它不但'本能地'要求了解事物变化的原因,而且随时随地都力图解释、影响、干预、改善这种变化。这样就产生了有关出日、入日的祭祀仪式、巫术语言和神话,一直发展到更积极、更极端的射日、追日、入日(盗火)",他们觉得"英雄和伟大的酋长、祖先的灵魂也像太阳一样是不死不朽的,这样也就有了关于英雄或祖先之'再生或永生'的仪式和神话"。

存在于《山海经》等书记载中的神话,显然不能被当作历史来附会穿凿,但神话的流传及其内涵,实在是文化传统嬗变中其来有自的现象,不会凭空产生。比如考古发现便显示出这方面(特别是原始宗教)的遗址,涉及先民的自然崇拜、祖先崇拜、生殖崇拜。最引人注意的是出土器物上的纹饰图样,尽管其中没有诸神的名号以及动作故事,但一些超自然的纹形组合却带有近似于神话性格中的非常态的神秘意味,也许形象后面原有一个幻想的"情节"吧。明显可辨的,例如太阳神及其人格化的形象,在岩画(云南沧源、广西宁明、连云港将军岩、四川珙县)中曾被"超现实"地刻画。其时代大约在新石器时代晚期。同期的东北红山文化,出土一龙形玉器,造型颇近似《山海经》所记黄帝之子韩流——"人面、豕喙、麟身、渠(曲)股、豚(止)趾"。另外,像以河姆渡日鸟护身符、仰韶庙底沟类型太阳鸟陶饰为代表的艺术品,应该说反

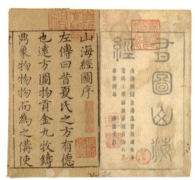

《山海经》

映着太阳崇拜与神鸟幻想的混合，似乎与传说中的"凤凰、玄鸟"故事有共同的渊源。我们还不妨猜想，甘肃出土彩陶器上大量旋涡纹和云纹也许是水流的象征，同神话中的水神信仰有关系。马家窑文化半山类型的彩陶人首器盖（张口昂首的蛇象人头，颈上有交缠的蛇纹），使人想到神话中西北大荒人面蛇身的诸神。同时，许多陶器上的人面鱼纹、人面鱼身，不是也意味着人与自然的某种神秘沟通吗？

中国上古神话—宗教系统，也如同多民族文化的多元发生一样，是多因多

拜日图与飞鸟驮日图

神的,长期的文化交汇过程又使神话之组织形式变化多端,但它们大致可属于几种类型:一、自然神话;二、天灾神话与救世神话;三、英雄神话。或者也可以把它们看作:一、对天地间各种自然现象及组织的解释;二、对民族始祖起源的解释;三、对风俗、伦理、器用、技术等文化现象的解释。总之,它们是一组组民族文化的原始意象,深藏着对后世产生影响的观念性问题。

日月风雨皆有灵。中国远古神话系统中,像日、月、星、风、云、雨、雷电、雪、山、水、树木、社(土)坛、四季、五方(东西南北中),都曾被当作神灵之体,有不少还具有人格或半人半兽格的标记。这些神灵直接对自然现象,间接对人事现象具有影响乃至控制力量。而且,人类的始祖也被认为是女子与神迹感生的(如华胥女子踩到巨大脚印生下人面蛇身的伏羲)。后来学者考证先秦文献记载的传说,发现"上古时代的中国曾广为流行对太阳神的崇拜。这些崇拜太阳神的部落也许来源于同一个祖系,也许并非来源于同一个祖系,但他们都把太阳神看作自身的始祖神。并且其酋长常有以太阳神为自己命名的风俗。这些部落后来可能主要分化为两大系统。在北方的一系(颛顼族),称太阳神为'伏羲',以龙为太阳神的象征。这一系可能就是夏人的祖先。在东方的一族(帝喾族),称太阳神为'夋',以凤鸟为太阳神的象征。这一系是商人的先祖(其后裔中可能有一支南下,进入江汉平原,又成为楚王族的先祖)"。此说可备参考。此外,像斑斑可考的黄帝、炎帝、太昊,既当作太阳神的别名，往往也是部族的始祖神。同时这些始祖神（还有女娲—嫘祖作为人类的高母神），又分别同云（龙）、风（凤）以及水、火、四季、五方之神发生密切关系。一个祖系、多系演化，共同构成了以自然崇拜、祖先崇拜为核心的信仰系统。一方面很多超自然世界中的神祇灵物"人化"为传说中的历史上的英雄人物，又各自朝着不同的方向发展与复杂化；另一方面又潜含有人与神具有原始同一性的概念。这可能是中国文化关于人与世界关系的基本矛盾（超越与内在）。

神话中的动物崇拜，是否表明远古中国有过母系氏族的图腾社会，还有待研究。不过，出土器物上的纹饰和先秦文献的转述，大抵可说，原先的"牛鬼蛇神""玄鸟烛龙"之类，也同氏族起源、演变有关。至少动物形象是一种标志，"图腾"也正是标志，与"生成"为同义词，表示被标志的族群是怎么生成的。"姓"这个字，源出于母系血缘制度，"天命玄鸟，降而生商"，意谓"女人生子是与玄鸟图腾接触的结果"。不妨猜想，在转化为父系血缘为主的氏族社会之前，曾有过姓族图腾团衍存的时期（如鸟图腾团、牛图腾团、蛇图腾团等）。大约因为有这母姓的标志，才产生了"族外婚"那样的风俗进化内容。在这一摆脱了原始生育习俗的基础上，继而演化出对月神—高母和日神—王父的二元崇拜，并进而影响到后世儒家将宇宙结构归纳为一个阴阳二元交合的生殖模型："有天地然后有万物，有万物然后有男女，有男女然后有夫妇，有夫妇然后有父子，有父子然后有君臣，有君臣然后有上下，有上下然后礼仪有所错。"（《易·序卦》）

陶文化演变

漫步博物馆中，我们观赏一件件纹彩斑斓、形态浑朴的远古陶器或者陶塑时便感到古趣盎然，其一现难再的天真风貌，实在属于文化史的一页精华之章。浑朴天真来自先民的生活古风以及并非很自觉的艺术创造活动，自是远古文化一个极富特色的组成部分。而且因为风格鲜明，易于辨识，陶器还往往成为某种文化类型的标志，诸如"中国彩陶文化""黑陶文化"这样的说法，已是约

网纹彩陶船形壶 新石器时代
仰韶文化 中国国家博物馆藏
（左上）

舞蹈纹彩陶盆 新石器时代
马家窑文化（左下）

人面鱼纹彩陶盆 新石器时代
仰韶文化（右）

定俗成。

一般来说，文化可以分为三个大类型：一、物质的文化；二、社会的文化；三、审美与宗教的文化。再换个分法，也成三类：一、经验—逻辑—实验的文化；二、鉴赏—表现的文化；三、控制—权威的文化。三类之中，可以说与艺术有关的内容占文化内容相当大的比重。当然，缘于历史演变，原始艺术包括远古陶器艺术同后世的文明艺术又有很大区别，值得注意：后者搞艺术常常依赖于一种有功利目的的自我意识，而原始艺术更多带有集体和无意识风貌（因而近于天真游戏）。"在我们自己的社会中，艺术再现的对象是我们企图占有的对象而不是由艺术所暗示的对象；而在原始艺术中，它所再现的对象的意义往往会超出它的物质存在，而与巫术、宗教以及其他

蛋壳黑陶杯 新石器时代
龙山文化 山东省博物馆藏

猪纹黑陶钵 新石器时代
河姆渡文化

的社会力量联系在一起,艺术家企图通过它的象征符号去表现他所要表现的意义。"

我们看新石器时代陶器文化蔚为大观,划开时代,发现它典型地体现了"文化"的意思。一方面它同那时的物质存在环境的利用和改进有关,是农业经济活动、生产能力发展到一定阶段的产物;另一方面,陶质是有史以来第一种人工合成的材料,它比天然原料更便于渗入和体现人类的精神因素。随着陶质从较松散到较坚实,器壁由厚到薄,陶器的造型越来越丰富生动,纹饰也更见精彩更富意蕴,文化精神天地也便渐渐拓展,更体现审美价值从实用价值中的蝉蜕而出,包括其艺术形构和表现,说是开了中国传统艺术的先河,并不为过。"陶冶""熏陶"这样一类美好的词义,原本就从那里来的。

距今约八千年到四千年的这一段,是远古陶器文化的主要生命期。这一不短的过程里,大约六千年前开始陶器的早期发展阶段(如裴李岗、磁山),形制和工艺已见雏形。之后的两千年,便可用"繁荣"和"鼎盛"来形容了。此一阶段先后出现以黄河中上游仰韶文化和马家窑文化为代表的彩陶艺术高潮,继而有黄河下游龙山文化(包括大汶口文化)为代表的素陶(又称黑陶)艺术高潮。龙山之后,陶器文化进入衰变期,青铜器渐渐后来居上了。

上述主线索之外,陶器创作的遗址(已发现一千多个)遍布大半个中国版图,见微知著,足见已不是"小文化气候"。粗看,数量不少,譬如仅西安半坡出土的数十万件陶器,其中就有近一千件是完好的烹饪器、盛水器、储存器以及祭器,青海柳湾的墓葬群中挖出了约一万五千件陶器,残片不计其数。细看,形制种类甚多,品位各殊,因此名称虽多,仍不足以称名取类。除了一般可通称的罐、盆、碗、缸、瓶之外,还有鼎、盘、豆、壶、鬲、釜、簋、鬶、甗、盉、甑等。材料及窑制工艺、加工工艺也可说在百花齐放中进步着。出土的还只是少数,已经斐然可观,令人遥想那一条彩陶与素陶汇流的长河,也许比长城还伟大。

然而制陶与陶器艺术的产生、成熟,应该是自然而然的。在一代代先民的生活经验积累中,在人与自然关系的相互熏陶中,造化的脚步也就悄悄地移动了,以至于我们无法找到一个关键性的时刻和细节,只能说有些事实颇值得玩味是由于它们显露出久远过去的"文化光泽"。

产生制陶想法的动因,主要的可举出:火的使用,对黏土掺水后有可塑性的认识。这两个因素与先民的物质生活关系密切,因而在利用方面最有深化的可能性,远古神话中的火神崇拜与抟水土造人故事之所以影响大,可能正反映了先民对自然探索的这种意向。"其乐陶陶",既然人们希望也需要而且可能找到一种既比较坚硬又便于加工,既比较柔软又便于实用的材质,陶的发现便不是偶然的成功。后来金属冶炼的出现,在一定意义上仍然是这种追求的继续。甚至我们觉得,像"阴阳""刚柔""虚实"这一类对立统一、相反相成的观念,以及"黼黻文章化成天下""有容乃大""圆而神"等有美好意思的格言,都同先民创业生活所凝结的初始经验、意象有关系似的。

一方面有实用需要的动力,另一方面是对自然感受—模仿—实验的能力逐

单耳葫芦形彩陶瓶 新石器时代
甘肃省兰州市博物馆藏
此器可视为远古人仿照葫芦形状制作陶器的物证之一

鹳鸟石斧纹彩陶缸
新石器时代
仰韶文化 中国国家博物馆藏

渐增长,陶器的产生、发展,很重要的契机在于考虑"容"和"怎么容"的问题,也许是从这儿返回去做材料和工艺上的尝试。产生"容器意识",当然先是缘于农业经济活动必须要解决储藏手段不可。继而可模仿的天然容器,如动物的胆囊、葫芦一类的植物等,皆不妨模此范彼。譬如早期陶器中的各类盆、碗、钵、壶,实际上是按照不同部位剖开的葫芦形状制作的。有人指出,中国人对容器似乎有种特殊的情感。浅看,说到家产往往用"坛坛罐罐"来形容;深看,也许便涉及对肚子(吃喝与繁殖之容器)格外看重。闲话打住,总之陶器文化恐怕算得上一个典型之路,即以实用为基础继而以功能增殖(含有情感和信仰寄托,钟灵于审美意识)为标志的创造之路。

从美术史的角度看,彩陶器皿表面的彩绘纹饰与中国绘画有某种源流关系,如线条、色彩运用及描绘手法上的程式。更值一提的是,因其形象与纹象颇具象征和装饰风格,以仰韶诸类型和马家窑诸类型为主族的彩陶艺术(前者包括北首岭、半坡、庙底沟、西王村、后岗、大司空等，后者包括石岭下、半山、马厂），独特地反映着那个时代独特的文化。譬如半坡彩陶中的人面纹，并不写实，而是一个圆形的近于图案的纹样。据推断，这些人面纹也许正是原始宗教仪式中经"化装"而变形的"面具"形象。再看它们的装饰，头发挽成高髻或饰以羽毛、草穗之类做成的高帽，前额涂以不同色彩，髻旁插着羽毛或其他东西制成的缨穗或鱼形饰物。这大约是古代最大的祭祀活动——春社祭祀的特定场合中使用的固有装饰手法。（见王朝闻主编《中国美术史》）再有，像选择鱼、鸟、蛙、虫这几种动物作为纹饰，可能反映了人们祈祷丰收、祈求多子多孙、迎接春天等朦胧的信仰和感情。因此虽然形象简拙，却颇有内蕴，仿佛创作与自然环境（物候和生命节律）灵犀相通。

除了形象的隐喻式表现，更朝着抽象—象征方向展开的，是大量彩陶上的几何式纹饰。它们纹样繁多，不下数十种（例如条纹、圆点纹、三角纹、波折纹、旋涡纹、花瓣纹、月牙纹、目纹、星形纹、叶纹、网纹、日纹、齿纹、火焰纹等）。它们表面看是技术性的，实际上也可以看作"有意味的形式"，不仅是创制之余兴在装点，还表明创作和欣赏者如何把对水流、云气、光影、山形、虫迹、电火等自然现象的观感凝聚于咫尺天地，是在抽象思维的进展中对泛神性生命韵律的亲切把握。（如美国人类学家博厄斯认为："原始艺术家鉴赏节奏的能力似乎比我们更强些。"）能感到其铺张中的控制、稳定中的流动，细而不弱、粗而不野，可感到圆满与明快、和谐与欢乐。考虑到原始艺术的那种自在和无意识的特点，可以说彩陶艺术的从容风度，浸润着一种时代的文化性格，即在与自然所结成的和谐关系（把多样变化体现在有机关联中）中，塑造一种朴实的生活。所谓"匠心""意笔"都是天人交感的。还应具体指出，陶器艺术的创作者也许并非带着"美还是不美"的念头在从事工作，毕竟更需要表达的是部族共同的宗教情感，这种情感进入了陶器（既作为实用器皿，又体现精神符号）的仪式性系列，逐渐形成一种文化传统。这也正像原始舞蹈一开始并非审美的表演与欣赏一样。

在彩陶艺术兴旺之后，素陶艺术又有一个鼎盛期，其标志之一恰好就是"鼎"一类的造型繁"盛"起来，结合大汶口文化和龙山文化的陶器系列来看，一个更为繁复的形体世界开辟出来了。譬如，由较单一的球体基本形演变出多种其

彩陶双耳罐 新石器时代
马家窑文化 中国国家博物馆藏

陶鬶 新石器时代
大汶口文化 山东省临沂市博物馆藏

他形状,器物构成从单体到多体组合,弧形和锥形器的普遍出现,等等。演变的原因,也许可以估量陶器功能膨胀的影响不会很小;一旦越过实用范畴,作为礼器、作为奢侈性消费的需要,必然不会满足原本简单的形体。譬如鼎与鬶的多样与精致,不难发现社会使用上会有贫富贵贱的差异意味——由草野走向庙堂。制陶技术水平的大幅度提高也是一个条件。总之,陶器形态的演变大抵反映了农业生产力提高引起的社会生活格局的变化。虽然大体分别为礼器、酒器、祭器,鼎的庄重有力,鬶的精致生动,豆的雕镂,总的看已经是一定等级观念的对应物。陶器正在成为权威、力量、财富的象征标志了,于是朴实和谐的性格将不再有往昔的平静。

原始艺术·王权·巫术

朦胧地想到中华文化"上下五千年",历史所载,颇予人不平静的印象。现在思量,"五千年"的上限虽经考古研究更可往上推推,也还大致指示新石器文化的中晚期,正是一个比较平静到比较不平静的演变阶段。换个说法:如把中国新石器时代和夏、商、周三代文化连成一条线,则可以分成几个清楚的段落:一、石器时代,代表原始社会,阶级未萌的时代;二、玉琮时代,代表巫政结合,产生特权阶级的时代,亦即《国语·楚语》所说帝颛顼令重、黎二神"绝地天通"的时代;三、青铜时代,代表巫政结合进一步发展,产生国家、城市、文明的阶段;四、铁器时代,代表工商业城市发达,农业技术跃进的时代。这里所说的"玉琮时代",不妨注意一下。

暂不详谈玉琮本身,它是相当于新石器晚期东海岸良渚文化中一种较发达的象征器物,所象征的意义,最可能意味着巫术与王权结合,体现时代文化风貌变迁已似"山雨欲来风满楼",与上面所说"由比较平静到比较不平静"是差不多的意思。静与动,都不过相对而言。静中有动,不可能没有发展,但我们说大体在新石器晚期以前,文化风貌相对来说较平静,意指:其一,发展具有连续性、渐进性和缓慢的特点;其二,尽管有工具和观念的变迁,农业及渔牧的生产力水平还是比较低的,财富积累还未达到一个引起阶级分化的程度;其三,人与自然的关系,人与人的关系尚较单纯,偏重于任自然式的和谐,虽然并非没有灾难、战争、动荡,但有关权力和控制的文化意识尚不自觉,彩陶艺术的题材和情调多少给予人这样的印象。

生产力和财富积累程度的大幅度提高,不难推测,对社会组织关系的影响是深刻的,虽然未必说是"革命"。在这方面玉器的使用表明影响效果非同寻常。以长江下游的良渚文化为例,生产力水平估测已不低,如某些遗址除发现稻谷遗存,还发现有芝麻、花生、蚕豆、甜瓜籽等;某些地方还有较厚的动物骨骼堆积,包括鹿、野猪、獐、鸟、鱼,还发现了桃、杏核、菱角等。一些纺织品如细麻布、绢片、丝带,以及竹编器物亦陆续被发现,说明物质生产和生

玉琮
良渚文化
南京博物院藏

活已不算短缺型。与此相应，非实用性器物如玉璜、玉玦、玉管、玉环、玉璧、玉琮的出现似乎更具特别意义。（东北地区的红山文化也有相似的情况，而在中原和山东龙山文化中铜器已见端倪。）

　　玉器主要出土于墓葬，如常州寺墩一墓葬，随葬品不少，以玉制品为大宗，包括玉制生产工具、玉制装饰品、玉制礼器璧琮等，共百余件。玉属于较难得的质地优良、恒久不变的材料，又经过琢磨、雕刻，自是贵重，适宜做有象征意义的身份标志，因此该墓所葬男子可能是良渚文化聚落里的一名巫师，同时也可能是有政治权力的一位领袖。说到玉琮，发明得怪而巧妙，其特点：一、外方内圆；二、圆筒中空，上下贯通；三、表面外方，装饰以兽面纹及人兽复合纹象，也有鸟纹。总的看，玉琮毫不实用，但确实可以当作象征天地贯通的一项手段或法器。进一步说，古时人感觉天圆地方，人仰俯其间，意象深茫，由崇拜而渐以为"知天者圣，知地者智"。然而在仪式中如何表征对天地的祭祀通灵之感呢？一是靠玉琮一类礼器，一是靠巫师的神秘使命（巫字从"工"、从"𢀖"，有规矩方圆、通感天地的含义）。巫师有大小，小巫祈福攘灾，是一种做"心理治疗"的"技术人才"；大巫则"依鬼神以制义"，掌有规范文化精神、管理社会秩序的符命权力。这样，"民神杂糅"的原始宗教，就专门

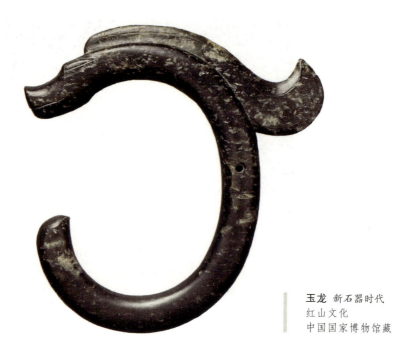

玉龙 新石器时代
红山文化
中国国家博物馆藏

化为少数人的事业了，而这反映了社会分工、经济和政治权力格局的强化。玉琮的意义似乎在暗示：建立一个什么样的天人秩序已成为文化的核心问题了。在这个意义上，"玉琮时代"所指，即为宗教观念与社会关系的逐步转变。再补充说，部落及部落联盟内部缘此衍生出一定意义上的"分层结构"，除了可能已有奴与主、民与"后、牧"的分别，巫、祝、医、史这一类角色的区分大概也是后世划分"士、农、工、商"的先导。

　　从对应较低生产力水平的和谐，到生产力较发达后的不和谐，必然在文化风貌上有所体现。其实还不止玉制礼器在此际应运而生，晚期陶器艺术形态也因技术和观念需要的改造，以其装饰化、礼器化日渐取代原初的实用功能和朴实风格，由简到繁，由粗到精，有着权威的潜在语言。此外，我们在考古发现的陶塑与岩画中，也看到模仿和表现的对象有从自然回到人间的趋势。

　　北魏时期的郦道元在《水经注》中记载，他在中国许多地方见过岩画："山石之上，自然有文，尽若虎马之状，粲然成著，类似图焉……"岩画被考察确认，大部分布于边远临沙漠的山区，或集中于江河峭壁之上。远古岩画中一大部分同新石器中晚期文化器物在题材和表现上有共性，可见文化精神互为映照，大走向是相去不远的。其中北方一系，以阴山、贺兰山、祁连山、乌兰察布草原等处遗存为代表；南方一系，著名之处有连云港、福建、台湾等处，西南的滇、桂、川、黔也自成体系。远古岩画的内容，以自然物（如动植物）形象和人的生活形象为主，间或杂有某种记事符号以及蹄印、手印；一方面反映先民们的猎牧、聚居等生活情况，另一方面，如果可以视之为表情达意的文化符号（可能还是演变出象形文字的基形）的话，不能排除这种符号活动内含着象征意义与一定的叙事内容；也可以简单地说，它们表现着先民们的宗教情怀。刻岩作画的地理场所，可能在人们看来是鬼斧神工所致，是适当的神灵显示之所、祈祷祝福的地方。岩画在这儿有大量的自然崇拜内容，譬如对太阳神、雷神的崇拜，谷物、土地神以人面与植物体连接的方式被象征性地祭祀，好像代表生命力本身的一种精灵在象喻春天来临，保佑吉祥。动物形象在岩画中的表现多种多样，值得注意的是，开始可能多与一般的动物崇拜有关，逐渐地，祭礼和巫术的影子似乎明显渗入进来，例如动物和一些神灵形象难解难分地混杂在一起，人的活动形象（如原始舞蹈）与巫师的形象也越来越占据表现的中心。这也许反映出：早期比较单纯、和谐的人神、物灵关系对应着生态关系与人际关系的原始平衡，而祭祀仪式活动（包括征服与控制的结果）和巫术正在借助神的名义，重新构想和安排社会组织活动。如果考虑到岩画所处的自然环境，本身就具有威严、神秘的氛围，容易造成崇仰、敬畏心理；也可以说，它们正是集体性宗教仪式活动的一部分，也是先民对生存环境加以意志物化的反映。

再说陶塑的产生和发展，更明显是从自然形态和实用器物中分离出来的，偏重于人为与精神性的产品。与技术经济的进步相应，陶塑的审美价值比它的前身——陶器的造型和装饰，更能反映社会文化意识由单纯趋向复杂，其中不乏生活组织变动（如由一般氏族象征到财富、地位差别的象征）及信仰态度变化的消息。

与陶器的实用为主和玉器的礼器属性稍有区别，陶塑（包括器物上的附加雕塑）的意义更像是观赏性的、偶像感通的。如人头像陶壶、鸮面陶罐、陶枭头、鹰鼎、水鸟壶、龟形器、狗形鬶、兽形壶、双蛇附饰罐、女神像、人体塑像……无不洋溢着生命的感性，不完全只是模仿拟形。略加区分新石器中晚期的陶塑类型，可分为：一、独立陶塑；二、器物附饰；三、拟形器。前两类延续历史较长，人形和动物造型大都浑朴，不事雕琢，以创造一种原始意象（直觉、幻想中的偶像崇拜大概寄托其间）为自足；后一类拟形器，原本在日见精美的具象模拟中，"意"的因素较少，但随着大汶口和龙山文化时期素陶艺术向程式化发展，拟形器陶塑受其影响，一步步朝着抽象方向走去。这是否表明，通过各种原始意象以表达自然崇拜和祈祷的沟通人天的情况，已渐渐弱化了呢？代之而起的可能正是氏族首领和巫师所掌管的仪式活动，偶像和礼器也许已是被特权独占的象征。陶塑人像（如辽宁喀左东山嘴以及牛河梁所发现的石砌神坛，出土有具有生殖特征的女体塑像）作为生殖崇拜与祖先崇拜的偶像象征，也处在人工艺术作品日益成为氏族组织生活象征和巫术文化标志的系列上。表面上，诸艺术形象世界的痕迹，有一个由自然神化向人间神化的转变；实际上，人间正是在社会剧烈分化时，开始被王权和巫术掌握了。由此看来，王权、巫术与艺术的关系正是中国古代文化史出现重要转变的一项重要特征，也是中国文化形成、延续的一个主要基础。

夏·商·西周

(约公元前2070—前771)

有无夏文化

中国文化的历史，能比较明确地讲述，应从三代开始。三代，指夏、商、周。为什么会这样？因为规律是越往后材料越多。三代以前，不仅缺乏可证实的记载，同时也还看不到政治文化中心的出现。比如，现代考古发掘显示的仍是依稀、离散，缺少一种足以把它们穿起来的线或者集聚它们的中心标志。有没有个中心，情况就不一样。而且我们习惯上把以往历史看作朝代更迭史，帝王世系是其显著的标记。这样，朝代也是国家的代名词了。"普天之下，莫非王土；率土之滨，莫非王臣"，这大概是三代时才有的事。三代以前，虽然有氏族、氏族联盟，却尚未形成一定的城市规制（有政治、经济上分层、分化的人口系统）与国家类型的社会。如果这个理解不算错，由这一点去看中国古代文明，三代正可视为由滥觞到定型的时期；再由工具器物的特征去认识，也正值文化史由新石器时代跨入青铜时代。

不过，三代毕竟遥远。周朝的灭亡距今已有二千二百多年，商朝的灭亡，按照比较通行的年表，距今约三千年，夏朝的灭亡距今约三千六百多年，而夏朝的建立，估计距离现在竟有约四千一百年了。想到我们自己，常常连曾祖父以上的先人的名字也说不上来，想历史之坠绪茫茫，并不奇怪。远，文化面貌难免模糊不明，所以至今仍有不易搞清的问题。譬如：第一，有没有一个夏文化的问题，因为论证材料不充分，尚未完全定论；第二，夏、商、周三代文化之间的关系，是纵的还是横的？是异还是同？

先由第一个问题说起。夏文化的影子固然淡薄，却不大可能向壁虚构，因其见诸先秦典籍和传说，并非无案可循。当时未留下著录，恐怕因文字尚在草创之初，虽然考古发现那个时候的陶器上已有记事的刻符陶文，但毕竟太简单，也还没有适当的书写物质材料作为载体。"但我们不妨相信古代确有一个夏王朝。这有两层理由：第一是《尚书》里《召诰》《多士》《多方》诸篇，是说西周初年的君臣，他们追述以前王朝传统，都是夏殷周连说，这是西周初年人口里的古史系统，宜可遵信。第二是近代安阳殷墟发掘的龟甲文字，记载商汤以前先王先公的名字，大致与《史记·殷本纪》所载相同，这些王公的年代正与夏朝同时。"❶（钱穆《中国文化史导论》）既然司马迁对殷商世系的交代确有根据，也可信其"夏本纪"有它的来历。据说，终夏一代，从禹到桀，历十七君、十四世、四百七十多年。夏部族的活动地域，主要在豫西、伊洛一带（或者说河南的洛阳平原以及登封、禹县之间），此外，晋南汾水中下游一带为另一处，影响周边，且及于豫东、皖西、鄂东、晋北。

夏代首出君主是大禹，大禹事迹载诸传说，主要有两件事有特别的意义：一是在他手上完成了鲧未竟的使命——治理洪水，即所谓"疏河而导九支，凿江而通九路，辟五湖而定东海"，这使他获得了做夏部族首领并进而会令诸侯的资格；二是首领或帝王的资格授受，在禹之前为禅让方式，自禹传位于子启，才形成了后世千百年的惯例统系。古籍上说他："既受舜禅，不称帝而称王，循前代之政绩作乐曰《大夏》，颁历曰《夏时》，任皋陶、益等为政，而国大治。南巡守，会诸侯涂山，诸侯远近毕至，执玉帛者万国，又济江而东，在会稽召集群臣与会，防风氏后至，加以杀戮。悬钟鼓磬铎鼗以待四方之士曰：教寡人以道者击鼓，喻以义者击钟，告以事者振铎，语以忧者击磬，有讼狱者摇鼗。一馈而十起，一沐三握发，以劳天下之民。"（见陈安仁《中国上古中古文化史》）由此可察夏代立国之始的几个优势：一是以兴农为基础的利用厚生趋向，二是崇德敬民的感召方式，三是典章制度上的统一要求，形成一个比较完善的秩序格局。

大禹治水的故事源远流长，其中当不免有渲染的成分，但考虑它在文化史上的意义，却也不一定神奇。水灾之患原非如传说所言在尧舜时才厉害起来，只不过原来人口少，农业水平低，先民对水患尚有退避余地。及至人口增长，经济生活对水利之需求亦趋增长，河谷平原益渐成为农业生息之地，水患问题便显得迫切起来。因此禹治水的重要性，反映着夏初"农业"与"立国"的关系明显确立了。像黄河这种大水系，即使是初步的疏导、整理，也需要较大幅度集中意志与人工，社会组织若仍然分散，是无法承担的。因此我们说，治水，表面看属于人与自然斗争的现象，实质上却意味着社会组织及制度、文化形态

---

❶ 此处作者参引的是1951年台湾正中书局版本，与大陆通行版本有异。书中同类情况，遵从作者。——编注

大禹像
据山东嘉祥武氏祠
东汉画像砖

朝着集中统一和秩序化的方向趋赴。水脉分布（以及适当的塞和导）与农田组成的格局，似乎可看作夏以后社会组织格局的原型。

如果说禹治水成功依靠的是"导"的方法，使水有所归，那么这种疏通想必会推动氏族文化的一体化趋势（这或可解释为什么先商文化器物同初步定为夏文化的二里头遗存器物有许多相似之处），这是一方面。另一方面，治水同文化发展有很大关系，还在于：一、在较小的范围内为避拒水害而筑建城堤，说是"城"，可防寇盗，说是"堤"，可防水患，以后进步为城郭，无形中成为城邦式聚落的初基。二、因治水而引起凿井技术的发明。传说伯益发明凿井，乃是因挖土及深而见水的结果。井的利用对农业生态的影响很大，从而又影响到后世以井为中心形成村落格局。上述种种都可看作促成文化整合及国家出现的若干中心因素，也是夏文化在文化史上有独特意义的地方。再由此推想夏代的王位继承制度，大概也是在这一背景中为保证王权的稳定、符命的延续而确定的。

回头说到夏文化的确证问题。在黄河中下游地区，由新石器晚期龙山文化到郑州二里岗早商文化之间，曾有一段空白。1959年河南偃师二里头文化（包括郑州洛达庙、登封玉村、洛阳东干沟等）遗址的发掘，大致填补了这段空白。二里头四期遗存，碳–14测定前三期年代相当于夏代纪年，同时表明它上接

绿松石龙形器
出土于河南偃师
二里头遗址

绿松石龙形器的头部特写

河南龙山文化,下接殷商文化,为石器时代尾声和青铜时代的起点。因此或许可以说,以二里头文化为表征的夏文化(与夏朝历史年代不可能比齐,也不可能同其前后的文化类型一刀切开)正处于文化史类型的转变过渡期。

从佐证材料来看,除了青铜器及冶炼技术的初创形态外,以石器、骨蚌器为主的农业工具和武器,在样式和数量上大大超出前代,陶制酒器、工艺品及乐器(埙和铃),还有玉器、大口尊内的刻画符号,均反映其时文化需求上的扩张。还可注意的是海贝及骨贝、石贝的出土,或许属于早期的货币了。进一步说,如果认同夏代社会生活确已形成"分层化"与明显的王权中心标志,那么二里头宫殿建筑遗址的规模水平,的确令人叹为观止。对夯土台基、檐柱排列格局以及群落安排、总面积的考测结果表明:这一廊庑形式的建筑群是由堂、庑、门、庭等单体建筑所组成,布局严谨,主次分明,基本具备了宫殿建筑的

镶嵌绿松石兽面纹铜牌饰
出土于河南偃师二里头遗址

青铜爵
出土于河南偃师二里头遗址 洛阳市博物馆藏

特点和规模。如果说营造设计有其目的，那么目的无非是使这种建筑具备国家权力的高度象征功能，作为最早的大型宗庙，既是祭祀、典礼的场所，也是行使行政权力的场所。而以活人祭祀的葬坑更表明奴隶制度的遗风。在这类遗迹现象后面，应该注意到，三代社会文化演变是以在财富积累基础上确立权力秩序为中心的，这一特点和演变过程跨历三代（共一千八百余年），成为中国古代文化逐渐一体化（相对于多元离散而言）的初基。

　　与此相联系，夏、商、周三代的关系，既已处在由村群社会进到国家社会的阶段，它们在对统治中心的占据上是前后继替的（纵），而在文化体貌上又是平行并进的（横），互为重叠影响，大同小异，所谓"三代之礼一也，民共由之"（《礼记》）。夏、商、周的氏族来源固然不一，宗庙各异，但均发展出城邑式的宗族统治机构，君王的继承制度也基本类似。再看三代文化在物质上的表现，基本特点也是一致的：一、都以农耕为主要生业，以粟黍为主要作物，以猪狗牛羊为家畜；在建筑上都是茅茨土阶，以夯土为城墙与房基，房基构造均为长方形或方形，背北朝南。二、都以土葬为主要埋葬方式，这种共同的方式表现出共同的宗教信仰，尤其是对死后世界的信仰。三代也都有骨卜，表现借占卜沟通生死的习惯。三、陶器皆以灰色印纹陶为特征，器形以三足和圈足为特征。常见的类型如鼎、鬲、甗等，表示相似的烹饪方式。铜器中皆以饮食器为主，表示在祭祀上饮食的重要性，酒器中都有觚、爵一类的成套器物。

凡此种种，或许意味着中国古代文化自身凝聚力产生的早期时代背景，所谓"寻其本则一脉相承""共性为主，个性为辅"，有着并非偶然的条件和选择。

青铜时代

由夏代至商代，特别是到商代中晚期，按照一种习惯的说法，中国社会基本上已进入了奴隶社会这一历史阶段。这个阶段的文化器物以青铜器为大宗，为代表，人们亦称之为"青铜器时代"。此说缘于其时青铜器发达而鼎盛，既是空前绝后，又是三代文化一项最显著的标志，实际上划分了时代。在考古记录上，青铜器物的种类、数量以及内含的文化功能，凸现出一个事实，即青铜器物在彼时中国人的生活里占有中心地位和重要意义，虽然乍一听"青铜时代"好像只是一个形象的说法。

当然，在青铜时代确立以前，曾有一个铜石并用和红铜时期，例如小型红铜工具与装饰品在河北龙山文化与甘肃齐家文化中均有发现。因为红铜质地较软，囿于局限性，应用不便发展。及至夏商之际，随着青铜冶炼和铸造技术的长期摸索成熟，青铜器开始渗入社会生活的各个领域，并由文化边缘转向核心层次上来了。近年来，考古发现的三代青铜文化遗址已遍及四方，北溯辽宁，南至长江以南，东到山东，西临甘肃、四川，较典型的器物，数量逾千；二里头、二里岗、安阳小屯（殷墟），一路下来，若干可以年代为界标的器物群纷纭而立。算起来，中国青铜时代持续了至少一千五百年之久。

在这么长的时间里，所谓青铜文化，其实是指青铜器的存在与那时的文化关系并不寻常。涉及它作为原因或结果的彼此相关的变化，首先是技术经济上的。采用一定比例配置的铜与锡加以冶炼，再铸造出具有一定硬度和韧度的工具，可以用作切割具，可以代替或补充较早的石、骨、木制生产装备，以至催生新的技术观念和专门技术人员。不过这种情形还不能算商代青铜器的主要应用。它的主要用途在于兵器、礼器、饮食器三方面。为什么青铜器实际上未应用于生产的深度开发呢？估计，这同青铜资源的缺乏有关，比起东周以后出现的铁器，青铜毕竟是不可多得的贵金属。大约也因为如此吧，青铜器及其制作技术不能不带有贵族占有和支配的印记，成为财富和权力集中以及等级秩序的重要象征。

具体说到种类，大体上是"外为甲兵，内用分制"：兵器——戈、矛、矢镞、戟、刀、剑、匕首、斧锛、盔胄等，礼器、饮食器系列——鼎、鬲、甗、簋、簠、豆、盨、敦、匕、爵、角、斝、瓿、觯、尊、卣、盉、兕觥、方彝、壶、勺、盘、匜、盂、鉴、缶、瓴，乐器亚系则有钹、钟、钲、铎、铃、鼓等（此外还有车马饰、镜、货币及其他杂品），可说五花八门。其中，有不少食器、酒器，形制从陶器脱胎而来，本为雅俗兼用，但因祭祀活动亦常用酒、食，相当一部分被提高档次，渐成为贵重礼器或上层奢侈用品。譬如鼎，本是炊事器具，铜鼎后用来煮牲祭天敬祖，主人死后又成为随葬品，显然已是"通天地"的礼器；再者，因被赋予贵重尊严的意义而成为国家政权的象征，以至于"问鼎"一词代表争天下的意思了。

关于青铜时代社会经济、文化的进步，一种认识强调说是青铜工具的使用提高了农业和手工业的劳动生产率，从而提供了新文明的物质财富基础。这么说似乎并不准确，因为这样便不能解释，为什么在青铜系列中，用于生产工具的只占很小的比重。情况似乎是，青铜的使用与祭祀、战争的关系更密切，由此显示青铜乃是物化的政治权力。换句话说，青铜器虽然带动着一定的技术进步，但"既然青铜未普遍使用于农具，青铜时代便不是由于生产技术革命而造成的"。能否说，生产关系的变化（资源、财富需求和分配处在上层阶级的控制与掌握中）起了更重要的作用呢？"假如当时有一个革命的话，那便是在社会组织领域之内的革命。但在另一方面，既然人的劳动是农业生产的基础，而青铜的兵器一方面在新鲜的生产劳动力的获取上能起一定的作用，一方面又能保证既有劳动力的持续剥削，青铜也可以说是一种间接的，可是也是真正的、在生产技术上的一次突破。"（张光直《中国青铜时代》）从这一方向去考虑，毋宁说在青铜器的间接作用下，生产力发展和财富积累集中，是依靠对劳动力的榨取和剥削而来的。

"国之大事，在祀与戎。"（《左传》）战争与以宗法制（宗族成员在政治权力和仪式上的地位，由他在大小血亲宗支的成员所属身份而定）为中心的分级控制系统相结合，一方面确立秩序，另一方面保证王权贵族之经济、文化需要，于是青铜器在形式与纹样装饰上更朝着复杂方向变化，以保持其权威和占有的象征功能。同时，反过来说，青铜矿源的开发、运输以及组织技术复杂的大规模制造，又有赖于强制性的力量和社会秩序来维持，青铜为"用"，社会组织结构为"体"，"体用"相依相生。这正是青铜文化的本质特征。

无须说，这种体用系统以财富积累、权力集中为目标，随着生产与非生产活动人口的分化，早期古代城邑作为文化发达的另一标志确定下来。商代二里岗与殷墟考古材料反映中国初期城市组织的几项要素如下：一、夯土城墙、战车、兵器；二、宫殿、宗庙与陵寝；三、祭祀法器（含青铜器）与祭祀遗迹；四、手工业作坊；五、聚落布局在定向与规则上的规划性。把这些要素联系起来看，可说中国的初期城市，与其说它们是经济活动的场所、工具，不如把它们当作政治文化的载体和工具来认识更恰当。宗庙、陵寝和青铜、玉等艺术遗迹遗物，还有祭仪遗迹（如牺牲或人殉之类），也可以看作借宗教仪式获取、保持政治权力的手段。

大量财物、劳役流向城市，被统治者和封建领主所占有，贫富贵贱差异悬殊。这一情形从青铜器物的占有上可看出，在甲骨卜辞记录中有所体现，在居室建筑与墓葬中更加以证实。譬如在殷墟遗址，一边是巨大的宫殿，另一边则是社会底层仅可容身的半地穴式住屋。宫殿在建筑过程中，奠基、置础、安门都要进行杀人、杀牲的祭礼仪式。一般奠基和安门时用人和狗，置础时用牛羊。考古发掘显示，安门时，埋的多是武装侍从，分置门的两侧和当门处，有的持戈执盾，有的只持戈，多作跪状，人数多的有五至六人，其中不少是被活埋的。

墓葬从另一侧面反映青铜时代社会组织结构分层的强烈程度。以 1976 年发掘的殷墟妇好墓为例，规模虽然不大，墓中随葬物品之多之精，却触目惊心。妇好是安阳第四个商王武丁之妇。该墓有殉葬人十六个，随葬品总数达一千九百二十八件，器类齐全，集商代材料工艺精华之大成。四百六十八件青铜器和其他物品，大多成层地、有规则地置于木棺四周，玉器和货贝则大多放在墓主人贴身之处。其中偶方彝、三联甗、鸮尊极富特色，有些礼器还成双、成套出土，如"司母辛"大方鼎两件，长方扁足鼎两件，中型圆鼎两套（每套六件）等，造型凝重，制作精致。此外玉石琳琅，还出土有精美之象牙杯。死后尚且如此，生前富贵不难想象。

虽然多方面的手工工艺、技术表明了商代文化的发达水平，但是这种发达与整个生产力的发展一样，主要不是借生产技术和革新之类，而是靠政治性的措施来造成的。换句话说，技术、经济、贸易活动的发展带着政治文化的压迫性和支配性。人对自然的利用水平的变化，远不如一部分人对另一部分人的控制强化更重要。这也许是中国传统文化导向的一个特质。也正因为青铜器始终在其中扮演着重要角色，在璀璨的青铜器形象后面，它的文化隐义是深刻的，耐人寻味的。

在三代历史中，鼎，逐渐成为王权的象征。既然王权已被当作至尊至贵的好东西来争夺、来控制，青铜文化便带有权力的深深烙印，这已经揭示出古代物质和艺术创造背后的严峻背景。就此，张光直还提出一个有意义的问题，即夏商周三代历史上为什么要屡次迁都？考诸史实，夏都曾六迁，商都"前八后五"计十三迁，西周亦有五迁之迹。他经过考察后解释说："王都屡徙的一个重要目的——假如不是主要目的——便是三代历史上的主要政治资本亦即铜矿与锡矿的追求。"（《中国青铜时代·二集》）

殷商艺术与天人通感

承上述，说长道短，文化史很难避开青铜时代的艺术创造而不谈，自因这也是很重要的一页。尽管巫师坛坫、工匠作坊早已烟消火灭，遁于九泉，但传世作品，吉光片羽可能比一般的生产工具、武器还更集中地反映了那个时代的某种精神风貌。前面曾分析殷商文化中两个层面的关系，即"器、技、艺"层面同"社会组织制度"层面二者之间的有机关系。这里则需要再考虑，此一文化系统中，"器、技、艺"层面是否与"价值观念"层面也有相通的体用关系。

当然，这种考虑先得从所了解到的艺术生产现象（包括已发现作品的类型、个性、源流）出发，然后借此一"窗口"，窥探文化氛围及主要价值观念是怎样的。

　　属于青铜时代的艺术活动，主要有青铜艺术、玉雕艺术、釉陶艺术以及神话、乐舞等。不过，它们同现代所谓艺术还不全是一回事。在那时，艺术还不到自觉的程度：首先，与工艺、技术分不开；其次，与常规生活、宗教信仰更分不开；再次，成果显示理性智慧的作用小，直觉、灵感、想象的成分充溢。综合起来考虑，情形为什么会是这样？为什么青铜器物有强烈的装饰倾向，其意象象征在试图表现什么？又内含什么样的文化心理内容？也许，我们需要对殷商文化艺术的原始宗教性质特别引以注意。

　　从殷商早期至秦汉，由序幕到尾声，青铜艺术的历史，郭沫若划分为滥觞期（大率相当于殷商前期）、勃古期（殷商后期及周初成、康、昭、穆之世）、开放期（恭、懿以后至春秋中叶）、新式期（春秋中叶至战国末年），此划分见郭沫若1934年的《彝器形象学试探》一文，是分为四个时期的。高本汉分为古典式、中周式、淮式三期。按之，均将殷商—西周一段视为最典型标本。取样观察，此段中，又以晚商盘庚迁殷后的安阳时期工艺最成熟，规范明确，特点尤为突出。其特点有：礼器、酒器等各种器形趋于多样；旧有种类式样亦有雅化；纹饰趋向于繁缛工丽；设计和制作上细部精致均衡，整体气派端重威严；器物组合成套；出现动物牺尊和人俑，等等。当然，青铜器的形制本是承继早先陶制礼器的形制而来，但因青铜这种物质材料的使用而开辟出表现力的新天地，例如紧密细腻的质地感、沉重感，刻镂上之发挥，装饰化的风格，都是青铜艺术个性之所在。我们知道，鼎形三足器并非到商代才有，商代特别流行并成为可贵的重器，显然同青铜物质材料因素及权重观念的影响有关。安阳出土的司母戊方鼎❶、司母辛方鼎正是这种物质与精神、艺术与政治的结合产物。这还不够，进而，一只鼎还要求更充分的表现，所有的部位都应该有"戏"，有刻画。我们看一只扁足鼎，风格实在是不寻常，此圆鼎足部作鸷鸟形，钩喙巨爪，腹部饰有一周蝉纹，双耳饰夔纹，整体装饰感浓烈逼人。不难发现，它的生活实用性已被一种形式上的极致追求大大冲淡了。再看一件方彝（偶方彝），器面饰兽面纹，呈饕餮狰狞相，口沿及足部饰鸟纹，器体每一面的中线及四角均出棱脊，正是繁缛至极，似欲给予视觉以刺激，以复杂代替简单，以阻断代

---

❶ 现在称为后母戊大方鼎。——编注

后母戊大方鼎 商朝后期
河南安阳武官村出土
中国国家博物馆藏
鼎内壁铸铭"后母戊",
是商王母亲的庙号

替流畅,以骚乱代替平静,越是特别,就意味着本身越具有某种身份、价值。此外,如商晚期集容器与雕塑于一体的虎食人卣、象尊等,表象颇有怪异神秘意味,体积体形有限制,但表现在形式上又要突破限制,因此神态看来像是紧张的。这些艺术品恐怕并非出自对周围自然事物的模仿和审美自娱。为什么会这样?后来孔子所不喜欢的"怪力乱神",却是当时青铜艺术的主要情调。也许,青铜艺术鼎盛一时的文化意义,该到它们的模范雕镂之中去寻找。

据归纳,商代铜器纹饰主要有两类,一类是几何纹样,另一类是动物形纹样,包括与人像结合的。第一类有云雷纹、弦纹、乳钉纹、涡纹、四瓣花纹、绳纹、重环纹、环带纹、鳞纹等,它们常装饰在空白处,或作为底纹,用以烘托主题纹饰。我们感觉这种烘托还加强了表象的表现深度。第二类动物形纹样有取诸自然界实有的(鱼、蛙、龟、蚕、羊、牛、象、鸟),还有些属于现实中子虚乌有的形象,如凤鸟纹、怪鸟纹、龙纹,以及对牛、羊形象变形后的饕餮纹、亦蜥亦蛇的蟠虺纹。饕餮纹亦称兽面纹,是商代铜器上"非常可怪"之常见主题纹饰。

青铜器世界中对动物形象的有意选择和夸张变形、渲染,在我们看来,像是对一个不可知的冥冥世界有一种表现的冲动,似乎要通过超自然的刻镂造型,把超世间的权威神力表现出来。这个理解恐怕离真实不会太远。不过,那时的创作者也多半不会想到象征或象征什么的问题,他们就生活在半是人间半是"神鬼差使"的世界里，现代人所谓真实与不真实、科学与迷信的界限，所谓理念与行动的界限，在古人那里并不能分得清楚，包括不甚理解人与动物的关系究竟是怎样的。不错，那些纹饰形象具有畏怖、残酷、凶狠一类的情感性质，然而其生活本身及文化氛围正是如此地沉浸，尚无关于价值合理性的想法，原始宗教的力量也正是如此地笼罩，"不真实"的冥想与表现，包括所谓"恐惧、残酷"一类，也正是"真实"的一部分，至少心理上是如此。我们知道，由于生产力水平的限制，青铜艺术的表现，必然受到其时宗教文化氛围的深深影响。

有人指出："在祭祀的烟火缭绕之中，这些青铜图像当然有助于造成一种严肃、静穆和神秘的气氛。奴隶主对此尚且做出一副恭恭敬敬的样子，当然更能以此来吓唬奴隶了。"（马承源《中国古代青铜器》）也就是说，风格之选择，目的在于造成一种有着等级内容的文化气氛。实际上，情形不妨说还有另一面，即强烈的宗教文化气氛亦决定了风格之选择。因为绝大多数青铜艺术品出土于墓葬之中，其意义恐怕并非仅仅在于某种气氛之下所引起的威吓与恐惧。

然而为什么青铜艺术似乎并非偶然地运用了动物纹饰，特别是超自然的形象呢？

解释之一认为，祖先崇拜一直是古代社会文化的一项主要内容，人们往往相信曾经强有力的祖先，其鬼魂的能力仍然存在，并保佑着氏族子孙，因而宗庙中的祭祀香火不绝。铜器显然是祭祀礼器，动物又是祭祀时的牺牲，所以以此为关联，青铜艺术成为宗教仪式活动中的有机组成部分。

解释之二认为，祖先崇拜可以追溯到氏族集团的图腾崇拜。例如夏氏族以龙为图腾，商族以凤鸟为图腾。动物崇拜在文化心理内容上遗存下来，影响到造型艺术。

但是，上述两种解释均未涉及动物纹样中多种超自然形象的问题。

解释之三认为，这种现象同商代盛行的巫术文化氛围最有关系。那时原始宗教活动是经常的，宗教崇拜心理也还植根于生活本身。具体说，地与天，凡间与神界，相对而生又需要沟通。所谓"民神异业"，民即生人，神当以死去的祖先为主。"民神之间的沟通，要仰仗民里面有异禀的巫觋（女为巫、男为觋）；其中有高明者为祝为宗。在帮助他们通神的各种配备中，包括'牲器'即'牺牲之物'和'彝器之量'在内。换言之，商周的青铜礼器是为通民神，亦即通天地

妇好鸮尊 商王武丁时期
河南安阳殷墟妇好墓出土
中国国家博物馆藏

之用的，而使用它们的是巫觋。"（张光直《中国青铜时代》）解释者据此进一步指出，巫觋在进行巫术活动时，常借有形（如酒或药）无形（如乐舞所致的兴奋）的助力而进入神迷状态，这时动物精灵便被召唤而来，巫师之魂灵在动物精灵帮助之下去与神或祖先相会，得到神示。这样，青铜艺术中的动物纹饰、人兽结合形象，实际上就是多样的具有超自然品格的精灵，如此方便于巫术的通天地。所用纹样较多的动物如牛、羊、鹿、象、鸟类、爬虫、昆虫、两栖类、鱼类，可能都做过巫师的助理精灵。至于饕餮、夔龙、虬等怪异动物，虽非实有，却可能也是牛、羊、虎和爬虫等动物的转型。譬如创作者在进行再创造的构思时，将立体的动物分割为相等的两半，拼成平面。"由这种新的纹样配列法更进一步的演变，就是将同一动物的身体各部分予以重复；或将甲动物的一部分配合于乙动物另一部分；或夸张其身体之一部而忽略他部；由此形成各种复杂的纹样"（张光直《中国青铜时代》），以至形成亦人亦兽及种种拼接式的怪形畸象，也就不奇怪了。与此解释相应，在神话、玉雕、饮酒、饮食、乐舞等商代生

三星堆铜人头像 商朝
四川广汉三星堆出土 中国国家博物馆藏

大禾方鼎 商朝晚期
湖南省博物馆藏
鼎内壁有"大禾"二字

活各方面均有类似现象,可以总称为巫术文化现象。

以巫术活动为中心,使人与自然的关系处在矛盾对待而又相通感的状态中,是青铜时代一种基本的文化态度。它的价值,被认为不属于超越性的关怀,而是对现实秩序在这种礼乐规范中的确认。

西周礼乐文明制度

许多的文化史论在谈及在世界范围内来看中国传统文化时,一般都不否认,中国传统文化发育比较早熟。换句话说,跨入文明门槛的早期已能自成系统,其本土生长而且在容受外来影响时不失主体的历史文化延续下来,中间因革损益,却未发生大的断裂,是与早熟有关的。早熟,也表现为能够在民族文化范围内自我调节,商周之际的文化演变便带有这一特点。

商周以来的文化时空,纵看,有一个嬗替变化的连续系列;横看,除了有各地域文化圈的共性或个性,还可注意历史文化的结构性。放大看,结构的主要部分,经济、技术为一层,典章制度为一层,艺术、宗教、风俗等现象又为一层,古人所谓"道器""体用""本末""内外"的关系,也就在这里了。

早熟,熟于何时?有人以为在秦汉,有人以为在西周。我们想孔子在"礼崩乐坏"的春秋末期,总念着"克己复礼""郁郁乎文哉,吾从周",估计西周文化的综合体系,程度已较发达。然而若考虑实际些,"熟"也非一朝一夕之事。自殷商迄西周末,近千年岁月牵引,方有古代文化的由滥觞到定型。

商代夏而立,周灭商而立,商、周虽为两代,但究其始,皆为氏族社会时代之部族,一个主要活动于中原地域(东),一个崛起于关中(西)。周的先世在古公亶父时迁居周原(今凤翔、岐山、扶风、武功之间),在此立国,国号为周。所建都城,周人称之为"京"(大的意思,后来往往将王朝的都城称为京城,即源于此)。至文王、武王时,因东进伐商,中心迁至沣、镐。终商一代,周为西部方国,周定鼎天下,商又沦为属国。在文化关系上,商周虽各有宗风,又共属于民族文化大系统。但问题是,由商到周,王权归属发生更迭,文化上的情况又是怎样?王国维氏在《殷周制度论》中认为:"中国政治与文化之变革莫剧于殷周之际","殷周间之大变革,自其表言之,不过一姓一家之兴亡与都邑之转移;自其里言之,则旧制度废而新制度兴,旧文化废而新文化兴"。夏曾佑氏亦说:"盖中国一切宗教、典礼、政治、文艺皆周人所创也,中国之有周人,犹泰西之有希腊。"(《中国古代史》)这种看法倾向于以西周划分时代,可孔子又有"周因于殷礼"的说法,因此也历来有人认为商周之间乃大同小异。对此,我们或可折中评议,即是说,由商至周,文化上有因应绍续,也不乏除旧布新。总的看,周人的文化原较简陋,它的统治当会在商代文明基础上吸收商的文化经验,同时经过一番去取改造,逐渐形成以"周礼"为中心的,有自己礼乐制度特征的文化。以青铜器为例,考古发现,先周及西周的青铜器物的数量和形制颇为丰富,不能排除与商代青铜艺术有平行发展的情形,同时由于有领属关系和其他时长短不了的接触,甲、乙地之间的传播影

何尊 西周早期祭器
陕西省宝鸡青铜器博物馆藏
内有铭文,其中"宅兹中国"为"中国"一词最早的文字记载

毛公鼎拓本
出自清咸丰同治年间陈介祺或其门人之手。毛公鼎是西周晚期青铜器,出土于陕西岐山(今宝鸡市岐山县),台北故宫博物院藏

大盂鼎 西周早期
中国国家博物馆藏
鼎内有铭文记载了周康王册命贵族盂之事

响也不会太少。像周人所做大盂鼎、毛公鼎、史墙盘、方鬲、折觥、虎尊等,均属于青铜文化中的亚器物群。周灭商后,自因商代的青铜工艺水平较高,周对商的承袭应该没有疑问。变化当然也有,比如在器形与纹样上趋于简朴、明快、流畅,减弱了雕琢和怪异色彩。至于青铜兵器、乐器、铜镜等实用方面,周比商又可说进一步(青铜铸钟属乐器以西周晚期为多,著名的"四虎镈"便是由商代的钲演化而来的)。

变化,总有些背后的缘故,不妨且举两条。一是以关中农业地域生活为基础的周文化,宗风原本比较古朴;二是有鉴于商之衰败系于虚张过戾、征逐失度,使"民不静",周初统治者意识到需要使社会关系、心理有所弛缓,从而通过"保民、慎罚""无逸、忠孝""受禄于天""宜民宜人"来永享天命。青铜文物风格的演变从一个侧面反映了商周文化过程之推移，其中有一个通过互补（包括封建诸侯之间的战争）而促进的一体化趋势，直至秦汉。互补，包括中原文化对华夏周边各地域文化的影响，也有边缘对中心的反作用。譬如在商周时代，东西南北四方均有地域性的较发达的青铜文化。四川广汉三星堆商代晚期两座器物坑的出品，除有金器、玉石器、象牙制品外，尤以大型青铜方座人像、大型面具最为突出，其浑朴雄奇，焕然一现异样光彩，足见早期华夏文化内涵的丰富，远非一般史述所能道尽。

再看农业生产活动以及环绕的风俗制度。由商至西周，主要特点倒不在工具的革新上，但对粮食显然很看重，所以《诗·商颂》有"稼穑匪懈"的话，《诗·小雅》《诗·周颂》有祈求丰收的诗句，如"乃求千斯仓，乃求万斯箱""多黍多稌""为酒为醴"等。与粮食积累有关，是否曾存在过"井田制"，尚有不同看法。"井田"，一是指农田的划分方式，所谓"经土设井以塞争端，立步制亩以防不足，使八家为井，井开四道而分八宅，凿井于中"（杜佑《通典》）；二是指由原始的土地自由耕种向土地私有转变的过渡，其形式成为乡土社会较理想的政治格局雏形，如《周礼·地官·小司徒》解释："乃经土地而井牧其田野，九夫为井，四井为邑，四邑为丘，四丘为甸，四甸为县，四县为都，以任地事而令贡赋。"虽然三代农业的井田制，尚无可证实的载记，但周代既已有较完整的灌溉及道路系统，估计同井田制有关，因为若无井田，当不会有"遂、沟、洫、浍、川""径、畛、涂、道、路"之类的分别。此外周代还根据地力，实施了轮作制。

吃饭穿衣，由吃什么穿什么，到怎么吃怎么穿，在商周之际也属于要紧的事。事实上，自古以来，中国士大夫阶级就很讲究吃——饮食上的知识和技能。照《史记》和《墨子》的说法，商汤的宰相伊尹原来就是个厨子。《周礼》还记载，在帝王的宫殿里，侍从人员中有百分之六十以上是管饮食的，铜器和陶器用于饮食方面的可说是大宗。无论商人之饮酒成风，还是周人饮食常用谷类（粒食是与蛮夷生活的重要区别之一），中国传统饮食文化之形成，一是同农业生产方式相联系，一是同祭祀之需要相因应；一方面因对自然的广幅利用而增广了饮食之物的品类及搭配，另一方面，"鬼神享用"的花样既多，"人享"

也就多滋多味，口腹之乐有同嗜焉。大约，饭菜的搭配（有个基本的主次关系）以及把天然原料加以人工的结合料理，从那时便沿袭下来，体现出中国烹调的特色来自"配合的艺术"。现代烹饪指南所列"煎炒烹炸"等烹调方法有二十几种，商周时尚未具备，不过"煮蒸烤炖腌"罢了。不过周代烹饪已经很有特色了。周代文献上讲烹饪为"割烹"，即切割成份然后掺和烹调的过程，而最重的一道菜便是"羹"，即一种肉汤或肉羹，以味道调和为特征。甚至这种饮食的特点还能引申到政教大事上去。《左传》上便有这样的话："和如羹焉：水火醯醢盐梅，以烹鱼肉，燀之以薪，宰夫和之，齐之以味，济其不及，以泄其过。君子食之，以平其心。……先生之济五味，和五声也，以平其心，成其政也。"

大约衣饰之讲究也属于由巫术文化到礼乐文化的内容，这也涉及原料、织造、服制等讲究的环节。譬如考古发现先商和商代遗址、墓葬中就有蚕茧、绢片、丝带、绢帛的痕迹。商代甲骨文中不仅有蚕、桑、丝、帛等字出现，还有与蚕桑生产有关的完整卜辞。种桑养蚕由来既远，"丝绸古国"的基础当在商周时已奠定了。《诗·豳风·七月》描写到"七月鸣鵙（伯劳鸟在叫），八月载绩（开始纺织）；载玄载黄（赤黑与黄色），我朱孔阳（红色最鲜明），为公子裳"，正是一幅写照。"西周时，纺织已是社会生产的主要方式，并且是国家赋税的主要来源，家庭手工业纺织生产在当时社会上已占有重要地位。在《周礼》里，妇女纺织生产称为'妇功'，与王公、士大夫、百工、商旅、农夫等并列，合称为'国之六职'。"（李仁溥《中国古代纺织史稿》）像"成绩""杼轴""经纬"这些词的含义引申，也反映出纺织对于文化的巨大影响。除绮罗锦绣一类丝绸、织品外，麻葛在古代也是主要衣着材料，一般所谓布均指麻葛布，因穿布者多为庶民，故庶民亦称"布衣"。

到一定程度，衣服便由御寒遮体，演变出更主要的作为文化符号的功能。服饰的质料、式样表示身份，穿着亦分场合，有尊卑之别。譬如周代士以上以冕服为礼服，天子、公侯、大夫、士分别又有式样之不同讲究，庶人则以短褐为便服（褐是一种粗制的毛织品）。女子衣裳相连，与男子之上衣下裳者不同。从西周草制，衣冠也像城郭、宫室、宗庙、车马、礼器一样，成为农耕社会礼乐文物制度的一部分。

古文字初始

这一节，结合商周的情况略谈中国文字。这种文字是世界上现在还使用的最古老的文字。差不多可以说，以汉字为主的中国古文字系统同历史一样"老"。没有文字，便没有我们能了解的历史、文化。也因此，识字被看作"有文化"的标志之一，标志文化的最基本意义。

简单说，识字在中国，识的是方块形的注音文字，不是字母拼出来的拼音文字。同"洋码子"相区别，这种土生土长的传达符号，与埃及的象形文字、巴比伦的楔形文字有着相似的起源，但演变既未中途停止，也未被拼音文字取代，而是保持着自身的本性沿袭到今天。之所以会如此，不能不承认这里面大有缘故：第一，中国文字同中国语言、文化一定有着互为因应的配合关系；第二，它具有相当强的自足性、适应性，包括适应文化的保守性的语言文法的约定俗成。

不难想象，文字的产生是同帮助记忆的需要相联系的，也就是把生活中的某种事情记下来给自己看或给旁人看，如"备忘录"，由自己看得懂到别人也能看得懂。一般来说，这种视觉符号比语言听觉符号和艺术视觉符号要晚起。

虽然在彩陶器物上已不免有特别刻画的纹样、记号，却由于并非标记语言，缺少意符和声符的因素，称不上是文字。因此我们现在能确认的古文字，还是指商周时代的甲骨文和钟鼎文。此外，古文字起源的情况，也有人推溯至新石器时期（半坡、大汶口）若干简陋的陶文。

古文字有幸因陶器、甲骨、铜器遗存而隔代重见天日，使人想到，文字书写铭刻必有赖于一定的物质载体。如果说甲骨、铜器不易朽坏，那么也许尚有不少古文字已随着布帛、竹木这一类载体的朽坏一同永远消失了。这种情况也许表明：出土的文字固然是代表历史文化水平的可靠证据，也还只是"一斑"，尚不能见"全豹"。商周时代的中国文字已初具规模，相对成熟了——剩余财富的经营促使了文字的发明，文字的发明及广泛运用又推动了文明的进步。

中国文字的发明，曾流行"伏羲画卦、仓颉造字"的传说，这只能算无凭据的想象，我们可信的材料也还只能数到商周的甲骨卜辞和铜器铭文。

甲骨（龟甲和牛胛骨）埋在土里数千年，至晚清在安阳小屯村北农田偶有出土，被村民捡拾，当作药材售于药铺，分"龟板""龙骨"两种，上有字迹多被刮去。1898年，京官王懿荣从北京菜市口达仁堂药铺买药，始发现龟板上的字迹乃是古物上的古字，于是引起古董商人及学者的大量收集。小屯之外，南北各地后来陆陆续续皆有掘获发现，并经许多研究者研究，慢慢发展出"甲骨之学"。安阳小屯殷墟前后共计出土甲骨十五万片以上，其中有五万余片流散国外，统计单字近五千个，已认识的占五分之一，被证实是商代晚期的"刀笔文字"。西周时的甲骨也被大量发现，出土地以陕西岐山凤雏为著。千年坠绪，起之于地下，发凡起例，甲骨文字使商周文化影像显得充实多了。再说铜器铭文（钟鼎文、金文）。钟鼎彝器一类有一部分为历代市井草莽流传，一部分为近代出土。有些铭文器物上属商代，多记载人名及赏赐策命。至西周后，铭文铸刻的气象始大，见出广泛的生活内容，也开始讲究结构章法、笔道力度。唐兰说："在甲骨上常看见的干支表，是当时习字用的，最普通的是六旬、三旬两种，每旬一行，每行二十字，行格都很整齐，可见中国文字已渐渐变成方块了。……春秋时的'秦公簋'，似乎是用活字排在范上才铸出来的。这种方块字的倾向，使许多太繁重的文字，尤其太长的字，不得不减省或废弃……因而更奠定了中国文字形式上的特质。"（唐兰《中国文字学》）由甲骨文到金文，中国文字即使在商周两代也经历了一个长期的演化过程，其间有损益、有调整，朝着规范的方向走。当然这种规范不是起先就规定住了的硬规范，不妨有弹性，有一定的自由度。或者说字形衍化的大原则、大道理、基本导向不变，具体字形则会随时随境随人适当而变，有繁化也有简化，有孳乳也有淘汰，也是文化历史选择大过程的一个侧面。甲骨文中有那么多字无法被通达地转译成今天的字，岂非一个例子？

甲骨文和金文，毕竟是在文化已趋人工各司所守的社会里制定和使用的，应该说，像巫史、卜、祝这些人正是文字的主要制定者和使用者。我们设想他们已颇有了不少关于自然、历史、生产活动、典章制度、礼仪等方面的知识和经验。当然若打算用文字符号把那许多事物、事件、事情记载下来，只靠象形描画是办不到了。怎么才好？从现在看，一种选择是转向"表音文字"，有多少语言声音符号就可对应有多少文字符号，不愁不够表达之用（如目前

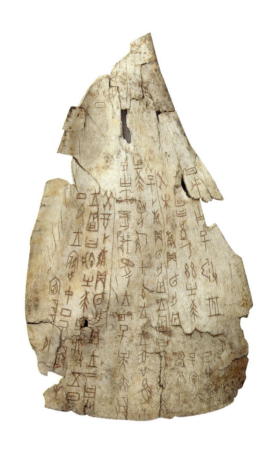

祭祀狩猎涂朱牛骨刻辞
商王武丁时期
中国国家博物馆藏
刻辞内容为商代社会生活和天气等方面的情况,有重要的文史价值

西方通常采用的字母拼音文字)。但是这种办法在遇到中国语音时,难免发生困难,因为汉语的一个词素或词往往是单音节,没有词尾,没有形式变化等,"工""功""公""恭"如果写拼音形式,意思难免混淆,字也便难以表示语义。再者,当时的书写工具和载体远不像后世那么方便省事,这势必要求刻画简练。方块字的组合,规模既适应此一要求,又能表音达意。另外,应该说商周时代的文字使用,不能不受限于王权和宗法贵族的范围,"学在官府"是很自然的。由此,关于文字的考虑未必会基于是否应该简易流行的问题,况且当时的文化精英也具有在自身知识体系内寻找变化的智慧吧。总之,诸如此类,也许促使了中国文字演变作另一种选择,即由初始的象形文字加以改良,酌体衍形,处理方块文字同所记录语词的关系:一、以形表义;二、以形记音;三、兼及音义。(也就是所谓的"六书":象形、指事、形声、会意、转注、假借。)

夏·商·西周(约公元前 2070—前 771)

汉字原始造字方法即包括在这三项里。

具体说：一、许多实物名词，表示动作的词，较抽象的名词或观念词，可以用形象图示做记录，如"月"作月形，"鱼"作鱼形；"伏"字作人匍匐状，"射"作拉弓放箭形；"大"字是一个正面站立的人形，表示"已婚女子"的"妇"字，是一把扫帚形；其他如牛、羊、果、元，则是以突出形象的部分特征来表示，还有用两个以上的图像符号来综合表现的，如"鲜"字用鲜美食物之代表鱼形、羊形合而为一，"礼"字用玉形和鼓形相合，等等。总的看，在甲骨文阶段，文字构成的途径已非单一，并且超出象形描画的局限，朝着"比类合谊"的方向发展。此类结构在甲骨文中所占比例已达百分之四十。二、借形记音属于一种"便宜行事"的方法，比如某一语词，原无合适的记录符号，便权且"借用"记录另一同音词的符号。这种方法减少了一些字，而借用的字如处在"上下文"中，也不致造成误解。三、兼及音义，又称"形声"造字。第一种是在原有表义字上加注音符，如"星"字原作群星形，又加上音符"生"；第二种是在原有的记音字上加注区别词义的义符，如借鸟形记录虚词的"隹"，后来加上心形符号或口形符号成为"惟"或"唯"；第三种是半音半义，如树木一类词，以"木"为义符，加上不同音符就可以分别造成松、柏、桐、杨等。在汉字里，这一类形声字的数量和势头越来越大，甲骨文中尚少，到金文中就成为主流，尔后更在汉字演变中占了极大比例。

以上文字结构的主要方式，决定了文字交流系统的基本形态，虽然由甲骨文、金文，到籀文、小篆，再到隶书、楷书、行草，俗字舛错，变化不断，"体"却是源远流长。

古今文字传统的确立，是中国文化个性的独特反映。它对于中国文化具有巨大的潜在影响。譬如说，有了统一的文字（同文），得以使全国各地的语言不致分离益远，有益于民族和文化的统一。文字系统的逐渐改良，权衡达变，也影响中国语言和文化的随时应变和自我调整，不致发生突然之断裂。此外，汉文字在早期即具备高度的艺术性，讲究整饬中的变化，限制中的自由，在这一基础上发展出了后世"线"的艺术——书法，并且在诗词文章中产生了对偶性、简洁而意蕴丰富、声韵和谐等特点。

从某种意义上说，文字、文学、文化是同向共生的。如果说中国传统思维方式有"模糊"的特点，那么这是否也同汉字结构上的形音义结合特点有关呢？文字也是思维的工具，汉字对中国传统思维、文化精神的影响，值得探究。

商周文化体制

文化之内容，包罗万象，而且时代愈进，头绪愈繁愈细，这不是夸张的话。但也正如有一座大园林，虽然亭台池沼，曲殿回廊，予人迷离纷披之感，却未尝不被安排在一个基本的结构设计中。不过文化的设计肯定更为复杂罢了。我们知道它其来有自，不知道设计者是何人。仅就这一点来看，古人常把某些事情的出现说成是天意，也不是偶然的。

商周时代，也可说是进行着初步文化设计的时代。例如传统建筑，虽然一代代踵事增华，但基本结构却奠定于商周时代。据考古调查，殷商初期的居室建筑尚多为半穴居，至安阳殷墟时期已提高到地面上而为堂基，周代晚期（可能更早）已堂高数仞，进而为宫室城郭、明堂太庙了。那时所确立的土木结构，成为传统建筑的基本模式。再看建筑群落布局，如西周时期陕西岐山凤雏宫室宗庙建筑遗址的平面布局，已体现出严密复杂又井然有序的群体组合关系。

"这种关系在建筑群各组成部分（如影壁、厢、庭、塾、前后殿等）的形态、体量、相互配置、建筑群中的节奏变化等之中都已有鲜明的表现。而主殿堂的统摄地位正是在这种群体组合结构关系基础之上被显示和突出出来的。为以后历代宫室建筑群尊奉不祧，并且日臻完善的'左祖右社，面朝后市'的布局原则确立于周代，这一原则所追求的也正是将礼制、政务、生活通过具体的建筑形式融合成一个有序而严密的整体。"（王毅《园林与中国文化》）

又如世俗生活中的婚姻制度与继承制度。后来的人们觉得许多礼法规矩有着"先我而在"的规定性，而规矩（如"一夫一妻""父母之命媒妁之言"、女子的"三从四德"以及"嫡长继承"）在商周时代逐渐形成，选择的背景，除了早期氏族社会已有血族相媾的禁忌之外，更主要的则是同需要有效地维持一定的权力秩序（以财产继承权的稳定延续为基础）有关。

一夫一妻制（虽然主要从名分上看是如此）之所以历来偏重女子的贞操，

也不过主要是为了确定血统、确立财产继承权。那时的人用这种社会组织的方法来解决社会文化整体的有序问题。

再证之以典章学术。近世出土的卜骨上的甲骨文、铜器铭文（金文），显示出商周时代文字记事符号系统已初步确立。例如使用"干支"相配合的方法纪年、纪日，是把天时、人事加以次序、规律的掌握，在此基础上制定的历法已经相当准确而不错乱，成为延续千年的古代历法的骨干。另外，甲骨卜辞上的文字，已由象形描画，渐进为文字的象征，更进而表现取义、会意的特点，又进而成为中国文法表意传达工具的基形和确立典章学术的条件。甲骨文、金文产生并趋发达的原因，一方面在于巫师进行占卜时积累经验的需要，另一方面，记事的目的更着重于确立一定的意识和制度规范，表征王权秩序的重要，并把统治者的秩序观念融合在一套文化经验里，也就是那个时候政治、经济、文化生活的经典、纲要。"书之竹帛，镂之金石，琢之盘盂，传遗后世子孙。"（《墨子》）所以，其内容大致循此目的而来，有记占卜者，记祭典者，记训诰者，记征伐功勋者，记宠锡策命者，记授土授民者，记盟誓约会者，记土封者，记礼仪者。铭刻之间，已见其一套套的规矩，规矩以礼俗而不以法律的形式体现，一小部分人通过规矩的因革损益，影响和设定文化、思想、学术的基本风貌。

由此，在《尚书·洪范》（西周史官修订，可能以殷典册为底稿）中，我们可看到一种"综合"。《洪范》内容分为九类：一、五行（水、火、木、金、土），二、五事（貌、言、视、听、思），三、八政（食、货、祀、司空、司徒、司寇、宾、师），四、五纪（岁、月、日、星辰、历数），五、皇极（皇建其有极，敛时五福，作民父母，以为天下王），六、三德（正直、刚克、柔克），七、稽疑（命卜筮，曰雨、曰霁、曰蒙、曰驿、曰克、曰贞、曰悔，三人占则从二人之言，谋及乃心、卿士、庶人、卜筮），八、庶征（雨、旸、燠、寒、风，五者以时为休征，不时为咎征），九、向用五福（寿、富、康宁、攸好德、考终命），威用六极（凶短折、疾、忧、贫、恶、弱）。由自然现象到社会人事现象及其因果解释，天人之际的因应符命、顺逆进退，都在这常规礼法的九类范畴里面了，典型地反映了由商代到周代逐渐形成的文化制度、道德、思想、知识体系。它所追求的也正是一个有序、严密的操作整体系统，作为与武力权威相配合的文化权威。难怪孔子要赞叹"郁郁乎文哉"！

当然，就文化的凝聚力与社会组织结构的严密性而言，商代均不若周代。譬如商代文献遗存中还没有"德"字，反映出对道德力量维系社会的作用是忽视的。而"德"字在周代金文中，在《周颂》《周书》中大量出现，反映了"德"正是克配上帝而授民授土的主要根据。

所以周代帝王名号，为"文""武""成""康"，为"昭""穆""共""懿"，均含有彰显道德的意义。周初实行以道德招揽天下的理想专制，是鉴于商衰之教训，翦商之后，不免行伦理与政治相结合的"德政"：敬天，勤民，重农，慎刑。

周代替了商，在典章制度和思想上所谓"因革损益"，实是做了适于自己的改良。它接过殷商的氏族制度、宗教观念，却将新内容灌注进去。道德、政治、宗教以及科学几个方面，本来是可以各有畛域、分别演进的，可以体现社会分工化程度的文明、知识体系，但是周人却用了混合的办法，将政治与道德结合，道德与宗教结合，政治又与宗教结合，造成一统的序格。以宗法、礼治为核心，奠定了中国传统文化的基本趋向。因而道德观念、政治知识、宗教意识既缺乏独立发展，又是贵族化的，似乎与国民百姓没什么关系，正是"礼不下庶人"的意思。宗庙社稷（国家），在敬天祭祖中维持，同时也就需要一班专业化的文化官员，如祝、宗、卜、史。

"祝"的文化任务是代表祭者向神致辞，他必须有关于神的历史知识；"宗"的文化任务是管理宗庙祭礼的一切，他必须熟知氏族宗法的历史知识；"卜"的文化任务是掌管观兆的宗教事件（有的兼掌筮），他必须有关于吉凶祸福的一套知识；"史"的文化任务是掌管文书、观察天象，他必须有关于自然现象的知识。但是我们实在应该明白，这些文化官员的根本任务和职能，乃是为宗法制度的统一、稳定来做解释性操作。

政治宗教化是周代的支配思想，也就是使宗教符合于政治需要。譬如周初的社会组织形式是改造了商代的嫡长继承制度，横延为宗法制，再结合政治、经济而构成综合的统治体系，设计更为周密。宗法制本是由氏族社会演变下来的以血缘为基础的族制系统，周人把它与嫡长制结合起来，使族制的纵（嫡长继承）横（宗法系统）两面都生联系。"其制，大约为把全族中最高权位者按嫡长制继承定为大宗，其余的支子划为小宗，使大宗有继承权及主祭权，小宗无之。但小宗在他的本支中仍以嫡长子为大宗，余子为小宗，权力如前。如此一分、再分、三分，则全族的系属分明，权位定，亲疏分，而政治经济的势力亦随之而有判别，即借此以巩固其政权。"（郭宝钧《中国青铜器时代》）

建立这样的统治体系，总要找出依据来，主要的就是两条：天命、舆德。一个是天人合一的宗教思想，一个是天人合一的伦理思想，也都是商周思想的演变特点所在。大约，以不可捉摸的"天"为主宰之神是始于周代的。"帝"为殷的部落神，而"天"则为周之部落神。郭沫若曾解释甲骨卜辞中的"祖"（且）、"妣"（匕）、称神祇的"示"（作T或丕），实即生殖器之象征；"帝"字本像花蒂之形，其意亦重在生殖。（郭沫若《中国古代社会研究》）"上帝"被殷人所崇拜，一方面是由自然神向人格神、多神向一神的转变；另一方面由生殖崇拜转向祖先崇拜，由是宗教日益同王权统治息息相关了。周取商而代之，承袭商的符命说，但修改为以"天"为神，"天"不仅是宇宙主宰，宇宙其实就是"天"所造的。"天"顾命有德者，委派周的君主为人间代表，治理黎民。"天子"的观念就是在一种半神秘半现实、半宗教半伦理的气氛中确定下来："文王在上，于昭于天，周虽旧邦，其命维新。"（《诗经·大雅》）祭天、祭祖，象征着对宗法秩序的确认与祈祷。

周人正是这样组织了他们的精神与现象世界。正如《庄子·天下篇》所说，周人"以天为宗，以德为本"。"在宗教观念上的敬天，在伦理观念上就延长而为敬德，同样地，在宗教观念上的尊祖，在伦理观念上也就延长而为宗孝，也可以说'以祖为宗，以孝为本'。先祖克配上帝，是宗教的天人合一，而敬德与孝思，是使'先天的'天人合一，延长而为'后天的'天人合一，周氏族的'宗子'地位要求在伦理上发展当初的天命，这样才能'子子孙孙永保命'。"（侯外庐、赵纪彬、杜国庠《中国思想通史》[第一卷]）周代君主的子孙未能永保"天命"，但周代的典章制度、意识形态却成为后世文化思想的宗基，其影响不可谓不深远。

风、雅、颂

且不谈世界，就说中国之"最"，如果论到中国文学史上最"古"的作品集，我们一定会想到是《诗经》。《诗经》中的诗篇最早的创作于西周初期，下限及于春秋中叶，年代在公元前11世纪至公元前6世纪，大概也算得上世界上最古老的作品之一吧。《诗经》还占一个"第一"，即在传统所谓经典的"六经"——《诗》《书》《易》《礼》《乐》《春秋》（《乐经》亡佚）——中排第一位。虽然它起初只是《诗》，并非什么"圣经"，儒家孔子及后来人那么看重它、高抬它，总说明《诗经》的文化史意义并不低于它的文学史意义。

《诗经》简称"诗三百"，只是约数，共计三百一十一篇，除去"小雅"中有目无辞的六篇，实数三百零五。《诗经》分风、雅、颂三个部分，风包括十五"国风"，雅分"大雅""小雅"，颂分"周颂""鲁颂""商颂"。从创作时代上分，"周颂"全部和"大雅"的大部分作于西周初年；"国风"的大部分和"鲁颂""商颂"的全部则是周室东迁后至春秋中叶的作品。

所谓"孔子纯取周诗，上采殷，下取鲁"，五百年间编了三百零五篇，现在看不算多。不过，一来反映了文学发生期诗的形式尚在初步掌握中；二来足见有古典的"天真"，较少后世"别裁伪体"的现象；三来虽然统而言之为"诗经"，其实个中的内容、形式和文化意味又是有区别和变化的。譬如，"国风"近于众庶的诗篇、乡土的乐歌，"雅""颂"则多属政教的诗篇、庙堂的乐歌。又譬如，"颂"和"大雅"的写作偏记事，少抒情，乏文采，"小雅"以"讽谏怨刺"为特色，"国风"则长于表达民间生活和抒情，最能体现"导达心灵，歌咏情志"。我们摘几则片段来看看，可能要承认区别不算小：

执竞武王，无竞维烈。不显成康，上帝是皇。……（《周颂·执竞》）

诞寘（置）之隘巷，牛羊腓字之。诞寘之平林，会伐平林（遇到伐木人）。诞寘之寒冰，鸟覆翼之。鸟乃去矣，后稷呱矣。实覃实讦（哭声又长又洪亮），厥声载路。（《大雅·生民》述后稷感天而生故事）

昔我往矣，杨柳依依。今我来思，雨雪霏霏。行道迟迟，载渴载饥。我心伤悲，莫知我哀！（《小雅·采薇》）

女曰鸡鸣，士曰昧旦。子兴视夜，明星有烂。将翱将翔，弋凫与雁。（《郑风·女曰鸡鸣》）

与后代之衍变略有不同，《诗经》每首形式风格未尽一致，却大体皆有叙事的中心，也可说借诗记事，借诗作乐行礼，还提不到为作诗而作诗。但《诗经》之早期内容局限于颂谟、述史、神话，后来则在叙事中加进了情性吟咏，以至于"言之不足则长言之"了，也越来越贴近民间的现实生活。由颂、雅到风，似乎有一个文化形态上的由雅而俗、由正而变的微妙变动。

"诗言志"。朱自清和闻一多都认为，"志"有三个意义：一、记忆，二、记录，三、怀抱。（志从止从心，本义是停止在心上，也可以说是藏在心里。）闻一多又指出：这三个意义代表诗发展的三个主要阶段。最初的诗产生在有文字之前，依靠记忆以口耳相传，为了便于记诵，所以有韵和整齐的句法，因而，在《诗经》中又称"诗"为"诵"。"最古的诗实相当于后世的歌诀，如《百家姓》《四言杂字》之类。"第二个阶段是文字产生以后，用文字记载代替或帮助记忆。"古时几乎一切文字记载皆曰志。"韵文发生既早于散文，"那么最初的志（记载）就没有不是诗（韵语）的了"。诗与史的区别，只在有韵和无韵上，其功能仍是记事。到第三个阶段，随着社会发展和社会生活逐渐复杂，更适宜于记载之用的散文得到进一步发展，诗便与歌结合起来。"诗歌平等合作，'情''事'的平均发展，是诗的第三个阶段的进展，也正是三百篇的性质。"（夏传才《〈诗经〉研究史概要》）

因为诗与歌合流，刺激"情缘事""事缘情"，再进一步，便有抒情意象的含蓄、弥漫，终于衍化为以"意境""神韵"为旨趣的古典诗歌主流——抒情诗，成为此后两千年间中国文学的正统类型。同时，其中又出现"载道"与"非载道"两种态度的对立，都多少体现着中国传统文化的内在矛盾——"体用不二"同"用离于体"的矛盾，强调人际和谐有序与强调个人独立自由两种人文主义的矛盾。当然，如果从诗的文化功能来看这一矛盾，两千年间，毕竟是配合政教、礼治的"温柔敦厚"观念占了主导。"情"包括种种人情、性情、感情的表现，仍不过是士大夫文人寻求文化心理平衡的渊薮，所谓"国家不幸诗家幸，赋到沧桑句便工"，真是无可奈何聊以自慰的话。再说远一点，《诗经》在历史上被特别青睐，被反复加以阐释（包括种种解说和曲解），本身就是一种奇特的文化景观。

《诗经》所开辟的文化道路，对于中国文化也许不是偶然的。孔子说："诗可以兴，可以观，可以群，可以怨；迩之事父，远之事君，多识于鸟兽草木之名。"（《论语·阳货》）他这里说到诗的功能，末一句并不重要，而调节社会、泄导人情却是首要目的。确实，从《诗经》开始，虽然不乏自然朴实的表现力，诗歌毕竟是表现人生的体验和情感，表达主体性和经验性的东西，它有助于"风雅"氛围中的人借此完成人格，实现道德追求，同时具有较高的审美价值与教化作用。作为一种吸引了无数人聪明才智的文化导向，它影响了中国文化的核心观念，植根于中国人的心理结构——重视的不是天人的对立、冲突，而是天人渗透、协调。有人称之为"圆式思维"，思想发散出去，还要收拢回来，所谓"无往不复观"，体现于崇本抑末而非穷究事理，情感感受而非认识模拟。因此，回头看《诗经》，中间虽有不少关于男女恋爱的内容，"亦只见其自守于人生规律以内之哀怨与想慕，虽极执着、极诚笃，却不见有一种狂热情绪之奔放。中间亦有种种社会下层以及各方面人生失意之呼吁，虽或极悲痛、极愤激，但始终是忠厚恻怛，不致陷于粗厉与冷酷。所以说国风好色而不淫，小雅怨悱而不乱，又说哀而不伤，乐而不淫，又说温柔敦厚诗教也。这些全能指陈出在古诗中间透露出来的中国古人心中的一种境界，一种极真挚诚笃而不偏陷的境界。孔子曾说，诗三百，一言以蔽之曰思无邪。亦是指着这种境界，这种人类情思之自然中正合乎规律而不致放肆邪僻的境界而说的"（钱穆《中国文化史导论》）。钱穆由此推论《诗经》是伦理的。

《诗经》毕竟还是诗，后世视之为政治书、道德经，未免牵强比附，把它当作社会阶级斗争的研究材料看，也很难普遍衡量。我们只能说，《诗经》作为艺术表达及情感思维表达的方式，通过赋（铺陈叙述）、比（取他物而以明之）、兴（以形象发端，有象征意味）的方法，对中国传统的诗文词曲书画以及工艺美术均产生了极大影响，所以也是文化性格上的最早规范，为儒家思想所重视。再者，它反映了周代社会生活的各方面，宗教的、政治的、伦理的、社交的、生产的。如果说维系当时社会文化精神的是礼乐制度，那么诗正承担着阐发礼乐意义的基本功能。"发乎情止乎礼义"，所以孔子认为"《诗》、

《书》、执礼,皆雅言也";又说"三年不为礼,礼必坏;三年不为乐,乐必崩"。《鄘风·相鼠》是《诗经》中的名篇:"……相鼠有体,人而无礼,人而无礼。胡不遄死?"有人解释这首诗是对贵族统治者的斥责,实际上这里所说的"礼",正是周代的礼乐制度。(诸如吉礼讲祭祀,敬事邦国鬼神;凶礼讲忧患,多属丧葬凶荒;宾礼讲会同,多属朝聘过从;军礼讲兴师动众,征讨不服;嘉礼为宴饮婚冠,吉庆活动。)西汉人的理解(《史记》《礼记》《新序》《韩诗外传》)也大多如此。当然,三百篇并不都是教化之言,有许多篇什称得上"根情、苗言、华声、实义",但也正因为如此,后儒才认为《诗经》是一种成功的、"感人心者"的教化。而在周代,它们之发生,也正在于它们是礼乐中的有机部分。诗,其实也就是歌,是有词有曲的礼仪性音乐,在庙堂或乡曲中吟唱。据考,风、雅、颂皆是指不同风格的乐调、乐歌,以后乐调失传,只剩下了歌词。我们或可想象,诗被之管弦,先是作为延续下来的原始礼仪被传唱,又逐渐成为礼乐文化训练的内容,从音乐范围扩大到语言的范围,由一种艺术形式渗透到生活和教育传习中,对中国传统文化模式(情感和思维)产生了长久影响。

《周易》的世界观

已有不少历史文献材料说明,中国古人的宗教观念在西周时期发生了一次变革,确如《礼记·表记》批评殷周宗教精神的差别时所说:"殷人尊神,率民以事神,先鬼而后礼……周人尊礼尚施,事鬼敬神而远之。"从那个时候起,以种种"精灵崇拜"为核心的宗教风习,渐趋于人文化、伦理化的方向,虽"事事托命于天,而无一事舍人事而言天",强调人的德行决定自身的吉凶成败以及上天的授与否。但这样想和做,既积极又消极,也就是说,既非因宿命而退缩无为,同时又把人与自然、人与人的复杂关系加以简化了,简化到一种比较现实、固定的文化设计:以礼(外在)和德(内在)的结合为中心,奠定了中国传统社会和思想的根基。这样,便也无形中限制了宗教与科学知识体系的发展。由于太看重人生,而忽略了周围物界与自然;因喜欢简化,而忽略了对复杂事物关系的进一步把握；因追求稳定，而忽略了进步。

西周以降，这种尚实际、尚简化的趋向，缓和了社会矛盾，也有效地维系了宗法生活秩序。不过，这种道德精神和现实精神，还不足以用来解释人生与自然界的根本问题，也是绕不开的事实。

譬如，当时的人们尚不可能对种种自然现象的发生有科学的认识，关于人的生老病死、吉凶祸福也不免因不能理解而作神秘的臆测，更谈不到对宇宙天地之学有切实的知识。那么，这种事情，往往又不是尊礼敬德的学说所能充分解释的。实际上从上古以来，宗教巫术占卜活动就很自然地担负了这一类解释沟通的职能，尤其是占卜的形式，对种种现象的前兆或后果做出一套解释，也是当时社会文化心理（在生产力和知识水平低下时）所需要和唯一可以接受的解释，因为不可能有别的什么来代替它。我们见到商周时代大量的卜甲卜骨，便不难估计巫术占卜对当时政俗生活的广泛影响。占卜的内容有梦占、星占、植物占等，有卜祭祀、卜气象、卜农事、卜征伐、卜田猎、卜游宴、卜疾病、卜生育等。

占来卜去，担任卜史职务的巫觋，一面积累了一些天文气象知识，一面建立了他们的"概率假说"系统，包括观风使舵、察言观色的技巧，模棱两可的语言，由此而有算命先生在后世不绝流传。到许多自然科学知识深入人脑后，我们认为这是"迷信"，是"蒙昧"，但在古时，毋宁说占卜的习惯是"合理"的，是一种基本的反应态度、文化智慧（包括哲学观念、思想方法等）的凝结。

西周以后，由骨卜为主发展为以筮占为主，特别是产生了这方面的经典——《周易》。可以说，《周易》给了巫术占卜的假说解释传统以一个总结和发展，使解释的形式不仅变得更抽象、严密，又超出了占卜的"小格局"，体现出对自然界根本问题的思考，而且近于取精用宏，弥纶天地，大大加强了原本重实轻虚、厚人伦薄自然的古典文化解释。传说孔子读《易》，"韦编三绝"，又说"不占而已矣"，已经不把《周易》只当占筮书来看了。后来《周易》变成了"六经之首"的《易经》，被儒家学者格外看重，所谓"大道之原"（班固），"六经之大莫如《易》"（扬雄），种种评价及发挥，无异推波助澜。最初它只是一些卦爻辞即筮词的记录，继而被加上注释，并以系统形式逐渐展开为"十翼"（包括《彖》《象》《文言》《系辞》《说卦》《序卦》《杂卦》）。后人解说纷纭,更是代不绝书,真成了"说不尽"的《易经》。《周易》含有神秘性的不可解释和理性的可解释,这二重性质在其中矛盾、共存。一方面,"神秘"具有某种召唤力,总会激起人类希望看到奇迹及解释奇迹的潜在意念,并应合"人类本有神秘力的可能等下意识的信仰";另一方面,通过"阴、阳"两种符号的多重排列组合(八卦),而得到象征意蕴,由此得到一个观念中的宇宙框架。这是《周易》的基本形式意义。正因为它看来既具体又抽象,譬如卦名"乾",既象天,又象父,又象首,又象健,等等,总可以推至许多事物和概念,卦爻之间的关系也就更为复杂多变了,所以有人说,"易道广大,无所不包。旁及天文、地理、乐律、兵法、韵学、算术,以逮方外之炉火,皆可援易以为说"(《四库全书总目提要》)。也有人把《周易》比作一个"空套子",似乎什么都可以填进去,消化得了,解释得通。不论怎样去解释,在古人那里,都把《周易》似乎提示着世界本质的占筮符号看成圣人的创造,源自天生,既非后天所能企及,也非后天的任何力量所能改变。它犹如一张大网,把人的行为和心理网罗其中,能知人之吉凶,好像六十四卦、三百八十四爻已经穷尽了人的命运的方方面面。通过占筮活动,许多人生的问题似乎可以在天理和心理的结合上得到解答,人们从中获得文化规范、思想启悟、情感导引,以此面对命运的安排。

由此可见,《周易》的文化精神带有积极的宿命论色彩。

返回来,说到《周易》的作者和产生年代。《周易》在体例上分为"经""传"两部分。"经"指《周易》本文,"传"是对《周易》本文的古老的、具有权威性的诠释和发挥。《易传》的成书大致可定在战国时期,为儒家知识分子的阐述。而《周易》本文的作者和时代,尚难断定。在讨论中,许多学者认为,作者虽然不能如传说所谓归之于伏羲(或神农),也不能肯定如《史记》所谓归之于周文王(或周公),比较可能的是由当时掌握卜筮专业的卜史、巫人所载记和整理,并当作经验加以流传。与此相关,其产生年代,有说在殷周之际的,有说在西周中晚期的。实际上,它不免也有一个发生并逐步成为规范的过程。由此还可以说到"周易"这个名称。"周",一是指"周代",一是指圆满兼运动变化的意思,一是指涉字义上与"卜问""占问"有关的含义。关于"易"字,也有三种解释:一、"易"从"日月",象阴阳,为"变";

二、"易"是"蜥蜴"的象形，变幻莫测，或表示"双手捧着盛水的容器，将水倾注到另一容器之中"，也有变幻不定义；三、"易"字的本诂是"占卜"。上述各说皆属后人之讲解，也不妨聊备参考，对理解《周易》的由来是有帮助的。

三言两语说不清《周易》的占筮推衍结构。概略言之，它的本文由卦图和卦辞、爻辞组成。卦图由阳爻"—"和阴爻"--"构成，每三爻为一小组，即少成卦图；可排列出八种不同的少成卦图：☰ ☱ ☲ ☳ ☴ ☵ ☶ ☷，所以叫作八卦图。两个小成卦图上下相叠，可排列出六十四种不同的大成卦图。用于占卜的是这六十四卦图，而不是基础的八卦图。每一次易占要取得一个大成之卦的兆象。每卦有一张卦图、一条卦辞和六条爻辞。这样，《周易》便由六十四张卦图和六十四条卦辞和三百八十四条爻辞构成，在占卜吉凶时，中间还有许多周旋、变化。当然，易占的操作程序（筮法，卦爻辞的象征解释）比较复杂，大概只有专门的卜史、巫师才能熟练掌握。

《周易》作为占卜活动的"指南"，也作为中国传统文化趋于成熟时的基本文化经验，包括了超出占卜境界的哲学思想，其价值表现是多方面的，并且成为传统文化精神的某种源泉。

譬如说，它体现巫术对传统文化意识的深远影响。占筮者从中求得某一个卦象时，这种卦象其实是"人为"的产物，是从一定的"数"的推演中创造出来的。可是，信仰者却认为这是神灵的预示，是吉凶的征兆，是不可违逆的天启。在这里，"天启"和"人为"完全重合，确立了"天人和谐"的基本境界。所以说，"昔者圣人之作《易》也，将以顺性命之理。是以立天之道，曰阴与阳。立地之道，曰柔与刚。立人之道，曰仁与义。兼三才而两之"（《易传·说卦》）。

尽管《周易》提供了一幅"简化"的、秩序化的世界图景，是在"不确定"中"确定"，以至于阻塞了走向以神本而确立宗教、以知识理性和经验为本而确立科学的那一条历史道路，却诚然充溢着中国早期文化的乐观、自信精神，这是对主体精神智慧的开掘，也难能可贵了。我们也可以把它的基本观念概称为三：一、性（内，个人），二、命（外，环境），三、道（"一天人，合内外"）。它的主意虽在教人趋吉避凶，其实际根据却并不在鬼神的意志上面，而只在于教人从复杂的环境和其深微的内性上找出条理和道路来。这是中国文化固有的重人生、重伦理的路向。也许这种文化选择也对自然有它的适应性，因为如果你抱有自信心，相信来自《易经》的解释性启示是有价值的，你便会勇往直前，"如果你的整个心思是趋向胜利而不顾失败，在事业上你成功的机会亦可较多"。

《周易》关于阴阳对转，互相消长而循环，互相发生作用而产生新的发展这一类想法，显然也内含了辩证的认识。这对于后人来说，印象不浅。不过这还不是讲具体的认识方法，实际上体现着中国哲学的一个基本观念特性，即认为自然是一种不断活动的历程，各部分成为一种有生机的整体形式，彼此动态地关联在一起。这种观念态度决定了对自然缺乏分析性的认识。《世说新语》中的一则逸事，不妨当作这一方面的例子来看：

> 殷荆州曾问远公："以何为体？"答曰："《易》以感为体。"殷曰："铜山西崩，灵钟东应，便是《易》耶？"远公笑而不答。

应该承认《周易》有它文化意义上的消极面。"它使那些对大自然发生兴趣的人，采用根本不是解释的解释……它导致一种概念的因袭，几乎类似某些时代因袭艺术形式，因而使画家不再观察大自然的情形一样。"（李约瑟《中国古代科学思想史》）一个停止了探求的"存案系统"，是否是踏上真正科学之途的绊脚石呢？

春秋·战国

(公元前770—前221)

周室东迁与王纲解纽

前面说《周易》的文化史意义，总觉管窥数斑，不尽于言。虽然谙熟这部"经"不是一件轻易的事，但实际上我们中国人的思维观念、文物制度，可以说不觉地都在它的规范里面。譬如说以实用的态度对待宗教，《周易》所提供的不正是如此的经验之谈吗？又譬如说，喜欢以简化的方式理解和改造世界，是否同《易经》用六十四卦"包干儿"宇宙万物万事有关呢？另外，从西周以后中国社会就确立、沿袭了一套人事行政制度，按战国时人所记，周初官制除三公三卿外，又有天官冢宰以掌邦治（一般行政），地官司徒以掌邦教（教育），春官宗伯以掌邦礼（礼仪），夏官司马以掌邦政（执行），秋官司寇以掌邦禁（司法），冬官司空以掌邦工（工务）。人事与自然似乎也是对应的。我们由此想到《易经》的系统，在某种意义上，也正可视为把大自然的世界当作反映社会秩序、人事行政制度的"副本"；反过来说，《易经》之所以在中国文化中影响深远，是否由于它的世界观，基本上就和宗法社会的秩序一致呢？在传统文化关联系统中，"天人秩序"的问题，实在是正统文化考虑的基本点。

但在历史河流中，问题并不如此简单。秩序，难免会面临诸如破坏、修复一类挑战性的情况。这时，一方面原有的王权政治体制一度解散，社会陷于分裂与战乱，文化格局也面临"礼崩乐坏"；另一方面，既成的体制、格局又需要因时制宜，力图调整和强化自身，修复秩序。这可以看作西周衰殒后，经春秋战国到秦统一这一段历史的画面。西周经营了二百七十多年的稳定，自周幽王被犬戎所杀，平王立，东迁洛邑（公元前770年），是为东周。东周王权归于空架子，那时齐、晋、楚等诸侯继起称霸，借"尊王攘夷"口号，挟天子以令天下，不免分立相争，中土动荡。按孔子写史时的称呼，是为"春秋"时代（中经约三百年）。又以尔后"三家分晋"为标志，齐、楚、燕、韩、赵、魏、秦，七国纵横成一"战国"局面，至秦始皇统一六国，其间又是二百五十余年。终东周一代，合、分、合，笼计五百余年，算是够长了。

人们也许会问，何以西周维系了近三百年的"王纲"会解纽呢？造成历史变动的因素是多样的，它们形成一种"合力"，从社会内部逐渐酝酿并寻求发展，挣破了原有的秩序格局。譬如从经济上看，西周曾依赖"井田制"一类的土地制度来实现农业立国，保障民生安定和贡赋来源，但西周末年"井田"崩溃，原因在于：一、人口增加，从前划定的分配已不适应实际；二、铁器工具的制造使用，引起生产技术进步，使生产力发展不平衡；三、因经济发达，产生商业资本和土地资本，引起土地私有和兼并，农村经济基础动摇；四、诸侯即各宗主国互相争夺地盘，并推动聚敛夺取变本加厉；五、私有欲望的膨胀与古朴民风的失落，等等。经济活动的发达一般地会加剧竞争、剥削、压迫等冲突形式走向激荡。

从社会阶级的分化对立来看，承上因，利益冲突的加剧，使大宗主一方面不放弃他的权力和偃仰享乐的生活，无法顾及"勤民敬德慎刑"的方针，另一方面又无力阻遏并有效地压制来自民间的反抗，不免离心离德。从《诗经》中的一些诗篇已可见下层劳动阶级的怨愤已溢于言表，反映出社会内在的不稳定。加上西周后期屡屡用兵南北，或征犬戎，或伐楚子，造成王室力量衰颓。从社会组织方面看，周初立宗法制，以血缘系统安排政治组织，使君权重，诸侯、卿、大夫依次而轻，本固支弱，内重外轻。但时间长了，君权削弱，血缘纽带渐次疏松，封疆诸侯涨破了他们的格子，也就涨破了封建的均衡之势。尤其是几个处于外围的诸侯，南方的楚、北方的晋、东方的齐、西方的秦，由于处境较优越，扩地日广，兼并弱小，分别坐大。实际上关于力量的观念和知识，渐已凌驾于"礼义"之上，事功排挤了伦理价值。春秋各诸侯既可以不臣天子，诸侯各国卿大夫也可不臣诸侯，于是弑父弑君、公子争立、公族互杀之事，春秋之际不可胜数。

随着五霸迭起，吴越代兴，权谋霸术之道更成为应世的主要文化智慧，崇武养士之风蔚然。在人际关系方面，原来的前后世袭、上下私属关系，变为才能和俸禄相交换的雇佣关系，这是一个平民精神开始活跃于历史舞台的巨大变化。总之，既定的社会秩序、心理秩序都发生了大的"翻转"，民本意识亦比以前为强烈。我们看到以孔子为代表的儒家学派，呼吁"克己复礼""天下归仁"，实在是觉得春秋战国时有一个文化上的大变动，故而那种不妨称之为"王纲解纽""文化失范"的情况才使不少贤人儒士忧虑，进而求"外王"之道，退而修"内圣"之学。

总的看，那是一个不平静的、带有挑战性的时代。从春秋到战国，鱼龙混杂，异端并起，一方面，在汉代人看来是"道德大废，上下失序"，"捐礼让而贵战争，弃仁义而用诈谲"（刘向《战国策序》）；另一方面，又是文化思想"一致而百虑"，混乱中有开放、碰撞中有启明的时代，百家争鸣，各成流派，出了不少思想家和贤人志士，还在探索中形成了传统思想文化遗产的最主要内容。因此虽然在秩序上是一种破坏，在道德上是一种混乱，但几百年的混杂争夺，无形中也加强了文化的相互作用与交融，为文明发展和再融合提供了条件。华夏文化扩展而统合的形貌也正在这种传播过程里。

进一步说到传统内部的变动，顾炎武曾慨叹道："春秋时犹尊重礼信，而七国则绝不言礼与信矣；春秋时犹宗周王，而七国则绝不言王矣；春秋时犹严祭祀，重聘享，而七国则无其事矣；春秋时犹论宗姓氏族，而七国则无一言及之矣；春秋时犹宴会赋诗，而七国则不闻矣；春秋时犹有赴告策书，而七国则无有矣。邦无定交，士无定主。"（《日知录》）此话正是"礼崩乐坏"的进一步注释。但我们也可说，就文化的动力机制而言，事情也还有"开放""自由"（较少束缚）的另一面吧。历史是不宜简单一概而论的，正如应该承认，春秋战国时代毕竟也不乏充沛的文化创造力。

固有的文明受到长期战乱的破坏，然而新的现实需要又刺激了多方面的文化创造活动。例如在"春秋五霸"与"战国七雄"那里，各自城邦采邑的经济活动规模、工艺技术水平，以及艺文、学术、教育的发展，比之前代都是斐然可观的。这自然同一种较少限制的文化气氛有关，同出现"尊贤任能"的风气有关。文化重心开始由庙堂坛坫转向闾巷平民，而"争强"与"变革"的意识为现实所肯定，恰恰也成为文化发展的推动力。且说"争"引起"变"，我们看以前的社会结构，贵族与平民差序森严；春秋以后便有大变化，上下两阶级之间产生了一个新集团，就是学者和商人。学者受过经礼教育，学问知识增加，可出入宫廷，与贵族讨论国家大计。商人由货运得利，利用其富力来影响政治、文化，甚至与贵族争席。这些新兴人物不受旧规矩限制，行动自由，周游天下，唯利是图，择其所归，也渐渐推动了经济发展、学术昌明。

单看学术思想，东周文化演进，中间最值得注意的就是学术思想。天下不太平，使一般开明知识分子对经邦济世、安身立命问题尤致以深入探讨，显现了人文精神的充溢与执着。

春秋之际最敏感的学者是孔子。他是位经典专家，痛世风日下，所以主张复古，以"礼""仁"（孝悌忠信）为救世救心之本。他提倡教育，要学生根据经典来扶匡贵族，恢复上古"黄金时代"的社会。不过时代前进，很难让人往后看。其后墨子提倡"尚贤"和"兼爱"，他的目的是要取消贵族权益，弭兵止战，为人民大众谋福利。这是一种对后世影响也很大的进步思想。同时杨朱主"为我"，他说要天下太平必须由个人做起，如果人类都能专为自己，不侵涉他人，便可以相安。他不反对"兼爱"，不过他认为提倡"兼爱"，就有干涉别人自由之嫌，所以他"拔一毛而利天下，不为也"。

战国时，儒家直系的学者有孟子，他一方面斥墨子的"兼爱"为无父，另一方面又阐说"王道"和"仁义"，倡"民为国本"。另有宋钘，折中杨、墨的学说。儒、墨之外，又有道家思想兴起，老子、庄子一派主张"无我"和"无为"，要以消极手段，来解决世间苦痛。在这方面还有许多方士，幻想神仙世界，做种种超自然的寻求。邹衍讲"阴阳五行"，研究天变与人事的规律性关系。最现实的是商鞅等法家，他们要以严密的政治来补礼制的不足，"信赏必罚""明刑尚法"是他们的口号。他们还注意经济建设，以富国强兵为兼并天下的基础。又渐渐由"开明"而"统制"，由"离心"而回到"权威"上去了。这条法家的路线终于促成了秦王朝统一中国。

春秋战国之际的商业与城市

现代社会生活，商业是少不了的行当，甚至经济生活被称为"商品经济"。人们几乎天天同商品打交道，觉得是极自然的事情。可是我们再想想，也许会发现，这"极自然"，还不仅是经济生活的必然现象，它后面有一个已经变动了的文化背景。换句话说，由传统社会到现代社会，在不同的文化环境中，对"商"的看法以及商人所扮演的社会角色是很不一样的。因此，在古代中国，"商"的处境状态实际上也反映着某种文化个性。譬如说，中国人原本是善于

鄂君启节 战国
安徽省寿县出土
中国国家博物馆藏
此为楚怀王发给鄂君启的免税凭证,仿竹节形制青铜铸成,节上有错金文字

勤俭、计度、做买卖的,但千百年来非官方控制的社会商业活动却一直受到限制、抑制。又如,虽然远自商周时代便已有商业贸易的先声(《尚书·酒诰》:"肇牵车牛远服贾。"),"可是在中国传统中,'经济人'最有利的做法不是增加生产,而是从已经生产出来的财富中增加他自己取得的份额。他要同他的同伴们直接竞争来发家致富,而不是以征服自然,或者扩大自然资源的开发,或者应用改进了的技术来创造新财富……中国的传统不是制造一个更好的捕鼠机,而是从官方取得捕鼠的垄断权"。尽管如此,"轻商""抑商"的倾向一直被传统社会保守着,其中存在着"治生"与"读书"、"天理"与"人欲"、"有私"和"无私"、"政府控制"和"人民自治"之间的种种矛盾。既然传统社会的主要目标是维持秩序和安定,轻商、抑商便也是很自然的。《吕览·上农》说:"民舍本而事末则好智,好智则多诈,多诈则巧法令,以是为非,以

非为是，不如农人之朴实而易治。"这种重农贱商的观念可谓根深蒂固了。

在这个问题上，春秋战国之际的商贾情况颇值得注意。

较早注意并描写商业之于国计民生有积极意义的是司马迁。他在《史记·货殖列传》中写到春秋战国之际商品经济渐趋发达的情况：东西南北都各有风物特产，"皆中国人民所喜好，谣俗被服饮食奉生送死之具也。故待农而食之，虞而出之，工而成之，商而通之……此四者，民所衣食之原也。原大则饶，原小则鲜。上则富国，下则富家，贫富之道，莫之予夺"。那时，齐桓公任用商贾出身的管仲为相，"通货积财，富国强兵，与俗同好恶"，因之做成九合诸侯、一匡天下的霸主。越王勾践用计然、范蠡的计策，重视"农末俱利""关市不乏"，论余缺，知贵贱，"财币欲其行如流水"，还奉之为"治国之道"。果然国力因此而强盛起来，得以"观兵中国"，称霸一时。由于看到做买卖在治生上面的利益所在，范蠡后来功成身退，隐于江湖，成了著名的富商，号陶朱公。

当时，较活跃的商人，还可举出郑国的弦高、仕于卫的子贡（孔子的学生）、魏的白圭、贩盐的猗顿、冶铁的郭纵、畜牧的乌氏倮等。商人的社会地位不低，甚而可与国君分庭抗礼。他们的活动范围（长途贩运）也不小，"东适齐，南之楚，北如晋"，并非罕事。总之，商业活动在春秋之后崛起抬头，足见：一、商人地位提高，富商大贾出现；二、商业规模扩大，商品种类增多；三、商业在政教中的地位提升，影响增大（所谓"仓廪实而知礼节，衣食足而知荣辱"）；四、商业都市的出现；五、市场管理制度的进步；六、铜铸货币的使用和增加。

我们知道，在中国历史文化中，"城市"这一概念，意义偏于"城"，"市"是次要的，因为早期城市兴起，主要目的在于防御和保护，在商周时代又被当作王权的象征或者宗法政治的一个个中心。所以中国早期城市在经济组织功能方面并未充分发展起来，直到战国时期，情况才有变化。各诸侯国的城邑，由于国与国之间的竞争，都市的经济功能也益形发达，政治中心因之而同时成为商业和交通中心。当时著名的城市有齐的临淄、魏的大梁、赵的邯郸、楚的郢和寿春、韩的阳翟、宋的定陶、燕的蓟，还有东周洛邑。繁华热闹景象，以苏秦的描绘为生动："临淄之途，车毂击，人肩摩，连衽成帷，举袂成幕，挥汗成雨。"（《战国策·齐策》）

商品经济的活跃，对于轻商抑商的传统，对于原有的文化心理格局都是一个不小的冲击。冲击还表现在：确立较严格的市场管理。"天下熙熙，皆为利来；天下攘攘，皆为利往。"商人总是要持赢计利，这就有个"公平"的问题。由此，一方面，有量度工具的产生；另一方面，市中设有专司商政的职官，监督交易，诸如维持秩序、颁给场地、检查货物、平抑物价、掌握出入、征收税款、罚款、发布通告，等等。（《周礼·地官司徒·大司徒》）这是官和商之间最初关系的发生，至于这种初步的监督管理形式，能否补偏救弊、有效地维持商业发展，就很难说了，因为其中已隐含着商依于官，并且出现官商操纵的可能性。

商业既逐渐扩大，货币及货币规制遂应运而生。春秋以前，在"以物易物"之外，已有海贝皮、铜制刀镈（布）、珠玉、黄金等或贵或重之物作为"货币"来流通使用。这当然并不方便，所以春秋以后就发展出了铜货币的铸造、流行，是商业史上一大跃进。这种铜铸货币，称为"钱"，是从称为"钱"（即铲）的农具转变来的，又称为"布"，"布"是"镈"（即锄）的假借字，形式皆模仿着青铜农具。战国时铜币大量使用，各国分制，有同有异：三晋一代流行"布"，有或方或圆的许多样式；齐、燕一带流行"刀"；周邑、秦多用"圆钱"、孔圆或孔方；楚用"铜贝"（蚁鼻钱、饼金）。多种形式至于秦统一中国，遂归为无棱角、有窄孔，便于分数、收藏，以两为单位的圆钱系统。

综合考虑，似乎可以说，由于商业贸易经济活动的扩展、升级，冲击了自给自足的小农经济结构，春秋战国那种"动势"的历史情境，在中国历史上有其独特的意义。商业的发展显然是政治、经济、文化权力分散的结果，其影响也是多方面的。

但是在中国历史上，这种多元化的社会形态只是特殊的，而非普遍的类型。"分久必合"，久之仍复归于集权。分，由于统制禁锢一定程度的解散，由于竞争，产生了以人欲为基础的动力，刺激生产的发展、财富积累、社会分工、文化进步；同时也加大了贫富差别，加剧了私有化的土地兼并，破坏了道德纲常的维系力量。秩序，仍复成为一个迫切的问题。张力大就难以保持平衡。两千年前的人当然不具备解决这个问题的历史经验。选择只能是在比较好的情况下回复到旧轨道上去。秦的统一天下不是偶然的。

布币 战国
出土于山西平朔
中国国家博物馆藏

贝币（俗称蚁鼻钱）
战国
出土于安徽寿县
中国国家博物馆藏

　　体现着商业经济在中国的历史命运，思想文化冲突在春秋战国之际就已存在了。那时一直就有崇本抑末、重农抑商的强烈主张。"士农工商"这个四民说的次序，反映了根深蒂固的传统价值观。不仅传统中国人不能认同"以赚钱为天职"的心理和行为，"逐利"亦被看作是与"诚实"截然对立的。与孟子同时的农家许行主张"市贾（价）不二，国中无伪"，认为商人的买卖是欺诈的。商鞅认为，如果听任游士可以"尊身"，商贾可以"富家"，技艺可以"糊口"，人民就会逃避耕战。因此他说，"能事本（农业）而禁末（工商业）者，富"。法家韩非则更是将商工之民斥为"五蠹"之一了。

　　在这里，"秩序"与"动力"的矛盾，"义"与"利"的矛盾，在中国传统文化意识中深刻地存在着，而且是一种两难处境，尽管司马迁说过，"无岩处奇士之行,而长贫贱,好语仁义,亦足羞也"(《史记·货殖列传》)。

技术主义时代

研究中国古史的学者一般认为:春秋战国是中国历史上一个巨大转变的时期,又是一个重要的发展时期,无论在政治、经济、文化方面都有巨大转变和重要发展。这是一个概括的说法,更具体的讨论也有不少,涉及土地制度、阶级状况、思想形态等方面。不过,我们不妨问一下:产生"转变""发展"的主要原因是什么?

这就会触及一个基本历史事实,即春秋战国时的社会是分裂的,不是统一的。东周的王权成了一个空架子。由此,各诸侯国之间一直进行着和战交替、抑扬消长的竞争,霸位莫衷一是。因此社会在相对意义上看是动的,不是静的。"分"与"争",也许正是转变、发展(动)的主要原因。这是否也是春秋战国同上面的西周、下面的秦汉最有区别的地方(历史文化风貌)?

显然,"分"与"争"作为一种动力机制,造成了文化结构和心理上的不平衡,朝着"事功"一面倾斜,也朝着"力量"一面倾斜。也就是说,诸侯为自己求生存发展,需要重视工艺技术,因为工艺技术最实用,最有利于富国强兵。这就意味着一种变化:传统所强调的原是礼乐制度之"本",而贬抑工艺技术之"末";倾向于人与自然之间的和谐利用,而不是功利性很强的技术应用;高扬的是既变易又不易、恒若大化流行的"道",而不是"坏人心"的"术";强调"天定",而不是"人为"。从某种现实选择的程序上说,春秋战国乃是一个"技术主义"的时代。"技术"在这里意思很广泛,上自帝王术、外交术,下至孟尝君养士千日用士一时的鸡鸣狗盗之术。当然,更重要的是构筑着中国早期自然与社会科学知识系统的,应用于实践的人才智能、技巧发明和学说。热闹纷出的百家争鸣,也反映着"技术主义"的一个侧面。

此时,工技术士阶层与商人阶层都在扩大。三代时,手工技艺者的社会地位很低,尚在庶人之下。《礼记·王制》说:凡执技以事上者,包括祝、史、射、御、医、卜、百工六种,此等人"不贰事,不移官,出乡不与士齿",即不许改业，不许迁居，本乡之外不得与士人论年齿高下。产品也受限制，《礼记》记载说"作淫声，异服，奇技，奇器以疑众，杀"，聪明才智自然得不到发挥。春秋战国时不同了，公输班以技艺受礼聘于楚（《墨子·公输》），宋人有雕牙为楮叶者食禄于宋（《韩非子·喻老》）。《韩非子》还记述一件事：有一个骗子，自言能在棘刺的尖端雕刻出母猴的形状来，燕王因而给了他三乘之众的俸禄。三代手工艺者多是政府或王公的家奴，战国时自由手工艺者的队伍扩大了。《墨子·尚贤》记载："今王公大人，有一牛羊之财不能杀，必索良宰；有一衣裳之财不能制，必索良工"，"有一罢（疲）马不能治，必索良医；有一危弓不能张，必索良工"，说明世俗生活各方面皆有匠人技师应运而生。从诸子书和史传中不难读到当时许多能工巧匠、谋臣才士的故事。

当然，技术成为一时好尚所在，也同王公贵族追求侈靡生活有关，智巧和诡诈的界限也不易分清，因此春秋战国也不断有儒家和道家出来，批评技术主义、功利主义，认为"重物""轻心"、重事功轻伦理会带来种种危倾流弊。而法家一派则企图把"技术"纳入权威文化秩序中去。这些都恰恰表明而不能掩盖技术主义对于春秋战国时的文化进程的深刻影响。

譬如，作为中国古代文明最富光彩的内容之一，古代自然科学技术在春秋战国有了起飞的态势，为中国古代自然科学结构奠定了基础。如果进一步以理论、实验、技术三方面来分析，技术成果的积累又占科技发展总量的百分之八十，可见技术水平之突出。《庄子·达生》中记述其例："梓庆削木为鐻（乐器），鐻成，见者惊犹鬼神。"又如《周礼·冬官考工记》记木工揉轮："凡斩毂之道，必矩（刻而识之）其阴阳。阳也者，积理而坚，阴也者，疏理而柔。是故以火养其阴，而齐诸其阳……"都可见讲究得心应手。这还不过是举其小者而言。

说到较有示范意义的技术进步，农业方面有：一、冶铁技术，包括发明鼓风炉，铸铁的铸造与柔化展延技术，渗碳制钢和铁矿开发等，带动了铁器的广泛使用。二、水利灌溉，如春秋时吴国修建了人类历史上最早的运河——胥溪（由苏州通太湖，经宜兴穿石臼湖，从芜湖入长江），又在江淮间凿通邗沟，是为大运河最早开凿的一段。又如魏文侯时，西门豹曾兴建"引漳水灌邺"的水利工程。魏惠王时开凿了沟通黄淮水系的鸿沟。战国时最著名的水利工程，要算是改造岷江的都江堰水利工程了，相传是在李冰的主持下，人们在岷江中凿开了与虎头山相连的离堆，在离堆上游筑分水堤和湃水坝，使岷江分为内外两支，并筑有水门调节两江水量，从此把岷江水流分散，既防水患又便利了航运和灌溉，使成都平原成为"天府之国"。其次还有秦国在关中修建的郑国渠。三、耕作技术，包括牛耕、施肥和一年两熟制，稳定了小农生产经济。

关于手工业和商品生产的技术进步，可举出：一、青铜工艺技术的进一步创造，如在铜器表面镶嵌金银丝的"金银错"技术，春秋中期已发明，在楚、越、宋、蔡等国的兵器上，多有错金之美术字，笔画作鸟形，即所谓"鸟书"。到战国早期，有些铜礼器上施以大片"金银错"图案。至战国中期，工艺臻于精致，不仅施用于兵器、礼器和用器上，还施用于车器、符节、玺印、铜镜、带钩和漆器铜扣上。铜器亦多精巧奇构，如四龙四凤铜方案、十五连盏铜灯、牺尊、莲鹤方壶等，同时有刻画像工艺发展起来，表现着车马狩猎、水陆攻战等画面。二、麻丝纺织工艺，包括漂染方法。三、髹漆工艺。四、制革工艺。五、酿酒工艺。六、煮盐技术。七、琉璃制作技术。八、竹木工艺。工艺技术的进步大大改变了社会生活的图景，提高了利用自然的水平。

我们知道，是社会政治、经济、文化生活的需要，刺激了技术的变革。同时，技术的作用又会促使科学发展到一个与其相适应的水平。在这方面，《考工记》代表了一种类型，即对经验知识和各种操作规范做出归纳记录，涉及数学、力学、声学等方面的知识。天文历法与地理志为另一类，如《甘石星经》，记载有一百二十颗恒星的黄经度数和距北极的度数，是世界上最古的星表。《禹贡》是一部系统的地理志著作。还有随着农学和医学的初步摸索产生的农书、医书。虽然诸如此类的经验和理性知识的集成尚缺乏建立科学理论、方法的模式（例如李约瑟曾把《墨经》中的几何定义同欧几里得的《几何原本》做了对比，发现两者的表述非常相似，但即使如此，《墨经》并未有意识地去建立一种构造性的理论体系），但是春秋战国时的技术主义倾向及其所带动起来的知识进步，还是显示了那时的文化创造活力与人们的才识智慧。

还应补充，那时，"技术"作为文化的标志，虽然是传统中的动力性因素，却很难克服传统政治经济文化结构的局限，同时由于忽视理论和受控实验，整个科学技术的水平仍不可能产生突破性进展。技术不仅是技能而已，一般来说，科学技术在某种历史文化背景上的迅速发展，需要一个技术—科学—技术的循环加速机制。由于中国古代文化背景（执着于整体自然观而非构造自然观，重伦理而轻物理）的影响，中国古代技术未能进入发展的良性循环，挣脱束缚（技术与产品不能分离，手和脑不能分离）。这本身也是颇可注意的文化现象。

"春秋无义战"

了解和认识文化史的来龙去脉，需要做而又最不容易做得好的一件事，是对史事、史象做概括。本来，纲举目张、以简驭繁都意味着概括的意义。可是一旦得到一种概括，再想想，又不免发生疑问：这种概括是否真的抓住了文化史演变的线索？似乎还有些问题的。

举个例：春秋战国的文化精神、基本价值取向是什么？有学者用"先秦理性精神"来概括。具体说是这样：春秋战国"其中所贯串的一个总思潮、总倾向，便是理性主义。正是它承先启后，一方面摆脱原始巫术宗教的种种观念传统，另一方面开始奠定汉民族的文化—心理结构。这主要表现为以孔子为代表的儒家的思想学说；以庄子为代表的道家，则作了它的对立和补充"（李泽厚《美的历程》）。儒道互补是两千年来中国美学思想（大概也是文化思想）的一条基本线索。这不失为一个有见地的观点，而且是从研究孔子、庄子思想引申出来的。问题在于，即使体认孔子文化思想的核心为理性精神（怀疑论和无神论的世界观，对现实生活积极进取的人生观），恐怕也不能说它代表了春秋战国时普遍性的社会意识。即使说孔子或庄子是有影响的人物，其影响在当时时空条件的限制下也不会很大。或者能否说孔子、庄子的思想恰恰是时代思潮的反映呢？可是实际情况却并不表明他们是合时宜的人。孔子东奔西走，周游列国，还不是到处碰壁！庄子则更无所羁绊，"故自王公大人不能器之"。因此总不该用后人的看法来代替当时的情况吧。孔、庄诸子的言论中，有不少可以看作对当世的文化批评，但这也正说明了春秋战国的文化状况与他们的思想尚有相当大的距离。

吴王夫差青铜剑 春秋
河南辉县市出土
中国国家博物馆藏

认识还应从实际出发,不宜被某种概括所拴住。

春秋战国长亘五百余年,其间裂土而侯,战争不息,比起统一而稳定的时代,情况是复杂的,文化规范不易确立。从中国文化的连续演进去看,这差不多可以说正处在过渡时代。过渡,也就有方兴未艾、方衰未去的东西同时存在,有各种选择的矛盾共存,也就还不稳定,过去、现在、未来三股作用力,影响着文化的动态结构。

譬如了解春秋时代人们的观念世界后,有时觉得他们实在是既矛盾又常常找出理由来使矛盾和解的。《国语·晋语》记载,宋国人杀了昭公,赵宣子请求发兵讨宋,晋灵公不许,赵宣子就说:"大者天地,其次君臣,所以为明训也。今宋人弑其君,是反天地而逆民则也。天必诛焉。晋为盟主,而不修天罚,将惧及焉。"晋灵公听了他的话就答应出兵。本来这是为了正君臣上下关系而

齐景公殉马坑
位于山东省淄博市临淄区。殉马分两行并列，非常壮观，反映了当时齐国的强盛

行使权威的事，但一经扯到"天罚"和"民则"上面，反倒弄玄乎了，晋灵公才觉得理由充分。他们临事之际是真的相信有天机鬼神在冥冥中操纵人事呢，还是以为人事就是人事，天道归于天道呢？恐怕当时也说不清楚。商周以来宗天敬鬼神的影响仍然普遍存在，因而凡遇事有举，祭祀、占卜，仪式繁复有增无已。人们很认真，认真的用意乃在于求鬼神之帮助，祈福禳灾。可是现世人间生活的经验也对人们的观念有很大影响，因而宗教意识又在折中变通的思考中有所淡化，以为神的意志终究还会体现于人的意志。所以当楚国要伐随时，随侯原以为靠祭祀的丰美完备以及求神助就够了，季梁就对他说："夫民，神之主也，是以圣王先成民，而后致力于神。"（《左传·桓公六年》）并告诉他，祭祀的用意在于民和则有神灵降福。随侯听季梁这一番说辞后，惧而修政，楚遂不敢伐。在这里，季梁之所以不糊涂，不迷信神秘灵验，关键在于他考虑到

与战争有关的实际问题，即"修政"的重要性，只有实力才能做依靠。因此，天命鬼神尽管仍在观念中活跃，却是与政治，与"力"的观念紧密结合的。敬天也好，重民修德也好，目的都离不开加强国力，"以德绥诸侯，谁敢不服"，"故政不可不慎也"。这是在混乱争雄的现实中求生存求发展而逼出来的观念。所以这样的话是讲得透彻的："古圣王以审以尚贤使能为政，而取法于天"（《墨子》）；"承天之道，以治人之情……圣人以礼示之，故天下国家可得而正也"（《礼记·礼运》）。宗教、政治、道德三位一体，根本在于培养能适应竞争环境的力量。

固然，春秋战国产生了中国思想史上最有代表性的一些思想，如礼治、德政、仁义为本、无为、逍遥，放射出人文精神与智慧的火花。这些思想颇有开明气象。但是如果说它们能被君主有限地接受，乃是因为通过天人和谐与人际关系的调整和谐，有助于加强"治"（即一定的秩序），有助于权力、国力、事功，反之则被功利意识所拒绝。这正是矛盾中的不矛盾。关于这一点，一个最无情的事实就是不断的争战和兼并、争霸，所谓"春秋无义战"。迂腐者如宋襄公，偏要用仁义道德原则来指挥打仗，结果弄得一败涂地。郑国的贤相子产，用"养民以惠""宽猛相济"的办法，在治国上取得了大成绩，但郑国终究还是衰败不存，争不过"武德""武功"更强的历史势力。总的看，春秋战国的主流文化思想，并不因具有一定理性的、民主的内容，而改变其适应现实需要，以政治权力、实力为转移的实质。许多卿士的思想方案可以被纳入君主"南面术"的框架内，组织成更丰富的"权力文化"的内容，以至于有人还要点出秘密来："安国在乎尊君。"（《管子·重令》）"明主之所导制其臣者，二柄而已矣，二柄者，刑德也"；"欲利而身，先利而君，欲富而家，先富而国"。（《韩非子》）"故先王圣人为之不然，知夫为人主上者，不美不饰之不足以一民也，不富不厚之不足以管下也，不威不强之不足以禁暴胜悍也，故必将撞大钟，击鸣鼓，吹笙竽，弹琴瑟，以塞其耳；必将雕琢刻镂，黼黻文章，以塞其目；必将刍豢稻粱，五味芬芳，以塞其口；然后众人徒，备官职，渐庆赏，严刑罚，以戒其心。使天下生民之属，皆知己之所愿欲之举在是于也，故其赏行；皆知己之所畏恐之举在是于也，故其罚威。"（《荀子·富国》）

可以说，从利身到利君，从爱国到尊君，名义和利益的安排都似乎顺理成章。"势利"观念原是因此需要而来,声色华美、藩卫严密以及贵贱有序,皆起到厚翼权力—势力格局的作用,也正是"礼不下庶人,刑不上大夫"的注解,尤其便于吸引和制约"士"这一阶层依附于国家。

由上述荀子的话,我们可了解春秋战国重权力、重威势之意识对于"显文化"的影响——宫室器用,务极高大文饰。《礼记·礼器》篇详细指示了天子、诸侯、大夫在祭祀、丧葬、饮馔、衣冠方面的等级规矩,申言"贵多、贵大、贵高、贵文之事",都是为"壮其观瞻,养其威重"。于是又影响到社会风气"日趋于文",包括对饮食、服饰的讲究,影响到建筑、乐舞、美术的艺术进步。

例如建筑在实用、享乐、政治诸功能的综合中发展了基本的传统形式:一、瓦屋建造(叠瓦);二、堂台增高、增固(高堂);三、斗拱的使用(刻桷);四、彩绘加华(丹楹);五、宫殿苑囿扩大经营(宴乐与布局);六、城池竞筑(威严),反映出以王权为中心的社会组织关系对生活和艺术的投射。

在复杂中求整饬,生动中求稳定,不仅形成春秋战国建筑的特点,而且还体现在文字的变化上(从小篆到隶书,及书法艺术化),音乐(主要是为礼仪演奏的曲调)也要借此表现出隆重、优雅、和谐,"鼓似天,钟似地,磬似水,竽笙箫和筦钥,似星辰日月"(《荀子·乐论》)。当时,颂、雅、风就是在不同场合演唱的三种曲调。"颂"是有舞蹈的祭神歌曲,伴奏乐器有琴、磬、钟、镈等。"雅"原是一种竹筒状的节奏乐器,因为这种曲调用它来打拍子,"雅"便借为曲调名。"风"是各国民间流行的曲调类型。这三种类型都属于与"礼"不分的雅乐,讲究"中平""肃庄"。至于借音乐来表达情感、自娱,也是自然的。不过它们大多已属于后起的"新声",究竟怎么个调子,不能了解,但一直被正统派攻之为"乱世亡国"的"郑卫之音"。郑、卫虽未必因此而亡国,可这种看法却很能表明一种艺术从属于政治的观念,或者说,重教化而轻感官愉悦的观念。

春秋战国的漆器和帛画已较精美,当时已制作和使用毛笔,因而增加了艺术表现手段,如摹写刻画及技巧开发的可能性,毫芒之间见流光溢泽。雕刻和雕塑也具有更丰富之表现力,同样体现出呆板为活泼所代替,讲究心手相应,道进乎技。既然统治者注重政俗生活中的"观瞻",求其声色华美,无名艺人的才能也较多获得发挥的机会。藻彩绮丽,正是战国风雅文物之胜处。

教育与学术:由官学到私学

广义来说,文化与教育的意思最接近,二者也就常常连用。有时"文化"被释为人类"后天习得的价值观念、行为方式","习得"或者"学习"正是受教育者所从事的活动。狭义来说,教育是文化的一部分,是文化的一种具体体现,并对文化产生影响,二者同样不可分。当然,教育主要指学校教育,所谓师生教学之间传道、授业、解惑,与宗教、礼教、家教那种教化的"教",有些分别,尽管也有些联系。

中国历史上最早的教育家,以春秋时的孔子为著名。《史记·孔子世家》载:"孔子以诗书礼乐教,弟子盖三千焉,身通六艺者七十有二人。"又说:孔子卒后,"故所居堂弟子内,后世因庙藏孔子衣冠琴车书"。可见孔子所主持的学园,曾为齐鲁洙泗一带游学请教的众望所归。孔子提出"有教无类",收徒讲学已不论出身门第,只要提两捆"肉干"(作为学费的"束脩")来,即可行弟子礼。因此,可以说孔子是位大平民教育家。记录孔子师门弟子言论的《论语》,第一句话就是:"子曰:学而时习之,不亦说乎!"他觉得学习不是一件苦事,而是乐在其中。这种思想很难得。

说回来,观察春秋战国文化的转变,教育状况的变化可视为重要的指标。譬如说,由"一统"到"分立",虽然指政治上的情况,而知识、人才的组织系统却大致也与之相因应,旧"官学"系统衰败了,代之以民间"私学"兴起。春秋战国的"礼崩乐坏"是"百家争鸣"的前奏。所谓礼乐,当作为古代知识、学问的总汇看,是寄托在官师政教合一的"王官之学"。"礼崩乐坏",表明官学已失去存在基础。如孔子所云:"天子失官,学在四夷。"《庄子·天下篇》亦感叹道:"其数散于天下而设于中国者,百家之学时或称而道之。天下大乱,贤圣不明,道德不一,天下多得一察焉以自好。……百家往而不反,必不合矣。后世之学者,不幸不见天地之纯,古人之大体,道术将为天下裂。"不管变的结果是好或不好,教育体制事实上是变得很厉害。

商代以前的教育，情况漫无可考，西周时的官学教育体制却大致清楚。西周官学分为"国学"和"乡学"两种。国学为贵族而设，其中又分"大学"和"小学"两级，小学为童蒙之学，授以书、数一类知识，大学则主要学习礼、乐、射、御等安邦治国之术（如"三德三行""六艺六仪""乐语乐舞"等科目）。设在王都的大学叫"辟雍"，设在诸侯国都邑的大学叫"泮宫"。掌教于国学的教师为有一定职守的王官。至于乡学，是一种设在一般城邑或都邑近郊的地方学校，吸收士以上的低级贵族（当时的贵贱等第为天子、诸侯、卿、大夫、士、庶人工商）来学。乡学的教学内容，多为明人伦、知纲纪、定尊卑的礼节修养和从军打仗所必备的军事知识与技能。总的看，旧教育体制有政教合一的特点：一、学在官府，学政一体；二、官师一体；三、教学内容限制在"礼、乐、射、御、书、数"六艺范围之内；四、学成的出路是入仕；五、学校中的行政管理与政治管理合而为一。

官学体制下的教育不能独立，反映它的主旨在于为西周的宗法制度训练和培养官员，因此正是保持宗法贵族文化权力垄断的必要形式。这样做，学校便不成其为思想、学术活动的场所，知识本身的价值便不被肯定，探讨亦被束缚，而且往往脱离实际的社会日常生活，结果是阻遏了社会人才和文化上的垂直流动。

春秋中晚期以后，王官权威日益分解离散，各诸侯因为自保或对外扩张兼并，所需要的人才不免是多方面的。这就打破了原来社会等级的固定性，为士、庶人的上升敞开了门户，官学的存在也就失去了意义。同时，垄断一经突破，私人办学便应运而生。社会上一些有知识的人，如果在早先，"大抵皆有职之人"，而这时社会上并没有固定的职位在等着他们，一旦不能入仕（当官），自认为"邦有道，则仕；邦无道，则可卷而怀之"（《论语·卫灵公》），宁可修身志道，不愿仰禄于人，于是不少有学之士投入教育行列。私学逐渐兴起于民间，以至于孔子能够在济世不成之余把他的思想学说做了总结和宣讲。

春秋战国时私学兴起，意义主要在于教育的独立，教育面向全社会，以及知识独立价值的确立（即知识由职事性的转变为独立性的，虽然它们仍偏于德性之知而非闻见之知）。《吕氏春秋·劝学》尝道："师之教也，不争轻重尊卑贫富，而争于道。"这无异于表明学术文化可以具有超越性的价值品格（其中包括"道"与"王权"的二元分立,知识与权力的二元分立,以至于"道"尊于"势")。可以说,私学之兴起,直接或间接地促进了春秋战国诸子百家的学术兴旺气象,也促进了"知识阶层"的相对独立。

私学代替官学,还意味着文化精神转变的一大历史关键:文化系统从此与社会系统分化而具有相对独立性;分化后的知识阶层主要成为新教义的创建者和传衍者,而不是官方宗教的代表;由此导致不同学派的并起,因而复有正统与异端的分歧。春秋战国社会文化精神上的这些新因素,本应在历史上值得珍视和发扬,但在战国末期至秦汉时代,实际上被"定于一尊"的取向所压制下去,再到科举制厉行确定,先秦私学的精神更近于名存实亡了。当然,在教育和学术方面,那种着重政治思想和道德思想,着重经学、史学、文学传习训练的传统(同时也就忽视了自然科学)也沿袭下来,成为历代读书人的专攻术业。

私学的发展,到战国时,可谓盛极一时。其时私学大都由有代表性的思想人物来主持,因此私学又带有思想中心的性质。于是思想理论上的创造与办私学互为条件,互相促进。一旦思想理论独树一帜,自成体系,社会影响便会传播,生徒就越多;而生徒越多,越能扩大影响,促进思想理论的深化,私学成为社会上思想最活跃的地方。在这儿,诸子学派成为各种价值观念和经世致用学术的探讨者、伦理教义的承担者,当然也有"言治乱之事,以干世主"的"智囊",有沽名钓利的方术之士。对于王官之学,他们的态度或者不即不离,或者不加理会,或者赋予新义。另一方面,诸侯人主对他们的思想主张也往往有取有舍,或尊为正统,或加以利用,或斥为异端。但是私学毕竟引起了社会的重视,甚至使得权贵有尊师重学之举。

例如齐国的稷下学宫,昌盛于齐威王和齐宣王时,采取了官资私办的形式。稷下先生颇受尊崇,诸子百家中许多名人都在此做过先生。见于记载的,儒家有孟子、荀子、鲁仲连,道家有宋钘、尹文、环渊、接予、季真、彭蒙、田骈,阴阳家有邹衍、邹奭,法家有慎到,以及一些不知姓名但留下大量法家著作(如一部分保留在《管子》中)的学者,还有一位"学无所主"的杂家淳于髡。

由于私学的核心之一是师徒关系,以私学为基础,社会上也就出现了以宗师为核心的许多学人集团。如孔子、孟子、荀子皆有门派,墨子与其弟子的集团近于"结社",其他各家如农家、道家、名家、法家也都各有"圈子"。学人集团既是学术纽带,也是政治纽带。其效应还扩展到"入仕"方面,因此也不免使私学与王权的关系越来越密切,越来越具有功利性的背景。"事业"究竟比"知识"更有吸引力,也就更能左右知识,使"独立知识"又回复到另一种"职事知识"上去了。私学的兴衰反映了中国文化传统中的一个基本矛盾——知识价值超越性与依附性的矛盾。

"士"之兴起

上一则谈到与私学兴起有关的"士"的问题,即"士"阶层的扩大、独立、分化,是观察春秋战国的文化状况的重要指标。然事有未尽,不妨再略加分疏。

一般来说,士、农、工、商这四民组成了古代的世俗社会。如果说农、工、商的活动偏重于社会生产、生活的技术层面、经济方面,那么士的活动则更多地涉及政治、军事和文化领域,或可笼统称之为"文化性角色"。在春秋战国时代,他们非常活跃。

远在商周间,巫、史、祝、卜就是服务于王权贵族统治的文化性角色,也可以视为早期社会分工后诞生的最早的士,即仍然依附于等级秩序的文化人,并泛指掌管一定职事的中下层官吏。春秋制度沿西周而来,士的社会地位处于贵族阶级的最下层,在大夫与庶民之间,或有统驭平民之权利(做卿大夫的邑宰家臣),或有执干戈以卫社稷的义务(做武士),或充任各种服务或管理性质的职事官员。

然而在礼崩乐坏的趋势下,春秋中后期,士作为一个社会等级逐步解体。由于战争频繁,宠辱礼罪的标准多依需要而定,贵族与庶民的界限被无形打破,社会身份发生垂直流动,士的数量大为扩充,内涵也泛化了。迄至战国,士的成分五花八门,从宫廷到市井,从文到武,从雅到俗,从豪杰到流氓,从"仰禄"到"修身",从谋利之辈到隐者,士之流品多多矣。这从一个方面反映了社会阶级结构和文化格局的巨大变动。有人对"士"做了归类,计分:一、武士；二、文士；三、吏士；四、技艺之士；五、商贾之士；六、方术之士，等等。

"士"的衍变与活动，纷纷然，加强了社会在水平与垂直方向的流动，或可说使文化风貌呈现出相对的动态，产生"轨内"与"轨外"的矛盾。顾炎武指出："春秋以后，游士日多。《齐语》言桓公为游士八十人，奉以车马衣裘，多其资币，使周游四方，以号召天下之贤士，而战国之君遂以士为轻重，文者为儒，武者为侠。呜呼！游士兴而先王之法坏矣！"（《日知录》）不论顾炎武的评价如何，他的一个"游"字，用得实在传神。

"游"，即"流动"。在当时，这个特点同人才的竞争机制和智能化取向是互相关联的。正如《管子·霸言》所言："夫争强之国，必先争谋。"而定谋略的又非专心于此道的士人不可，弄得"六国之时，贤才之臣，入楚楚重，出齐齐轻，为赵赵完，畔魏魏伤"（《论衡·效力》）。我们看那时尊士、争士、养士蔚成风气，并不是偶然的。"一（聚集）士以为己资"，像赵简子、魏文侯、齐湣王、齐宣王、燕昭王都是诸侯中争养士人的典型。战国四公子（齐有孟尝、赵有平原、魏有信陵、楚有春申）亦各不相让，每人养士数千人，秦国吕不韦养士多达三千。身为士人的，一方面可因才智事功而获知遇，地位升迁，甚至以布衣而为公卿；另一方面，若不得其禄其爵或不行其志，亦可离去另就，择高枝而栖。这就促进了社会关系的活化：一方面，上下交流一般要通过士这个阶层，权贵下降，第一步是掉到士的行列中，下层上升又首先需要步入士的行列；另一方面，士又可与社会上各种人交流，上者为王侯将相的座上客，下者与仆隶为伍。所以，士的存在及活动，使社会各阶级、各等级之间的距离缩短了。"士的社会地位与职业千差万别，在差别中又有统一性，即知识、道德和勇力。这些东西是无形的，但在社会中又无所不在，无所不需。士正凭借这些无形的东西才能游于社会各个角落。由于士可上可下，显贵者下降为士，庶民又可上升为士，这样一来，在社会的等级与阶级之间便增加了一层润滑剂，其主要凭借是知识、道德和勇力，而不是经济。这就使中国社会的等级、阶级运动别有特色。由于士的流动性，又促使各阶级、各阶层等的软化。软化不是消失，也不是其间差别的消失，相反，这种软化恰恰又增强了阶级、阶层、等级的韧性和顽固性。"（刘泽华等《士人与社会》）由此来看，春秋战国应运而生的士林百态，以其"活化"的性质，对于既定的文化格局是一种冲击，从而形成若干新的选择方向；同时又不能超脱历史条件的限制，也还不能"涨破"传统文化的格子。有变有不变，这也正是中国传统文化所具有的一大特性的例证。它有灵活性和自我调节能力，便得以长存。

"士之兴起"这一文化现象，尚有另一项历史意义，即彼时士之含义已意味着独立知识分子的出现。春秋前期，士的主要职能是做武士，从军打仗，但随着社会变动，对智能、知识的需求增长，原来士中的文化人部分获得了迅速发展。加以因战争规模扩大和作战方式的改变，大批庶民、"野人"开始成为军伍成员，从武不再是士的主要从业选择，远不如习文博文更易应时晋身了。文士和方术之士逐渐成为士人中的突出部分，意味着一个相对独立的知识分子阶层兴起。说是相对独立，不外原有固定的人身依附关系有一定程度的摆脱，但更重要的是，思想、知识地位上升连带引起士人的自觉自重。

《战国策·齐策四》记载：齐宣王与颜斶相见，齐宣王说"斶前！"（你过来！）斶："王前！"这一来齐宣王很不高兴。左右人说："王，人君也；斶，人臣也。"颜斶与王对呼，太无礼了。颜斶答道："夫斶前为慕势，王前为趋士。与使斶为趋势，不如使王为趋士。"齐宣王忿然作色曰："王者贵乎？士贵乎？"于是围绕王贵还是士贵，展开了一场争论。颜斶纵论古今，阐述王固然拥有权势，但倘若不依靠士人的辅佐和谋略，多半要归于失败。齐宣王最后折服，说道："嗟乎，君子焉可侮哉，寡人自取病耳。"

这是个典型的表明知识可重于权势的例子。有些君主意识到也许这对统治是有好处的，如魏文侯的礼贤下士于段干木，承认"势不若德尊，财不若义高"。有些君主虽尊士，却还被认为尊得不到家，如鲁缪公表示要和子思为友，子思不悦，因为他要以老师自居。当然也有君主是不买账的，但是随着士阶层自觉自重的风气愈烈，也就出现了绝不肯与政治权威妥协的一类人物，如齐国的陈仲子。《战国策》记载赵威后对齐使言曰："於陵子仲尚存乎？是其为人也，上不臣于王，下不治其家，中不索交诸侯。此率民而出于无用者，何为至今不杀乎？"算是情况严重了。中国历史上出现了一些隐士、狂士，盖亦源于此乎？同时从入世的角度看，孔子所代表的儒家态度也颇为鲜明："笃信好学，守死善道。危邦不入，乱邦不居。天下有道则见，无道则隐。邦有道，贫且贱焉，耻也；邦无道，富且贵焉，耻也。"（《论语·泰伯》）这种精神强调士的价值取向须以"道"为最根本的依据，要求知识阶层的每一分子"都能超越他自己个体和群体的利害得失，而发展对整个社会的深厚关怀"（余英时《中国知识阶层史论》）。一句话，"士志于道"，或者"无恒产而有恒心者，惟士为能"。

实际上，"道尊于势"，或者说"权与理相对二元化"，自然反映着既进步又朦胧的意识，也属于正在转变中的意识。说它进步，因为破天荒地把思想、知识的地位提高了，从而把是非问题与利害问题分开，导致了传统思想学术上的"历史性突破"，促进了思想文化的转型，也有助于奠定古代科学技术知识体系的基础（三大科学为历算、中医、地理学；三大技术为建筑、陶瓷和纺织）。这种进步甚至推动了社会改革，自有其巨大历史意义，特别使人对王官之学散于诸子的"百家争鸣"景象津津乐道。

同时，又不妨说它还有模糊的一面，即对"道"的理解，又仍然不外乎天道与人道的统一，仍然凝聚于"治国平天下"之上，被概括为政治法规、原则或最佳政策。如荀子所说"道也者，治之经理也"，也仍然免不了"托古"，以争正统，实际上也就只是被君主接过来，改进和强化他们的政治权威，道与势、理与权的矛盾免不了还要纠缠下去，以至于势必又要把二者加以调和，或者只可落得"穷则独善其身"。而权势在历史上的影响仍然很大，并可以利用道论、礼教来使自身合理合法化。这里面亦不乏"阳道阴势""阳理阴权"的历史戏剧性现象。

附带说及，春秋战国时期士阶层发展最为充分的时候，也正是思想言论最为自由的时候，即公元前4世纪中叶到公元前3世纪中叶的"稷下时期"。按孟子形容："圣王不作，诸侯放恣，处士横议，杨朱、墨翟之言盈天下。"在这种情况下，古代士的功能已发挥到最大可能的限度。虽则稷下学宫中的人物的主要职责是"议政事"，虽仅光彩一时，昙花一现，但在文化史上的意义，却不可低估。到战国末期，"不治而议论"的稷下先生已逐渐演变成了统辖学术的博士。以前身份自由的教书匠（师），便重新转化为官僚系统中的"吏"了。这个历史趋势多少表明，以权力为中心的文化秩序在历史中仍然不容破坏。离心力量（或曰"自由流动的资源"）如果不被改造和吸收到其中，则终究会被排斥。于是秦统一中国后，便有"焚书坑儒"那一幕了。

竞争中的改革

作为延续性文化的古老类型之一，中国文化源远流长，似乎表现了历史的韧性。韧性意味着对于历史环境具有灵活适应和自我调节能力，或者说，在有限而非根本的变动中保持其稳定的连续性。春秋战国的文化史，在这方面表现得至为明显。

经历五百余年的分裂和纷争，春秋战国本是一个发生文化危机的时代，谈不上稳定、和谐、平衡；曾在因革损益中确定了的西周制度、观念，均受到冲击，其历史依据遭到挑战，或者说无法适应变化的情况了。"天下无道""别君别士"，是那个时代文化贤人对时代的批判性看法。

然而演变在五百年间还是一个"渐变"的过程，这种过程本身就会培植一种韧性。其中，西周的传统自然还不会一下子丧失它的影响，虽然统一的王权已被"多边化"了，但其文物制度也还不会一下子崩坏，因为在异质的道德和政治意识之前，还没有什么东西能彻底代替它。例如公元前651年齐桓公以霸王身份于葵丘大会诸侯，仍然以"尊王"为口号，订立的盟约仍然强调：一、不要废嫡立庶，要杀不孝的人；二、要尊重贤士，表彰有德行的人；三、敬老慈幼，照顾宾客行旅；四、各国间要有难互助，等等，意在维护周文化尊贤崇德、敬老慈幼之精神，以缓和社会矛盾。但是尽管齐桓公要靠这个精神来号召天下人心（或者也就是当作招牌），却无法阻止围绕权力而展开的激烈斗争，诸侯国内反复发生争夺王位的内乱（齐桓公去世后，齐诸公子便闹了一场），国与国之间亦不免弱肉强食。这就构成了传统文化精神同现实趋势的矛盾，或者说，传统方案不足以拿来应对现实问题了。

不过我们应该注意到，解决这个矛盾和危机的办法，并不一定要抛弃旧文化，完全换一套新的规范，因为这不可能做得到。在春秋战国，一种混合的文化往往可以做到阳一套阴一套，实一套虚一套，内一套外一套。"国之大事，在祀与戎"，也可说祀是一套，戎是一套。祀鬼神也好，得民心也好，也需要敬天持礼守信修德，甚至以此来解释战争的胜负成败。然而战争也好，竞争也好，毕竟还是要靠实力谋术。毋宁说，许多有为的诸侯君主实际上主要侧重于力量积蓄，富国强兵。道德与政治结合乃是因此而来，或者是作为手段的一部分，或者为了装装样子。当然，"装样子"乃不可或缺，正为王道的一部分，可与事功相补。这种表里不一而又表里结合的实践经验，像是中国古代上层文化的一个特点，是两手，不止一手，因而也就不乏灵活适应性，亦即韧性。鲁大夫叔孙豹有言："太上有立德，其次有立功，其次有立言，虽久不废，此之谓不朽。"这个颇有现世精神的全面说法，就看怎么去解释了。

活动于春秋中叶的孔子，作为一个理想主义的儒家解释者，对那种重利轻义、私肥于公的倾向深致批判。"夫子之言性与天道，不可得而闻也。""子罕言利与命与仁。"（这里的"与"字作"合"解。）他认为"天""命"同"利""性"都是不该相合的，更不该表面一套，内里一套："不能以礼让为国，如礼何？"（《论语·里仁》）因此孔子强调"循名归实"，反对因僵化和虚伪使礼乐制度的形式与内容分离，而追求"导之以德，齐之以礼"的伦理化政治理想，以维新传统，改造现实。然而，孔子主观的历史理想与客观的历史动向的矛盾，注定了他也不可能解决当时表里不一、形神两造的文化矛盾，只能是个"知其不可而为之者"（《论语·宪问》）。同时，墨子一派面对彼时的文化危机，却采取了否定礼乐的批判传统的态度，又从兴利除害的原则出发主张改造现实，主张"尚贤、尚同""节用、节葬""非乐、非命""兼爱、非攻"，凡此种种关于社会改造的想法，不仅不易被实施，更不免被当作异端看待，尽管其中部分内容也可被吸收到君主的南面术中去。

孔子温和的维新路线、墨子较激烈的变革主张，虽然是传统文化思想中的"突破"，但毕竟同以贤德为名、以力量权法为实的历史动向不在一个路向上。智者贤人以为"道尊于势"，但权谋家更倾向于"道在势中"。传统之所以有韧性，恰恰在于它一方面以"礼教纲常"为辅翼，另一方面又十分讲求"利害"以及与此有关的法术权谋，所谓"杂王霸而用之"。所以比起儒家的伦理主义的理智态度来说，更为实际的乃是老子的道论、兵家的学说和法家的专制思想。这一条对中国专制政治文化起了长远影响的思想线索，伴随的是春秋战国不断兴起的社会改革运动。

改革，显然是传统进行自我调节以适应现实的重要方式之一。

从春秋到战国，各国的改革大多循着重功业的政治路线而进行，到后期更突出为"变法"。著名的改革，较早有齐国的管仲，在经济、内政、军事三方面推行新政策，如农业以"相地而衰征"的方法征税，使负担合理；手工业加强盐铁管理，促其发展；商业上设"轻重九府"，以集散货物、调节物价，从而积累了巨大财富。内政方面也是通过划分"四乡""五级"的区域体制，分别加以专门控制管理。在军事上创设兵民合一制，五乡为一军，平时为民，战时为军。这些改革显然使齐国国力大为加强。

另一实行三大改革的政治家为郑国的子产。子产以思想开明，不信天命鬼神而著称。由于重视人事，便着意于修政图治：一、作封洫、开殖田沟，重新确定公私田亩和农民编户，以鼓励农耕；二、作丘赋，即按田地多少征收一种兵赋，保证军费收入和兵力来源；三、铸刑书，即把刑法条文铸在铁鼎上，使司法有准则。

春秋时期，鲁国、秦国、晋国六卿及吴国、越国也都在土地赋税和内政上进行了一些从实际出发、行之有效的改革。

情况似乎是搞改革便有强国之望。战国之际，前期魏国的坐大，同任用李悝、西门豹实行变法有关。楚国经过吴起变法，得以"却三晋，西伐秦"，"南收扬越，北并陈蔡"。韩国试用申不害变法，重在君治独断，讲求操柄御下之术；齐国用邹忌，主修订法律、清明吏治，或对于加强秩序，或对于谋求富强，都起了一定作用。李悝是战国法家始祖，其变法内容为：一、尽地力之教，发展农业。二、实行平籴法，把年成分为等级，好年成由官府按好年成的等级出钱籴进余粮，坏年成由官府按坏年成的等级平价粜出粮食。这是后代王朝的均输、常平仓等办法的开端。三、制定《法经》，一反过去以刑统罪的旧传统，代之以"以罪统刑"的新体例，是第一部以刑法为主的法典。后来卫鞅从魏入秦，帮助秦孝公实行变法，便带着这部《法经》。卫鞅又称公孙鞅、商鞅。他通过景监介绍晋见孝公，第一次谈话谈得孝公直打瞌睡，据他说，谈的是"帝道"；第二次讲"王道"，孝公仍不感兴趣，以为不切实用，直至以"霸道"进陈，于是"语数日不厌"。商鞅讲霸道，就是讲经世致用的强国之术。在秦孝公支持下，商鞅在秦国推行了两次变法。第一次变法的

商鞅方升 战国
上海博物馆藏
此为商鞅变法时督造的量器，是研究中国度量衡历史的重要资料

内容注重四条：一、颁布法律，以重刑治轻罪，设"连坐法"；二、奖励军功，禁止私斗；三、重农抑商，奖励耕织；四、焚儒家经典，禁游宦之民。第二次变法重点有六：一、废井田制，保护土地私有；二、推行县制，实行从中央到地方的集权；三、迁都咸阳；四、统一度量衡制；五、按户按人口征收军赋；六、革除戎狄风俗。由于制度变革加强了统治的集中和效率，商鞅变法后，秦国很快崛起，并奠定了此后秦统一全中国的基础，所谓"商鞅相孝公，为秦开帝业"（王充《论衡》）。当然商鞅变法在历史上也是有争议的，也有人说："今秦怨毒商鞅之法，甚于私仇。故孝公卒之日，举国而攻之，东西南北莫可奔走……卒车裂族夷。"（贾谊《盐铁论》）吴起和商鞅所建功业均不俗，结局却都很惨。这固然表明任何改革都难免有不易克服的阻力，招来"法古"者的反对，同时也隐含着一种世故，即主要的历史文化趋向仍然需要"礼"与"法"的平衡，或者说阴阳之道，宽猛相济之道，体现着"过犹不及"的中庸哲学，也是一种历史经验的总结。尽管春秋战国的文化意识是朝向"权""力""法""术"一面倾斜的，但传统文化的特性与活力仍在于对各种矛盾的思想加以综合。

礼与法，确是古代两种文化意识的集中体现，礼在于"别"，法在于"齐"。战国之际，法的意识在改革变法运动中上升，一方面是适应历史情况（求强去弱），另一方面，由于土地财产关系由氏族公有向私有转变，发生了财产法上的身份平等的思想。这是和商品生产的发展相适应的。

兵家思维

春秋战国的历史，若举出其特色，大概经常不断地打仗，要算一个。各诸侯国之间，你来我往，弱肉强食，"力功争强，胜者为右，兵革不休，诈伪并起"。并非那时人特别好战，只能说是权力争夺的时势所造成的。因此，许多事情都同军事活动的需要有关。军事思想学术即打仗的智慧，作为文化智慧的一部分，也在春秋战国时代就达到了很高的水平。另外一个例证是后代出土的青铜器、铁器，有不少属于春秋战国时的兵器，诸如"吴王金戈越王剑"之类。至今发现的年代最早的一件东周铁器，应推甘肃灵台景家庄 1 号墓出土的一把短剑（春秋前期）。在春秋晚期的长沙杨家山 65 号墓内还发现了钢剑。

诸侯国之间战事频仍，像"一鼓作气""退避三舍""唇亡齿寒"这些成语后面，都有当时的战争故事。较大的战事，计有齐鲁长勺之战，宋楚泓水之战，秦晋韩原之战，晋楚城濮之战，秦晋殽之战，晋楚泌之战、鄢陵之战，吴楚皋舟、柏举之战，吴越檇李之战，魏攻秦、攻中山，田齐伐鲁，三晋攻楚，韩灭郑，秦魏石门之战，齐魏桂陵之战、马陵之战，秦楚丹阳之战，燕伐齐，秦赵长平之战，以及合纵连横之间的攻伐，等等。中原烽火，此伏彼起。

这些局部性战争，看来同是非善恶的关系不大，胜败往往决定着彼此势力的消长。而在这种消长的后面，谋略因素则起着关键作用。在某种意义上说，春秋战国的历史就写在这些有如博弈的棋局中间。当然，谋略是广义的谋略，即因战争频兴而发展起来的中国式的政治智慧和兵法智慧，代表者如《孙子兵法》所总结的韬略。这里面不仅有如何指挥作战的经验之谈，更有所谓兵家之"道"。古人好言道，兵事亦莫之能外。道，按孙武解释，即"令民与上同意也"，也不过强调上下、君民的一致，要人能为主上出生入死。因而实际上兵法的讲求仍然处在那个时代的文化气息里，阳道阴势，突出反映了"势"和"术"的观念意识在传统文化中所占的分量。《汉书·艺文志》把春秋战国时的军事学，分为"兵权谋""兵形势""兵阴阳""兵技巧"，说明"权、势、术"

的色彩很浓，军事学正是在这种历史趋势中发达起来的。当时著名的军事家，有孙武、吴起、孙膑、尉缭、庞涓等，汉初整理兵法书时，共得一百八十二家，以战国时代的军事家占大多数。

孙武是春秋末年人，齐国田氏的后裔，曾到吴国，帮助吴王阖闾西破强楚，北威齐晋，著有《孙子兵法》，垂为后世兵家典范。

《孙子兵法》不愧为一部奇书，也是一部经典。看起来只是谈"打仗"，实际上可称古代知识的思想库，里面不仅有关于敌情、运筹、天文气象、地理一类知识，而且有政治、哲学、历史、经济、心理学方面的知识。当然更重要的还在于那一套把握知识加以运用时的思维方式，极聪明睿智，也极实际，比起孔丘、墨翟一类贤人气度，可说另有智者风范了。《孙子兵法》开宗谈计，又强调"上兵伐谋，其次伐交，其次伐兵，其下攻城"，把谋略上升到整体全局的高度来考虑，诸如：一、以"五事""七计"观胜败，"五事"即"道""天""地""将""法"，"七计"谓"主孰有道？将孰有能？天地孰得？法令孰行？兵众孰强？士卒孰练？赏罚孰明？"。二、欲谋攻，先求"知己知彼"。三、抓战场主动权，善于调动敌人，进行伪装、诱骗、掩击。四、"我专为一，敌分为十""以十攻其一""以众击寡"。五、用正兵当敌，用奇兵取胜，注意到"故兵无常势，水无常形，能因敌变化而取胜者，谓之神"。六、"不战而屈人之兵，善之善者也。"

存于《孙子兵法》及其他兵书中的兵家辩证思维，同中国古代艺术和技术思维的特点似乎同源相通，都讲究"运用之妙，存乎一心""以无厚入有间""用志不分，乃凝于神"。《庄子》曾讲过一则寓言，说南海之帝儵与北海之帝忽谋报中央之帝浑沌之德，为浑沌凿七窍，"日凿一窍，七日而浑沌死"。这个故事似乎象征原始整体性思维的第一次打破，从而有了一次理性的超越。也就是说，在打仗的经验中，意识到面对复杂的形势，莫若"以一种概括性的二分法即抓住矛盾的思维方式来明确、迅速、直截了当地去分别事物、把握整体，以便做出抉择。所谓概括性的二分法的思维方式，就是用对立项的矛盾形式概括出事物的特征，便于迅速掌握住事物的本质。这就是《孙子兵法》中所提出的那许许多多相反而又相成的矛盾对立项，即敌我、和战、胜负、生死、利害、进退、强弱、攻守、动静、虚实、劳佚、饥饱、众寡、勇怯，等等。把任何一种形势、情况和事物分成这样的对立项而突出地把握住它们，用以指导和谋划主体的活动（即决定作战方案如或进或退、或攻或守，等等）……是一种简化了的却非常有效的思维方式。"（李泽厚《中国古代思想史论》）这种思维方式不但十分重视对立项矛盾双方依存、渗透，而且更重视它们之间的消长转化，以及如何主动运用它们："实而备之，强而避之，怒而挠之，卑而骄之，佚而劳之，亲而离之，攻其无备，出其不意……"可以说，兵贵诡，不厌诈，把一种权衡利害得失轻重之术发展到了学问、艺术的水平。

筹划重于作战，智谋重于搏力，人事重于天地鬼神，这样一种倾向已经隐含着一种文化态度，即中国传统中的实用理性倾向。一方面为了"先计而后战"，必须排除情感和意志活动的干预而力求冷静的审度；另一方面又非常具体实用，以功利为目的、为大原则。《孙子兵法》的军事学价值固然是古今兵家不可不重视的历史遗产，同时，它的文化意义又同春秋战国重权术、讲利害的历史动向相联系，并非偶然的现象。

自然，中国的文化传统仍然是复合的：有重智重术的一面，亦有反智归朴的一面；有重理性、尊经验知识的一面，亦有因执于实用功利而限制了理性和知识进步的一面。总的看，春秋战国变化着的历史过程，在这种矛盾关系中既有所突破，又仍然止于徘徊。就战争而言，《孙子兵法》一类的兵家运筹推理，其功效仍然是局部性的，直到战国晚期的法家，接过了谋略之学，与尚力尚权的思想结合，才弄出一个历史新局面。也就是说，以实力政治为主，以其他的法术和教化为辅，仍然是历史的抉择，尽管是有很大代价的抉择。

能够补充说明上述情形的例子是，由于单靠谋略未必能解决各诸侯国在弱肉强食环境中的生存问题，也加上战争的手段越来越多（如以车阵作战为主、改为以步骑兵为主力的野战），守险设塞的要求就突显出来，防御也变成了重要问题。由此，各国从修建亭障、城堡，发展到建筑长城。先后修筑的有楚长城、齐长城、魏长城、赵长城、燕长城、秦长城。后来秦始皇统一全中国后，令蒙恬征发戍卒所筑的巨大工程——万里长城，便是以赵、燕、秦三国原有的长城为基础的。长城的设计和修建者多半想不到，用这种笨办法搞的防御工程会成为中国统一文化的一种象征。

衣冠·名教·家族

一个时代的文化特性,体现在政治、经济、军事上,也体现在信仰、教育、学术思想等方面,同时还与社会生活习俗有关。因此"习俗"亦是文化史的指标之一,而且往往在社会生活的基层上反映出文化精神的变动。

譬如,在现代的公共场合,赤脚脱袜被看作是不礼貌的举止,但在战国时,脱袜跣足却恰恰表示对长辈、尊者的崇敬。《左传》里面便有记载,有位大夫褚师赴卫侯的酒席,因脚上长疮,不敢脱袜,引起卫侯大怒。古代礼治社会,人们从出生到成年到死,都需要许多礼仪来对人生过程加以文化规范,来加强尊尊、亲亲的伦理秩序,所以从发式到冠帽,从服装到佩饰都是有一定讲究的,因此孔子把"披发左衽"当作文丧道亡的结果。不过,春秋战国既然是一个文化上的变动和过渡时期,涉及衣冠风俗时也有个礼仪、法度同"尚用""趋时"的矛盾问题,不免"诸侯制法,各殊习俗"。当时一方面盛行由商周"上衣下裳"而来的服式——深衣,宽袖曲裾,"续衽钩边",其形式可由湖南长沙子弹库和陈家大山楚墓出土的帛画、彩绘木俑上得到了解;另一方面,短衣长裤便于活动的"胡服",也由于骑射的需要而被引进,采用"胡服骑射"的赵武灵王,因此而成为重尚用的改革家。当时有不少大臣反对变俗,武灵王回答道:"先王不同俗,何古之法?帝王不相袭,何礼之循?"他主张"法度制令各顺其宜,衣服器械各便其用",是很开明的。

墓葬本身,也体现文化心理的变化。例如,商和西周的墓葬传统形式,所反映的观念是死者在地下继续生前的身份和生活,因而尽量把生活中的应用物品,甚至服侍的人,随葬于地下。这样,生而为贵族,死后仍为贵族;为贱人的,死后不免仍为贱人。到了战国时期,厚葬趋势减弱,神仙思想以及方术开始出现。长沙两幅帛画所表现的"升仙",也许反映了神仙思想已流行于楚地,并与当地盛行的道家思想有一定的关系。升仙方术的思想倾向,包括一般人也有长生以至飞升的可能性,这和传统旧观念显然不相同。

反映春秋战国时代习俗变动的另一个标志是人的"名分"。"名分"指包括人的识别符号姓名在内的文化符号，与"氏""号""谥"等有关，是传统名教（即礼教）的一部分。

姓，指示同一父系血缘，是一些人的"公名"。名，指出个人专有标志，是个人的"私名"。现代中国人一般只有一种姓名，但在春秋时，情况却复杂得多。本来，"姓"的原义表示"人所以生"。上古时代，"姓"为母系血缘团体的标志，如先秦典籍尚载有姬、子、姜、姒等几十个姓。但随着氏族时代来临，父系氏族代替了瓦解中的姓族，姓族之名渐趋泯灭，"氏"取而代之，表示族号，其中男子称氏，妇子仍称姓。氏的原义是"坻"，即水中小丘，表"水中可居之最小者"，后引申为别贵贱，既表地缘又表血缘，成为氏族男成员的公名。关于氏的命名，《左传》讲过天子对诸侯分封土地而又根据封地命名氏。诸侯对卿大夫，以其字作为谥，后人便当作族号；世代担任某一官职而有功者，就以官名为族号；也有以封邑作为族号的。因此氏的称谓，有以国名为氏的，如陈氏、宗氏；有以职官为氏的，如师氏、史氏、巫氏、司马氏、中行氏；有以封邑名为氏的，如晋国的韩氏、魏氏、赵氏、范氏、知氏；有以居处为氏的，如东郭氏、南宫氏、百里氏、柳下氏；还有以父亲的字为氏的，如公孙归父字子家，其后为子家氏；有以技术得氏的，如屠氏、漆雕氏。春秋以后王权下坠，采邑大夫势力崛起，氏原是大夫标志，便有扩展之势，贵族支庶纷纷"自为新氏"。再加上权势之族，一旦衰败也会"降在皁隶"，而平民中的才智之士，参与政治者日多，贵族与平民间的严格界限渐为澌灭，氏也就失去了"别贵贱"的本义。西周以降的赐氏制度既经破坏，命氏就可以漫无标准，氏既到处皆有，也就渐渐变成了"今姓"。"今姓"定型以后，氏即隐退，从此男女皆以姓为公名，姓上名下，而且人人有姓。从这一"姓—氏—姓"的演变过程可以看出春秋战国宗法氏族社会的解体过程。在习俗这一层面上，姓的意义重新确定，意味着家族血缘关系成为基本的社会伦理关系了。

说到人的命名，西周时是有礼法、有限制的，很慎重。但至春秋以后，命名也变得随便了，可能反映礼法已松弛。譬如见于《左传》的人物，无、忌、黑、须、疾、过、弱、恶、乞等粗俗不雅的字眼被大量用来命名，也有说这些都是"小名"的，这等于说人可以有二名，后来又发展出了字、号、谥，总的趋势仍然是维系名教。譬如，子女必须避父母名讳，在文字上也不得直书当代帝王或所尊之名，凡与帝王或所尊之名相同者，不论什么场合都必须改名，这便是所谓避讳，即名教的内容之一。避讳与孝串联，名教也就成为孝的宗教。

由"姓名"这一种名教习俗的演变，我们可以了解到，中国传统社会基本组织在春秋战国正处在由宗族优势时期（社会组织基础以宗族单位占优势）向家族优势时期的转变中，家庭成为社会一个个以血缘划分亲疏的核心，具有敬祖、尊父、孝悌、重视亲族关系的特点。围绕着家庭，人际关系讲究五伦，即君臣、父子、夫妇、兄弟、朋友。五伦中血缘关系居其三，另两伦，君臣拟父子，朋友拟兄弟，广义地说，也都属于血缘。离开了宗族亲戚，中国社会便没有着落，中国的人伦道德也无从说起。

譬如家族结构的重点骨干落在"五服"。"五服"同亲人死后的服丧习俗有关。在《仪礼·丧服传》中规定了五类居丧守孝形式，即按家族亲戚的远近关系分成斩衰三年、齐衰、大功九月、小功五月和缌麻三月这五种礼仪。其中关系最密切的是父、己、子直系三代，属于第一圈，从此往长辈、晚辈、平辈依次推衍，递疏递减；第二圈从祖至孙，含堂兄弟，合为五代；第三圈从高祖至玄孙，包含族兄弟，合为九代。离开同心圆点（自己）愈远，关系愈疏。这个五服制，不仅适用于丧葬礼仪，而且是以孝悌为原则的伦理习俗的基础：每个人都是一个中心点，都构成一幅五服图。中国社会的族群结构就是无数五服图拼成的有机体，没有一个定点，但处处都是定点。中国社会人己对立的成分轻，人己和谐的成分重，基本上就是五服造成的，推而至于国家。个人与国家这两极也不是绝对的对立，其中夹着家族，将二者调和起来。

社会生活的习俗涉及许多方面，但家族生活及观念作为主要的伦理习俗，毕竟构成了中国传统政治、文化的基础，以致有人称之为"家国同构"。

阴阳五行

说到中国文化很早就自成系统，就要说到阴阳五行学说。中国文化学术受阴阳五行说支配很深，大而至于政治、宗教、天文、舆地，小而至于算卦、看风水，或者中医中药、打仗布阵，莫不以阴阳五行说为骨干。顾颉刚谓："五行是中国人的思想律,是中国人对于宇宙系统的信仰。"这样估价不过分。

"阴阳五行"究竟是怎样的一套思想学说呢?

阴阳两字的本义,一为山或谷有日光的一面,一为有阴影的一面。到春秋时,阴阳对称,含义引申,成为天所生六气中之二气(六气是阴阳风雨晦明),实际上已被看作造成天地万物生死成毁的基本元气。据说计倪子便对越王勾践说过:"必察天地之气,原于阴阳,明于孤虚,审于存亡。"阴阳从六气中突显出来,是因为这二者比较抽象,适合于引导人们的合理想象,从而对许多现象具有较大的解释力,与更多事物和现象发生关联,如对应于乾坤、男女、刚柔、昼夜、日月、水火、热冷、动静、升降等。到战国时,由于《易传》对阴阳八卦作为宇宙人生的符号性体系进行了更充分的构造,阴阳便作为宇宙创生万物的两种基本状态(并因这两种状态有规律的变化活动[如阴阳消长]),作为描述宇宙创生、人生和社会现象的大原则,在人们头脑中扎下根来。

"五行",指水、火、木、金、土。较早即提示五行的文献有《尚书·洪范》,说是自夏商之际即已视五行为"要政"。但较可靠的说法,当以五行之说流行,推至春秋以后,因《左传》《国语》中多处提到,如谓:"则天之明,因地之性,生其六气,用其五行,气为五味,发为五色,章为五声。"当时也不过是概指与人生关系较密切的五种事物材质,因为习惯上屈指计数,手有五指,故数止于五。当然这里面或有约定俗成的因素,也许由于五行之分类较显合理,"五"数体系便发展起来,如与五行相应的五方、五音、五色、五味、五谷、五祀、五脏、五伦、五常、五刑、五事等。

五行由五种事物的类名,逐渐演变为较抽象的征兆之象,并且同天文、历法、气象、生物、医学等自然科学发生密切关系,是在战国时期。当时有一些星象家要推衍和解释星象及影响,觉得用水火等半现实、半神秘的关系来比附天文现象,不失为借此抽象之法来解释的途径。另有阴阳家借五行相生说来解释四时运行和万物变化,如《礼记·月令》,还规定生业活动和国家大事必须顺应阴阳五行的变化,按一定程序来安排。

五行说进一步扩展,由星移物换之说又侵入到政治历史领域,起了推动作用的是齐国人邹衍,人称"谈天衍",是个阴阳家。战国之际诸子争鸣,各自都想拿自己的主张施用于政治,邹子于是采撷星象家的说法,提出五行代表五德,再就此五德,巧为安排,使彼此发生关系,而成五德相克相生之说。邹子书已佚失,但其主旨尚存于后代人的征引之中。他把阴阳五行说由一个自然的解释系统扩展为政治历史的解释系统,其意谓:"自古受命为帝王者,每代皆得五德中之一德,而此代之所以能推翻前代者,以其'德'能克前代之'德'也。如夏得木德,而汤得金德;金能克木,故商可代夏。商得金德,而周得火德,火能克金,故周可代殷是也。此之谓'五德相胜'。历代之嬗递,皆以其德之相胜,五德尽后,又一五德,周而复始,永无已时。"(齐思和《中国史探研》)据说邹衍在齐、梁、燕、赵皆受到礼重,其理论遂因宣传扩散,投合政治及社会心理需要,产生颇大影响,后来秦朝、汉朝统治者也都欣然接受此一为自身张本的理论。阴阳五行说的文化意义也因其政治性的放大而放大了。

应该说,金木水火土这五行,并非被当作五种物质因素看待的,被强调的乃是它们的功能、作用及相互关系。"关系"的意义在这里胜过"元素"的意义。同时,阴阳与五行相结合,加强了这种意义。也就是说,五行之所以能相生相克地运转,有赖于阴阳作为两种彼此依存、互补而又消长的矛盾力量不断推动。这样,五行图式便成了既有秩序感而又流动变化的解释了。总的看,阴阳五行学说的发展演变过程,始终有两方面的因素在起作用,一方面是对经验知识的某种科学的描述和概括,另一方面则是神秘的教义,二者交互渗透。也可以说,非理性和理性的因素交互渗透,凝结为这种中国式的学说,同注重有机整体、和谐辩证的古代哲学思想也是相一致的。

阴阳五行说之所以在历史上有深远影响,之所以成为"中国人的思想律",同它貌似客观、严谨、具有较大适应性的解释有关,同时其进步性还体现在有一套分析—综合的思想方法,对事物关系有辩证的认识(如相制原则、相化原则),从而带动了天文学、农学、医学以及早期炼金术的发展。这种历史经验以及系统性思维的把握,给人的印象是深刻的,以至根深蒂固。

当然,今天看来,这种过于早熟(实际上是不成熟)型的宇宙及人间秩序图式,显然带有封闭性、循环性和秩序性的特征,一方面对民族文化性格产生诸如保守、否定进化和轻视个体自由等消极面;另一方面,它始终是一个有弹性的适应性解释系统,又使中国传统文化保持其灵活的自我调节能力和乐天、中庸、和谐的品格。这一矛盾同样也很真实。

至今中医学一直保有自身的生命力，而它的生理学基础、辨证施治的依据，仍然在于阴阳五行学说，譬如以肝、胆配木，心、小肠配火，脾、胃配土，肺、大肠配金，肾、膀胱配水。中医解释道：木的性能是向上方四旁舒展，而肝性善疏泄，故以肝配木；火的性能是炎上，而心上开窍于舌，在病变时若发生舌尖赤痛、面部红赤等现象，都认为是心火上炎，故以心配火，等等。中医认为五行的相生相克关系正反映了人体生理活动的基本关系，它们的相乘相侮（如木气有余而金不能对木加以正常抑制，则木气太过便去乘土，同时又反过来侮金）则是关系失去正常协调的表现，也就有了病。中医的方法是综合整体加以辩证考虑的方法，着眼于生克乘侮关系，去其过与不及，通过导汇和补益，求阴阳和谐及人体功能活动的平衡。中医理论实在是中国文化系统性的典型代表。

孔子与儒家思想

若论中国历史文化传统中名气最大的人物，大概生于春秋晚期的孔子算最突出的一个了。帝王将相的名气当然不小，但不曾比得上孔子，因此过去人们尊孔子为"素王"——无冕之王。

然而，公元前5世纪鲁国的孔子，充其量只是个教育家、哲学家、儒家思想学派的先贤，并没有创造任何文化奇迹或事业功勋，其人身后的尊荣，也应该说是其来有自的文化史现象。可能在于孔子思想具有它的历史价值，是同中国传统文化的演变和选择密切相关的。正所谓"天将以夫子为木铎"，虽然孔子生前并不得志，并未以圣人或儒学宗师自命，但他所开创的儒家思想毕竟作为"正统"成了传统文化的主流。虽然历史光影中的孔子和儒家形象并不是单一的，曾不断被重新阐释，但政权化的儒家和以人文理想转化政权的儒家，均不免成为传统中国政治文化中两条相交织的路线。无论被作为偶像还是经典，抑或人文精神的渊源，许多次文化思想冲突或调整，都要追溯到孔子，甚至在他去世两千多年后的20世纪还遭到了两次猛烈批判（"五四"与"文革"），继而又恢复名誉。

先师孔子
行教像

孔子名丘，字仲尼，他的祖先是殷人后代的宋国贵族，后移居鲁国陬邑（今曲阜）。当春秋末期，虽然"天下滔滔"，鲁国仍是西周文物遗风犹存未泯的地区，孔子因而从小接受了礼乐经史的文化训练。后来家道衰落，他只能安于平民生活："饭疏食饮水，曲肱而枕之，乐亦在其中矣，不义而富且贵，于我如浮云。"（《论语·述而》）孔子的履历已难于详考，大约做过鲁国的小官，其志难行，遂离开鲁国，周游列国十三年。他的思想主张不合时宜，最终以讲学授徒自遣。据说他整理编纂过《诗》《书》《礼》《乐》《易》等经籍，完成鲁国史《春秋》，七十二岁时去世。

孔子后来的名气大，如果由此而推论他当时即已处于主流，则毫无根据；可以说，终春秋战国之世，孔子学说未能成为主导潮流。儒家的"儒"字，本来有"柔弱"的意思，也可能反映孔子当时只是投闲置散的角色。但是孔子之起于闾巷的意义也正在这里：他的渊雅的学问，他的"朝闻道夕死可矣"的文化关切精神，并非依附以至谄媚现实权威的处世之道。所以有人称他为"以凡俗为神圣"的思想家。春秋战国虽然"礼崩乐坏"，但这种同时松弛了思想束缚的环境，也对在"私学"中逐渐崛起的人文意识是一种激励。因此，孔子的文化批评以其追求和谐、"知人知心"的理想色彩，产生了深远的历史意义，尽管被人称作"子之迂也有若是"。

按说，孔子只是先秦诸子之一，实际上他在文化史上的地位却高于其他各思想流派。"但开风气也为师"是从孔子开始的，其影响亦不限于儒家一线。《史记》说："自孔子卒后，七十子之徒，散游诸侯，大者为师傅卿相，小者友教士大夫，或隐而不见。故子路居卫，子张居陈，澹台子羽居楚，子夏居西河，子贡终于齐。"再传弟子如田子方为道家之徒，禽滑厘为墨家之徒，吴起乃兵、法家之流，孟子、荀子尊儒，而墨、道、法诸家之分立，亦在孔子开创的风气教泽中。

孔子的主要思想保存在其弟子所记录的《论语》一书中。简单说，孔子所特别关注的文化核心问题是"礼"和"仁"的重新确立和高扬，前者偏重于社会关系，后者着重道德化的心理原则和人生境界。他说过："道之以政，齐之以刑，民免而无耻；道之以德，齐之以礼，有耻且格。"（《论语·为政》）"自古皆有死，民无信不立。"（《论语·颜渊》）都是对建立在习惯法（信）基础上的西周"礼治",表示向往与维护。这当然体现了孔子思想在动荡时代里的保守倾向、崇古色彩,但毋宁说也同时表现了孔子以理想批判现实的精神,还不宜断然斥之为"给奴隶主阶级唱挽歌"。这正如不能因为孔子主张"仁政"便说他乃是在维护"暴政"。

比较而言,孔子的仁学思想有着更丰富的内容。"仁"具有几个方面的含义,如:一、以"孝悌事亲"成为社会血缘伦理基础;二、确立"发乎情止乎礼义"的心理模式,使构成宗教三要素的观念、情感和仪式,环绕、沉浸在一个世俗伦理和日常心理的统一体中;三、以原始民主和人道意识作为社会性交往的要求和相互责任(推己及人的恕道);四、对个体人格完善的追求;五、注重现世的文化关切而不究心于抽象的推理致思。

孔子的思想还涉及天道观、历史观、知识论等许多有意义的思想史课题。总的看,无论言道、言学、言政,无不体现着某种自觉的人文理性、文化关切和入世态度。我们觉得他之所以坚持"礼义仁德"来抵制历史动向(以礼义对攻伐),实在是基于一种温和、冷静的文化态度,即相信只有通过渐进的改良与和谐的追求,才符合理性的要求,也只有通过自我限制和修养才能走向和谐。当然在历史趋势面前,由于尚不可能有更先进的意识,亦只能返求诸传统主义和道德哲学,这也就给后来的统治者留下了利用儒术的可能性。这是可以理解的。然而孔子的抗议精神亦不能被抹杀。有一种评价说,"在中国文化史上,由孔子而确实发现了普遍的人间","由孔子开辟了内在的人格世界","由孔子而开始有学的方法的自觉,因而奠定了中国学术发展的基础","把教育自身的价值,远放在政治的上位","总结整理古代文献,以文献奠定了中国文化的基础"。(徐复观《中国人性论史》)也有人认为他的境界博大、从容,是对"清""和""任""时"的兼容化成,"表示一个民族的历史文化应像一条兼容并包而且永无止息的时间长流,不但要掌握现在、策励将来,而且要以忧患意识承担过去"(杜维明《孔子仁学中的道学政》)。

孔子殁后,有曾子、子思、孟轲一流后学,当战国乱世,意图发展儒家之学,也成了分化的思路。譬如《中庸》一书强调"内省""正己""致中和""与天地同流",实在是对现实矛盾开出"内心解决"的消极药方。而到了孟子那里,更阐发出"仁政""民本"这一类政治文化的辉煌主题。一是说:"明君

青铜编钟 战国
河南信阳长台关出土 中国国家博物馆藏

制民之产,必使仰足以事父母,俯足以畜妻子,乐岁终身饱,凶年免于死亡;然后驱而之善,故民之从之也轻。"(《孟子·梁惠王上》)一是说:"民为贵,社稷次之,君为轻。"(《孟子·尽心下》)他以极豁达的态度,道人所未道。他还有一句话,叫作"何必曰利!亦有仁义而已矣",说得掷地有声,因而流传千古。强调教化高于政治,道尊于势,重义轻利,贵民轻君,孟子的思想虽然在当时及后世都难以有效地介入现实政治、经济,却在中国传统文化中确立了一种恒久不衰的价值取向。这种价值能够在历史中存续,孟子认为"人性本善"是其基础。因为"人皆有不忍人之心",看见小孩子要掉到井里去,便会因受惊而产生恻隐之心,立刻想去救孩子。孟子说,人们这样做,并非想结交孩子的父母,要别人称誉,或者厌恶孩子的哭声,而是本能使人直觉地产生这种反应,由此可见"仁义礼智"是人固有之的,只要修身养性,便可能长养性,养浩然之气。

孟子的"性善论",当时也引起了辩难。告子认为人性是可善可恶的,故将一切归之于后天的教养。荀子(况)后起于战国晚期,专门发明另一套"性恶"论,他说:"若夫目好色,耳好听,口好味,心好利,骨体肤理好愉佚,是皆生于人之情性者也",如果"从人之性顺人之情,必出于争夺,合于犯分乱理而归于暴"。(《荀子·性恶》)因此必须"化性起伪",人须教化为善。

从这些关于人性的思想资料看，最后也无不归结到肯定礼乐文化的人生意义，这是先秦儒家的共同特色。但从孟子到荀子，也意味着由理想主义到现实主义，由"天性与人性合一"到"明天人之分"，由"虚意"到"实力"的转变。一般的看法还认为荀子的自然观、认识论已具有唯物主义精神。"明天人之分"是荀子杰出的命题。他的名言，诸如"天行有常，不为尧存，不为桀亡。应之以治则吉，应之以乱则凶"，"天有其时，地有其财，人有其治"（《天论》），可以说把古代人文精神置于一个更切实的层次；诸如"隆礼重法"，厚今薄古，发挥"制天命而用之"的理性决断，扩充了"尽心则知天"的内在能动精神。荀子的学生韩非更发展出一套法家的学说。

荀子晚出，恰成为春秋战国诸子思想学术的总结者和综合者。他的批判和探讨，反映了传统文化具有内部自我检讨和调整的动力，同时反映出经历了动荡分化后的文化路向，仍然是趋向整合，而非分途放射的。

墨家·法家·道家

就文化史而言，我们感觉春秋战国诸子蹑起风发，各以其怀抱心思，发言立说，颉颃智慧，但不论为儒为墨为道为法，或进或退，要之，亦有一共同特点，即对于社会人生皆执着于一种文化关切。

这种关切往往集中在基本的文化问题上，以至于发生互相争辩和补充，在动荡的时代，这尤其关系到传统的维系以及如何维系社会行为准则的基础，或者有助于解释历史，有助于人们做出选择。譬如"义利之辨"正是当时所普遍关切的文化主题。

义，指广义的道德价值，往往同善、正义、合理相联系。利，则主要同人的物质生活欲望及利害感相联系。"逐利"虽然说来不雅，却实在已是社会生活难免的取向，或者说成了某种历史发展的"杠杆"。从追求真美这一理想境界和人格完善的角度看，"义"是不能见利而忘的，是一种行为文化准则；但从社会历史发展的角度看，趋利又有其自然人性的依据和意义。按孟子所言"何必曰利"实际上乃是不可能的。所以"义利之辨"是个历史思想上的两难之题，这也正如讲追求平等本来是好的，但平等一旦取消了竞争，也就取消了发展，又不能算是好事了。

春秋战国的文化关切者、自觉探路者，正处在义、利两激两难的分歧路口。前边说过，儒家坚持"以仁义治天下"的立场，其文化作用在于以君子或伦理道德规范去制约"小人"所喻的利。而墨子一派却把义利关系看成是统一的，直指"义，利也"，"仁之事者，必务求兴天下之利，除天下之害，将以为法乎天下，利人乎，即为；不利人乎，即止"（《墨子·非乐上》）。而且认为，义之所以重要，正由于"义可以利人"。墨子名墨翟，是稍晚于孔子的鲁国人，工匠出身。他所创立的墨家学派，是一组织严密的禁欲主义团体，其成员多半来自社会下层，生活俭朴刻苦，实践其"摩顶放踵利天下"的宗旨。墨子对社会问题的主张归为十项——尚贤、尚同、节用、节葬、非乐、非命、尊天、事鬼、兼爱、非攻，包含了平等互助、人与人友好相处、天下一家、主持公道等一整套社会博爱共济理想。墨子思想对儒家学说的突破，就在于不回避把"利"作为出发点，强调兼爱是"圣王之道，而万民之大利也"（《墨子·兼爱下》）。"兼相爱"以"交相利"为原则。当然，墨子肯定利，其内涵是有限定的，利指的是公利公益，因此排斥个人主义，多从群体本位出发。实际上墨家的义利观像一种朦胧的小生产者的大同理想，虽然不失为理想可嘉，却也同儒家的义利观一样，难以同现实与历史动势做有效的衔接。因此墨学也就逐渐被冷落了。它的影响后来沉入民间的集体无意识心理中，主要表现为农民的均平理想、市井侠义风习以及老百姓盼望盛世、明君、清官的心理。

与儒墨两家热诚而不切实际的文化态度相较，法家则显得冷峻而现实。譬如生当战国末期的韩非（韩国人，公元前233年被迫害死于秦国），他集前期法家思想之大成，将法、术、势有机结合，建立另一套以集权专制为核心的思想体系。韩非认为应该承认而不是回避一个基本事实，即物质利害关系是一切社会关系的基础，社会历史亦无异于一个由不争到争，由推崇道德到崇尚力气的过程。何以会如此？韩非认为，人性是"好利恶害"的，都"用计算之心以相待"。譬如，造车子的希望人富裕，造棺材的巴望人早死，并非造车子的人心肠好，造棺材的昧良心，而是因利之所在。利是人们行为的动力。在这里，韩非把"义利之辨"推至另一功利主义的极端，从而为以法、术、势为中心的集权政治提供了文化思想背景。法家讲法治，与保障民主权利的法治根本不是一回事，它是强化君主权力的代名词，是以争气力而求发展的手段。不过，事情也并不像韩非想的那样简单，在一个仍然需要维持一个伦理教化传统的社会，除非它完全崩溃，极端功利主义虽然能风行一时，却不可能行之久远。有不少人认为，因实行法家路线而兴起的秦王朝，二世而亡，就是一个例子。法家韩非、商鞅、李斯等人亦不免在激烈的争斗中昙花一现。

"义利之辨"往往走入两难困境，对此，道家取了另外的思路，即认为对这个问题的执着根本就无意义。老子、庄子因而在诸子中另立一帜，他们大约是最早的价值虚无论者，也就是看破红尘了。老子一方面直指物欲违背人的本性，"五色令人目盲，五音令人耳聋，五味令人口爽，驰骋畋猎令人心发狂，难得之货令人行妨"（《老子》十二章），要求人们最好"见素抱朴，少私寡欲"；另一方面，借抨击礼智仁义而表现其彻底的"反文化"态度："大道废，有仁义；智慧出，有大伪；六亲不和，有孝慈；国家昏乱，有忠臣"（十八章），故"失道而后德，失德而后仁，失仁而后义，失义而后礼。夫礼者，忠信之薄而乱之首"（三十八章）。与其争雄不若守雌，不若"绝仁弃义""绝圣弃智"，按自然之道，按人的自然本性去生活。

一般认为传说中的老子就是老聃，姓李名耳，春秋时楚国人。世传《老子》一书，可能是道家后学据老聃的思想言论记述而成，成书约在战国初期。老子思想不同于孔、墨的贤人风度，充满独辟蹊径的智者色彩。他似乎洞察了世界万物自身存在的矛盾，而且任何矛盾的双方会向其相反的方面转化，亦即"反者道之动"，因而强调"弱者道之用"。这样的辩证智慧，给争强相斗世潮中的弱者以解脱安慰，也在春秋战国的文化心理危机（如义利冲突、理势冲突）得不到解决的状态中给出了超越性的思想途径，因而成为传统思想文化进行自我调节时的重要补充——"儒道互补"成为认识传统文化的一条主要思想线索。

道家哲学继起的有名人物庄周，是战国中期的宋国人，他是古代的一位玩世不恭者。在他洒脱不羁的巧辩里，不仅消解了义利，而且调和了生死的矛盾。他的妻死了，他鼓盆而歌，因为他在心理上归顺了自然。由此去看，既然国家社会人群的许多现象是不自然的，真中透假，庄重中掩盖着荒诞，那么不合理的也便成了最合理的了。他用喜剧来表现悲剧，在价值的翻转中否定既定的秩序，表现出超人随俗的内心调和，甚至表现出至人与木石鱼鸟相齐的天人合一思想。他既不愿意在庙堂之上贵显自己，也不愿同社会现实做斗争。《秋水》中一则寓言记载着他宁愿像乌龟一般曳尾于泥土之中。或者作"逍遥游"，齐生死，忘物我，超利害，把人生当作一场游戏的梦境，庄周梦蝴蝶，蝴蝶梦庄周，"此谓物化"，似乎也就没有什么是非可执了。

庄子的主题仍然是返璞归真。作为最早的"反异化"的声音，他的文化批判予人深刻印象，正像那些巧妙的托物寓意的寓言一样。但是庄子的文化批判仍然既非功利又非执着的，或者说只能"知其不可奈何而安之若命"，因而它们转至另外一种超越现实的精神祈向，并且最终落脚在某种精神—人格理想的追求上了。个体存在的形（身）神（心）问题最终归结为人格独立和精神自由，作"相忘于江湖"的"逍遥游"。我们觉得这种"隐"和"退"的文化选择及心理，被传统文化心理结构所吸收，正可以作为平衡的因素，来解决文化人的心理危机："达则兼济天下，穷则独善其身。"

有不少学者指出，庄子文化哲学的内在精神是一种艺术精神，即"对整体人生采取审美观照态度：不计利害、是非、功过，忘乎物我、主客、人己，从而让自我与整个宇宙合为一体"（李泽厚《中国古代思想史论》）。所以，在中国传统艺术思维和活动中，人与自然的融合，正好是对人生进行审美把握的一大特色。书法、绘画、诗歌所追求的"言有尽而意无穷"的境界，所涵蓄的表现力，实在以庄子的思想为媒介。在面对世界进行艺术创造和欣赏活动时，不只是依靠逻辑而是依靠整个心灵的各种功能，依靠直观的领悟和体验；不仅重视技巧而且要求技巧要达到手与心应，技中见道；不仅重艺而且重人格精神的修养。这些，都是庄子思想叩发的回声，而且成为传统艺术的神髓。

楚文化宗风与屈原

正如春秋战国的历史乃是一部"东周列国志"，这一时代的文化也无异于各国各地域文化生活的分别演化，以及彼此间的"加减乘除"。因此，"多样"和"混融"实在可以看作这一时代文化的总的特色。尽管前面谈到了华夏文化

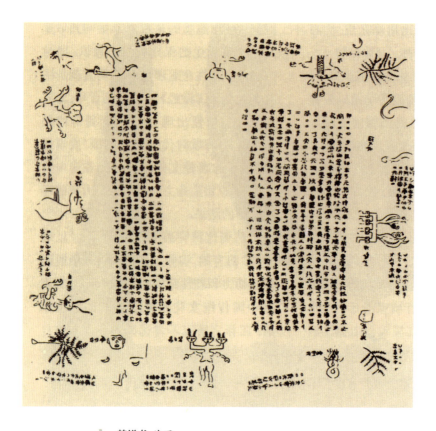

楚缯书 战国
湖南长沙出土 美国纽约大都会博物馆藏
此图是在丝帛之上书楚国古文九百余字,内容涉及天象和神话传说,四周有边文和图像,是已知年代最早的帛书

的若干共性趋势,但各地域文化之间又有不少差异,它们构成了华夏总体文化之中的"亚文化圈"。

这样的"圈",可以举出:由东边的齐鲁到西边的秦、巴蜀,由北边的三晋到南边的楚、吴越。这也只是大略而言。因曾为商、西周的文明重心所在,齐鲁和三晋以及成周、郑卫之地占有较为中心的地位。但由春秋至战国,曾被视为戎狄蛮夷的诸侯国亦逐渐崛起,边地文化便同中原文化接触加深,提供了别有意味的消息。其中又以楚文化在这方面最有代表性。

"一方水土一方人",不错,特别的地理环境、生业方式和民族民俗风情,对楚地域文化,对以《楚辞》为代表的南中国精神之花的影响可说深切而鲜明。

楚文化植根的地域，大致处于长江中游的亚热带潮热区，浸及今天的湘鄂两省及豫、皖、赣部分地区。这里山川迤逦，湖泊棋布，气候湿热，草木繁披，自古以来，民族混杂，其生活习俗和宗教颇带有原始遗存的野性和神秘气息。

这一地域的文化历程，由于时间也很漫长，亦有各土族部落的居止不定，追溯起来头绪纷纷，其来历只能说是多源的。这里有诸多苗蛮土族部落（如今天可辨识的苗、瑶、土家、侗等少数民族），也有自夏商以来即处于中原文化边缘的祝融部落及其子孙荆人。据说到了商末周初，江汉地区荆人有位酋长名鬻熊，亲附了周文王，受封于楚蛮之地，他的重孙子熊绎确立了楚国，又五传至熊渠，开疆扩土。春秋早期，由蚡冒、熊通时起，楚国发达起来，吞并周围诸小国，领地千里，幅及江淮，窥伺中原，并对巴、濮、蛮、越都有所制驭，甚至到楚庄王时，曾观兵周郊，问鼎周室，正是楚文化的鼎盛期。

由于各种部族渊源各异，历史参差，楚文化的形成应包含几个方面：一、荆楚部族本身的文化；二、中原华夏文化的影响；三、楚地域内外各民族文化的影响。由此来看，在内涵的丰富性上，"楚文化"的概念要大于"楚国的文化"这一概念。在楚地域，原始鬼神崇拜祭礼的色彩要浓于中原地区的礼仪宗教倾向，因此前者往往带有"巫觋"的烙印和山野神秘气息，后者则被称为史官或周官文化。进一步说，信鬼好祀、乐舞娱神等经常性的习俗生活内容，在南楚土著民族中更有蓬勃浓郁的表现。譬如在沅水、湘水流域流行傩文化（以一种驱鬼的仪式性活动为中心）的区域内，不仅有多种多样的原始崇拜，而且由于同生活习俗、民间情致结合在一起，显得神人相融合，娱神与娱人不分家，活泼热烈，几无对生命原初形态的束缚。在沅湘地域，自然发动的民间情歌曾与节日、祭祀活动大量地混合，"在一些重大的节日中，群众到山崖水湄去进行大规模的对歌活动，日以继夜、人欢神乐，巫觋或酋长在中间只起组织活动和简单地举行祀神仪式的作用"。也许，在那里，神圣和世俗并没有后来日益严峻的界限，也还少礼法的拘禁，诸如男女之大防之类的限制也比中原为弱，因此性爱的表达也比较自由，可以被寄托在野性的民歌中。"由于最早的巫大多是优秀的民歌手，因此，这种野性的歌也被带进了傩文化中，而专职的巫师又大大发展了野性的民歌……傩文化不仅是民间文学的继承者，而且又反过来影响民间文学。这些巫师穿上法衣，是唱神歌的专家；脱下法衣，又是唱民歌

人物驭龙帛画 战国中晚期
出土于湖南省长沙市子弹库1号墓 湖南省博物馆藏

人物龙凤帛画 战国中晚期
出土于湖南省长沙市陈家大山楚墓 湖南省博物馆藏
此图表现的是龙凤引导墓主人的灵魂升天的情景

的能手。"（林河《〈九歌〉与沅湘民俗》）传世的《九歌》，据说是楚大夫屈原的作品，人们从中还能感觉到山野民俗对楚文化的影响。《九歌》是对"东皇太一"等自然神灵的祭祀乐歌，也是想象生动、情绪缤纷的恋歌或英雄赞歌。它还透露出楚文化中具有裸体祭祀和生殖器崇拜的习俗。

楚地域文化的个性，多少借屈原的《九歌》《招魂》等诗篇而展现。现代人隐约窥见那种瑰丽的神话传说、无羁的想象力、原始歌舞的欢会、慷慨的牺牲。后人称之为"浪漫"，其实那不过是一种"不知其所以然而然"的集体精神形态和较近于生命韵律的本身的体验。汉代人王逸说过："昔楚国南郢之邑，沅湘之间，其俗信鬼而好祀，其祠，必作歌乐鼓舞以乐诸神。"（《楚辞章句·九歌序》）

以较少束缚的习俗和精神气质为基础的楚文化是情感型的，即使退一步说是不自觉的影响吧，也可以理解其文化创造活动何以多彩多姿。其中既包括"与日月争光"的屈骚文学传统，热烈缠绵的音乐歌舞，意笔飞扬的帛画，色彩艳丽的漆器和丝绸，也涉及较发达的采矿、冶金、铸铜业。例如，1982年在江陵马山楚墓发掘到的"丝绸宝库"，其遗存的丝织品计有绢、绨、纱、罗、绮、锦、绦、组八类，基本代表了先秦丝织所达到的水平，刺绣纹样复杂多变，匠心巧妙。又如，不少楚墓都出土有大量乐器和车马器。乐器质地方面有铜质、漆木质、石质，器类有编钟、编镈、甬钟、鼓、排箫、笙、竽、瑟等，其中最负盛名的有江陵出土的二十五具彩绘石编磬（音域宽度有三个八度左右）、随县擂鼓墩一号墓出土的大型编钟（音域宽度达五个半八度）。此外，像江陵望山出土的彩绘木雕小座屏，江陵雨台山出土的彩绘鸳鸯豆、虎座立凤，以及战国楚墓出土的圆漆盒与方、圆耳杯，都把浓烈的感情色彩和艺术情趣，体现得十分充分。刘勰评论《楚辞》的话正可以移用："酌奇而不失其真，玩华而不坠其实。"楚人的文化风韵，还令人想及高沼云梦、巫峡神女，或者层台累榭、长鬣细腰，以及绝唱千古的"高山流水""阳春白雪"……

当然，比起屈原来说，这些又都无足道了。应该说，最能体现楚文化精神及其内在矛盾的正是屈原和他的诗篇《楚辞》。

屈原为战国末期楚国贤臣，官至左徒，他目睹楚怀王统治下的政治腐败，曾谋求改革，联齐抗秦，其志不遂，反因谗讥而遭两次放逐，徜徉泽畔。秦攻占楚都郢后，他投江自沉。屈原是位人格、修养、学识、才思都很卓越的诗人和思想家。

作为"衣被词人非一代也"的大诗人，屈原的诗篇（包括《离骚》《天问》《九歌》《九章》《招魂》《远游》《橘颂》等）体现了楚文化的浪漫精神，也就是重感性、重想象的精神倾向。《楚辞》也像孕育了它的民族乡土生活一样，构成了一种斑斓万翠、闪烁明灭的文化心理现象：神话美丽，民歌多情，宗教仪式有声有色，民间风俗丰富多彩，哲学思想更是杳冥深远、汪洋恣肆。由此可以看到楚人的感性精神多于理性精神。他们对现实的感知与理解，想象与情感，无不在神异恢诡、朗丽靡妙之中保持着对于某个超验世界的联系。由于这种联系，楚文化和屈原的世界有一种独特的不完整性和开放性。这种独特性对于传统文化心理来说，未尝不具有重要的意义。当时北方的史官文化和学术思想体系，均着眼于一个已知的现实世界，拒绝未知和超验的东西，显然影响到华夏文化容易滋生的保守和封闭意识；同时由于轻视感性、注重理性，或者简直就是注重实际功利，《诗经》以后的几百年，北方的韵文文学便出现了空白。《楚辞》的兴起，标志着诗歌时代的复活，屈原"发愤抒情"，正标志着楚文化（虽然它正在走向失败）中的原始生命力——感性动力突破理性束缚的结果。

然而这种突破亦仅是相对于"以理节情"而言的，实际上屈原也还不能解脱感性动力和理性结构的深刻矛盾，这也正是中国传统文化始终潜含着的内在矛盾。屈原之所以不肯远游他方而忿恚自沉，一方面是不肯失其狷洁性格和与个人自然情感相水乳的民族情感（后人的"忠君说""爱国说"未免都有些偏执）；另一方面，又是交互于内心的情与理、信与疑、进与退两相矛盾而难以解脱的结果。他的自杀，毋宁说，是一种令人深思的文化史现象，是一幕幕悲剧的源泉。屈原的伟大，正在于他面对那种悲剧性的困难，仍然做出了自由选择。当然，没有这些矛盾和痛苦，也便不会有《离骚》及其"路漫漫其修远兮，吾将上下而求索"的形象。陆游诗云："天恐文人未尽才，常教零落在蒿莱。不为千载离骚计，屈子何由泽畔来。"屈原的辞赋和他的生死，为其生前身后的文学史、文化史都提出了有意义、有价值的问题。但历史潮流对此无暇考虑，几乎是急剧地冲淡了屈原的问号，掠过春秋战国风云动荡的时代。

秦·汉

(公元前221—220)

秦始皇统一中国

为便于记诵,有人将古史朝代顺序编成口诀,其中说到"东周分两段,春秋和战国",下面紧接着的就是"一统秦两汉,三分魏蜀吴"了。公元前221年,为一关键的历史年头。这一年,秦国军队横扫六合,秦王嬴政治下的秦国完成了先后剪灭东方六国的战略,从而结束了持续数百年的诸侯纷争割据,一统天下。中国文化史随之翻开另一页。

这一年,嬴政赢得了空前的富贵与权力,他取了"三皇"的"皇"及"五帝"的"帝",号称"始皇帝",于是便有了企图"二世三世至于万世,传之无穷"的"始皇纪年"。虽然秦王朝终究只落得十五年寿数而亡,但公元前221年,诚为此后两千多年历史之关键起点。在制度和传统思想方面,秦代之鼎革兴替,影响深远。秦始皇作为"千古一帝"的形象也不断引起后人功罪评说。另外一例是,"秦"这一短命王朝的称谓,后来一直被当作中华文化的某种代称传播于世界,西方的"China",日本的"支那",均为"秦"的音译。

秦文明从西北关中崛起、扩展,并成为中国文化又一次大同化过程(这一次是有意识地集中)的杠杆,应该说有两种因缘:远一点说,秦部族是从西北羌族中分化出来的,夏商时代诸羌东徙,周族更以陕西周原为基础东据中原。西周时秦族沦为周的臣属,并在渭水一带与诸西戎部族杂处,其酋长为周的西垂大夫,在周王朝支持下制扼诸戎,至西周末叶,建立了秦国。春秋之际,秦于诸戎中最为强大,据有汧渭之间河谷农牧区域。这里是周族文化发祥之地,亦有较发达的农业和手工业活动。秦族据此条件,又因袭周族之文化遗产,同时更以其氏族制的历史活力,注入于周代封建文化之中,故在春秋初叶,勃然兴起。近一点说,自秦孝公任用商鞅,实行变法图强,求贤任能,推行法家路线,在不长的时间内,"兵革大强,诸侯畏惧"(《战国策·秦策》),脱颖而出于战国诸雄之上,终于在秦始皇手上成就其"海内为一"的功业。

关于秦的兴起,历来有诸多解释,譬如说它代表了新兴地主阶级对贵族封建势力的代替,或者体现社会政治经济结构发展的要求,等等。我们仅从文化

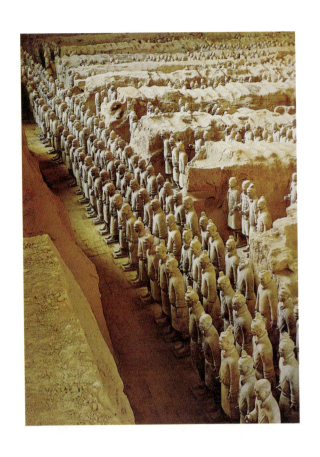

**秦始皇陵墓的陪葬坑：
兵俑坑**

史角度去看，大概可指这两条：一个是秦地域的历史文化因为一直具有杂交融摄的品格，故颇具历史活力；另一个，它把"争强争力"的文化心理、行为作为制定内外政策的基石，把"权谋法术"当作贯串的原则，也就造成了高度强化的极权专制。也可以说确立了古代"军国主义"和"突出政治权威"的典型。因为搞兼并的总是重视"诈力"，所以秦王"禁文书而酷刑法，先诈力而后仁义"（《史记·秦始皇本纪》）。秦文化的一个突出特点，即是由此而来的以法律形式确定国家意志至上。从云梦睡虎地秦墓出土的秦简中可以看出，"秦统治者就把各种政治制度、经济制度、军事制度以及秦统治阶级的意志，全部用法律条文固定下来了，举凡农田水利、牛马饲养、粮食贮放、徭役征发、刑徒服役、工商业管理、官吏任免、军爵赏赐、物资账目的核验，以及关于军官任免、军队训练、战场纪律、战勤供应、战后奖惩等等，都做了具体规定……

跪射俑
出土于秦始皇陵兵马俑坑

透过这批律文，可以推定：秦自商鞅变法至二世灭亡期间，土地归国家所有，实行授田、租田制度，此外国家还直接控制大量土地，役使大批隶臣妾在官营土地上劳动。与此相适应，手工业和商业市场也归国家经营，或受国家控制，管理极为严密，官（隶臣、隶妾、隶臣妾）私（人奴、人奴妾、臣妾）奴隶的数量极为庞大，他们与数量惊人的刑徒是秦社会的阶级基础"（《新中国的考古发现和研究》）。由此来看，情况并非如某些史著所论定的那样，已经体现着奴隶制的消亡。更进一步说，秦代超出前代的特点，乃在于它是一个以统治者实用功利为核心的高度发达的国家—社会控制系统，其发展强大有赖于一个强制性的文化环境和非自然的人为机制。这当然较为有效，否则翦灭六国便谈不到。同时，这种动力驱使下的文明进步亦内含对文明价值的否定，换句话说就是以不文明方式换取文明之进步，进步不小，历史代价也不小。我们看两千多年来的传统文化，似应注意这一"大一统"现象后面的消息。

秦统一中国，既意味着将强制性文化环境由局部地域推而广之（通过武力讨伐）到中国大陆的广大地域，所谓"六合之内，皇帝之土，西涉流沙，南尽北户，东有东海，北过大夏"（《史记·秦始皇本纪》），同时也促成了多民族文化共同体的形成。旧的地域多元文化存在，色彩逐渐弱化，至多仅能在民俗层次上体现和区分。秦王朝的大一统文化政策假其政治权威，由"九州"中心向边缘扩张。当然，在实际上，旧的奇异的文化思想及其表达形式也发生着

陶马
出土于秦始皇陵兵马俑坑

彩绘铜车马
出土于陕西临潼
铜车马制造过程中采用了铸造、镶嵌、錾刻、错磨等多种工艺，体现了秦代金属手工艺的极高水平

相互的扬弃与综合。但这也并非发生在一个自然过程中，起作用的仍然是要求"求同"的国家意志。《吕氏春秋》说得清楚："有金鼓所以一耳也。同法令所以一心也。智者不得巧，愚者不得拙，所以一众也。勇者不得先，惧者不得后，所以一力也。故一则治，异则乱。一则安，异则危。"

秦始皇统一全国后，立即着手制定以"统一"为原则的文化改造计划。显著的措施有：一、书同文，即把李斯等人在古籀文基础上整理创制的秦篆（又称小篆）作为官方规范文字，颁行全国，同时又通行便于抄写公文的"隶书"（狱吏程邈创制）。这都使原有的各体文字规范整齐而且简化了。二、车同轨，即统一修筑宽度划一的驰道，规定统一宽度的车制，使全国交通便达。同时为南征百越，修通了著名的灵渠，使湘水与漓江沟通。三、度同制，即重新确定标准的度量衡单位，废除六国货币，使用统一新币：以黄金为上币（以镒为单位，重二十两），铜钱为下币（以半两为单位）。四、行同伦，秦皇依据五行说以为自己应居于克周火的水德，故定出一套水德的制度，例如：以十月朔为岁首；衣服和旌旗用黑色；数以六为记，如符是六寸，舆是六尺，乘是六马；行政刚毅戾深，事皆决于法；更名黄河为德水。五、收缴民间兵器，铸成十二金人（铜人）。六、拆除某些郡县的城郭，决通战国时各国利用河堤扩建成的长城，铲除阻碍交通的关塞。七、推行"什伍连坐法"。八、迁豪富十二万户于咸阳，加强中央，削弱地方。九、谪发奴隶、刑徒、商人戍边垦荒。十、对匈奴进行边防战争，在秦、赵、燕三国长城基础上修筑万里长城。

"海内为郡县，法令由一统。"秦始皇在统一全国后，还以集权为目的实行了政治制度改革：废分封制，设郡县制，集中权力于中央，分全国为三十六郡（后增至四十六郡）。文武官员皆由皇帝任免，皇帝之下设三公（文官之长的丞相，武官之长的太尉，掌监察的御史大夫），三公之下设九卿。郡县为地方行政机构，郡设守、尉、监，县设县令、县尉、县丞。县以下为乡，每乡设"三老"掌教化，"啬夫"掌诉讼、赋税、徭役，"游徼"掌拘捕。乡以下为亭，亭设亭长。亭以下为里，里设里正。这一由上到下、层层控制又互相牵制的权力运行网络，纲领在皇帝一人手里，诚为专制政权组织的典范，因而后代王朝大都沿袭秦制。

"秦王扫六合，虎视何雄哉。"秦始皇一统天下，不仅确立了皇帝权威的至尊至上，还要确认和表现天定的神圣与无与伦比的气魄。因此，到泰山行封禅礼，祭祀名山大川，勒石刻碑自我歌功颂德，派人入海求仙，修建万里长城，营造上林宫苑及阿房宫，置规模浩大的秦始皇陵，等等，都是其帝王式文化理想的表现内容，体现为巨大的形象创造力和威严的象征。

阿房宫后来被烧掉了，但从《史记》《汉书》的有关记载中还可想象其规模体量之巨大恢宏，所谓"起咸阳而西至雍，离宫三百……又为阿房之殿，殿高数十仞，东西五里，南北千步，从车罗骑，四马骛驰，旌旗不桡"（《汉书·贾山传》）。秦代建筑艺术的综合突出反映了文化的综合与定型。

1974年以来秦始皇陵兵马俑坑的初步发掘，以其群体陶塑造型的壮观气势，令人震撼。据三个俑坑的统计，内有战车一百三十余辆，拉车陶马五百余

琅琊刻石
中国国家博物馆藏
此为秦始皇东巡到琅琊郡时所立刻石的残石,相传为李斯所书,内容是歌颂秦始皇统一天下的丰功伟绩,秦二世东行郡县时又在石后增刻诏书

匹,骑兵鞍马一百一十六匹;车兵、骑兵、步兵俑近七千件。一行行形体高大、神态质朴的武士俑,一列列欲嘶欲驰的陶马,默立千年,仍然氤氲着创造者的气魄和厚重的历史气息。它们同后来出土的大型彩绘铜车马一样,显示了传统艺术的成熟与永恒魅力。由于正处在传统文化发展的一次大整合期,它们显得博大宏远,无造作萎靡之气。当我们想到那个时代和它们的主人时,又不能不怀有巨大的悲剧感。

| 专制秩序

以血火为洗礼、刑法为药石的秦代专制政治,经过完善和系统化,使秦

始皇登上了权力金字塔的顶端。这种印上了"大一统"印记的文化选择和秩序格局以及尊今薄古的自信力，对于文化的创造和毁灭均具有鲜明的影响；同时把传统中国文化所内涵的问题（在春秋战国时其选择的可能性从各个领域和角度被提出）推到了不容置疑的解决的极端。秦始皇在两千多年前便进行了一次文化方面的"大革命"，譬如说把"强制"作为社会安定大治以及文化改造的唯一途径，其实际结果，一方面是有效的，但其力量又很难行之久远。于是这个矛盾也如同"义利之辨"，成为历史性的问题了。因此秦政（或云秦始皇现象）不仅意味着"暴政"或超迈前代的事功，还意味着对传统的挑战。挑战总有回应，陈胜、吴广或项羽、刘邦的揭竿而起还属于后话，而在秦始皇志意满盈，正大做其"独步千古"之梦时，来自社会民间的回应未必都是颂谀与顺从。

六国固然已绝灭，但文化思想传统却不会戛然断绝。换句话说，百家争鸣尚存余波，儒家思想也还可能在私学中传承。从这一点来看，先秦诸思想流派也不可能被完全同化到法家的一统思想模式中去，因此秦始皇的统治思想和文化政策也不免仍会面临质疑——它们合理吗？这里也仍然存在理与势、德与力的冲突，并作为一个历史性问题顽强存在着，尽管直接的政治抗议和批评以及文化思考皆已减弱了。从秦始皇的角度去看，他也有个在获得极大权力之后如何巩固这种权力的问题，直接的政治反对固然已经压制，然而文化思想尚可构成销蚀既定格局的潜在温床，况且原本较落后的秦文化亦缺乏足够的文化经验来驾驭非官方的社会文化思想倾向。这些，都导致秦始皇选择一条文化专制主义道路。

丞相李斯对此说得极清楚："……是以明君独断，故权不在臣也，然后能灭仁义之涂，掩驰说之口，困烈士之行，塞聪掩明，内独视听，……若此然后可谓能明申、韩之术，而修商君之法。……故督责之术设，则所欲无不得矣，群臣百姓救过不给，何变之敢图？"（《行督责书》）

李斯的眼光既锐利又短视，用监视和高压可以造成恐惧、顺从，但压制越久积怨越深，反抗也就终难遏止，不是过不了多少年便豪俊并起而亡秦了吗？当然秦始皇并未意识到这一点，相反，他认为专制不仅必要而且做得还不够，还需要更彻底。《史记》中曾记载，公元前213年，秦始皇召集群臣宴会，有位周青臣当面歌功颂德，但也有人要发表不同意见。例如博士齐人淳于越便有些"不识时务"的样子，出来维护了一下传统，其实他不过是表示不分封子弟功臣是不妥的，又说办事不学古道，没有听到过，并且批评周青臣的阿谀只能加重皇帝陛下的过失，不是忠臣。

淳于越提出"古今关系"问题虽不免政治上的迂执，但在文化思想上却不无见地，也许还代表了朝野儒士欲言而不敢言的心情，似乎秦始皇的无上权威不能容忍任何批评。李斯马上抓住这个"异端"倾向大加抨击，并引申出更为彻底的高压行为，即对传统文化的扫荡，酿成历史上空前而又无独有偶的文化劫难——焚书坑儒。

秩序，确实是中国历史文化的主题之一，它是从"人与人如何维持相互关系"（包括伦理、政治、经济关系）这一基本问题发展而来。社会内部的无权者或希望改变既定秩序，或希望其更为合理，而统治者则无论通过何种方式都要求维持既定秩序，其中有宽（王道）有严（霸道），有偏向礼治者，有强调依靠刑政者。秦王朝的统一，大抵是在强制性文化环境中进行的，因此秦始皇在南面而王天下后，也就自然地倾向以专制强化的方式来解决秩序问题。李斯说：如今天下已定，法令一统，百姓努力从事农业、手工业生产，士则学习法令。现在儒生不学今而学古，就是用古道来反对当世，惑乱百姓。又说：如今皇帝统一天下，辨别黑白而使法制定于一尊，而儒生们根据他们的私学加以诽谤，会使主上的威势降低，形成臣下的党羽。接着李斯便提出了他认为是彻底的办法：

一、除了《秦纪》以外的历史书和博士官所藏以外的诗书、百家语，通令一律烧毁，只有讲医药、卜筮、种树的书不在焚烧之列。令下后三十日不烧者，处黥刑（面额上刺花）或罚作劳役。

二、有敢谈论诗书的，判处"弃市"的死刑，用古道诽谤当世的要灭族，官吏见知而不举发的论同罪连坐。

三、欲求学的，应以吏为师，所学内容限于文字、法律。

秦始皇对这种灭绝思想、禁锢文化的建议当即批准，随之"颁布挟书令"，下令"焚书"。不过秦火之余，还是有不少古书流传下来，可见焚禁终究不是办法，甚至会对非官方文化思想产生否定性放大效应，但它的威慑性对文化发展的摧残,也是无疑的。"焚书"反映了秦统治者定于一尊的文化心理和极端的功利态度,看起来是主张社会进步、历史因时变异的,如李斯所谓"五帝不相复,三代不相袭,各以治,非其相反,时变异也",但这不过是给自家命脉找理由根据,至于到了"我"这里,则既不准变异,也不准进步了。

　　秦始皇真相信他的威权已经到了神化的地步,因为他确实建立了前无古人的巨大功业,说一不二,甚至类似"指鹿为马"的事情也无不可。因此除了深信阴阳五行学说,还要突破自然规律的限制,指望通过神秘的"符应"和"方术",求仙得道长生不老,永远把皇帝做下去。于是齐燕地方的方士便造出神话来迎合皇帝的心理,例如齐人徐市说动秦始皇派他带数千童男童女到海上去求神仙,方士卢生、韩终、侯公等也纷纷去求仙人不死之药,博士官中也有不少"占梦""占星"的方士。本来,神仙说是一种出世的宗教意识,含有对现实的否定意味,如《庄子》中常说的"与造物者(上帝)游",餐风饮露、乘云御风作逍遥游,但到了这时,这种意识已变得浅薄庸俗了,变成了正在膨胀的帝王思想之一部分了,最终作为人间的"假戏真做",使秦始皇可望而不可即。徐市等花钱巨万,始终求不到仙药,卢生、韩终等一去渺然或遁词逃走,自然引起秦始皇大怒。所谓"城门失火,殃及池鱼",为了肃清咸阳诸生(包括儒士、方士)的不忠诚者,以泄其怒,他派了御史去侦察,在侦察中诸生转相牵连告发,共有四百六十多人,结果全部坑死。"坑儒"与"焚书"的动机虽不完全一样,但同样是开了专制社会中"思想罪狱"迫害的先例,其威慑力量当会不胫而走,导致秦代文化创造活动的萎缩不振。

　　短命秦王朝,光芒万丈,继而烟消火灭。唐人杜牧在《阿房宫赋》中写道:"戍卒叫,函谷举,楚人一炬,可怜焦土。"一种历史戏剧性引起后人对秦始皇功罪的纷纭评说。作为"始作俑者",秦统一了全国,给中华文化在综合交融中发展创造了条件,也为踵继开来的汉代文化打下了基础。至于消极影响,则不仅在于暴政,秦代开创了一个以集权强制建立政治、文化秩序推动和解释历史的传统,秦的法治,完全不在于保障人民的权利,而是扼制、剥夺这种权利。中古社会以这一序幕而开始,它的游魂并未在"楚人一炬"中消失。

汉高王道

"坑灰未冷山东乱,刘项原来不读书。"历史偏偏和搞文化专制的秦王朝开了个玩笑:企图长治久安,却落得二世而亡;灭秦者是起于垄亩民间的项羽、刘邦,原是没有什么文化的人。"秀才造反,三年不成",他们却不是秀才。

公元前210年秦始皇死于出巡途中,第二年就爆发了陈胜、吴广起义。此后反军四起,逐鹿问鼎,其中以项羽、刘邦两支势头最强。项羽率楚军击败秦军主力于巨鹿,刘邦率军先入咸阳,公元前206年秦王朝覆亡。此后"楚汉相争",战争又进行了近五年,最终以"西楚霸王"项羽垓下兵败自刭而终。刘邦巩固了帝位,开辟西汉二百二十年历史,史称汉高祖。

因为刘邦做了皇帝,后来有人附会说他是"龙种",其实本是个好酒色的无赖子弟。他做了个小官——沛县的一个亭长,也不过乡曲一霸。时势造英雄,刘邦的长处在于善用人才、明于度势,并长于伪善狡诈,阳道德而阴法术,外弛而内张,也就是说,有一套政治策略。汉代秦以及蹶楚而立,固然有其政治、经济上的历史原因,秦政下的状患民生亦盼改天换地,但还有一个重要因素,是刘邦掌握了传统政治文化的某种精粹,即把权谋法术同礼义仁教巧妙结合,表里不一,表里结合,把"诈术"的行为心理功能加以充分发挥。秦始皇只能极端地"高诈术",不能"贵权顺",刘邦则多了一手。项羽只能一味"崇力尚能",刘邦则能在弱时避其锋,需要时诈力并作,忽而讲仁信,忽而耍无赖,以柔克刚,全以"大私""功利"为行为准则。项羽不谙谋术,又优柔寡断,范增于是叹息"竖子不足与谋,夺项王天下者必沛公也"。刘邦比项羽又多了几手。他的"善藏""能御"之术,可用韩非的话解释:"人主之大物,非法则术也……术者,藏之于胸中,以偶众端而潜御群臣者也……用术,则亲爱近习莫之得闻也。"(《韩非子·难三》)此种权术心机、御众之道,被刘邦所发展,其超出前代法家之处,正在于他的"术"看起来没有什么"术"的样子,也就便于得人心、得人才,进而得天下、治天下。《史记》上说,汉高祖曾在洛阳南宫酒宴群臣,并问大家得天下的原因何在。有人说:"陛下使人攻城略地，所降下者因以予之，与天下同利也。项羽妒贤嫉能，有功者害之，贤者疑之，战胜而不予人功，得地而不予人利，此所以失天下也。"对此，刘邦的回答却是："公知其一，未知其二。夫运筹策帷帐之中，决胜于千里之外，吾不如子房；镇国家，抚百姓、给馈饷，不绝粮道，吾不如萧何。连百万之军，战必胜，攻必取，吾不如韩信。此三者，皆人杰也，吾能用之，此吾所以取天下也。"（《史记·高祖本纪》）刘邦虽为"不学之人"，却远非不学无术，他的"术"更进而表现在以利禄驱人，借御众而坐定天下之后，分别消灭对自己的威胁。结果他很快便除掉了异姓诸王臧荼、韩信、陈豨、卢绾、彭越、黥布等一大群所谓"功狗"，几年之间以叛变之罪将其斩尽杀绝，正是韩信所谓"狡兔死，良狗烹"。

从某种意义（譬如大一统格局）上说，汉刘天下乃为秦的延续，所谓"胜者之所用，败者之局也"。但汉高祖不仅在制度上对秦制因革损益（如将郡县制与分封制相结合，既讲尊主又讲安民），以利安定，而且在整个文化环境和政策的调整上，开创了对前代思想的综合。也就是说，在刘邦务实性的"术"中，包含了对历史经验的无意识总结，从而使先秦儒、法、道、阴阳各流派思想在汉初合流并途，各为君主所用。

例如，陆贾尝从刘邦定天下，有辩才，并在刘邦面前称《书》引《诗》。刘邦本是个"以儒冠为溺器"的人，就责备陆贾："乃公居马上而得之，安事《诗》《书》！"陆贾回答说："居马上得之，宁可以马上治之乎？且汤武逆取而以顺守之；文武并用，长久之术也……乡使秦已并天下，行仁义，法先圣，陛下安得而有之？"刘邦听罢大为叹服，说："试为我著秦所以失天下，吾所以得之者何，及古成败之国。"陆贾于是著作《新语》，这是汉初第一部总结兴亡教训的书。他主张应把文和武、教化和法令结合起来，以"教化"劝善，以"法令"诛恶，张弛结合。他还建议刘邦实行"无为"政治："席仁而坐，杖义而强，虚无寂寞，通动无量。"与此相联系，汉初黄老思想（以黄帝、老子为思想偶像）在统治者中间流行一时，"清静无为，与民休息"也得以行于一时。

又例如，降汉的秦博士叔孙通本不为重用，但他善于变通，看到王朝初立，君臣礼节不严，功臣们不懂朝仪，有时饮酒争功，拔剑击柱，让刘邦感到"威重不行",便对刘邦说:"儒者难与进取,可与守成。"并自荐为刘邦制定一套礼乐朝仪。他"采古礼与秦仪杂就之",订出一套"仪品",同汉律并行,并带领一批儒生在长安郊外进行演习。教群臣也教皇帝,教了一个多月,群臣知道了如何磕头呼万岁,刘邦也知道了接受崇拜时应该如何不动声色。适逢长乐宫建成,就正式演试一次,果然味道不错,刘邦方才得意地说了一句:"吾乃今日知为皇帝之贵也。"这是汉初儒生复起、儒学复兴的开端。至于这时的儒士是否还能真正坚持先秦儒家的精神,也还颇成问题。也许叔孙通的把戏也已经"与时变化"了,所以后来朱熹才指出,他的礼仪"盖只是秦人尊君卑臣之法"。

在这里,已经初步接触了"儒学法家化"的情况,这多少意味着儒学传统的变化。从整个大传统去看,"变与不变"亦是历史思想中沉浮的问题。历史在变化,因而思想学术亦不免随时代而变化,然而自秦汉以下,变化或曰综合、调整,却也许已离开了思想学术本身的路向,打着"与时迁移、应物变化、立俗施事、无所不宜"的招牌,更多地服务于现实政治了。这当然是汉初统治者最愿意看到的。

譬如汉初"黄老之学"大兴,文、景之际更是因窦太后之力"好黄老""尊其术"。"黄老之学"同先秦老庄之学有联系,但主要是变化了的"西汉版"。1973年长沙马王堆汉墓出土帛书——《经法》《十大经》等四篇佚书,可能便是黄老之学的作品。从中可以看到,黄老之所以流行于大一统时代的汉初,绝不仅因为它弘扬"清静无为"的抽象原则,而是由于与法家汇流之后,它发展和策略性地完善了"君人南面之术",如说"臣肃敬,不敢蔽(蔽)其主,下比顺,不敢蔽(蔽)其上"(《经法·大分篇》),又说"夫百言有本,千言有要,万(言)有匆(总)。万物之多,皆阅一空。夫非正人也,孰能治此?罢(彼)必正人也,乃能操正以正奇,握一以知多,除民之所害,而寺(持)民之所宜"(《十大经·成法篇》)。有论者指出,在这里人王和教主、内圣和外王实际上已合而为一了。另一方面,从司马谈(司马迁之父)"论六家要旨"而崇尚黄老来看,他也认为道德家兼采各家之长而成为最完善的思想体系,因其求"以虚无为本,以因循为用,无成势,无常形,故能究万物之情"。黄老之学吸收了阴阳家的"四时之大顺",儒家的"列君臣父子之礼,序夫妇长幼之别"，法家的"尊主卑臣，明分职不得相逾越"，墨家的"强本节用"，名家的"控名责实，参伍不失"，反映出为适应时代需要、君主需要和维持一个适应性较强的秩序的需要，而产生的思想统一趋向。综合是一时代性的变化标志，同时也是传统权术发展的表征，专制被策略化了。

汉代的大一统，开启了走向思想文化大一统的门径。同时，西汉的士人再不可能裹粮肩囊，像战国游士般到处闯荡，他们已学得安分守法，冀望由县学、太学循规矩转入仕途，习惯看汉初敦笃、稳重、循谨的风气。

汉初之治

我们看中国文化的连续性，秦汉的因革转化可能是很关键的。秦朝的大起大落、兴亡成败，实际上给传统的自身调整提供了正反两面的经验教训。比如说意向、规矩或设计，有行得通的，有行不通的，这就会引起后来者的"改辙""变通"，以保证大传统的延续。西汉王朝考虑到秦的前车之鉴、倾仆之祸，一方面沿袭了，另一方面也改善了秦以来的"大一统"和中央集权的格局，且使其处于较宽松放弛的社会文化环境中，使社会矛盾相对缓和，民生得以休养。这样，一个传统结构，既能保持其稳定，又可具有一定的"弹性"和"活力"，表现为较自然的运行。西汉初年，国家采取了一些恢复性措施，如分给复员军吏士卒田宅并免除其徭役，释放奴隶，鼓励增殖人口，重定户籍和赋税办法，"务民于农桑、薄赋敛、广蓄积、以实仓廪、备水旱"（《汉书·食货志》），宽简刑政，削抑王侯贵族势力，控制工商，招揽人才，等等。仍以王权为中心的西汉前期，环境虽不能说很宽厚，总是比以前强多了。所以在吕后执政时，大政可说"天下晏然，刑罚罕用，罪人是希，民务稼穑，衣食滋殖"（《史记·吕太后本纪》）。接着在"平定诸吕"之后，有史家称为"盛世"的"文景之治"，生产发展，以至"京师之钱累百巨万""太仓之粟陈陈相因"。到汉武帝年间，国力已空前强大。当时晁错曾上书论贵粟之道，反对急政暴赋，反映了对以小农经济为基础的社会均衡的设计："方今之务，莫若使民务农而已矣。欲民务农，在于贵粟；贵粟之道，在于使民以粟为赏罚……夫能入粟以受爵，皆有余

狩猎、收获画像砖（拓片）
东汉
出土于四川成都扬子山
此图上部为弋射图
下部为收获图

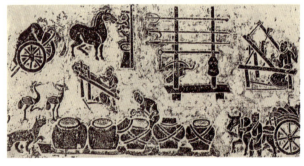

汉代机织、酿造石刻（拓片）
四川省博物馆藏

者也。取于有余，以供上用，则贫民之赋可损，所谓损有余补不足，令出而民利者也。"（《汉书·食货志》）重农贵本以及求稳定均衡的传统思想，在西汉得到了一次充分强调和实践，并以之作为传统文化发展的常规条件。

一般来说，生产力发展和财富积累是总体社会文化发展的基础。而这一基础的形成，往往依靠不同的方式，譬如说，有时是靠生产工具和技术的突破性进步并引起经济关系的改变；有时是靠政治的力量强化某种生产关系，从而进行强制性的积累；有时则是在比较安定的条件下（减少人祸即破坏性冲突），给生产者的积极性以一定保护，使经济结构自然均衡地运行一个时期。西汉初的情况偏于后者，同时也综合了另两方面的因素，因而成为中国传统社会文明发展（循环式）的一个基本模式，历代王朝前期都有这种情况。

耧车复原模型 汉

西汉农业之发展有若干特点：一、开垦耕地，人均耕地面积增加。二、广泛应用铁器农具和牛耕。三、发明耧播技术，提高了耕作水平。四、改善农田灌溉，修筑渠、陂等水利开发工程。五、推广麦、稻等谷物优良品种。六、经营园圃，由西域引进多种园圃作物，如黄瓜、大蒜、胡荽、苜蓿、石榴、葡萄、胡桃等。七、畜牧业兴旺（特别在北方边郡地区），并带动兽医与相马术的进步。八、发展捕鱼和养鱼技术。九、种桑养蚕区域的推广。十、移民实边屯田以及发明水碓，利用风车，等等。通过西汉农业状况，可以看到重农思想和社会安定的积极影响，但在土地问题上仍找不到克服一种基本矛盾的办法。这个矛盾就是土地大部分私有化后土地兼并与限田的矛盾，造成贫富分化的矛盾，另外还有救贫备荒同需要征收较多徭役赋税的矛盾。一般来说，这种矛盾是造成社会不安定和阶级斗争的主要隐患。

与农业的情况不大一样，西汉的其他主要经济部门多是国营官办，体现国家对盐铁业等主要经济活动的控制。如西汉政府组织中有少府、将作大匠、水衡及大司农四个机构，下设各种工官，对工技百业加以管理。当时煮盐、冶铁业最为发达，为许多业者发家致富之途，而且生产规模甚大，常常"一家聚众或至千余人"，至于官营工场，有"一岁功十万人已上"的矿冶工场，有"作工各数千人，一岁所费数巨万"的纺织作坊，产量也常常以"千酿""千丈""百

秦·汉（公元前 221—220）

乘""千钧"为计，可见规模不小。在各生产部门内部，工种之间分工也日趋细密，讲究专业技术的熟练，所谓"一器而群工致巧"，"一杯棬用百人之力，一屏风就万人之功"（林剑鸣等《秦汉社会文明》）。传统工艺在汉代得以大放异彩。

不过，说到西汉的盐铁业，还有一个问题特别值得注意。由于当时经营盐铁利润甚大，于是就产生了官私之间的利权问题。是该国有专卖，还是放任自由？汉武帝时改变了汉文帝的政策，决然施行盐铁国营的办法，由国家给予盐铁生产者以生产手段与生活资料，使制盐与冶铁事业以及其他社会主要经济活动从属于国家控制。这件事情自然对国家好，大约实际上也就体现了国有化与私有化、统制经济与自由经济的最初的矛盾。两种选择各有长短，一个比较有利于秩序的稳定，一个比较符合经济发展的动力机制。客观地说，事情一经官办，利权收回，附带也便容易产生产品质次价高等种种流弊。当然我们更需注意这一矛盾背后的传统文化、思想背景，即在传统中，集中和统一总是被优先考虑的。"一管就死，一放就乱"不仅是个经济上的"死结"，也是一种文化上的困境。

前面说过，汉代文化是在对前代文化的综合调整中延续着传统。统一的格局和比较稳定的社会状况，有利于挖掘传统内部蕴藏的潜力，使文明程度迈上一个新台阶，因而汉代的文化创造活动及成果是多方面的，也是灿烂的。

除了高度发达的冶金业（如北京大葆台西汉墓出土的环首刀和簪，经检验，即属于铸铁固体脱碳钢，这是我国最早的铸铁脱碳钢实例），纺织业的开发亦突出领先，如《汉书》记载齐地的民间纺织业："故其俗弥侈，织作冰纨绮绣纯丽之物，号为冠带衣履天下。"其时丝织、麻织及印染的技术、装置已发展得相当成熟。如长沙马王堆1号汉墓出土的素纱禅衣，衣长128厘米，通袖长190厘米，但仅重49克，薄如蝉翼，轻举若飞。丝织品是中国的主要输出品，通过西域远销中亚、西亚和欧洲，这条商路因而被称为"丝绸之路"。汉代漆器、铜器、陶器、舟车及酿酒、煮盐技术，也均兴盛可观，还可看出当时的物质生活之丰富繁荣以及上层生活的奢侈。

附带说到汉代长安城的宫苑建筑也是大规模的。如长乐宫有前殿、鸿台、临华殿等十余座大型建筑，本身就是一座宫城。高祖七年，"萧何治未央宫，立东阙、北阙、前殿、武库、大仓",刘邦见搞得极壮丽,便问萧何这是否太过分了,萧何回答说:"……天子以四海为家,非令壮丽,亡(无)以重威,且亡(无)令后世有以加也。"(《汉书》)汉代宫苑建筑要求规模大,有超凡俗的尊贵威重气派,从萧何的话中可以看出,宫苑建筑的象征意义是第一位的,居游等使用功能则落在第二位。到汉武帝时,宫苑营造已成为当时国力和文化创造力极盛的象征。如上林苑中有巍峨南山、浩瀚昆明池,近百组大型宫苑建筑群以及无数珍禽异兽、奇花异草。建章宫仅为上林苑宫城之一,但已甚为壮观。它"周回三十里","度为千门万户",有天梁等六宫,玉堂等二十六殿,太液池、溏中池,池中有神山,楼台之间辇道相属。总之,长安城内宫苑面积已是明清紫禁城面积的二十多倍,城外上林苑及众多离宫的规模就更大了,足令后人瞠目。

威仪万方的西汉宫苑及城市建筑,典型地体现了汉代文明所达到的水平,包括为中国古代建筑奠定了形制和技术的基础,也肯定会带动诸经济部门及技术的进步,同时反映出汉代雍容博大的文化精神与气魄。

汉武帝功业与传统政教体系确立

公元前 140 年,汉帝国由天下甫定到承平多时,已过了好几代,这时轮到汉武帝刘彻即位执政。他做皇帝,面临两种可能的选择:一是按前代故训,以清静无为为主政大计;一是在位尊威重的条件下,求广大、进取,做个建功立业的有为君主。汉武帝选择了后者。在历史上他以好大喜功闻名。他当政五十余年,文治武功臻于鼎盛。一方面南征北讨开疆拓土,另一方面在政治、经济、文化上加强整饬,铺张规模,使国家集聚财力,网罗人才。如大兴水利,加强人口户籍管理,广征赋税,在郡国设均输官,推行盐铁专卖,设平准制以控制社会经济活动,改革历法,定正朔,易服色,首创"建元"年号,开历代使用年号之始,尊儒兴学,"立五经博士,开弟子员,设科射策,劝以官禄",以及上泰山封禅,祀神求仙,大治宫室苑囿,等等。后有人称其"志尚奢丽,尤敬神明"(《史记》)。"汉武"颇有"秦皇"遗风。

说"好大喜功"等，情况恐怕也不全由于帝王性格而演成，时代环境、历史机缘可能有不小的潜在作用。简单说，当汉初对传统进行了有效的修复和调整之后，整个社会文化结构已在稳定中具有了某种发展的常规条件，譬如技术、经济的水平和规模均可在体制内增益，管理也是一种有效的方式。反过来说，常规结构内的发展，又可维系既定体制结构（大一统）的生命力及其强化。所以汉武帝的追求事功，追求权力意志的充分实现，乃是当时文化环境趋向事功化（政治动向亦静极思动，由"无为"转向"有为"）的自然要求。如果把具有"周而复始"特点的王朝文化演变史大致分为"四部曲"：序始、上升、停滞、下降，然后是又一轮兴替，那么终汉武帝一代，可说正处在西汉文化的上升期。应该附带说一下，这种上升是在传统秩序结构和心理结构之内的，并把传统结构功能充分发挥和完善化。到此，秦汉体制终于在踵事增华中大体确定，如疆域版图与民族融合的一体化，如政制、官制、礼制、兵制、刑制、税制、学制及对外政策、重农政策、官私相补的经济政策等制度、政策大略，皆为后世雏范；至于工艺、器物、文学、艺术亦往往别出心裁、蔚为可观，体现出气魄雍容阔大的汉风。

总的看，西汉中叶的文化进程是整体性的，这就联系到现象所内含的另一重要意义，即中国文化除了具有"早熟"性质，还具有"整合"性质。整合的意思用俗话来说，就是"好多东西都一块堆儿"，互相配合关联，不是离散、异端的。这在汉武帝时代的文化进程中特别显著。譬如我们看那时的宫苑建筑以及以之为中心的城市，形制阔大而又成为均衡稳定的整体，不仅可被利用起居，而且是一幅以世俗权威（非宗教信仰权威）为中心的秩序图式的缩影。在这里，"道"与"器"，"体"与"用"，"本"与"末"，世界观与日常生活都相互配合关联着。制度、政策以及学术、文术，都是此一整合秩序的经纬丝络和系统运作的润滑剂。整合还有一个重要条件，即需要一个与现实秩序相应的社会精神—心理秩序，二者不离，现实秩序便有了依据，得以维持巩固。

建元元年汉武帝登基后，就下诏令三公、列侯等举荐"贤良方正直言极谏之士"，以求修文补政的人才。这件事便成为汉代尊儒兴学、奠定王朝道统（在总结历代经验基础上形成思想主旋律）的契机。当时治《公羊春秋》的博士董仲舒在"茂才"中脱颖而出，三次上书应对，策答古今治乱之道和天人关系问题，受到武帝称许。这即是"罢黜百家，独尊儒术"的开始，也是"兴太学，置明师"以官禄吸引天下之士的开始。同时，一个为集权和大一统做解释的"天人感应""天人合一"的思想图式取代了任何超经验的信仰、观念，被确立为神圣的。在这种图式里，天时、地候、人体、政制、赏罚统统分门别类处于异事而同形、异质而同构的阴阳五行关系中，组成一个相生相克的宇宙——人事的结构系统，作为帝国行政的依据。

董仲舒的学说思想（其主要著作为《春秋繁露》）可撮要为三者。其一，"天人感应"说，有天志、天意体现在人间。如天有五行，人有五脏；天有四时，人有四肢；天有阴阳，人有哀乐，等等。于是举凡人的形体结构、思想意识、尊卑等级、伦常制度，无不是"天"即阴阳五行在世间的推演。"天"具有至高的权威，似乎体现着某种"大道"或者说"客观规律"；而在人间，君主得到天授的权威，"配天"——或予夺生杀，或列官置吏，或好仁恶戾、任德远刑，都是配合天道的。其二，"大一统说"。他认为《春秋》大义正在于"天地之常经"，一切归于"一"，因此政治上、思想上均必须统一。他在第三次贤良对策中有一段话专讲为什么"罢黜百家，独尊儒术"："今师异道，人异论；百家殊方，指意不同，是以上亡（无）以持一统，法制数变，下不知所守。臣愚以为诸不在六艺之科、孔子之术者，皆绝其道，勿使并进。邪辟之说灭息，然后统纪可一，而法度可明，民知所从矣。"（《汉书·董仲舒传》）这一讲，岂不同样是文化专制吗？尽管用的已经不是"焚书"的口气，而是扬起儒学的招牌为王朝整合秩序，确定文化心理原则。其三，"三纲五常说"。三纲即"君为臣纲""父为子纲""夫为妻纲"；五常即"仁、义、礼、智、信"，这是在日常生活和道德上强调和谐稳定的秩序。

董仲舒投汉武帝之所好，并非因为他的学说充满理论新发现，毋宁说，他是在前人前代思想和经验的基础上，进行了看似严密关联整合的系统建构，从而为加强既成的统一王权秩序和文化进程提供了思想背景烘托,提供了"支援"。这种支援无疑十分必要。汉初传统各家学说已有合流并随时扬弃的趋势，到董仲舒手里，又来了一次集大成式的再造。比如讲"尊主卑臣"是法家专利，讲"天人感应"，《淮南子》早有，他又沿《吕氏春秋》的方向，竭力把人事政治与天道运行附会而强力地组合在一起，用儒家的精神改造和利用阴阳家的五行说("始推阴阳,为儒者宗")。比如,在他的学说系统里,既强调客观结构的法则,又强调人的主动精神的配合;既着重整体结构的稳定和持久,又不排除在调节自我时的灵活性、适应性。董氏还一再说"仁,天心","和者,天地之所生成也",反映出"把天人视同一体"这一传统思想具有模糊性情感体验的特点,既带着神秘性,又非不可体会,既是自然的,又是道德的。把儒家思想发展成一种似是而非、似非而是的知识经验系统和为现实文化提供支持的官方哲学,董仲舒因而被尊为"群儒之首"。

经过改造而被尊崇的西汉儒学,因为已经扬弃了孔孟"民本"思想和"庶人议政"的政治批评精神,而为汉武帝等乐于接受。结果便是置《诗》《书》《易》《礼》《春秋》五经博士,罢黜各家博士,从此确立了"经学"在学术历史上的正统高尚地位。进而,武帝批准了董仲舒、公孙弘等人兴办太学的建议,选择十八岁以上仪状端正、无疾病的青年五十名,分别作为五经博士的弟子,又增设旁听生,由郡国县官选择"好文学、敬长上、肃政教、顺乡里、出入不悖"的少年,俱至太学受业。这是历史上最早的大学,也可以说,又由春秋战国时的"私学"回到"官学"上来了。

兴学以善士,这条途径可以把读书人吸引到正统的框架中来,但更大的网罗则在于将教育同政治一体化,即确定士—官僚系统,使天下读书人趋于利禄之途而无他路可走,最终使人身和思想皆依附于专制皇权。《史记》说:汉武帝时,"一岁皆辄试,能通一艺以上,补文学掌故阙,其高第可以为郎中者,太常籍奏。即有秀才异等,辄以名闻。其不事学若下材及不能通一艺,辄罢之。……自此以来,则公卿、大夫、士吏斌斌多文学之士矣"。这样,一个由"孝悌"、读书出身和经由推荐、考核而构成的文官制度便基本形成了,成为皇朝的行政支柱。这是中国文化史上的一件大事情。李泽厚指出:这种文官制度"把政治伦理统治建筑在宇宙自然秩序的比附上:政治的治乱兴衰不再仅仅依靠作为首领的'圣人',而且更依靠于遵循客观的'天道',而这'天道'也就包含建立这整套的官僚行政体制,所谓'官制象天'是也。这种官制表面上类似近代官僚系统,……但实际上,由于中国古代这套官僚系统从根本上仍然服从于和从属于血缘宗法的社会、经济结构,……关系学基础上的政治上的人身依附极为突出和严重。这使得'有治人无治法'的儒家传统仍然延续下来,……董仲舒协助汉武帝建立起来并在理论上予以论证的便是这种中国早熟型的'士—官僚'的文官政教体系"（李泽厚《中国古代思想史论》）。

不过，还可以补充说，西汉所确立的政教体系，骨子里乃是法家的"尊君卑臣"，并非真正的儒家传统，虽然吸收了一些儒家思想作为门面。因为是一种综合，既可说"援儒入法"，也可说"援法入儒"，总之是"以经术缘饰吏事"（《汉书·循吏传》），甚至可说儒法互为体用。《史记·汲黯传》有一条记载颇能说明"阳儒阴法"的事实："天子（武帝）方招文学儒者，上曰：'吾欲云云。'黯对曰：'陛下内多欲而外施仁义，奈何欲效唐、虞之治乎？'""外施仁义"便是以儒求"缘饰"，"内多欲"则非做法家型"唯我独尊"的人主便无以操纵自恣。因此，西汉政治—教化体系之所以垂范后世，诚然由于它是有两手的，是表里不一而又表里结合的。汉宣帝便坦率吐露真言："汉家自有制度，本以霸王道杂之，奈何纯任德教，用周政乎？"这似乎在提醒我们，不要读错了历史。

社会风俗

由高祖开国到武帝统治，西汉社会逐渐走上了轨道。这时的文治武功，除了确立稳定的秩序外，与先秦社会相比较，社会的组织形态亦有个重大的转变。简单说，就是由宗法贵族社会转化为士庶力量上升的社会。虽然皇权总是高高在上的，但是旧的封建贵族势力已在秦汉之际瓦解，汉高祖刘邦本身就出身平民，他取得政权后基本沿袭了秦代郡县制，皇族子弟虽分封王侯，却并无实际责任与势力，也就不再能"国中有国"，翦除诸吕及平定"八王之乱"，更抑制了新贵族势力的复起。到汉武帝时，缘饰儒术，文官制度和文治政府已走上正轨，布衣可为卿相，社会的"垂直流动"有规矩可循，一方面有着严格的等级礼制界限，另一方面由于流动的可能性增大，界限又不是固定的，这就促进了民间文化活力较前蓬勃舒展。因此，汉代的社会风俗亦较前丰富多彩，也不大拘泥于传统的规范，传统的约束力往往受到较开朗的时代风气的挑战。

当然，如果上面不免好大喜功、踵事增华，社会风气便易受到影响。例如，武帝时由于皇室提倡和演员的专业化，杂技表演空前热闹，司马迁称之为"及加其眩者之工，而觳抵奇戏岁增变，甚盛益兴，自此始"（《史记·大宛列传》）。杂技表演又称百戏，不仅属于宫廷娱乐，还是官员、地主、富商以及百姓所喜闻乐见的。丞相田蚡自称"所好音乐、狗马、田宅，蚡所爱倡优、巧匠之属"。御史大夫桑弘羊也说："夫家人有客，尚有倡优奇变之乐，而况县官乎？"他们不仅生前爱好娱乐，死后还要在墓葬里刻画欣赏歌舞百戏的场面。元封三年春，武帝举行首次杂技会演。长安周围百姓，甚至路遥百里之外的也赶来观看。好尚所趋，在民间工艺美术品中，也尽是"五色绣衣，戏弄蒲人杂妇，百兽马戏斗虎，唐锑追人，奇虫胡妲"（《盐铁论》）。甚至连办事治丧，也作"歌舞俳优，连笑伎戏"，以至令当时的儒生发出感慨："今乃以玩好不用之器，奇虫不畜之兽，角抵诸戏，炫耀之物陈夸之，殆与周公之待远方殊。"（《盐铁论》）

在饮食上，饮酒美食亦往往同嗜于淋漓畅快，屠狗炙食饮酒之风不衰。当时对于民众有赐酺之举，可说君民同乐，文、武、昭、宣四朝皆有"大酺五日"的记载。又如厚葬之风盛行，陵寝土木工程浩大。据文献记载，汉代皇帝驾崩之后，嘴含宝珠，身上金缕玉衣，所谓"汉帝送死皆珠襦玉匣，匣形如铠甲，连以金缕；武帝匣上皆镂为蛟龙鸾凤龟龙之象，世谓为'蛟龙玉匣'"（《西京杂记》）。厚葬之风也影响到普通人，未死之前有生圹，既死之后，则有招魂挽歌，有堪舆相地吉凶；既葬之后又讲究碑文、墓志铭，墓上须种松柏，建

金缕玉衣
西汉

乘云绣 西汉
出土于湖南长沙马王堆1号墓
刺绣花纹主要为朱红、浅棕红、橄榄绿三色丝线绣出带有眼状的桃形花纹和云纹,遣策称之为"乘云绣",寓意"凤鸟乘云"

祠堂,排场种种。

虽然江山易姓,但灭秦的项羽、刘邦皆为楚人,汉文化与楚文化仍有深厚的渊源关系,或者说楚人的豪放情性至汉代仍流风不绝。如鲁迅所说:"楚汉之际,诗教已熄,民间多乐楚声,……盖秦灭六国,四方怨恨,而楚尤发愤,誓虽三户必亡秦,于是江湖激昂之士,遂以楚声为尚。"(《汉文学史纲要》)从汉高祖的《大风歌》到武帝时的《天马歌》《秋风辞》,到李陵的《别歌》,这方面尚无明确的雅俗界限,大都慷慨任怀,自然流露,无雕琢造作之气。从传世的歌词来看,一般语言清新平易,句式灵活,音节流畅。弹琴击筑,相和而歌,或低吟曼唱,或引吭高歌,容易引起共鸣,在市井以至于大雅之堂上传播。此外,汉武帝时由于交通西域,西北边疆一带的乐器如箜篌、羌笛、胡笳、

彩绘木制六博俑 西汉
出土于甘肃武威磨嘴子 甘肃省博物馆藏
六博是我国古代的一种游戏棋局

琵琶等不断东来，亦有新的旋律、舞姿加入中土的歌舞，使汉代民间乐舞更为多彩，如产生了"相和歌""歌吹""铙歌"等表现力更丰富的曲式。即兴表演的舞蹈也是娱乐欢会中不可少的内容，上自帝王下至斗食之吏、庶民百姓，往往喜歌好舞，并且一边欣赏，一边想着用什么词句去描绘"长袖善舞"的舞姿："绕身若环，曾挠摩地，扶旋猗那，动容转曲，便娟拟神，身若秋药被风，发若结旌，驰骋若骛。"（《淮南子·修务训》）汉代流行的舞蹈，著名的有"七盘舞""剑舞""踏歌""巾舞""巴渝舞"、踏鞠（踢球）之舞，以及对动物进行滑稽模仿的"沐猴舞"等。诸多反映着艺术创造生气的影像，至今还可在出土的汉画像石上依稀看到。

一个重要的文化特点是，包括歌舞杂技活动在内的汉代社会风俗，往往以表达情感、追求娱乐的方式去体味人生，而不是仅仅装点和束缚人生，所以当时虽有朝廷庙堂之上的雅乐祭舞，却始终不能在汉文化中占主导地位。当然汉文化本身也摆脱不了"齐"与"不齐"的矛盾，一方面是出于重建礼制的要求，在儒家思想所倡导的礼教行为规范内塑造社会文化生活；另一方面平民生活又很难完全接受一套套"非礼勿动"的束缚。因此"俗"的活泼未尝不可看作对

说唱俑 东汉
出土于四川成都天回山 中国国家博物馆藏
此俑左臂挟鼓,右手举槌,作击鼓说唱表演,神情幽默风趣

"雅"的逃避。虽然汉儒整饬礼仪规范，要求人们遵守六礼（冠、婚、丧、祭、乡、相见）、七教（父子、兄弟、夫妇、君臣、长幼、朋友、宾客）、八政（饮食、衣服、事为、异别、度、量、数、制），行必有据（《礼记·王制》），但习俗时尚仍保留着许多人生的自然本色。譬如按《礼记》的要求，男女之礼、婚嫁之礼都是很严格的，甚至规定了走路时"男子由右，妇人由左"，有不少要"合体"的烦琐规定。但卓文君与司马相如私奔，也是妇孺皆知的故事。像朱买臣妻因嫌贫而改嫁，也说明有时也不免视婚姻关系为平常。东汉繁钦有一首《定情诗》写到男女之间无所拘泥的恋情："我出东门游，邂逅承清尘……我既媚君姿，君亦悦我颜……"只是在一次春日郊游中，偶然相遇，便一见钟情，引起无限思恋。我们联系汉画像砖中有表现青年男女"野合"的情景，可知风俗尚未全面受礼法束缚。汉乐府中有不少诗篇如《上邪》《陌上桑》《有所思》，以及长篇叙事诗《孔雀东南飞》，都表现了对健康、纯洁爱情的那一份执着追求。"君当作磐石，妾当作蒲苇，蒲苇纫如丝，磐石无转移"，这一类毫不做作伪饰的情感态度，远不是礼教观念所促生的。同时，礼教对穷奢极欲的达官贵人来说也没有多大约束力。因此史书上有不少关于他们"多妻""踰度""女乱""私夫"一类的记载。上者如汉武帝既可后宫蓄美人七八千之数，下者如达官富人自不难想象如何妻妾成群，绮罗流黄，置酒挟娼。因此说到汉代社会风气，也是鱼龙曼衍，难于一概而论的。

虽然不可避免地在世俗生活中存在种种价值冲突（包括雅与俗、规范与欲望、礼法意志与民间情致的矛盾），毕竟，由于西汉正处于中古社会的上升期，其风俗时尚每多慷慨纵怀、广大进取之神貌，因此也就给传统文化智慧的创造活动以较有利的环境。比如文学艺术的空前繁荣，形成传统更新的浪潮。汉武帝时代大大扩充和完善了乐府体制，派大音乐家李延年任协律都尉，除翻旧改新制作雅乐外，更重要的贡献是采集民间歌谣、乐舞，加以整理、改编。《汉书·艺文志》云："自孝武立乐府而采歌谣，于是有赵代之讴，秦楚之风，皆感于哀乐，缘事而发。"乐府，成为传统文艺发展的重要环节。

由于尚文崇武之风甚盛，汉代的体育活动亦开展于民间，其较著名的项目融实用与娱乐于一体，如击剑、踏鞠、射箭、摔跤、赛马、六博、投壶、围棋等，还有导引（即早期的气功），巧捷奇技种种，为时尚所趋。

丝绸之路·北方边患

汉武帝建元三年（公元前138），有一支小队伍从关中出发，向塔里木盆地迤逦而西，率领这支队伍的人是张骞，汉武帝派他首次出使西域。这不算一件大事，却在中国文化史上留下了有意义的一笔，作为一个开端，标志着中西交往的正式揭幕，此后这种交往对中国和世界文化都有着不可低估的影响。

张骞一行西使，原本负有政治使命，即寻找被北方匈奴驱向西方的大月氏部族，并联络大月氏共同夹击汉族北方的大敌匈奴。但张骞所路经的西部走廊正在匈奴铁骑频繁出没的范围内，故被匈奴囚居十年，然后脱逃至大宛，又经康居，才到达大月氏国。因大月氏无意东还向匈奴复仇，张骞的使命失败，只好归国。途中他又遭匈奴拘禁一年，恰逢匈奴内乱，方辗转回到长安。此行前后历十三年，同行百余人，归来时只剩下一个同伴。他回国后，报道了西域诸部族以及中亚诸国——如大宛、康居、大月氏、大夏乃至安息（伊朗）、条支（阿拉伯）、大秦（罗马）——的情况，使中国人知道了"天外有天"。张骞西域之行无意中完成了一项打通中亚商路和文化交流的使命，并成为汉代向西开拓、屯垦戍边、经营西域的先声。这也是汉文化开拓精神与探索精神（并非故步自封）的一次突出体现。公元前119年，张骞第二次西行，携带金帛、牛马出使乌孙，到达后又分遣副使到大宛、康居、月氏、大夏等国，后又带领数十名乌孙人回到长安。由此，正式的交通确立，结成一条东西文化交流的纽带——丝绸之路。

说到经历大一统过程后汉帝国的对外关系，可分为"近"与"远"两种情况。"近"，是指中原周边地域的少数民族，如笼统概称的百越、群蛮、东胡、西羌，尚属文化较落后的部落氏族。在汉文化的优势下，西汉政府通过征伐方式，继续进行"一统"进程，也就是朝着实现统一多民族国家的目标努力，并实现更大规模的文化融合同化。例如在西北设置了西域都护府；西南置犍为、益州等郡；在南方和东南辖制诸越，分置南海诸郡；在东北对乌桓、鲜卑、夫余等族结成统属关系。"远"，是泛指与东亚、东南亚、西亚、中亚诸国的关系，

当时均已有初步的联系，或有礼节性互访，或有贸易往来，民间或直接或间接的交往可能也早已发生，因而从日本列岛到苏门答腊、马来半岛，到缅甸、印度以至西方，都有汉代中国文化遗物被发现。这种远交关系大概接近于和平共处、礼尚往来。一方面中国对外部世界的探索扩展了；另一方面，文化上的差别也加深了中国人的"中国中心感"，这种感觉中也含有自信。事实上当时与波斯、阿拉伯、欧洲相比，中国的纺织、冶金、凿井技术是先进的，许多产品及手工艺技术通过各种形式的丝绸之路传播到海外。同时中亚一带的风物、土产、工艺美术以及宗教也进入中土，汉文化充分自信地容受了这些外来的东西。

当然，并非所有的文化交往都是和平的。在一个不同民族相互免不了接触

张骞通西域壁画（摹本）
根据敦煌莫高窟323窟初唐壁画摹绘，表现了汉武帝带领群臣为出使西域的张骞送行的场景，左侧跪地辞行者为张骞

的世界上，当集团利益发生冲突而不同的存在及行为方式又无法相互认同时，只有一种语言是共同的，这种语言就是战争，是政治、经济、军事力量的较量。因而血与火弥漫在历史上。我们知道，秦汉大一统帝国及其文化声威的建立，曾伴随着强力的向中原周围扩展，而扩展在一定的边缘上停止下来，这个边缘实际上是自然地理的边缘，即在东亚大陆的东、南、西三面遇到了海洋、高山丛林、沙漠等难以逾越的障碍。在中古时代，文化辐射力总要受到地理环境的一定阻遏。反过来说，也由于有这种地理环境，华夏文化的发展也得到了一定保障。从实际出发，汉文化为了自我安全，一边尽力推进到一定的边缘上，一边对远方诸国选择较柔和的联系方式。但是在北方，由于匈奴的威胁，情况变

得困难了。

匈奴是游牧于中国北方大陆腹地蒙古高原一带的诸种族（史称北狄诸族）的混合，先秦时为猃狁，为荤粥。由于蒙古高原苦寒荒瘠，虽间有水草，终究难以自足。所以北狄常常要南下牧马，企图侵入黄河中游平原，往来迅疾，四出掳掠，成为中原的边患。从战国到秦代，都曾北筑长城，阻挡北狄的南进。然而由于没有自然地理上的可靠屏障，长城仍难以有效地阻挡军事集团化的游牧民族南下西出的压力。降至汉代初年，匈奴之强势更为乘间展开，兼并征服，一跃而主宰北部中国，东至辽东，西窥塔里木，弯弓跃马，南向中原，几乎在"白登之围"中抓获汉高祖。西汉朝廷不得已采取和亲政策，将一个个汉女宫娃送去匈奴的单于庭——"谁将汉女嫁胡儿，风沙无情面如玉。……不识黄云出塞路，岂知此声能断肠！"（欧阳修《明妃曲和王介甫作》）但即使如此，蹄声仍不免时时袭来。到汉武帝时，转而采取进攻策略，以攻为守。从元光六年到元狩四年，十年之间，对匈奴屡屡用兵，先后由卫青、霍去病率军出击，几次大败匈奴军队，匈奴实力大伤，黯然远遁。汉军继而追亡逐北，深入大漠千里，把匈奴势力驱出西域，并先后设立河套与河西诸郡，置雄关于敦煌西北之玉门，沿新筑长城，列设堡垒，驻屯戍兵，亭障烽火相望，西北边塞于是成为中原及丝绸之路的屏障。继而匈奴内部又发生分裂内争，势力不能复张，在汉宣帝时曾遣使入汉通好，西汉与匈奴之间维持了一段和平相处、"无干戈之役"的关系。

西汉与匈奴的互为攻守、长期冲突，或者说中原民族与北方游牧民族的紧张关系史，实际上体现着农耕社会与游牧社会之间难以避免的文化冲突。二者之间存有深刻的文化差异。譬如中华农耕文化的形成，它的长处和局限，都与经济生活中占主导地位的农业，人口中居大多数的农民有着难分难解的关系。农耕人早出暮入，四时稼艺，生活是倾向稳定、和平的，安土重迁，因为必须附着在小片土地上周而复始地精耕细作，故而养育出保守性，又由于安居一地、少有退路及转徙条件，只得在故土安之若素地接纳各种外来文化，从而发展出受容性。当然由于它已有恒久的经营发育，农耕文化也会保卫自己业已成熟的生活方式、文物制度，保护自己的传统。同时，保护也便是从自身的民族性格、社会组织方式、军事方式出发的。至于游牧文化的特征，简言之，有四点：

一、无城郭、耕地，迁徙无定，游牧为生；二、尚处在文明门槛之外，无文字，不知礼仪；三、全民善骑战，勇猛剽悍；四、畜牧狩猎和从事掠夺战争，是其生活方式的两个互为补充的方面，并且可以随时彼此转化。就此而言，游牧者的传统是不稳定的。

西汉与匈奴的交往和冲突史，含有诸多政治、经济因素，也是一历史性的文化较量。从汉文化的角度看，来自北方异域的压力，终于刺激了传统内部的进取精神（如尚武），并且吸收了异质性文化中的某些长处为己所用，一方面保护和开发了西北边疆，另一方面开辟了通往中亚、西亚的文化和商业交流通道，促进了传统文化与外来文化的互补和融合。同时，战争的胜利也容易引起西汉帝国在文化上的自我确认和自我中心感，也就相对削弱了自我变革的可能，保守性更为植根于传统心态之中。这种战争旷日持久、劳民伤财，只能加剧西汉社会的内部矛盾，同时由于并未从根本上解决问题（包括修长城），内外的隐患都潜留下来，并使农耕文化长久处于守势，渴望着"不教胡马度阴山"。农耕与游牧民族的文化冲突，后来一直是中国历史动荡演变的主题之一。

容纳百川

有人指出，执着的宏阔追求，是汉文化精神的主旋律，在它的统摄之下，学术、文艺、科技等众多文化园地，无一不是精彩纷呈、气魄辉煌。

这话也许稍嫌溢美，毕竟，两千年前的汉代，创造活动的手段与观念仍不免受历史局限。例如汉长城，虽然绵延万里，修筑却仍袭前代规制，大都用夯土筑成，带有简易特点；当时长安城墙以及一些宫室也以夯土和木构架为主，缺乏纪念性大建筑应采用的砖石结构，所以少有易代相传而不毁的。这是否表明"茅舍土阶"的传统还有其影响？另外还应看到，汉文化的发展仍然是以王权为中心的传统意识内的发展，器不离道，用不离体，主要的文化创造活动围绕着帝国体制而进行，所以学术、文艺、科技等又不可能不受到一定礼乐规范的限制，倒也还是"规矩"中的"方圆"。例如，汉代文物外表的装饰和适应用途虽不免有所改变，而中心的准则却一直不变。如建筑，无论城池、宫殿、墓葬以至民间的四合院，都以中轴线为准则，两侧平衡，不失固有的礼制。又如汉代雕塑承战国木俑的表现手法而来，却缺乏对于人体结构的重视。一般绘画长于表现平面，对空间关系注意较少。

不过，汉代文化艺术诚然有它自身的特色，比起前代和后代，又不能不说是宏大的、丰富的。传统好像一条长河，汉代则像是其中一段开阔、洋溢的流程。换句话说，由于历史走到了这一步，一个体制庞大同时富有历史传统的大一统社会，第一次稳定地展开了它的生活主题和内容，其心胸块垒当非小家气象，因此汉代艺术世界流露出容纳百川的气息和希望之蓬勃复兴的面目，意匠经营不乏琳琅活力。

譬如汉代绘画在应用上虽然主要是装饰性的，但其发达程度足以体现在内容主题的复杂综合和充分的艺术表现上。王延寿《鲁灵光殿赋》述其壁上"图画天地，品类群生，杂物奇怪，山神海灵，写载其状，托之丹青，千变万化，事各缪形，随色象类，曲得其情"。当时壁画是否有丰富的内容及表现，或许能由临沂金雀山9号汉墓中的帛画获得一些想象。此帛画为长条直幅，由上至下分为七层。最上一层系以云空和日月为代表的天上世界，最下一层则为鱼兽等神怪，代表地下世界。中间五层则以人物活动为主，描写了墓主及其亲属、宾客、仆从等的起居、歌舞、生产、游戏等情景。画中人物先以淡色起稿后，再以蓝、红、白、黑等颜色平涂，最后用朱砂、白粉线勾勒提神。纵观各层图像构拟以对称为原则，另在侧面像的向背安排上稍作变化，来取得活泼的效果。整体来看，其形象之丰富，色彩之变化，足见《鲁灵光殿赋》所言不为无据。

另如长沙马王堆1号汉墓所出T形帛画，其功能大约与金雀山帛画相似，作为亡灵的招魂导引之用，因而画面上下两段也分绘天上与地下两世界，以墓主接受奉献及祭祀居中。此画对超世间的奇禽异兽和神怪世界（包括女娲和治水神话故事形象）的表现笔墨更为浓郁，加以笔触精致婉转，色彩繁复，使天地人三界在整体构图中更趋完整，似乎带有楚文化传统影响的痕迹。此外，墓葬出土的壁画还有洛阳61号墓和卜千秋墓壁画，东汉时期的平陆壁画与和林格尔壁画，或描写历史故事，或描写神话，或反映农耕与市井生活。这种神话—历史—现实的一体性表现，使人得以管窥汉代艺术创造精神中所充溢的自足与自由："人间生活的兴趣不但没有因向往神仙世界而零落凋谢，相反，是更为

T形帛画 西汉初期
湖南省博物馆藏
此画自上而下分段描绘了天上、人间和地下的景象,线条流畅,色彩明艳生意盎然、生机蓬勃，使天上也充满人间的乐趣，使这个神的世界也那么稚气天真。"

汉代美术的另一项代表成就是画像石、画像砖。所谓"石刚砖柔"，指的便是浮雕装饰画在两种材料上表现的韵致。其遗存至今，以山东、河南、四川等处为多，题材也广泛，涉及神话传说、历史人物故事以及攻战、家居、劳动、丰收、宴享及乐舞百戏等，是在有限的材料上发挥着充分的想象，而且功力成熟，从容洗练。

不仅是在绘画的表现方面，从汉瓦当、砖作、石阙、铜镜、玉器、铜器（如炉、灯、壶）以及织物上面，也不难感受汉代艺术创造的装饰倾向。它以讲究富丽矜夸的宫廷尊贵需要为主导，追求着洽意的润饰、感官的乐趣、技术的纤巧、艺业的精致，又无不受铺张摛采的时尚所熏染，也便成就了一种历史的造化，看起来也就是汉代文化精神的一种自在状态。

上者步之，下者趋之，亦步亦趋。这个关系也意味着像汉武帝那样重文的君主，开创了一个养文士、重文章的传统，因为文学可以润饰功业，壮丽重威。汉代富有时代特色的文体——汉赋便在君主倡文章而文士趋赴其才华的情况下繁荣起来。"文学之士，在武帝左右者亦甚众……而东方朔、枚皋、严助、吾丘寿王、司马相如尤见亲幸。相如文最高，然常称疾避事；朔、皋持论不根，见遇如俳优，惟严助与寿王见任用。"（鲁迅《汉文学史纲要》）皇帝把善作辞赋的文士有的当俳优看，有的当重臣待，可见汉赋的风格意旨也是多样的，有的诙谐不逊，诡达多端，有的流丽华赡，铺锦列彩，有的粹然为儒者之言，有的含牢愁狷狭之意，却都不免"言语侍从"，"朝夕论思，日月献纳"。西汉较著名的赋体创作有枚乘的《七发》，司马相如的《子虚》《上林》等，东汉则有班固的《两都》，张衡的《二京》。它们的文思翰藻体现为极致的文辞抒写能力，境界宏丽，卓绝一代。司马相如以辞赋玮奇绮丽，升堂入室，所作《大人赋》令武帝大悦，"飘飘有凌云之气，似游天地之间意"。专就文学渊源而言，汉赋本来自楚辞。如屈原的《离骚》《九歌》等，以及宋玉所作，也可称为赋。"赋体物而浏亮"（陆机《文赋》），但早期的赋仍重于抒情言志，或取譬设喻纵横辞说以写寄托，如汉初贾谊因怀才不遇，同调屈宋，曾作《吊屈原赋》，哀感动人。武帝时出了一批汉赋名家，渐转向典雅一途，但笔下精神溢动，也不失"劝百讽一""曲终奏雅"。武帝死后，至东汉末年，三百余年间，赋作仍不衰，著名者有刘向、扬雄、王褒、班固、王逸、张衡、马融及蔡邕等，然而渐渐也流于讴歌颂德，乏于风骨了。

尽管在上述汉代绘事、辞赋方面，汉文化表现出追求润饰闳放的格调和自我肯定的价值关切，但汉文化风貌亦有另一面，即如在表达情感和思想时的朴实、凝重以至于自然真率和粗俗，不事铅华粉黛，专注于对现实和历史人生的深入体味。也可以说，它们在主题和价值关怀以及表达形式上，都同帝国文化体制是分途异辙的。譬如本为"观风俗、知薄厚"的汉乐府诗，保留了一些表现民间风度、反映社会现实的朴实抒情诗，取材宽广，抒写不见矫揉造作。著名者有《陌上桑》《饮马长城窟行》《东门行》《古歌》《悲歌》；有长至1765字，被称为古今第一长诗的《孔雀东南飞》，这是一幕叙事酣畅、真挚表达爱情追求和人生痛苦的悲剧。被后世称为"五言之冠冕"的无名氏《古诗十九首》，大约出于东汉中期，其中多人生咏叹，古朴悲凉，词简意深；就其影响来说，垂为中国古典诗歌的典范，而就其本身来说，反映了社会生活在汉代由盛而衰，由闳放到沉郁的转变，不觉地令人感到汉风中那种"追摹本色、赋到沧桑"的气息。

说到本色、沧桑的铭感，我们不免还想到汉代的雕塑艺术。那种古拙中见力度、见气势的形制风格，也好像同雕琢夸丽的时尚不是一回事儿，不妨说作为汉风的别裁，一是还载有楚风的余韵，一是在经历了秦汉的历史风霜之后，石头和泥巴也在匠人的手中融进了新感觉，或者就是一种朦胧、粗放的精神气息，不知其所以然而然，却成了有难以道出的内在意蕴的创造，而非表面的模仿。例如咸阳杨家湾兵马俑的造型已不同于秦兵马俑，风格以写意为主，不合常情，不求形似，舍工细，粗线条，构成它古拙的品貌。又如石雕，代表者为茂陵东面的霍去病墓石雕群，各种大型石人、石兽稳重浑厚，气势内在；以"马踏匈奴"为主题的石雕，是在静中表现动，反而格外蓄积了内在的紧张，形成一种最具有包孕性的"顷刻"。那些石雕设置时的本来意义，原在于装点陵墓和象征墓主的功绩，最终却成了历史文化的象征，成为艺术史上难以企及而又启聩后人的范本，表现着艺术尚未与生活分离，情感体验尚未被外在理性规范所扭曲时的一股本源性的生命力。

汉代真是一个集大成的时代。文学、艺术固已蔚然大观，学术种种亦分头演进，其中历史学的成就最为突出，出了司马迁和班固这样的大史学家。司马迁生活在汉武帝时期，其父司马谈是一位太史令。司马迁年轻时即博学广游，继任太史令后，立志修史，几乎用了一生心力。在遭受宫刑后仍忍辱发愤著书，终于完成了中国第一部纪传体通史，也是当时世界上规模最大的一部通史——《史记》。写历史，粗看只是一种事情的记录，但实际上却需要艰苦的探索、超卓的眼光和开发历史的精神毅力。《史记》著述力求真实、全面地再现历史生活的风云纵横，全书包含十二本纪、十表、八书、三十世家、七十列传，组织严密，包罗万象，正是"上记轩辕，下至于兹"，"厥协六经异传，整齐百家杂语"，"究天人之际，通古今之变，成一家之言"，"网罗天下放失旧闻，略考其行事，综其终始，稽其成败兴坏之纪"，最终达到"述往事、兴来者"，大大超过简略散漫的以往史书，为历史做了一次综合和总结。加以司马迁叙事写人生动不涩，又善于"寓论断于序事"，将人格理想和胸怀境界载于史笔，因而被誉为"史家之绝唱，无韵之离骚"。班固受其影响，续作《汉书》，汉代史学开了中国传统史学的新纪元，影响笼罩千百年。

司马迁和《史记》的出现，作为汉代文化的硕果，反映出把传统历史文化当作精神遗产，当作继往开来的经验加以总结、思索、综合的要求。从此历史学更明确地成为中国人文智慧的重要方向。但是司马迁绝不是御用学者，他以其人格、睿智和深刻的体验，发展了汉文化中朴实深厚的精神和价值祈向。他不是没有疏误，后来的史学也不免会失去独立性，但那种内核则是确立了。所以他说："我欲载之空言，不如见之于行事之深切著明也。"扬雄评价《史记》："辩而不华，质而不俚，其文直，其事核，不虚美，不隐恶，故谓之实录。"这正是汉文化气派万千中一段不朽的精光。

两汉神学

说了一通汉代艺术、学术的情况，再回到宗教信仰状况上来。汉代社会文化、思想所弥漫的氛围是同宗教有关的。与建立和维持现实及心理秩序的需要相联系，诸如封禅、受命改制、郊祀、求仙、尊儒、通经、五行、三统的解释应用以及造作谶纬等在汉代十分活跃的现象，也可说是中国式的宗教现象。太史公司马迁曾在一句牢骚话中说道："文史星历，近乎卜祝之间"，即此可知当时具有文化行为职能的史官也同交通神人、占卜吉凶的卜祝拆不开。他作的《天官书》，简直把天上星辰写成了一个国家：人的方面有天王、太子、庶子、正妃、后宫、藩臣、诸侯、骑官、羽林天军；物的方面有帝车、天驷、枪棓、旌旗之属。至于星辰示象，如南极老人星见则治安，不见则兵起；岁星色赤则国昌，赤黄则丰收，青白而赤灰则有忧；狼星变色则多盗贼；附耳星摇动则谗臣在侧；木星犯土星要内乱；火星犯土星要战败……这种法则也讲得很多。总之，史官们把天上的星辰组成了一个系统，又把天与人的关系组织为一个系统，使得天人之间发生了密切的感应。他们很用心地观天（刘向常观星宿，不寐达旦），看到天上有一些变动时，就以为人间将有某事发生，并推测它将应验于某人。如果是凶的，就要想办法行禳解的法术。这种天象与人事的关联亦即超验世界与经验世界的关联，好像是在纯粹宗教与人世的理性主义之间，走了一条中间道路。按说，在域外宗教传入之前，中国并未产生严格意义上的宗教，虽然人们由于对冥冥世界及命运难以确切把握，而有自然崇拜、祖先崇拜及巫术仪式等原始宗教性质的现象，但并未形成与世俗权威分立的超越性宗教体系。商周时期敬天事鬼祀祖，也可说流行着一种模糊的崇拜神圣的多神教。到了汉代，这个传统不会消失，却更明显带上了功利的王权意识形态的色彩。

汉代人的思想骨干，仍然是阴阳五行那一套。因为这个比附性的解释模式，可以用来解释时令、方向、神灵、音律、服色、食物、气味、道德等生活的方方面面，以至帝王的系统和国家的制度，因而也就可以通过封禅、改制、郊祀等缘饰方式，体现为天意的具体化，实现天人感应，也就带有了宗教性的麻醉作用。

自从秦始皇用邹衍的法典去改制度、易服色，又听了齐鲁儒生的话到泰山去封禅，表明其相信受命于天，汉代的皇帝也不能不把这当成一回事。只是汉初的皇帝由于种种原因未顾上张扬，直到汉武帝出来，天下太平，他又好大喜功，才决定到泰山去祭天封禅。封禅，也就是希望受命的天子得到符应、保佑的意思。武帝用祭泰一的礼去封泰山，又禅于泰山下的肃然山，祭时，叫人把远方的奇兽珍禽放了满山，以求吉兆福命；礼毕之后，他坐在明堂，受群臣的更番上寿，很是过瘾。此后他又曾修封过四次。东汉光武帝刘秀也有封禅之举。

按照五德终始说，汉代最终被确认为"土德""黑统"，武帝在改元的同时宣布改制，定历法，以建寅之月为正月，正月为岁首（此太初历后来沿袭至清末）；服色尚黄，数用五；又在甘泉设坛祭天，在汾阴立后土祠祭地，前者为"郊"，后者称"社"。总之，天上地下的秩序总算在繁文缛节中建立起来了，使皇帝与儒生方士们舒了一口气，起码社会信仰这个领域有了代用的一套东西，一班儒生也可以借此推销装点皇权的经术理论，一些方士更纷纷拿他们的神秘说法来投机了。

武帝希图长生不老，因此又被神仙之说吸引，求仙求了五十年，用了许多方士，也杀了许多方士，不死之药究竟得不到，无可奈何，只有在建章宫北面的太液池内，筑了几个岛，唤作蓬莱、方丈、瀛洲，姑且以海上神自慰。方士的行为主要是召鬼神、炼丹砂、念符咒，号称消灾治病。方士因为杂乱无根，失宠之后便转向民间，渐成为道教的基础。西汉后期，神仙之说遭到排斥，主"天人合一"、以伦理纲常代宗教异说的儒家经学又占据正统，迷信之势渐衰。当时有一些文化举措都是加强世俗礼法秩序的，如宣帝时的"石渠阁会议"，辩论五经异同，抑制思想异端；成帝时罢斥郡国神庙，命刘向校书，为古代学术做总结；哀帝时刘歆又寻出古文经传，同已立经传发生"经今文与经古文"的冲突问题。直至王莽以外戚势力暴发，又弄出很多祥瑞来，复古改制，更新礼法，篡位自立，所谓"新朝""受命"，很是热闹，西汉也便灭亡了。

一个应天命，一个实行以敬祀天地为中心的礼仪，一个注意可解释天象人事的吉凶预兆，这是汉代神学的主要内容。它同现实政治往往拉扯不开，也同皇帝、儒生、方士半神秘半实际的精神世界相表里。这里面有信仰的成分，又不都发自信仰，却对社会也发生着普遍影响。这种神学经过西汉到东汉的适应、调整，还造作出一套"谶纬之学"，是把西汉二百年的术数之学来了一个总整理。所谓"谶"，即作预言、信预言的意思，神降预言，而解释都藏在圣人的经书里；"纬"是解经的书，讲符命兆应，因此有"图"有"书"，据说由黄河里冒出来的"图"便是"河图",由洛水里冒出来的"书"即是"洛书"。谶纬书的名目、内容很神秘晦涩,有讲天文、历法的,有讲地理、史事的,有讲文学、典章的,也有解经释灵的。虽然复杂,中心思想却不出阴阳五行、灾异祺祥那一套,因此很合帝王、经师的胃口。谶纬大盛于王莽时代,就是因为它的主要用处在于为做天子的人找出各种各样的根据,它的内容晦涩模糊,因此也就各有各的解法,正不妨以伪乱真。譬如王莽炙手可热时,窃国柄而做了摄皇帝,于是一面到处出了祥瑞,一面又有"天帝行玺金匮图"和"赤帝行玺邦传予黄帝金策书"出来,为王莽篡国造舆论。做了皇帝以后,还要借谶纬来改造一番古史和原有的祀典,以见更加名正言顺。但王莽的新朝在农民起义浪潮中不旋踵而败亡。刘秀继起建立东汉政权后,虽然和王莽不同志,却依然用的是王莽定的历史系统,依然用谶纬来宣扬自己受符命是有根有据,而且宣布图谶于天下,谶纬书一时成了必读书。据说这种伪宗教荼毒社会,弄得东汉人的墓碑上大抵皆有"博贯五经、兼明图谶"一类的话。连孔子也成了伪托神秘而改造的"教主"了。

不过,谶纬神学也像阴阳五行模式派生的任何"简化"理论一样,虽可趋时,一来过于附和现实秩序,二来不免凝固僵化,并不能成为填补价值信仰虚空的宗教形式,尤其在社会现实秩序趋于瓦解、道德精神衰颓的时代。东汉后期正是这样的时期。当此之时,一个有组织、有道书、有宗祀信仰和简单仪式的道教在本土产生了。道教产生的依据,是在意识上把世界二重化,虚构了一个神仙世界,告诉人们可以通过道德的修养、身心的修炼而得以成仙,从而摆脱现实的羁绊、痛苦,这很有一些特别吸引力。张道陵(原名张陵,沛国丰人)创始早期道教,早年诵习《老子》,聚弟子修道,顺帝年间自称得老子亲授《太上三天正法经》《正一盟威妙经》,并受命为天师,于是订立教规,用符水咒法治病,在诸名山福地传道收徒,势力扩展到关中一带,因凡入道者须交纳五斗米,故称"五斗米教"。张道陵的孙子张鲁后来曾攻取汉中,自号师君,发展了"五斗米教"。到献帝末年,其子孙以江西龙虎山为传教基地,改称"天师道"。早期道教(还包括汉末张角组织的"太平道")具有反君主权威和反文化的蒙昧倾向,因此在民间下层社会容易扩散,又往往与好为夸诞的方术之士结合在一起。道教发展对中国古代文化科学发展也起了一定作用,如炼丹术对古代化学是一种催化剂；针灸、气功亦对医学、武术有推动作用。

据考证，印度佛教传入中国至少在西汉哀帝年间，当时有博士弟子景卢从大月氏王使臣学习《浮屠经》。至东汉，佛教逐渐在王公和知识人中间流传，汉明帝还遣使到印度访求佛法，也开始有印度僧人到洛阳讲经和翻译佛经。虽然对佛教的了解还相当有限，但佛教传入和道教兴起，恰恰都在东汉晚期渐成气候，原因可能很多，但恐怕也反映出传统文化思想本身在历史矛盾的冲击下，又面临了一个动荡不宁和重新融合以延续下去的景况。宗教问题、宗教与传统政教的关系问题，遂成为南北朝以后重要的社会文化问题。

东汉文化兴衰

更始元年（23），新莽政权在各地义军的打击下覆灭。过了两年，刘秀翦灭诸雄，称帝，改元建武，定都洛阳，是为汉光武帝，开始了历十三世、一百九十五年的东汉时代。实际上，如果以189年董卓废少帝立献帝为皇权已经架空的标志，东汉大抵延亘一百六十四年。刘秀称帝既以复兴汉室为旗号，建立统治后，各方面的制度政策仍照西汉的老例，如封禅、信图谶、尊经术等，只是着重整顿了一番吏治，并省郡县，加强了中央的兵权和行政权。由于是维持西汉以来的传统，止于流波余韵，东汉的文化风貌略嫌平庸，近于一个规范的延展期。

东汉的国力很长时间内不如西汉，而内忧外患时时而至，因此东汉初年只能勉力保持国内统一，无法全力对付匈奴在西北的骚扰攻掠。直到明帝年间，才由班超等人经历十七年艰苦的政治和军事斗争，打败匈奴，使其西徙欧洲；打击了大月氏，使其南向印度；开通中亚国际商道，平定西域诸国。班超因功官封定远侯。班超属吏甘英作为聘问大秦（罗马）的使节，行脚远至波斯湾，可惜因安息（伊朗）与罗马帝国之间有战争而中道受阻。有史以来，甘英的行旅仍为最远者。

东汉初年号称中兴之世，在文治方面沿西汉规模求发扬光大。刘秀本人好经术儒雅，曾于建武五年（29）在洛阳重建太学，起博士舍，与者云集，诸生横巷。他的儿子明帝尊师重道，提倡教育和研究经学，曾于永平二年（59）大会诸儒,亲临大学讲学,由儒者提问辩难,一时盛况空前:"冠带缙绅之人,圜桥门而观听者,盖亿万计。"(《后汉书·儒林列传》)此话不免夸张,但东汉教育事业确乎有盛况。如本初元年(146),梁太后下诏,令郡国举明经,年五十以上、七十以下者至太学授业,并命大将军至六百石之官,皆遣子弟入学受业,为官僚子弟大开方便之门,太学生人数达三万有余,创下了纪录,学人儒士"云会京师"。东汉初年,还将西汉皇室搜集的大量图书,包括经刘向、刘歆父子整理登记过的书籍,装了两千多辆车,迁往洛阳,此后藏书更三倍于前,有"辟雍、东观、兰台、石室、宣明、鸿都诸藏"。民间藏书亦成风气,城内市肆中专有卖书的场所。蔡邕即为著名藏书家之一,有书近万卷;王充亦"常游洛阳市肆,阅所卖书"(《后汉书·王充传》)。所谓书香门第、家学渊源,已可见仿佛。

在统御文化思想方面,由于要求恢复和强化西汉以来的正统,尊崇儒学便成了东汉君臣的唯一选择。但儒学本身恐怕也早已经过了多次历史阐释和改造,作为缘饰之术也不免和阴阳五行以及纬学之类的观念夹缠在一起,又产生了古文经学与今文经学的争执。换句话说,弄得纷纭不齐。所以汉章帝于建初四年(79),便召集诸儒会议白虎观,讨论五经异同,并由皇帝裁决,讨论结果由班固总结,最后写成《白虎通》一书。此书以三纲六纪为中心,以天命论为基础,论述了礼仪化、制度化的诸社会文化行为与心理的规范、取向,近于解释经术和整齐分歧的法典。白虎观会议之后,孔子更明确被尊为"素王",帝王亲自上祀。古文经学与今文经学之争也告一段落。尔后一些学者集中精力整理校注古典经传、诸子、艺文,如马融注《孝经》《论语》,郑玄注《周易》《尚书》《三礼》、笺《毛诗》,贾逵作《左传》和《国语》的解诂,服虔注《左传》,许慎著《说文解字》,发展出文字、训诂之学,此外还有王逸著《楚辞章句》,赵岐著《孟子章句》,这些学者还讲学授徒,标榜通融博古、朴实治学,开展出东汉朴学的学术传统。

但是谶纬之风淆惑下的正统思想、学术,毕竟带有伪饰造作的弊端。既然东汉太学中仍有博通百家众流、自由探讨学问的可能,不符合正统的思想便会发源,所以,东汉比较沉闷的文化气氛亦激发出一些异端性的思想闪光。章太炎曾说:"鬼事干政,尽汉一代,其政事皆兼循神道。"(《太炎文录初稿·别

熹平石经残石 东汉
中国国家博物馆藏
熹平石经刻于东汉灵帝熹平四年至东汉光和六年,是中国历史上最早的官定儒家经本

录》)说的正是自董仲舒"天人感应"说焰炽之后,为正统秩序服务的思想学术不仅儒法合流,尽缘饰之能事,更有纬等"虚妄"之风应时而生,使儒学政治化、神秘化。这个趋向难免要引起理性良知的质疑与反抗。这方面我们看到不甘于"人云亦云"者,前有桓谭、王充,后有王符、仲长统。

桓谭在东汉初曾作《新论》,针对"虚妄之言、伪饰之辞",反对纬神学。他认为天即自然,事在人为,政权得失,国家兴衰,哪里有什么"天意"。他的话原本实在,却招得刘秀难容,几乎以杀头治罪。从文化哲学的角度看,王充著《论衡》是发展了桓谭"疾虚重实"的思致:"天地合气,万物自生",自然现象就是自然现象,"如人不怒,则亦无缘谓天怒也",人也是自然的产物,"犹鱼之于渊","人之死,犹火之灭也,火灭而耀不照,人死而知不慧,二者宜同一实","何得为鬼?"在认识世界时,王充所确立的原则就是"求实"，不迷于"虚象"而求是：

> 凡论事者，违实，不引效验，则虽甘义繁说，众不见信。（《知实》）

> 事莫明于有效，论莫定于有证。空言虚语，虽得道心，人犹不信。（《薄葬》）

> 凡天下之事，不可增损，考察前后，效验自列。自列，则是非之实，有所定矣。（《语增》）

上述几条，在两千年前文化神学正道听途说的气氛中，实在是难得说出的洞见，可惜这条"求实"的思想路线未能在中国人的历史实践中成为主流。不过有这样的思想闪光在东汉发生，又说明传统尚非铁板一块，它有可能在矛盾中寻求新的前进途径。例如当时张衡观察天象，指出日月之食是天体运行的自然现象，与人事不相干；他又制造出世界上第一台候风地动仪，测出地震是地壳运动的结果，与天意不相干。张衡还制造出浑天仪，以测量方式验证其天文假说。

对于科学的发展来说，"求实"显然具有特别重要的意义。虽然汉代学者并未充分认识到以"假说—实验"为核心的科学方法，却在不少领域推进了古代科技的进步。如农艺学方面出现了《氾胜之书》等系统著录；算学方面出现了《九章算术》；医学方面有张仲景《伤寒杂病论》，有精于外科医术、发明麻沸散的华佗，有善用针灸的涪翁；西汉时已有纸的制造和使用，但极简陋，东汉时蔡伦改进造纸术，首创石灰碱液煮料工艺，加速纤维离解，大大提高了生产效率和纸的成色，所造之纸被称为"蔡侯纸"。造纸术的出现是文化上的一场革命，这么说，也许并不为过。

东汉科学及工艺水平的长足进步，很难说是否同王充、张衡等人的"求实疾虚"思想有直接关系，但是非正统的思想一脉犹存，振聋发聩，则是不能抹杀的文化史事实。而且只有思想的解放才能给意识及科学进步带来动力，这是更有意义的文化史事实，如王充所谓"两刃相割，利钝乃知，二论相订，是非乃见"（《案书》）。正是在这种愿望下，尽管东汉思想界经学、神学占了统治地位，仍然有王符的《潜夫论》、仲长统的《昌言》，对社会现实矛盾进行深刻的分析和批判。东汉后期一种与正统分立的政治抗议倾向也很活跃，外戚弄权和宦官干政这两个古代君主专制政治下的特殊现象，在东汉为害最烈，如产生了两次号称"党锢"的对士人集团加以迫害的事件。而大批太学生匹夫抗愤，处士横议，蔑视政治权力，超脱世俗，自高名节，不能不和汉末颓败的政治相冲突。党锢之狱，名士斫丧殆尽，东汉亦很快灭亡了。

终两汉一统社会，风云开阖，充分演出了历史文化内容，包括多色彩、多侧面的文化创造活动和深广的文化冲突，展现了开放与封闭、文明与暗昧、神学与理性、自由与禁忌的冲突。然后，传统文化便在汉末社会大动荡中，转入下一个历史场景。

三国·两晋·南北朝

(220—589)

由汉末动荡到三国鼎立

中国古代社会有两种历史存在模式：一统的与割据的。二者又相应表现为稳定或者动荡，权力一元或者权力多元，文化综合或者文化冲突。如果说秦汉社会是一统的，那么魏晋南北朝继之，则中国历经近四百年处在割据分立的局势中，难以自拔，正应了"合久必分，分久必合"这句话。然而个中原因，也正是一言难尽。沿着一统的线索下来，东汉末年，天下大乱，群雄并起，先来了个旧结构的解体，然后是魏、蜀、吴三国鼎立，也不过热闹了四十几年，"螳螂捕蝉，黄雀在后"，便由司马氏演出了"三国归晋"。这是割据中有统一，却又难以一统下去，西晋维持了四十几年而不支，终于南渡为东晋，将北方让给了"乱哄哄你方唱罢我登场"的"五胡十六国"。此后南北割据形成：南，继东晋之后，有宋、齐、梁、陈四个政权的更替；北，则有北魏、北齐、北周先后称雄。南北朝统共一百六十余年。

应该说，统一乃是传统的基本要求和主要趋势，魏晋南北朝时期虽然政治混乱，分裂不已，但每一种集团势力都不外乎想照扩张、兼并、统一的路子走，只是都做不到家。或因缺乏力量，或因文韬武略不足，世无英雄，"竖子"难言"起复"，或者就是历史偏偏阴差阳错，总之"大树将颠，非一绳所维"，于是只得纷纷消极地承认多元分立的局面，形成传统中一相当长的过渡期，它对于彼时文化风貌的影响，对传统的触动，也就不算小，以至于从文化史的角度去看，说是一个人文悲剧时代不错，说是一个人文自觉的时代也有其道理。

西汉以"王纲解纽"而垮台，原因很多，譬如社会矛盾尖锐化而激起下层民众的反抗等。但东汉之"王纲"，由于士族大姓地主势力之崛起，已逐渐削弱以往王权体制中的"强干弱枝"策略，故强宗豪族有田有兵有财有势，离心化趋势难以遏制。士大夫阶层在东汉中叶以后，又与外戚宦官之势力处于激烈争斗之中，更使王室权威渐如空木，其厦将倾，存亡旦夕。实际上汉末形成割据的各路军阀势力皆带有士族地主兼士大夫的代表性色彩，如袁绍、曹操、孙策等。而随着割据战争展开，士族地主集团之间的争斗便成了主要事情。这种战争并不能唤起新兴的社会力量，不过是权力通过兼并而重新集聚的手段，战争胜负、势力消长关系于实力与策略，包括集团首领得人才得人心的"术""识""德""才"，也无非是传统的老例。这种战争持续地破坏了社会的经济和文化（田园荒芜、人口锐减、百业萧条），因而谁能在割据中有效地修整恢复经济和文化，谁便算抓住了些历史机遇，乘势而起。在这方面，魏晋之际的情况比春秋战国时要简单多了。仗打来打去，"挟天子以令诸侯"的曹操（魏）占了北方，孙权（吴）占了东南，刘备（蜀）据有西蜀。三国鼎立，在"拉锯"中相持。

稳定下来的三国政权，一般在势力范围内都采取了治军强兵、整顿经济生产和修饬文物制度的措施。在这些措施背后，集中权威，加强对离散和割据力量的控制仍是主要目的，而且符合由乱到治的传统历史选择（强干弱枝，崇本抑末）。譬如曹操在统治区域内广行屯田制，分军屯与民屯，军屯实施亦耕亦兵，士兵作为士家身份，失去自由，只能从事战争与耕田；至于民屯的屯田户也都是有农奴性质的政府佃农。通过这种方式，曹魏政权控制了不少无主田与劳动力，保证了军队组织和粮食供应，同时限制土地与劳力流向私门。集权倾向还体现在曹操的唯才是举的选举政策上，例如九品中正制是在东汉察举"经明行修"人才的基础上设立的，即关于德行才学立九品区别，由州郡"中正"受政府委托，诠第等级，选举人才，政府在上面操纵舆论，清议及大族名士的意见与政府取得协调。表面看这样做在一定程度上抑制了宗族乡党对仕进之途的操纵，实际上还是打了很大的折扣，时间不长就名存实亡了。从这里也可以看出，在科举考试制度产生以前，这方面还没有好的办法来解决文官制度的弊端问题。

话说回来，曹操霸业成就，同他善于务实、得人才以及好法术分不开。这种统驭之道所具有的一种文化表现方式，就是宽猛相济，要之以事功为尚，或者说"内多欲而外施仁义"。三国时期虽然整个文化建设顾不得摆上日程，但术略智能却在竞争激烈的环境中格外发达，这也是社会心理及行为事功化的一个侧面，所以后世小说、戏曲颇热衷于"说三分"："盖当时多英雄，武勇智术瑰伟动人"，"以致欲显刘备之长厚而似伪，状诸葛之多智而近妖"（鲁迅《中

牛耕图画像砖与采桑图画像砖 魏晋
出土于甘肃省嘉峪关

国小说史略》)也不全是偶然的。"三国"确为一颇多文化兴趣的历史舞台。

考诸历史,诸葛亮作为一个长于制定方略的贤能宰相,也是务实体智、举德政肃威刑的政治家。同时诸葛亮作为古代士人高风亮节的表率意义,常在于他敢任驱驰的入世进取精神和"鞠躬尽瘁死而后已"的忠义情怀。"三顾频烦天下计,一番晤对古今情""出师未捷身先死,长使英雄泪满襟",正见出后代士子萦怀不已。

三国时代承汉末乱世而来,沧海横流,传统的某些方面不可避免产生断裂,加上世俗观念不免也转向以事功为重心,思潮变化风尚变化几成必然。北齐颜之推曾云:"汉时贤俊,皆以一经弘圣人之道,上明天时,下该人事,用此致卿相者多矣。末俗已来不复尔，空守章句，但诵师言，施之世务，殆无一可。故士大夫子弟皆以博涉为贵，不肯专儒。"（《颜氏家训》）他讲的情形，多是承汉魏之际的士风而来，既然传统思想种种规范渐渐已随一统秩序解体而不得不坠，自然人生的种种感觉固已不复拘束，心声性情亦不妨流露而曲尽其致。有人说，就士大夫意识而言，三国时代是个大群体精神逐步萎缩而个人精神生活之领域逐步扩大之历程。此言大致不差。还应说明产生此种变化的缘由，譬如说士大夫的群体原有两种存在意义，一是依存服务于统一的王朝秩序，一是与之相对抗，坚持自己理解中的传统思想原则，离俗抗俗。但是汉末的混乱已消失了上述的可能，士大夫或者面对一种实际的选择，去追求建功立业，逞才竞能，或者无所依傍，徜徉于江湖。总之，出现了一种"失范"的文化环境，也失去了可以作为轴心的时代精神价值。于是自我感觉及归于自然的想法都得以发舒，具有一种通脱不泥的个性气度。正如刘勰评述建安文学时所说："观其时文，雅好慷慨，良由世积乱离，风衰俗怨，并志深而笔长，故梗概而多气也。"（《文心雕龙·时序》）

说到"建安文学"（"建安"为曹操迁汉献帝于许昌后的年号，结束于曹丕代汉称帝，历二十四年），这也是汉魏之际文化的一项突出标志。魏、蜀、吴三分天下，经管河山，不免各有建树，如魏地的水利灌溉工程，马钧发明龙

青瓷羊 三国·吴
出土于江苏南京清凉山
中国国家博物馆藏

三国·两晋·南北朝（220—589）

骨水车和指南车，刘徽的几何学，张仲景、华佗的中医术；西蜀则有井盐、蜀锦、铸剑技术，诸葛亮的"木牛流马"和创制箭弩；东吴着重于开发东南鱼米和造船技术。不过总的看，仍以曹魏地区的经济、文化最为发达，曹操、曹丕、曹植父子三人的文采斐然，意气清新，同邺下文士集团的陈琳、王粲、徐干、阮瑀、应玚、刘桢以及孔融（合称"建安七子"）开创出建安文学一派卓然气概。

曹氏父子和建安诸子的创作和主张，开一代风气，语言朴实自然而又滋味酣畅隽永，简单说，就是不拘束。除了吸取汉乐府和古诗的传统，面对现实人生，抒写一己性情，正见出浑然本色。读他们的诗文能觉着种种人生铭感和肝胆之气跃然纸上，也正体现着曹丕所谓"文以气为主"的意思。如曹操为一代雄才，他的政治行为未必被人们所普遍赞扬，但他的诗文却胸襟阔大、气韵沉雄，有着"对酒当歌，人生几何""秋风萧瑟，洪波涌起"一类的感怀寄托。复杂的精神世界似乎本不该由王侯身份的人来流露，正可见建安时期文化精神之通脱展开，礼教规范亦有所放松。曹植的诗文被喻为"卓尔不群"，正道出了他的辞章好在具有一种个性，他把自己命运的起伏和对周围世界的体验，用一种禀赋的才气表达出来，寄情言志，境界既迷离又沉着，如他的《赠白马王彪》《杂诗》《七哀》等，说是"骨气奇高""体被文质"，是当得起的。然而，建安文学中的"风骨"与"哀怨"、"百炼钢"与"绕指柔"往往同根共生，可能恰恰体现着那个时代滋生的理想与现实的冲突，进取而又难以把握命运的冲突，既比以往自由而又带着自觉的忧患痛苦，这种潜在的文化冲突以及价值观的重新思考，留在文人的敏感中，也流行于魏晋之际士大夫的精神世界中。

魏晋文化冲突

我们了解中国传统文化，往往发现，其本身很难避免一种"定"与"不定"的矛盾。"定"，有规定、稳定，在文化心理和行为上"定于一"的意思。譬如说两汉大一统社会便有它在思想和生活上的基本定式并约定俗成了，从政治秩序、伦理规范到人如何安身立命，都大致有个（例如通过儒术、儒教）安顿，不妨称之为"定式时节"。但自东汉晚期以来，经建安、正始而到西晋初年这一段（即汉魏之间、魏晋之间），历史却像是进入了一个"不定式时节"。由定到不定，不外乎由于定式遇到了危机，而且自身难以克服，因而刺激了新定式的寻求。政治混乱、社会动荡以及纷争割据，且不说它，文化意识上的危机与冲突也特别活跃，士风也好，思想观念和文学艺术也好，也正是时节多变，景象殊常。

魏晋时代，定与不定（或约束与解放）的矛盾可说十分突出而且维系始终，也体现着那时文化选择的矛盾与困难。就当时人物（由王侯到士大夫）的进退取予、处事执义而言，定与不定，又分别意味着是诉诸群体意识还是诉诸个体意识。倘若旧秩序真的不行了，个体意识（通过进取建功方式去追求自我价值实现，或者持有离俗独立的行为选择）总是要萌发活动，但反过来说，如果社会上对建立新秩序的要求很强烈，便总是要抑制个体意识增长，这也是魏晋时代生活难以解决的矛盾，现实也未提供解决的条件和环境。因此建安、正始文化正处在所谓理想与现实相冲突的悲剧状态里，一方面有豪气宏放，如"千仞振衣""万里濯足"，另一方面又"兴寄无端，和愉哀怨，杂集于中"，溢动其生命色彩和精神的奇异向度，以至于难以简单地描述它们。

拿曹操父子来说，其意识也是二重性的。曹操崛起于乱世，又非出身豪门世族，在他的事业上升期，可以不顾传统名教的束缚，大胆解放人才，也就是鼓励个性发展，在事功的意义上而非德行的意义上实现士大夫及庶人的生命价值。他在十五年中下了四道唯才是举的命令，不仅说出"治平尚德行，有事赏功能"，而且其言爽直："今天下得无有至德之人放在民间，及果勇不顾，临敌力战，若文俗之吏，高才异质，或堪为将守，负污辱之名，见笑之行，或不仁不孝而有治国用兵之术，其各举所知，勿有所遗。"（《魏书》）曹操这种态度，未免使一贯以"经明行修"博取声名求入仕途径的士人骤然失去依据，自然也会影响到士风的转变。但是曹操的现实政治目标是建立一个新的统一帝国，因此他又要走集权、重法术、抑制士族势力、裁抑清议气节和异己行为的老路，所以他又要以"败伦乱俗，讪谤惑众，大逆不道"的罪名杀掉才士孔融，又借别人的手杀"矫时慢物""气尚刚傲"的祢衡。很难说曹操是真实还是虚伪，却也可以看出他仍跳不出两难式的历史悲剧。从东汉末年以来走向个体意

识自觉的若干"叛逆者",不免还得撞一撞群体秩序的传统网罗,包括表达种种与名教相冲突的思想。其中,一班正始名士如嵇康被司马昭杀了,阮籍佯狂了,刘伶醉酒了,他们三个加上山涛、向秀、阮咸、王戎,曾契会同游于山阳竹林,余韵流风,号称"竹林七贤"。当时在思想探索方面,出现了何晏、王弼等人的"正始玄学",成为推动魏晋南北朝新思潮运动之先导。作为传统文化的"不定式时节",主要问题集中在名教危机上,或者说,是围绕着人生重名教还是任自然而展开的。

正始时代(240—248),名教与自然的问题在思想史上被正式提出。先提出问题的是何晏、王弼,而嵇康、阮籍等"竹林七贤"则代表名教与自然的正面冲突期。西晋统一以后,名教与自然之争则转入调和阶段,其理论上的表现有郭象的《庄子注》和裴頠的《崇有论》。当时与玄学思潮有关而进行讨论的问题,还涉及"才性离合同异"、儒道异同、孔老优劣、圣人有情无情、言能否尽意、声有无哀乐、"贵无""崇有"之争等题目,辨名析理的思辨活动煞是活跃,意味着哲学思考(对本体和现象、运动和静止、认识和对象、天道和人事等方面进行论证)范围的扩大和深入。

就名教与自然的冲突而言,显然涉及对传统儒家人伦秩序观如何看待的分歧,名教也是伦理及政治秩序的概括,所谓"君臣父子、尊卑有定"为名教的根本。至于主自然说的何晏、王弼等,则祖述老庄立论,强调"以无为本""名教本于自然",因为"自然,其兆端不可得而见也,其意趣不可得而睹也"(王

竹林七贤与荣启期砖画 东晋
南京博物院藏

弼《老子注》)。天道、人事的本体都是玄而又玄的,故这意旨玄远的一套(以《老子》《庄子》《周易》为"三玄")被后世称为清谈的"玄学"。

在嵇康和阮籍那里,则是在人生态度和文化精神上,特别强调自然和名教的对立,主张"越名教而任自然",以至公开斥"六经为污秽""仁义为臭腐"。他们是历史上最早出现的个性解放者和礼教的反叛者,姿态激进,如嵇康的"从欲说":"六经以抑引为主,人性以从欲为欢;抑引则违其愿,从欲则得自然。然则自然之得,不由抑引之六经;全性之本,不须犯情之礼律。"(《难自然好学论》)如阮籍的"无君说":"君立而虐兴,臣设而贼生。坐制礼法,束缚下民。……竭天地万物之至,以奉声色无穷之欲,此非所以养百姓也。"(《大人先生传》)他们既认定六经礼律不免违背自然(抑性犯情),那么名教所系一切人伦关系的价值也便不能不重新估定了。

嵇、阮之辈抗俗任达的文化思想与行为,必然招来社会反对与迫害,从理论上也有乐广、裴𬱟等人的纠偏之论以及郭象论证"名教即是自然"的综合之论。但值得了解的是,嵇、阮之论极端任自然,诚然有其针对名教之辈、士流风习的诈伪鄙俗而发的缘故。比较而言,名教中人往往未能忘情于富贵,而老庄之徒却有安于贫贱者。在这个人格境界的意义上,也真可说与其伪君子不若真小人呢!如果看到儒家的名教或礼法也有许多流于形式化、虚伪化的情形,许多人为了博"孝"名以为进身之阶,求"让"名也就能获得地方官的荐举(如汉末谚语讽刺的："举秀才，不知书；察孝廉，父别居"），那么，便容易理解孔融为什么"非孝"，阮籍为什么要把"惟法是修，惟礼是克"的所谓世之君子讥为"虱处裈中"了，也可以理解他们何以要任自然，"必超世而绝群，遗俗而独往"，"虽饰以金镳，飨以嘉肴，愈思长林而志在丰草也"。

简单说，他们最厌恶虚伪化的名教，执着于真性情。

于是，从这时候起，情与礼的冲突也在传统文化意识中变得明显起来，礼在俗内，情在方外，有分而不合的困难。王戎说："圣人忘情，最下不及情，情之所钟，正在我辈！"（《世说新语·伤逝》）阮籍说："礼岂为我辈设耶！"（《世说新语·任诞》）二人所说，恰好是一事之两面，可见他们认为情与礼不能并存，只能违礼而从情。甚至在调和自然与名教冲突的郭象那里，也有这样的超脱之语："礼者，世之自行，而非我制"；"人哭亦哭，俗内之迹也，齐死生，忘哀乐，临尸能歌，方外之至也"。这也给阮籍一类人的放达提供了一套哲学根据。《列子·杨朱》在谈到生死时也说得旷达："欲尊礼义以夸人，矫情性以招名，吾以此为弗若死矣。"在这方面，与其刻意从俗，不若顺性求实。当时也只能思考到这一层次，思考的意义之一是促进了东晋以后"缘情制礼""情礼兼到"的风习动向，使冲突逐渐归于平淡。

余英时先生指出："名教危机下的士风是最近于个人主义的一种类型，这在中国社会史上是仅见的例外，其中所表现的'称情直往'，以亲密来突破传统伦理形式的精神，自有其深刻的心理根源，即士的个体自觉。"这种情况，原自汉末文化"定式"解散的环境而生，也受到汉末士人清议清谈之清越风气（包括品藻人物时对个性的重视）的影响，便形成一股在人生价值观上有着探索和超越倾向的不合于仪轨的潮流，玄学的发展也在这一潮流里别张一帜，因儒学的"不周世用"而行其波澜。余先生接着说："汉末以来，君臣一伦既随人心之分裂而渐趋淡漠，而父子一伦亦因新思潮之影响而岌岌可危。此外如夫妇朋友之关系亦莫不发生变化，儒教旧有之安定作用遂不复能发挥矣。至于当时士大夫及一般子弟之所以背儒而向道者，则因儒术具有普遍性与约束性，远不若老庄自然逍遥之旨深合其自觉心灵追求自由奔放之趋向也。"（余英时《中国知识阶层史论》）

不论评价如何，这也是中古社会文化风貌一大转变的关键。同时，我们也得看到，追求个体自由或者任自然的趋向，又不能不受到社会结构（这是传统的基础）的限制，社会生活毕竟是以家族本位的群体纲纪为最基本保障的。因此"情礼兼到""玄礼合流"便成为这一时节文化冲突的一种必然归宿。

玄学与清谈

人们一般都觉得讲历史尤其是文化史，魏晋这一段虽不长却很重要。至于何以重要和怎么个重要，具体看法还不大一样，不过总体还都看重。既然如此，不妨再多说几句魏晋风尚、风度、潮流等。

后人每好称"魏晋风度"云云，所指朦胧，却也并非虚无缥缈，大体同魏晋时人特别表现出来的性格、行为、想法有关。譬如说弄玄学、清谈、挥麈、人物品题、服药、饮酒、扪虱、缓带宽衣、穿屐、散发、会作文章、不拘礼法等，人物和风度，能从《世说新语》中找出来不少。这种特性好不好，难说。因为人们从不同角度去看，往往便有不同评价，甚至极对立。或有云其旷远放达，正是"宅心高远，崇尚自然，独标远致，学贵自得"（刘师培《左盦外集》）；或有责之"风俗淫僻，耻尚失所"（干宝《晋纪》），"遂令仁义幽沦，儒雅蒙尘，礼坏乐崩，中原倾覆"（《晋书·范宁传》）。

由汉代缙绅先生的自固意识到魏晋挥麈名士的精神发舒，关于魏晋风度、风尚的来历也有很多解释，如从政治格局的变迁去分析，或者从士大夫阶层意识自觉去考察，又或者就传统思想、学术之嬗变趋势去立说，不一而足。总之，大抵此一历史现象是多原因的，既如此，当不宜以"罪过桀纣"一两句骂来了事。

鲁迅先生讲魏晋文章"尚通脱"时有个意思："为什么要尚通脱呢？自然也与当时的风气有莫大的关系。因为在党锢之祸以前，凡党中人都自命清流，不过讲'清'讲得太过，便成为固执，所以在汉末，清流的举动有时便非常可笑了。"他讲了两则可笑的事之后又说："个人这样闹闹脾气还不要紧，若治国平天下也这样闹起执拗的脾气来，那还成甚么话？所以深知此弊的曹操要起来反对这种习气，力倡通脱。通脱即随便之意，此种提倡影响到文坛，便产生多量想说甚么便说甚么的文章。更因为思想通脱之后，废除固执，遂能充分容纳异端和外来的思想，故孔教以外的思想源源引入。"（鲁迅《魏晋风度及文章与药及酒之关系》）这一个解释很不错。

由此还想到，当时一班得风气之先的人物，看见社会上有些伪君子拿着儒学、礼教作伪饰，又敏感于秩序坍塌后的人生价值危机，不免存有离俗求异的心，渐渐对某些似乎是天经地义的观念产生怀疑，以及另寻思路，另求解脱。这大概可算魏晋时思想解放、士人自觉的缘故之一。但是情况也不免驳杂，嵇康、阮籍同何晏、王弼、向秀、郭象以及衣冠南渡后东晋诸人未可一概而论，魏晋风度既影响于士林朝野，总会有模仿、效颦的流品，因此玄学、清谈等落到末流也不免只剩了浮华虚饰，离其本身原来的旨趣远了，成为作假的营生也未可知。这也是历史上不少人批评魏晋风度的缘故之一吧。

玄学，为魏晋文化的一项重要指标。现在人们说起"故弄玄虚"带有贬义，但玄学终究是哲学史、思想史上的大问题。说起来复杂，若简单表述，可说它是指魏晋时期以老庄思想为骨架的一种特定的哲学思潮，它所讨论的中心为"本末有无"的问题，即有关天地万物存在的根据的问题，也就是说关于远离"世务"的"事物"的形而上学本体论的问题。分量也不轻。这也说来话长，简单说，正像汉代主流意识对先秦儒家思想来了个阐释、发挥，对天人关系问题做了一番解说安排，魏晋玄学则是对先秦道家思想来了一次阐发，重提问题，再论优劣取舍，所以又是传统思想的一次大整备，包括它后来引起的播散和反弹，融会与冲突，自有一番历史意义。就文化表达形式而言，魏晋风度也是颇特别的，除了借注疏来畅发玄学义理之外，清谈、品题乃是那时学风士风一种自成的风格。

"清谈"的名声可不大好，"清谈误国"的大帽子压了多年，却可能是只知其一不知其二。"清谈"两字掰开来，"清"也就是清议、清流，亦即清浊的"清"，清标优雅之义；"谈"，自然不外乎谈话，不过闲聊并不为主，往往摆开讨论、争辩的场面，有"主方""客方""听众"，就种种学理、命题，互相问难，争个高下胜负。清谈也涉及品评人物以及练口才，逞雄辩，"如果经通若干番（多以'老、庄、易'三玄为通难的题目），四坐皆服者，名胜名通传为美谈，理上冠族姓，名之曰某理；而自认理屈者则可从至于绝倒"。《世说新语》载孙盛与殷浩挥麈（一种鹿尾状的毛制道具，有柄）清谈，"往返精苦，客主无间"，"至暮忘餐，理竟不定"。清谈自然很少涉及治国经世一类的事情，所以清也有虚的含义。魏晋尚清谈，坏处是易流于"利口谀辞"，转堕"口耳之学"，但也发展了哲理思辨形式和把握矛盾的思维逻辑，开出疑义相析的风气，而且此种形式不论年辈而平等会友，与两汉经师之传道授业，大不一样。

汤用彤先生曾论及："魏晋名士谈理，虽互有差别，但其宗旨固未尝致力于无用之言，而与人生了无关系。"说到清谈玄风的兴起，自因"汉世以察举取士，而天下重名节。月旦品题，乃为士人之专尚。然言貌取人，多名实相乖，由之乃忽略'论形之例'而竞为'精神之谈'（《抱朴子·清鉴》），其时玄风适盛，乃益期神游，轻忽人事，而理论上言意之辨，大有助于实用上形神之别"（《魏晋玄学论稿》）。就提出和讨论"言意之辨"这一问题而言，体现出哲学分析（对世界作迹象与本体之分辨）的新眼光、新方法，也可说是玄学清谈的贡献。譬如"书不尽言，言不尽意"本见于《周易·系辞》，王弼援用庄子"得鱼忘筌，得兔忘蹄"之言进一步加以发挥，论列言、象、意三层次的关系：一、"尽意莫若象，尽象莫若言"，也就是说神离不开形的显现；二、然而"言者所以明象，得象而忘言，象者所以存意，得意而忘象"，这里的形意味着作为神的工具性中介，既得了神就可忘掉形，既得了体就可忘掉用；三、而且须明白，只有忘言才能得象，只有忘象方能真正得意。总之，对于神圣，要当不滞于名言，忘言忘象，才能体会其所蕴之义；而做人亦可脱落形骸，心神远举。

"得意忘言"的"言意之辨"，对魏晋文化思想影响真不小。例言之：一、用于解释经籍和读书方法的改变。魏晋学问因主得意，思想言论乃较为自由。汉人学习的多为章句之学，魏晋则尚"通脱"，章句多随文饰说，通脱者则会通其意而不以辞害意。陶渊明后来自述"好读书不求甚解，每有会意，欣然忘食"，谢安石也称赞支遁的"标举会宗"如九方皋之相马，略玄黄而取俊逸，意思都是从这里来的。二、在艺术上任自然之和谐，以虚无为道体，本于"大音希声""大象无形"之类。三、影响名士的立身行事，魏晋名士因此而往往喜欢学贵自然，行尚放达。汤用彤先生说："汉代相人以筋骨，魏晋识鉴在神明。"又因识鉴重的是神气，便易入虚无难言之域，连带中国传统人物画法也恐怕受了这风尚的影响，觉得"四体妍媸，无关妙处"了。

魏晋风度的内容，琐细不能尽举，择其与传统文化精神颇有关联的几项再说说。一是好养生之术，讲究呼吸吐纳、服食养气、贵寡欲、发散、中和。二是又从达生任性出发，好游谈宴乐，一时风气狂放，葛洪《抱朴子》曾讥之："及好会，则狐蹲牛饮，争食竞割……大行不顾细礼，至人不拘检括，啸傲纵逸，谓之体道。"还有人说阮籍"嗜酒荒放，露头散发，裸袒箕踞"。三是在世俗伦理上不大拘守礼法，大胆者如孔融有段名言："父之于子，当有何亲？论其本意，实为情欲发耳。子之于母，亦复奚为？譬如寄物缶中，出则离矣。"（《后汉书·孔融传》）当然，在父子之间也有重情感而不注重尊卑的，以致儿子直呼父亲的名字，也为后儒所骇闻的。同时男女交际和妇女参加社交活动也有不拘束的风尚。四是怡情山水，"逍遥陂塘之上，吟咏苑柳之下"，"白日既匿，继以朗月"，魏晋以下，流风日广。五是士大夫的隐逸避世，一方面有出于政治原因的逃避全身，也有因理想抱负不能实现的苦恼；一方面因轻宠傲俗，逃名避声，觉得与其被外物牵着走，不如享受自得之内心逸乐，更有所谓"看透"，无所谓了，既然一切都是虚无，也就对世务无所执着。我们想阮籍的醉酒佯狂，同这些倾向都有瓜葛。而老庄关于出世的思想，终于成了传统士大夫人生进退、心理平衡的重要环节，形成儒道互补的基本模式。魏晋风度的影响可谓深远。

士大夫人生和人格理想在魏晋时是渐为明确了，其境界无过于："名不常存，人生易灭，优游偃仰，可以自娱，欲卜居清旷，以乐其志。……逍遥一世之上，睥睨天地之间，不受当时之责，永保性命之期，如是，则可以陵霄汉，出宇宙之外矣！岂羡夫入帝王之门哉！"（《后汉书·仲长统传》）但虽说是这么超然，又恐怕难以实现，终不免在契会现实人生时哀乐相生，悲欢共怀，咀嚼那一份并不理想的命运。所以魏晋风度里又含有感伤和悲凉！

这形与神、达与不达的矛盾，也正是传统文化心理上的一个基本矛盾。正如魏晋人既追求情性的自由而又不能不回到"缘情制礼"上来，任自然，却引导传统文化精神离开对实际事物自然的认识和把握，还是回到内心的自足上来。文化冲突仍然是魏晋风度中隐含的消息。

士林情怀・文苑风度

说到三国、两晋时期的文化潮流趋势,有人曾用"人的自觉"四个字来概括,似乎已成定论。不过还可以再推敲一下。譬如说魏晋以前,就说西汉人吧,也未尝没有"人的自觉",他们有一种在建立综合文化秩序上的自觉努力或者说使命感,司马迁还表现出人文历史观的自觉。东汉的王充也有他"疾虚妄"的自觉,晚期的清论诸士也有政治抗议、企图澄清天下的自觉。那么,魏晋时代的自觉,譬如体现在魏晋风度,恐怕主要是怀疑和突破既定文化规范、定式的自觉,以及体认个体生命价值,拓展人的精神生活诸如情感表现等。他们所用心运思的,远离了直接的世务,去分析"有无""形神""现象与本体"等矛盾范畴,沿着老庄的路向而转俗成真,同时又不能不体验着超脱与限制、乐与悲、积极与消极、旷达与执着等人文性的冲突。魏晋士人的文化活动因为处在这种冲突里,显现着复杂的色彩。这是一种不充分的自觉,一种冲突得不到解决的状态,文化标准和信仰价值不大确定的状态,因而才不免有"所怀万端",有"是非蜂起",有思想的动荡与嬗变蜕生,有佛教和道教在中土的发展。

冲突而又不可克服的状态,既与时俱在,就很难说是自觉还是不自觉。即使如嵇康、阮籍那样孤绝不俗,帅心使气,也还有无可奈何、相信礼教的另一面。如果说阮籍是"觉醒者",后来他却要天天醉下去,这不很矛盾吗?在冲突状态中,有人因政治斗争而被杀了,有人"难得糊涂"了,有人权变随俗,也有人"隐"了。"自觉"原非说说那么简易。西晋"永嘉之变"后,晋室南渡,敦儒度礼之风复起,调和自然与名教的关系,以约束放达,修复风教,并不是偶然的。总的看,从以道释儒到以儒释道,二者融合互补,造成传统士大夫人格心理的主要线索。

魏晋时代发风动气的文化冲突,给予传统中国人心灵历程的影响是一方面,同时还影响到中国艺术思维以及艺术地把握生活的方式,前者属于人生哲学的酝酿,后者属于艺术哲学的陶冶。如果说"形神""风骨""气韵""骨法""神超理得"等概念的讲求是从魏晋时开始明确起来的,那么玄风与人物品藻正开启了这一艺术思维的方向,譬如说描述人物,往往说某某人"岩岩清峙,壁立千仞",或者是"飘如游云,矫若惊龙";描写自然界也不离主观感兴:"登北固望海云,虽未睹三山,便自使人有凌云意。"又说:"从山阴道上行,山川自相映发,使人应接不暇。若秋冬之际,尤难为怀。"(均见《世说新语》)晋人对生活的品评清通简要而又饶有滋味,尤见其描述中有体味。这种态度和表达方式倾向于鉴赏体悟而非表面观察和写实,并还渐渐形成由刘劭《人物志》到南朝时的《诗品》《画品》《书品》这一个鉴赏式的批评传统。由于要求把对人物的观察区分为内在的、不可见的精神方面和外在的、可见的感性方面,并提出了由外以知内,由形以证神的原则,人物品题的功能和标准还渐扩展到对生活、自然的艺术品题范围,绘画、雕塑、音乐、书法、诗歌莫不受其影响陶冶。这同玄学所讲的"得意忘言""得意忘象"也恰好旨趣相当。玄学讲"贵无","无"既包括一切有限事物,又不为任何有限事物所限制,"无"是本体,"神"则是这本体在个体中的微妙难言的表现,只能在"得意忘象"中得到体现。因而谢赫的《古画品录》提出:"但取精灵,遗其骨法。若拘以体物,则未见精粹。若取之象外,方厌高腴,可谓微妙也。"所以东晋大画家顾恺之主张"以形写神",以为"手挥五弦易,目从归鸿难";以为"画鬼易,画人难",画人尤难在点睛,因为"传神写照,正在阿堵中"。书家王僧虔也要强调:"书之妙道,神采为上,形质次之。"晋代绘画因此而展绢铺纸,更见讲究笔墨气韵的意匠经营,前有卫协、戴逵,后有顾恺之及其《女史箴图》《洛神赋图》,其"骨力追风"的线条运用,令观者神妙难忘。

再说艺术与自然的关系。逍遥无为本来是强调顺应自然的,但魏晋风度所执着的自然,主要不是外在的自然界,而是一种意识的自由状态,因而既不同于顺应自然,也不同于在摹写中掌握住自然(或者说征服自然),它比较偏爱在同自然的契会神交中超越具体的自然,即器见道,忘象得意,追求具有超感性的精神内容。一般的表现在于寄托,而极致的表现则是无形、无名的"大象""大音",玄妙得"道可道,非常道"了。能够真正体现如此境界的范本恐怕终究没有,但魏晋的书法和音乐艺术所达到的境界,确实有超越性意识的熏染在起作用。在晋代,书法作为中国独特的艺术表达形式,意兴卓然,化机无穷;在

洛神赋图（局部） 顾恺之 东晋
宋摹本 故宫博物院藏

笔景、体势、结构、章法方面更为多样，错综变化，渐已超脱实用的功能和因袭习惯；于隶书之外，挥洒真、行、草、楷诸体，乃至有狂草，极尽其情驰神纵，超逸优游。一代书法家，前有钟繇，号称"点如山颓，滴如雨骤"，继有王羲之、王献之父子，"兼撮众法，备成一家"，变古风而为今体，人称"尽善尽美""观其点曳之工，裁成之妙，烟霏露结，状若断而还连；凤翥龙蟠，势如斜而反直。玩之不觉为倦，览之莫识其端，心慕手追，此人而已"（《晋书》）。"二王"传世墨迹，主要有《兰亭序》《丧乱》《奉橘》《姨母》《快雪时晴》《鸭头丸》诸帖，为历代所珍贵。晋代书法名家还有索靖、卫恒、卫夫人、陆机等。抒发艺术的真谛，在晋代是着重"意"的，亦即意绪借笔触而抒发，线条的流动、停顿、艰涩，往往反映精神、情感活动的委婉转折，有一种"言所不尽"的情味。因此书法评价的标准主要也是内在的。譬如写字而讲究"骨"和"筋"，就是要求"书法的线条贯穿和充溢着内在的生命的力，这是中国书法美在造型上的最根本的东西，同时也是一种精神境界"（李泽厚、刘纲纪主编《中国美学史》第二卷）。

关于魏晋之际文化精神向音乐艺术的渗透，最明显的例子无过于嵇康本人就是个作曲家和音乐理论家。他在《声无哀乐论》中认为"和"是音乐的本体。

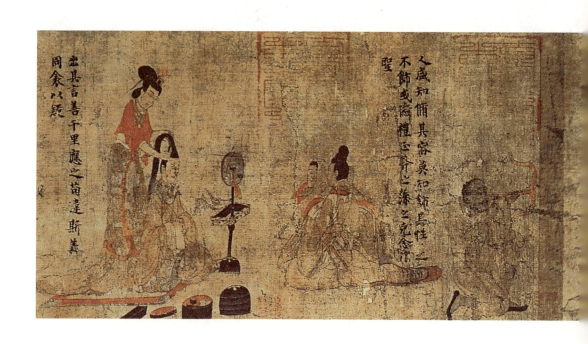

女史箴图（局部） 顾恺之 东晋
唐摹本 大英博物馆藏

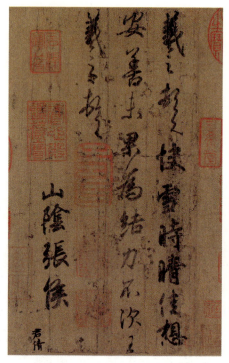
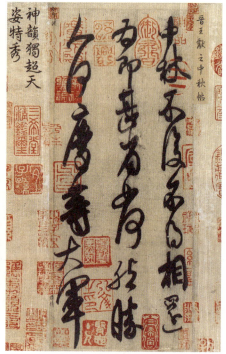

换句话说，是否有乐，并不在钟鼓，而在心中是否有"和"，亦即"导养神气，宣和情志"，超越情感哀乐，体现出个体精神的一种无限自由的状态，同儒家传统乐论所讲的"成人伦，助教化"的"和"还不是一回事。至少在嵇康看来，音乐与情感的关系处在"和声无象而哀心有主"的情况才最好，不能把这种关系理解得太直接、狭窄、单一。"至和之声，无所不感"，他所说的声无哀乐，并非说音乐与情感不相关，却正好是要求音乐能唤起人们最广阔的情感。当然，这种艺术理想，并不容易成为现实，所以嵇康被杀之前，据说曾奏《广陵散》绝调，成为一个悲悼的象征。这一文化冲突的意义对于音乐的发展来说，可能也是悲剧性的。

　　说来也许矛盾，正如魏晋风度并非单一色调，那时的文学既有"自觉"的一面，也有"自在"的一面，风格上既有缛彩华美，也有清简淡泊。这倒也不奇怪。自觉，固然体现在对文体形式的重视和创作规律的探索，以至于追求文章华美，缘情绮靡，由曹丕《典论·论文》到陆机的《文赋》构成了一个方向；

快雪时晴帖 王羲之 东晋
台北故宫博物院藏（左页左上）

中秋帖 王献之 东晋
故宫博物院藏（左页右上）

伯远帖 王珣 东晋
故宫博物院藏（右页）

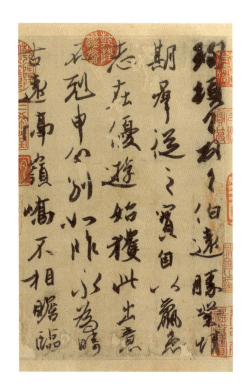

而自在又意味着"无为"、通脱，"以恬淡为味"，"言不尽意，意在言外"，这是由老庄哲学到正始玄学，经过嵇康、阮籍的经验而到陶渊明（东晋末期）所辟择的意境、状态。阮籍和陶渊明看起来也不一样，一个忧愤无端、慷慨任气，一个超然事外、平淡冲和，但二人在青年时代都有儒家济世的志向，后来由于深感社会的黑暗、人生的艰难，又都走向了慨叹世事的空幻虚无。其人生和艺术境界本同而末异，文化史上的意义却足堪体味：在难以解决的文化冲突中寻求各自的超越和解脱。他们都采取了逃避（隐）的方式。"一飞冲青天，旷世不再鸣，岂与鹑鷃游，连翩戏中庭。"阮籍是痛苦的。"密网裁而鱼骇，宏罗制而鸟惊，彼达人之善觉，乃逃禄而归耕。""结庐在人境，而无车马喧。问君何能尔？心远地自偏。采菊东篱下，悠然见南山……"陶渊明是平静闲适，即事而真的，即在平常事、平常心中获得一份人生的解脱和感悟。其平淡正是无味之深味，并不枯索，意味深长，在彻悟人生的苦难之后又不否弃现世的人生，而仍然率真、质朴地肯定现实人生有美好可亲的价值，在与自然的和谐中

三国·两晋·南北朝（220—589）

去寻求心灵的静穆与安慰，在传统中做出平凡所以深切的人格和艺术境界。正如他的诗自然本色，到达艺术极境却使人忘其为艺术，似乎这种"不自觉"乃成了更可贵的"自觉"。

陈寅恪先生在谈到陶渊明的"新自然说之要旨在委运任化"时，所论颇有见地，对魏晋思想也有一番清理。他说："渊明之思想为承袭魏晋清谈演变之结果及依据其家世信仰道教之自然说而创改之新自然说。惟其为主自然说者，故非名教说，并以自然与名教不相同。但其非名教之意仅限于不与当时政治势力合作，而不似阮籍、刘伶辈之佯狂任诞。盖主新自然说者不须如主旧自然说之积极抵触名教也。又新自然说不似旧自然说之养此有形之生命，或别学神仙，惟求融合精神于运化之中，即与大自然为一体。因其如此，虽无旧自然说形骸物质之滞累，自不致与周、孔入世之名教说有所触碍。故渊明之为人实外儒而内道，舍释迦而宗天师者也。"（陈寅恪《陶渊明之思想与清谈之关系》）他还说陶渊明不愧为革新旧义、孤明先发的大思想家。

南北朝

西晋继秦王朝之后成为历史上第二个短命之统一王朝，只不过，"永嘉之乱"后西晋在北方异族打击之下灭亡，后面并没有实现类似汉代大一统的局面，长期的南北分立是以前没有的。"衣冠南渡少王导"，是说东晋在南北士族扶持下有幸偏驻江南，却又北伐无功，徒任"神州陆沉，百年丘墟"。而北方强大起来的前秦苻坚政权发军伐晋，亦势败于淝水。百年世事，南北间兵戈往来，反复苍黄，终如一盘不了的棋局，局中有局，动中有静，又演成各自嬗替的南北朝。

南北朝既是一种特别的中国历史状况，它在文化史上应该有些不无意义的特点。初步想想，例如：一、在东晋以前，文化和经济中心久驻中原，经三国时期的开发，东晋时北方士族又大批南迁，江南地区的文化与经济大有起色。江左名城，文物萃集，山水田园，吟咏风流。昔人所谓"六朝繁华形胜地""六朝金粉"，大约透露出这方面的消息。由此，汉文化的重心开始向东南倾斜，或者说有了南北呼应的新格局。

二、北方的政治局势更为动荡，政治冲突混合着民族冲突，但实际上也给民族融合带来了反反复复的历史机遇。例如原来散居在西北、东北边疆地域的匈奴、羯、羌、氐、鲜卑和乌桓等少数民族纷纷内迁，并建立或短或长或小或大的地区性政权，民族之间的界限在不乏冲突的共处中有所消泯，与传统的汉文化处在互补趋同的趋势中。伴随这一次民族融合的潮流，华夏文明的扩展有一个继先秦之后而来的"第二波"。文化和经济较发达的区域已不限于黄河中下游地区，东北的辽河流域和西北凉州地区也得到了开发。

三、南北朝虽然始终未在区域竞争、势力消长中实现一统，但动荡沉浮，多体现为各政治集团的政治和军事斗争，斗争的结果和势力消长又莫不处于一定"张力结构"的限制中，动荡的频率亦随着此种限制而渐趋向弛缓。此种情况的出现，恐怕同门阀士族地主在社会组织结构中有举足轻重的作用有关。换句话说，由于门阀士族地主在社会政治、经济、文化生活中既有控制力量，又有利益上的彼此制约均衡，使得社会在不稳定中又有相对稳定。门阀士族作为社会制度中的基础和有力者，是从魏晋南北朝时确立的。占田受赐，世有荫庇的门阀士族固然是"大起营业"，骑骏马做高官，同时也是传统文化在北方和南方的继承者、维系者和推广者。

四、写历史、看历史，人们往往注意具有喜剧冲突性的事件、人物、局势。这倒也很自然，但是历史尤其是文化史还有它长时段（比较平常也缺乏大变动）的文化心态在起作用，这一层面也不宜略而不顾。这个层面的基本稳定对传统应该是起了作用的，不论政治局势如何动荡，中国传统文化的纽带并未断裂，而是在一定的吸收、消化中保持了连续性。这正是割据式的历史模式后面的统一文化背景。对此，南北朝的历史可说是一次典型的测试，即如皮肉变动而筋骨依然。表面上南北分立，各自又不断有政权更替，却也有相对还算长时间的稳定与发展。如东晋、南朝期间政权变更多在和平方式下进行；十六国期间，北方实际上也有两次短期的统一（后赵石勒与前秦苻坚）；北朝期间，除东魏、西魏和北齐、北周之间战争较多外，整个北魏时期社会秩序也还相当安定。至于南北对峙过程中的经济文化交流则是统中有分，断中有通，舞台虽然有好多个，毕竟大的背景还是一个。总之土裂衅生，南北朝时期却未有大的体制冲突，

北齐校书图（局部） 杨子华 北齐
宋摹本 美国波士顿美术馆藏
画中所记录的是北齐天保七年文宣帝高洋命樊逊等人刊校五经诸史的故事

改朝换代，南北朝时期亦未发生大的文化变革。有时破坏既生，建设代起，混乱暂去，秩序仍存，有人讲是"乱序"——乱中有序。割据和动荡与思想文化传统秩序的微妙关系，实在是南北朝史的一个特点，不宜以"动乱时代"一面简单视之。

此事不能详言，但述一二，可见大概。譬如北方十六国政权除前凉、西凉、北燕外，皆为各少数民族统治者所建立。据《晋书》记载，他们大多（如前赵刘渊、刘曜，后赵石勒，前燕慕容瘣，后燕慕容垂，前秦苻坚，后秦姚兴、姚泓等）深受汉文化熏陶，重视儒学，或尊儒师，或好文籍，或尊礼仪，或承汉制任用儒臣。当然，说靠文质彬彬去统治自属可笑，但草菅文化的地步实际上也做不到。甚至在北魏时，儒家文化在思想和政治运行与改革上面还大为兴盛。北魏孝文帝居然做了尊孔、崇礼、重孝的模范。

又譬如南朝的思想界，前面虽有魏晋时的名教危机，但危机并非普遍持久地紧张,南渡后更有玄礼合流、儒道调和之趋势。如葛洪《抱朴子》所谓:"得道之圣人,则黄老是也;治世之圣人,则周孔是也。""长才者兼而修之,何难之有?内宝养生之道,外则和光于世,治身而身长修,治国而国太平,以六经训俗士,以方术授知音,欲少留则且止而佐时,欲升腾则凌霄而轻举者,上士也。"大概那时风气也以兼综儒道为通脱世故了,不可能真正放达超脱于名教之外,也就无形中仍然体认了、复归了传统道术。南朝刘宋时,还增加了儒释之调和。《宋书》载,文帝时僧人慧琳"兼外内之学",并收录所著《均善论》,其言归结为"六度与五教并行,信顺与慈悲齐立","殊途而同归"。此种论调实在巧妙,皆意在既参与实际政治,又表示超脱世间,透露出此间文化调和的信息。当时也有人批评这位和尚未免背离释家学说,但皇帝很赏识,这位和尚"遂参权要,朝廷大事皆与议焉",诨称"黑衣宰相"。

比较而言,魏晋南北朝仍属于一个不拘成法、与时变化、兼摄古今、杂糅内外的时代。但如果说中国传统文化的运动仍然保持其连续性,难得的是,这样一个时代处在其中,文化上体现着变化,然而又是连续中的变化;体现着连续,同时又是变化中的连续。思想观念、社会风尚、文学艺术以及宗教生活,大体上都不出这个模态。正如下棋,既要审时,又需度势。这个"势"乃是积累运化而来的,非一朝一夕之功。譬如南北朝时的科技实践便有很大进步,当然也是在东汉、三国、西晋以来的传统方向上的进步。发展分别在天文历法、算学、声律学、医学、农学、地理学以及冶炼、烧瓷和机械制造技术上,表明一千五百年前的成就委实不低。

南北朝期间,天文历法方面的重要发现,可记述者,有东晋虞喜的"岁差"概念,它指由于太阳、月亮和行星对地球赤道突出部分的摄引,造成地球自转轴的方向不断发生微小的变化,使冬至点在恒星间的位置逐年西移一定数值。北齐时,张子信经多年观测发现日食的"视差"现象。当时的天文仪器,精密水平最高的是晁崇等人制造的北魏"铁浑仪"。

南朝宋的博学家何承天曾制订《元嘉历》,在乐律方面打破五度相生的陈规,发明一种接近十二平均律的新律。比他晚一点的大科学家祖冲之(429—500),则在历法、算学方面贡献尤大。经他改造的《大明历》,表现出精密运算后的新标准,得出一年的天数为365.24281481日,与现今准确数据仅差

46秒。对于五星会合周期数值的运算，祖冲之也取得了惊人的成就。他还是把圆周率的准确数值算到小数点后第七位的世界第一人，比西方数学家早了近一千年，并求出了圆周率的约率与密率。祖冲之的儿子祖暅求出球体体积的正确公式，在世界上也是遥遥领先的。

在医学和化学方面，南北朝的道家术士做了一些并非凌虚蹈空的功夫。如葛洪汇辑古代验方而作《玉函方》，又写成应付传染病等急症的《肘后备急方》；陶弘景作《神农本草经集注》，这是一部药物学的系统总结之作。葛、陶二位还都是炼丹家，仙丹当然炼不出来，却也"炼"出来一些关于无机化学的经验知识，《抱朴子》和《养性延命录》（收入《道藏》）中有不少这一类的记述。

南北朝时农业和农学所达到的水平，集中体现于北魏贾思勰所著《齐民要术》。该书为一部农业百科全书，举凡经营思想、农业经济方式、具体生产经验和方法、技术知识、畜牧副业等都广泛论及，在调查研究中做了全面总结。

北魏郦道元以《水经注》而称名于世。其书不仅因"以水证地、即地存古"的特点成为古地理学的权威之作，而且颇具文化史与文学的价值，种种风俗方物、历史上的沿革兴衰、山灵水秀、四时景观尽到笔端，后人不免叹为观止。南北朝时的文史著述亦颇丰富，如以陈寿《三国志》、范晔《后汉书》为代表的史传，常璩《华阳国志》为代表的方志，《高士传》《高僧传》等传记，汇编佛教思想资料的《弘明集》以及《西京杂记》《世说新语》《颜氏家训》《洛阳伽蓝记》等，陈之文化史长廊，守先待后，为一页沧桑留痕写照，足为不朽的事情，水流云度，堪令后人临风遥想。

本土道教

大凡荣衰兴艾是自然界和历史生活中常有的现象，说到一个大时代的文化精神、心理领域，恐怕也是这样。譬如说人生在世安身立命，劳作休息、吃饭穿衣属于基本内容，但除此之外，人还有种种情感、欲望，还想关心些别的什么，或远或近，或实或虚，或自觉或不自觉，也就有了理想、寄托等，并潜在地影响着人的处世态度、生活情趣及行为方式。但是不同时代有不同的"关心"，在不同的"关心"里也就发生了不同的精神现象，这些现象又在不同的条件下各自有着荣衰兴艾。

上述一番意思，归结要说到南北朝时的道教——一种本土发生的中国宗教——因何兴起。前面曾说过，东汉末年张陵创始道教团体"五斗米道"，但这毕竟还不是成熟的宗教。道教之发育成熟，有了它的理论、神谱、仪式、方法，已当东晋、南朝之际。带着原始巫术及神仙术士的影子，道教体系形成的来源正是多元杂糅：它吸收了中国古代从老子、庄子、邹衍、《吕氏春秋》到《淮南子》，以及星相、医方、谶纬等种种思想材料，以道家思想为主干，综合起一个关于自然、社会、人类三合一的起源于结构的神学体系；它将流传于古代中国，尤其是流传于楚文化圈的种种神话加以改造、排次，建立起名目众多而有序的神祇谱系，并把它与上述哲理嵌合，完成宗教性的转化；它将古代中国，尤其是楚文化圈内盛行的山川日月星辰鬼神祭祀发展为斋醮科仪，将巫医的膏唾、祝咒，民间的臂着五彩、悬苇画鸡、桃印桃符、治邪驱鬼等发展为禁咒、符箓、印镜等法术；它还吸收了当时自然科学（主要是化学及医药学）的成果，一方面把导引等健身术与自己的理论相结合，一方面神化丹铅方药，构筑了所谓"内丹""外丹"学说。道教形成过程也体现了本来注重理性的古代中国人的非理性一面——强烈的生存欲望、享乐欲望以及神仙思想，追求个人的长寿永生与社会的和谐安乐，因此道教既出世又入世，努力求现在的满足，也最能表现中国人的现实精神。

上面大致说了道教神学体系的若干特点和形成的历史渊源。渊源实际上很复杂——哲理、神话、巫术、自然、社会、人生、智慧、玄想、谬误，总之是从中国传统文化观念、心理、行为中摄取、改造、综合，自成一系一格，一精神旨趣，一文化态度，同时又投入于传统文化的演变潮流。当然，道教在东晋、南北朝之际发达、成熟起来，还有此时的历史文化条件在起作用，说起来也是很复杂的。譬如说：一、东晋、南北朝承汉末以来政治、经济秩序松动，既定精神、道德价值不稳的历史环境而来，人们的文化"关心"出现了一定的虚空与混乱，为某种形式的宗教滋生、成长提供了客观条件。二、由于社会现实不大理想，使一些士大夫易受道家思想影响，退而隐遁，神思另就，走上介乎入世与出世之间的道家路线，形成完善道教体系的方外一群。三、社会权威意识和控制力减弱,使巫术文化活动渗透于世俗生活,民间组织、团体也可以道教为联系纽带,时时进行政治性或文化性的传教活动,奠定了道教的群众基础。四、统治者尊奉或容忍改造后的道教,改变了西晋初期对道教的控制政策,许多阀阅大族亦成为奉道世家。五、佛教的传入刺激了中国原有的有神论思想的发展,特别是刺激了黄老、神仙家思想的发展,佛教的完整形态以及佛道冲突,加快了道教的成熟过程。六、这可能是极要紧的一点,即魏晋时期儒家思想的统治地位呈现衰落,世风既放堕,思想不复整齐,人们所关心的,很容易转向宗教性的精神解脱。儒、道、释三种思想虽不妨分途并立,所谓"儒家守常,道家达变,佛家治心",但这时候,"达变"显然对人独具一种吸引力。"对于古代中国人来说,儒家学说过分地强调了人的社会性的一面,把人的思维与行动拘控在半自觉半强制的框框里,要求他整个儿地服从封建伦理,服从社会规范,节制自己,克服欲念,无意中取消了人的自由与个性,贬抑了人的自然的一半;佛教则更为过分地否定了人的自然本性与享受欲念,认定人生只是一种痛苦,只有从人生中解脱才是幸福,这固然投合了在现世中痛苦不堪的人的想法,却不吻合在现世还想追寻生活乐趣的人的念头。……而道教却抓住了'圆首含气,孰不乐生而畏死'这一条。人不是都不想死吗?好办,道教这里有的是长生不死的丹药与方术;人不是都想过神仙日子吗?也有办法,道教这里有的是导引吐纳、食气、辟谷、升仙、羽化的方法;人不是都害怕疾病、鬼魅、水旱之灾吗?也有办法,道教这里有的是斋醮、祈禳、禁咒符箓供你挑选。总之,道教是'主生''主乐'的门径,会让你乐不可支……要钱它能点石成金,化铜成金,要女人它能教你房中御女合气之术。这种道教的教旨就是让人享乐,而且永远地享乐,对于世俗人们来说,它既是人生缺憾的心理补偿,又是实际生活中应付日常困难的具体工具,因此,它有着颇大的诱惑力。"当然,享乐又须合于阴阳之术、天地之道,即仍须"明经",例如讲述房中术的道书就有《容成经》《玄女经》《素女经》等。葛洪曾说:"黄帝自可有千二百女耳,而非单行之所由也。凡服药千种,三牲之养,而不知房中之术,亦无所益也。……玄素谕之水火,水火煞人,而又生人,在于能用与不能耳。大都知其要法,御女多多益善。"(《抱朴子》)道教对性生活的态度不是禁欲而是"利用"的。

　　宗教与世俗本有冲突,按说它的超越性及寻求精神解脱的意向,和道教的

"主生""主乐"的门径颇异其趣，但在中国的历史文化条件下，也居然调和在一块儿了。这正是道教的文化特点，也深刻地反映着文化史的一种民族性。

道教在南北朝期间成熟的过程，也可以说是从心理和行为、组织与形式的角度去调和圣俗矛盾的过程。譬如南朝梁代道教领袖人物陶弘景的做法，他曾遍游名山，寻访许多巫师方士的仪式、神灵、方法的资料，并把这些零散的所谓"真迹"汇编，写成《真诰》一书，阐述道教的种种理论；又根据各地道士所信奉的神祇，把它们与古代中国的宇宙系统理论及现实世界的等级制度杂糅，分为七个层次，写成《真灵位业图》一书，建立起道教的神谱；他还搜罗古代种种有关健身养气的资料，把这些"寿考之规""长龄之术"与老子、庄子的采淡泊自然、守拙抱一的人生哲学结合在一起，系统地组合为"养性延命"理论，著为《养性延命录》一书，从饮食禁忌、性情保养一直论到服气吐纳、导引按摩、御女损益及念咒、思神、祈福禳灾，建立了道教的养气长生理论。在这里，超验的圣灵世界有了，具体的应用层面也有了，正是"非超然无以养生""非养生无以超然"，把圣俗两面、出世与入世两面都调和在道教的玄真关系和虚实关系中了。

道教完善自身、调和圣俗的另一法门是理论和方法的神秘化。如东晋金丹派道教创立者葛洪将《太平经》的"真一之道"，说成"守形却恶"的神术：只要守一存真，不但不愁吃喝，而且"鬼不敢近，刃不敢中"，至于无所不能。实际上，神秘性，包括各种道教经典的芜杂玄诡和奇方怪术的纷乱迷惑气氛，也是借助原始巫术在中国文化传统及人们潜意识中的影响而起作用。同时道家思想关于个人修养又有"存神、养气"的主张，这就使得神秘性的吸引同练气功、固精神、服药、诵经等具体的修行方式结合到一起，如以南朝道教奠基人陆修静为代表的灵宝派道教便强调"思神、诵经、礼拜"的三结合。据说这种"斋"法可以"上消天灾，保镇帝王，下禳毒害，以度兆民"（《道藏·洞玄部戒律类》）。此外还配以"醮"法，即道士们存想思神、若觉若幻的祭祀仪式。这些仪式后来发展到极烦琐。总之通过礼拜与修行，使道徒们尽量沉浸在一种虔诚的情思与幻想中，精神由此而获得支撑与排遣。

从葛洪、陆修静到陶弘景，道教在东晋、南朝经过本身的清整与活动，势力渐张，而北魏寇谦之在北方也致力于统一道教意识，并与朝廷政治势力相结合，不仅老百姓望风而拜，就连皇帝也要"崇奉道法""亲受符箓"，以至拜道士为师了。经过建立教会组织，完善理论体系，编纂道教经典，制定教规教仪，编造神仙谱系这五个步骤，这种本土宗教逐渐与中古社会生活分不开了。如果按雅俗区分，上层的神仙道教与下层的符水道教又分别适应于社会的上层文化与下层文化。

佛陀东来

回首千载之上，如果我们自问一个问题："魏晋南北朝究竟算是怎样一个时代？"这可真不好说。想个周遭，大概只能回答：那是个充分体现着文化冲突的时代。对此，不容易详细解释，但那种历史离合变化所昭示的冲突，已足以予人深刻的印象。譬如思想风气上"重名教"与"任自然"的冲突，学术上玄学与儒学的冲突，宗教上"出世"与"入世"的冲突，等等，同时还产生了本土思想与外来思想的冲突。这是佛教传入中国并大成于东晋、南北朝时的一个不算小的问题，因为这对传统来说尚无前例。

不过，光说"冲突"也许是不够的。实际上，冲突的一个很大可能的趋向，并非导致传统解体灭亡，而是在传统中进行（只要此一传统不完全僵化）。正如前面所说，这一时期文化的特点是：变化是连续中的变化，而连续又是变化中的连续。所以，也可以说冲突是调和中的冲突，是走向新的整合的前奏。这构成了事情的两面。也不妨由此来看佛教入华这一段因缘。

早在西汉时，随着中土和西域间进行经济、文化交流，中国人已同印度佛教有了初步的接触。佛教东来当是一个曾经很缓慢的过程。到东汉明帝永平年间（1世纪），史书始有记载白马负经东来，佛教正式传入中原。当时在洛阳创建了我国最早的佛教寺院——白马寺，不断有印度僧人来华传教；至桓、灵朝，安世高、支谶等人翻译出了最早的一批佛经（只占数十万卷佛经的极小部分）。由于尚不具有较大的召唤力以及引起回应的文化条件，佛教初来时影响很有限。然而迤逦于魏晋南北朝文化冲突震荡的时代，佛教的"来势"与"迎合之势"也就应时而起（当然也引起了一定的"拒势"）。这里面的因缘，也不外乎佛教所具有的"空无"论生倾向投合了当时"高人乐遗世，学者习虚玄"的风尚，吸引士子在思想彷徨无主时得到某种安慰、寄托等。佛教开始在中国交上好运道。

三国时，佛教传布以北方洛阳和南方建业为中心，当时有朱士行率先剃发出家并西行求法，及至两晋时代便已有高僧辈出、寺院丛起了。据《洛阳伽蓝记》载，西晋佛寺共有四十二处，另据《佛祖统纪》，东晋寺院已达一百八十多座，僧尼数量亦大为膨胀，一时香烟缭绕，钟鼓不绝。

回过头来应该说说释迦牟尼创立的佛教思想即佛学究竟是怎么一回事。"佛学浩如烟海"，很难"究竟"，若指其概要，一般习惯以大乘、小乘来区分。中国佛学与佛教，乃大小乘并列，且比较偏向大乘。小乘佛学，看世界为一痛苦烦恼的世界，视人生则为一悲观罪恶的人生，因此要求出离世间，解脱人生，以"戒定慧"三学为基础，求得清净寂灭的涅槃道果。大乘思想对小乘法门有个扩充和改进。如以乘道来说，中国佛学讲五乘阶梯：第一人乘，学佛先要从做人开始，为善去恶，止于至善。由人乘升华，可达到第二天乘的进修，天人是从做人的至善而生。第三为小乘的声闻乘，包括厌离世间，修习四谛——苦、集、灭、道。超此以上，便为第四缘觉乘，从十二因缘（无明、行、识、名色、六入、触、受、爱、取、有、生、死）的原理，观察世间的缘聚缘散、缘生缘灭，便遗世独立，超然物外。第五才为大乘的菩萨道，所谓菩萨是梵语菩提（觉悟）萨埵（有情）的译音，它包括自利、利他以及佛果的自觉、觉他、觉行圆满的意义。换句话形容，菩萨便是"觉有情"，便是多情的慈悲救世的得道者。总之，大乘的行为，是身入世而心出世，由平等观到慈悲观，观看一切众生，愿牺牲自我而救世救人。综合以上两个观念，便名为"同体之慈，无缘之悲"。

另外，大乘思想还含有"六度"构成层次（六波罗密）：布施、持戒、忍辱、精进、禅定、般若。般若为梵语译音，含义等于智慧，然而佛学讲的智慧不同于聪明，还含有五项内义：一为实相般若，证悟宇宙万有生命的本体与心性根源；二为境界般若，是由心性本能所生起的各种境界、精神世界的种种现象；三为文字般若，指由智慧所发出的哲思与语言的天才；四为方便般若，是智慧运用的方法；五为眷属般若，概括由前五度而来的道德行为品格。

东晋以后佛教在中土之发展，大体围绕着对上述佛学经典中的宗旨进行翻译介绍、格义配说和立宗授徒而进行。一些高僧起了重要作用。如创建般若学派"本无宗"的道安，讲求翻译佛经须"文理会通，经义克明"。他的弟子慧远在庐山讲经论道，言"无性之性，谓之法性"，将道安的"本无义"同"因果报应""轮回转生"论结合起来，具有用佛学融汇儒学、玄学的特色。慧远对中国佛教各派的影响都很大，可能正因为他在佛学上开了以中化外、迎外养内，进行转化接收的先声。

在北方，可举出译经大师鸠摩罗什。他在后秦姚兴朝被尊为国师，主持译经事业，门下弟子甚多。在其主持下，译出许多大乘佛教经论，成为尔后各教派的主要依据并使佛教宗风在南北朝中期发生重大转变，如，鸠摩罗什译出大量《般若经》，延续了道安以来的般若学，开展出尔后的三论宗；所译《法华经》，后来开展出天台宗。觉贤译出了《华严经》，开展出唐代的华严宗。昙无谶译出了《大般涅槃经》，开展出以道生为领导中心的涅槃学。另外，菩提流支和真谛，前后译出了《十地经论》和《摄大乘论》，开展出地论宗和摄论宗，进而汇入唐代的华严、唯识（法相）两宗。鸠摩罗什及僧肇的般若学与道生的涅槃学，是这一时代佛学主流。

总的看，佛教之学说之所以在东晋、南北朝间广为流布，是因它与当时社会思潮有相当吻合之处，如道安所谓"庄老教行，与《方等经》兼忘相似，故因风易行也"。当时佛义传输过程中，就把《般若经》所阐扬的"无"或"空"同魏晋玄学的"贵无"拉扯在一起了，虽然二者所指有不同的意义——前者宣称一切事物的存在都是不真实的，而后者所说的"无"，则为能生宇宙万物的本体。尽管差别很大，但是在这种很难免的"文化误读"中，佛教得到了传播的本土文化载体，加上佛学与儒学在某些观念（如慈悲、平等）上可以互相映发，在某些方面（如道德规范）可以被加以比附，这就有了以佛理附会中国文化的"格义"式佛教产生，佛教逐渐带上了它的中国特色。这种"格义"格出来的解释有许多可能性，加上印度佛教经典本身亦有歧义与变化，分别持论立说，宗支流派并起，便成了佛教史上的常景，因而又引出"判教"之举，企图综杂理绪，正"本"清"源"。

实际上，佛教中国化的过程中内含着本土传统与域外宗风之间的文化冲突，

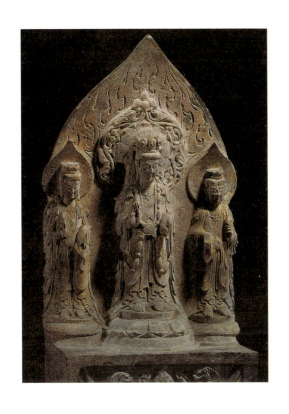

石龛造像
出土于河南省洛阳市

否则便无须有"中国化"的问题了。譬如佛教本以神佛信仰为基础,佛所居世界及精神境界都是超现世超众生的(净土、佛身真智),因此主"无我"和"彼岸";而传统儒家文化则把希望寄于现世,主"有我"。这个冲突很大。而道生的"涅槃说"出来,便把佛学加以改造了,起一种调和冲突的作用。"涅槃"又译为"泥洹",有"寂灭""无为"等多种解释,大乘教以涅槃作为成佛的标志,非经过累世修习摆脱生死轮回的苦海不能达到。但道生却提出"一切众生,莫不是佛,亦皆泥洹"的说法,以及"成佛在于心识"的主张。这种重视自我意识、自我修炼而成佛的佛学思想,恰好与中国传统的心彻而理明、理得而心安的思想相符合;而佛性人人具有亦人人可悟的说法,则扩大了佛教的对象和范围,并大大转变了依语滞文的学佛风气。道生的出现及其对后代佛教的巨大影响,说明他代表着中国佛学的"通脱"与"消化"。

然而,南北朝时期佛教虽然极大开展,并与传统儒、道思想有所调和,却仍然存在一些冲突,甚至短期发生排佛运动(例如北方的几次佛道冲突)。冲突多涉及政治权威问题（政教不分也是个问题）或习俗风尚，但也有思想观念上的。如范缜所持的"神灭论"无神论主张，是思想层面最有力的排佛理论。范缜针对作为中国佛教基础的"神不灭说"，做了经验论的批判："神之于质，犹利之于刀……未闻刀没而利存，岂容形亡而神在。"这是个著名的比喻。当时虔奉佛教的梁武帝便下令使朝臣六十余人著文辩难围攻范缜。范缜的主张虽有其理而终不得其时，不仅是强权所压，也由于当时他从传统儒家忧患精神出发去企图振衰拯溺，已颇不现实了，三教圆融也许更符合社会上下层的文化心理需要。于是佛法同孝道也未尝不可调和；沙门与王者之间既可合亦可分而相安；而传统的"夷夏之辨"，亦因事实上的文化融合、民族界限的削弱，更因佛教教义的博大精深，无法坚执。本土与域外的文化冲突，在这一点上的结果是：更促使佛教在思想、制度、仪轨方面尽量地中国化。

儒、道、释的冲突与融合

上则说佛教东来及其中国化，还未顾上说说"中国化"的另一面，即佛教以及儒、道、释思想混流并行对南北朝文化生活的影响。"冲突—融合"所产生的接受效应，也许确实造成了南北朝文化之既有别于魏晋又不同于下面的隋唐，或者还可以说，南方和北方也有趋同与别异上的对照。

文化发展，自身的因素暗中支配着进程，而外来影响亦有相当的推动作用。大凡恒久的文化皆有这两面的因素，处在保守传统与更新吸收的关系中。但说到外来影响，一统、稳定的时代，文化上比较自信自足，外来影响便较弱，大多只为一种补充；而在社会生活动荡、文化亦产生危机的时代，外来影响则可能在较深的层次上起作用。前一种的例子如汉代，后一种情况则南北朝近之。有一种说法认为，佛教在南北朝兴盛上升，是由于佛教正可以做乱世的调和剂。严格说，南北朝尽管在政治、文化上已缺乏正统特色，也还不能算是乱世，但就每一地域或每一段历史的文治和人心而言，确有个"拯乱救衰"的问题，且是正统儒学不易解决的新问题，也因为汉末、魏晋事实上已开了不复拘束的风气，古方难药今疾，在这种情况下，佛教作为调和剂而起作用，也是很自然的。

所以，中国化的佛教首先可以充当利用的文化角色。刘谧在《三教平心论》中说："儒者阐诗书礼义之教，而辅之以刑政威福之权，不过欲天下迁善而远罪耳。然固有赏之而不劝罚之而不惩，耳提面命而终不率教者。及闻佛说，为善有福，为恶有罪，则莫不舍恶而趋于善。是佛者之教，亦何殊于儒者之教哉？"宋文帝谓何尚之曰："适见颜延之、宗炳著论，发明佛法，甚为有理，若使率土之滨，皆感此化，朕则垂拱坐致太平矣。"尚之曰："百家之乡，十人持五戒，则十人淳谨；千室之邑，百人修十善，则百人和睦；……万刑息于国则陛下所谓坐致太平者，是也。"这话相当反映佛教可适用于政治和伦理秩序的需要，同时表露出中国人宗教观很实用的一面。因此，南北朝的不少帝者王侯都崇佛，一方面借此改善其统治形象，另一方面又可为政治教化获得宗教上的确认与支持。由礼、佛双修到佛为主导，南北朝上层阶级的崇佛趋势，流风所及，亦推动了佛教的世俗化。北方兴起的宗教石窟艺术群，反映出佛教影响已非小气象，并成为佛教世俗地位上升的巨大象征。而南方也已是"南朝四百八十寺，多少楼台烟雨中"。

佛学在这种文化时空中的涵育，以其精深之哲理和超越性的精神祈向，对一般人和士大夫文人产生吸引，也很自然。此一祈向既可与儒学、玄学中仍可被认同的精神意趣、境界相补充，作为寄托以至于用于逃避。这种带有出世思想和宗教感情的"接受"，也体现在文学艺术活动中。许多文士曾神游于佛门，像早一些的支道林、王羲之，晚些的谢灵运、宗炳，下及沈约、江淹、刘勰等，像山水诗、画、书法、雕塑、文艺批评等领域，佛学意识已显然在作潜移默化的渗入。且举几例而言。

一是宗炳《画山水序》所表现的佛影澄照下的艺术精神和艺术—自然观。佛统儒道是宗炳的根本思想。他在《明佛论》中说："彼佛经也，包《五典》之德，深加远大之实；含老庄之虚，而重增皆空之尽。"这样，他面对山水自然，便产生了"澄怀味象"式的感觉与理解，山水也是佛的"神明""精感"的体现，山水之灵具有一种和佛心相连的精神意义，必使情怀高洁，不以世俗物欲容心，方能"味象"，把捉到山水形质的灵趣，了悟佛理，得到精神解脱。由此，绘画的理想境界，在他看来，不外乎通过"身所盘桓，目所绸缪，以形写形，以色貌色"的手段，求得"应会感神，神超理得"，归之于"畅神"——

"怀远以开神道之想,感寂以昭明灵之应"。这些主张,大概是中国山水写意画、山水抒情诗的发端圭臬,"以形媚道"同顾恺之"以形写神"的观点近似,逐渐在中国艺术观念中植根,并开展出静观、空灵等意向。

二是南朝齐梁间刘勰著《文心雕龙》,集中国古代文艺思想精粹之大成。刘勰著书入仕之先,曾寄身沙门,熟悉佛教经典,其思想有儒佛并行之貌,但他为文艺著说立论的姿态是总结、辨析的,因而对传统源流有深入涵泳体悟。这使他能居于综合的高度,出平实折中之论。其心裁卓识,要之以折中百家,弘儒为本,却又对艺术本身的功能、价值给以充分的认识。因此,佛教的影响不是直接的、大量的,但他能达到如此高的层次,又同当时已有各种思想和历史风格实践的汇流与积淀不无关系,一种"发散后的收敛"的感知情境,有助于他较全面地探讨形神、道器、今古、文质等诸艺术范畴和命题。同时也可注意到,《文心雕龙》析理明晰、体系严整的特点,多少是受了南朝佛论的思路文风的影响。范文澜谓:"彦和精湛佛理,《文心》之作,科条分明,往古所无。自《书记》篇以上,即所谓界品也,《神思》篇以下,即所谓问论也。盖采取释书法式而为之,故能䚡理明晰若此。"(《文心雕龙注》)另外,刘勰在文章锦心上的成就,亦同佛经宣讲中讲究"唱导"的意思多有契合。慧皎《高僧传·唱导论》讲:"夫唱导所贵,其事四焉,谓声、辩、才、博。非声则无以警众,非辩则无以适时,非才则言无可采,非博则语无依据。至若响韵钟鼓,则四众惊心,声之为用也;辞吐俊发,适会无差,辩之为用也;绮制雕华,文藻横逸,才之为用也;商榷经论,采摄书史,博之为用也。"刘勰并不否定"盛为文章",但文章难免又要因人因时因风而异。齐梁间文章,虽得梁武帝萧统、萧纲、萧绎等身在高位者提倡,讲究声律、辞采,毕竟因时序兴会,难在深旨宏意上有大振作,由清丽之"永明体"流于靡曼的"宫体",无可如何,成为世俗荣华逸乐的点缀了。当然在许多时候,思想学说,包括佛教、儒学、玄学在内,不是都有可能变成点缀吗?这也是南北朝文化多色彩的一个反映侧面。刘勰终因仕途磋磨而复入空门,这个才华越代的寒门士子复归于空寂的生涯,仍然泄露了佛教影响的消息。

南朝文场艺林,景色迷离,或清秀,或绮丽,又以美感和鉴赏力的发达别具一格。所以从钟嵘的《诗品》、谢赫的《画品》以及书论书品,再联系到文

鹿王本生图 北魏壁画
敦煌 257 窟

人画、文人书帖，都可见南朝文化富于文心与情灵的轻轻摇荡。如果说经过跨越百年的儒、道、释关于出处进退理论的彼此消长融合，在东晋已变成士大夫在广泛文化生活领域的实践，则东晋士大夫文化（包括园林、山水、文学、绘画、书法、音乐、玄学、佛教、道教、游历、著述、饮食、服饰、弈棋……一直到仪态风神）的流风，在南朝仍迤逦不绝。这使南朝文化风貌在外来影响下仍带有浓郁的本土性。虽然佛教宗风大抵自北方而来（包括因北魏、北周两次灭佛运动而促使白莲南渡），却在南方易水土而生机运化。南朝文化正是东晋风流的续篇。

说到南北比较，北朝三代的统治者由于多为汉化的少数民族，文化修养不高，所以北朝之文化风貌是比较粗放的。照羁留北地的庾信写来，甚至是"日暮途远，人间何世！将军一去，大树飘零"，但实际上北朝亦不废传统政教，并把政治和教化紧密联系而修其功业，如北魏孝文帝的尊儒崇礼。在学问上，有人比较南北异同，也未可厚此薄彼，如所谓"南人约简，得其英华，北学深芜，穷其枝叶"（《隋书》）；"北人学问，渊综广博""南人学问，清通简要"（《世说新语》），等等。不过，在艺术风格上，北朝受到外来文化和佛教艺术的影响颇大。例如音乐上的"戎华兼采"，改变了传统的"华夏正声"。

建筑上拓辟了寺塔建筑体系；在印度宝塔的基础上创造了中国式楼阁木塔；规模宏伟的寺院有北魏洛阳永宁寺；著名的寺塔如北魏登封嵩岳寺塔，是我国现存年代最早的砖塔，形制雄健而又不脱端庄秀丽。

作为宗教艺术之瑰宝，北朝的石窟艺术著称于世。石窟寺本盛行于3～4世纪的印度，先是在前秦时代传入西北敦煌，晋末流入中原。敦煌莫高窟、大同云冈石窟、洛阳龙门石窟、天水麦积山石窟、邯郸响堂山石窟，尤为气象不凡。石窟艺术以壁画、雕塑造像为主，内容为佛教经变故事之表现。佛像的伟大庄严，其宗教供养求福的意义自然最为主要，因此构成一种含有敬重、严肃意味而又在想象和表现上力求丰富华瞻的世界。

北朝佛教艺术远风浩荡卓然大观，当然有它们浓厚的宗教功用气息，但同样令人印象深刻的，还有其中凝集的文化力量以及超越庸琐的精神气度（尽管也有统治者意志的体现）。北朝的艺术因此而显得矫健、夸张、质朴、大气，虽用力而不造作，因为它不像南朝艺术已经有了一种文人的讲究，反而有不拘泥于表现的表现，有一种浑然的神韵。这也像南北书法的某种差异。南朝书法若以王羲之之"书绝"为代表，可称洗练流丽，圆熟极致，相比之下北字则诘屈涩重，甚至显得简陋古怪，"魏碑"是承继汉以来的古朴书风。这里面也有载体的不同，南字流畅，极适合于写信，而北字质朴严谨，颇适合于写碑，北碑南帖，遂成异致。不过在长期演变过程中，南北之间未断的文化交流也一直带动着相互影响。就文心技巧而言，以南风北渐为自然，正如王羲之的字逐渐浸润到北方，北朝早期佛像的端庄静穆也逐渐转变为晚期造像的秀骨清相了。北朝石窟艺术的文化意义也同这种转变有关，一则体现为外来文化的引进移植，二则外来文化的本土化、民族化也体现出传统的融合力。魏晋南北朝文化史就在这种冲突—融合的模式里表述了它纷纭馥郁的历史主题。

隋·唐·五代

(581—960)

统一与大运河

南北朝的局面，一晃，敷衍了一百六十余年，似乎"分久必合"的命数又到了轮回的时候。也许可以说，历史运动的后面有一只"看不见的手"，但"前台戏剧"出来收拾局面、重新开张的角色，却轮到一个叫杨坚的人来扮演，他就是使版图重归统一的隋文帝。581年，作为北方北周政权的重臣（大丞相），杨坚掌握了实力和人心，大灭宇文氏，遂废周称帝，改国号为隋，定都长安。

过了八年，杨坚武备充分，发大军攻击南方的陈，摧枯拉朽，攻占建业，灭陈后统一全国，至此，西晋"永嘉之乱"后近三百年的历史割据，终告结束。

这自然是个大变化。改朝换代（尤其是宫廷政变）本为南北朝的"家常便饭"，但归于统一却非旦暮间可就之事。实际上魏晋南北朝间的中国社会在经历着几百年的分化演变，同时也在逐渐积聚着重建新秩序的"势"，其势发展的一个重要依据就是始终未失去华夏民族文化的共同性，也就是说，在历史、地理环境和政治、民族斗争因素的综合作用下，文化的"板块"状态又要求发展、传播、交流，结果是以趋向统一的状态，否定了"板块"自身，分合、乱治这种矛盾运动正体现为由一方面走向相反方面的运动，隋唐大一统时代的到来，说明了这种历史趋势。当然，直接引起变动的仍然是政治和军事上的斗争形势，杨坚在这一点上是有力量的，他抓住了这一历史机遇和线索，通过其文治武功，实现了统一的目标。

可是隋朝不过是短命王朝，文帝的气象还不坏，到炀帝便做了昏君，三十几年的工夫，给后起的唐朝预备下一统江山。由此可以想到，有没有一个好皇帝，为什么在中国被视为最重要的事情。

从文化演变趋势看，隋的统一不是偶然的；但由谁来统一的问题，则关系到人，尤其是政治集团领袖能否有帝王道术。这一点杨坚不糊涂，他恐怕是觉得自己得国太容易，人心难免不服，因此存在警戒心，力求保国的方法，一条是所谓"节俭"，另一条是诛杀。前者为获得民心，后者则为约束豪强；在统治上前者显出宽松，后者重在威严。《隋书》记载：594年，关中饥荒，隋文

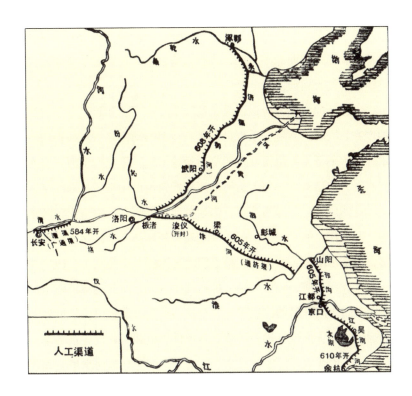

隋唐大运河

帝派人去看老百姓吃什么，一看，是豆粉拌糠，于是他一边流泪一边责备自己无德，命令撤销常膳，不吃酒肉。由此可见他的"节俭"。同时，隋初法律废除了前朝酷刑，又删削刑条，于百姓比较宽平，有助于社会生活的安定。隋文帝的威严，特别体现在吏治上面，他经常派人侦察京内外百官，发现罪状每加以重罚、诛杀，甚至秘密使人给官吏送贿赂，一受贿赂，立即处死，以至弄到"过苛"，功臣旧人，杀逐略尽。这种统治术，本来意在防止君弱臣重和权威的转移，但自因不出个人权术范围，只能依靠左右亲信，仍然无法杜绝奸佞险伪，如他所任用的杨素，恰恰就是助杨广谋位害主的奸人。

隋代新的秩序既兴，理应有一番建设和兴亡之思，不过确实因"得国太容易"，刺激不出深谋远虑；又因在一个传统人治社会创业需英才而不得英才，隋朝的基业便转眼落花流水。杨坚图治，杨广败家，情况差不多是这样。一般史家论隋炀帝在位十四年作为，不出"骄奢佚乐、耀武扬威"八个字，比如他三次游幸江都，富贵排场无所不用其极；三次对高丽用兵弄得众叛亲离；好大喜功，张扬过滥而昧于自知，倾社亡身之余，仅留下一条征发民夫百万而开凿整治的南北大运河。

大运河的凿通，应该说是长期江南经济开发和隋代政治、经济统一要求下的产物。同时，游玩享乐也是炀帝开运河的动机之一。在古代，水运是相应技术经济水平下主要值得开发的交通运输形式。修建人工河，沟通和改善利用自然水系，古已有之，但大运河的规模经营可谓创举。从605年到610年，运河工程计四段：一、修通济渠，沟通黄河、淮河，可由洛阳到盱眙；二、整治邗沟，开通江、淮之间由山阳（今淮安）到江都（今扬州）的水道；三、凿永济渠，引沁水南至黄河，又连接卫河北至涿郡（今北京）；四、开江南运河，引长江水，穿小河，绕过太湖，抵达杭州。大运河北起涿郡南至杭州（包括隋文帝时豫陕之间开凿的广通渠），全长一千七百余公里，是世界上最古老和最长的运河，而它的设计规划者竟名不垂世（史载阎毗设计永济渠，但仅为运河一部分）。南北大运河的意义是多方面的，如泄导黄河水患，如开始了南粮北运的漕运传统，如对南北经济、文化交流的重大影响，如促进口岸城市的发展和扬州等经贸、文化中心的繁荣。由此"天下利于转输"，作用沿袭维系上千年，视为命脉所在。

由于历时不久，隋代文化精进可述者不甚多，但一些闪光无法忽视。如李春所建赵州安济桥（在今河北赵县），为世界上完好尚存的最古单拱长跨度石拱桥，诚为技术智慧之杰作。又如瓷业，在隋以前，瓷器虽早已生产，但主要窑场均在江南及四川等地，如越窑青瓷自东汉创烧以来，中经三国、两晋、南朝获得迅速发展，其窑址散布于今浙江一带。入隋以后瓷业播向大河南北，成为未来北方瓷业大发展的前兆。当时著名青瓷窑有磁县贾壁村、安阳、巩县、淮南、湘阴、邛崃等处；后来从墓葬中也发现了白瓷器，如西安郊区隋大业四年李静训墓的白瓷龙柄双连壶、鸡首壶，西安郭家滩隋墓出土的白瓷瓶、姬威墓出土的白瓷盖罐，均显示为唐代白瓷成熟的先导。隋代艺术也有步武南北朝、下开盛唐的特点，乐舞多西域特色，书画以赵孝逸、展子虔、郑法士、董伯仁、杨契丹等为著名圣手。展子虔的《游春图》为国内现存最古的名画之一。在学术上，隋代的音韵学和目录学成绩可观，前者代表为陆法言《切韵》，后者的

游春图 展子虔 隋
故宫博物院藏
这幅画是展子虔唯一传世的代表作，
也是迄今为止存世最古的画卷

代表《隋书·经籍志》确定了经、史、子、集的分类法，可上接《汉书·艺文志》。

回头说到隋代在文化史上的意义，主要表现为重建和巩固统一的中央集权制度，对中国的政治文化传统做有效延续。这个完善很重要，也可以看作隋唐修订版，其修订内容大都着眼于建立集中、稳定的秩序。如参照北魏先例实行均田制度，授给无地或少地的农民以一定量土地，多少缓和了由土地兼并而起的社会矛盾。如将均田制与府兵制结合，更定法律，给集中稳定的秩序设立物质、武备和刑法上的保障。如隋文帝整顿吏治，确立了三省六部制度，三省即内史省（起草诏令）、门下省（审查政令及封驳）、尚书省（管理全国政务），尚书省以下分设吏（掌人事）、礼（学校、科举、祭祀）、兵（国防）、都官（司法）、度支（财政）、工（掌营造屯田等）六部；又，开皇三年改都官为刑部，度支为户部。此后历代沿袭此一制度，稍有变更而已。此外尚有御史台、九卿等设置，分门别类，各有所司，相互制约，统贯有序，隋制亦是唐制之先导。废止魏晋以来的九品中正制，初创科举制，也是隋文帝先做起来的。"科举"这件与社会组织、文化导向息息相关的事情，影响深远。

隋·唐·五代（581—960）

白瓷鸡首壶 隋
出土于陕西西安李静训墓
中国国家博物馆藏

南北合流,三教并行(且有伊斯兰教的传入),是为隋代文化宗风的大貌。进一步说,在南北朝间的民族文化融合过程中,汉士族、汉文化的势力,能量有极大的增长,代北周而在北方兴起的杨隋政权,正是应此势而起,因此在礼仪文物制度上,可以说回复到了正统的修订。陈寅恪先生在论及隋唐制度渊源时,强调了汉魏遗风保存下的河西文化通过北魏、北齐而影响到隋修五礼,以及对梁陈故事的参考,考之甚详(《隋唐制度渊源略论稿》),也表明隋唐文化具有光大汉民族文化传统的特色,并且是传统连续中的重要环节。

贞观之治

历史常有难堪的相似,隋朝虽然统一了全国,亦如秦代,王祚却甚短。隋炀帝既把"图治"的心扔到了一旁,乱便来了。绮廊翠阁挡不住野火鸣镝,618年炀帝在江都被下属缢杀,隋亡。"地下若逢陈后主,岂宜重问后庭花",

这又是一种讽刺性的历史相似。值此兴亡之秋，在各地并起豪雄中本不特别显眼的太原留守李渊异军突起，攻占长安。他一方面巩固关中，一方面诱降与武力并举，逐步消灭各地的割据势力。至贞观二年（628），李唐王室遂定天下。自武德元年（618）至天祐四年（907），唐朝历二百八十九年，其中又以天宝元年（742）中分，前期为强盛，后期为衰落，唐代是中国古代文化发展最蓬勃、灿烂的时代。

说唐，先想到唐代与汉代也有某种相似，虽然中间隔了八百年，"人事有代谢，往来成古今"，历史情况并不完全相同，但唐代建立的结构、模样，也像汉代一样，是历史经验有效总结的结果，并肇始于时代文化环境和政策的调整。在这一点上，汉高祖有"术"，唐太宗也有他的"术"，这二者又不完全一样。唐太宗李世民为李渊次子，对唐开国之业建功卓著，武德九年（626）的"玄武门之变"中，他遣人射杀太子建成及弟元吉，成为太子。不久，迫李渊退位，开始了他的"贞观之治"。唐太宗的术略和领导风格，对唐朝的巩固关系甚大，这先不说。值得注意的是，这个新王朝为什么能够建立起来？这一历史变动的后面似乎有一定的历史文化背景。就此而言，李渊、李世民代表着一个较有力量的政治文化集团。这个集团以关中及西北地域为依据，将其实力向山东诸地、江南一带扩展。

陈寅恪先生把对此一问题的认识上溯到北魏分裂后的西魏时期，指出："盖宇文泰当日融冶关陇胡汉民族之有武力才智者，以创霸业；而隋唐继其遗产，又扩充之。其皇室及佐命功臣大都西魏以来此关陇集团中人物，所谓八大柱国即其代表也。当李唐初期此集团之力量犹未衰损，皇室与其将相大臣几全出于同一系统之阶级，故李氏据帝位，主其轴心，其他诸族入则为相，出则为将，自无文武分途之事，而将相大臣与皇室亦为同类之人，其间更不容别一统治阶级之存在也。"（《唐代政治史述论稿》）陈氏此一关于李唐王朝崛起的历史背景所做观察，包含几个重要因素，值得注意：一、关陇文化集团具有长期胡汉民族融合的背景；二、文武结合，力术并用，因而在文治武功上宜有开拓进取；三、此文化地缘集团有核心有辅翼，较有凝聚力；四、承宇文泰"关中本位政策"而来，实施府兵制（即对军队作新式整编，由关中豪右及其亲党和乡人组成，统帅有系统，兵士根据户等高下、丁口多寡、才力强弱选拔。户籍隶于军府,不属于郡县。由于具有"私兵"性质,战斗力很强)。以关中为重,诸府为轻,居重驭轻,对全国地方可实行有力的中央控制(玄宗之世因这种"内重外轻"的情势发生逆转,稳定的统治遂陷于分崩坠裂)。

上述因素或许能大致说明隋、唐初期建立起一统帝国的若干背景。换句话说,得天下的李唐政权,因根基深厚,政策朴实简练,风气刚健清新,减少负担和束缚,长于进取;其制度(如均田、府兵、租庸调、科举、重订氏族等)均着眼于巩固和扩大统治集团的社会基础,因而其文化行为与政治行为颇能适应转变期社会秩序环境的需要。

一般认为唐太宗贞观时期(627—649)是唐代模范制度的定型期,且以良好及有秩序的政府管理闻名,以至后人往往视其为黄金时代。实际上一种成功经验的秘密,与其说在于"有所为",毋宁说同"有所不为"关系更大。初唐并非是制度上根本改变及革新的时期,唐太宗贞观政治,基本上袭用前朝故事,在法律、官制、行政细节上有所修订而已。因此它是利用现成治理方式来应付一个极度扩展的帝国的典范,也符合稳定社会秩序以及帝国初创需调整与巩固的要求。大约,贞观政治具有两方面的特点:一是求制度、政策合理、有效;二是简化与惯例规律化、定型化。这样,便于实行推广,防止因变动大引起分歧多而可能造成的混乱。

初唐的政府是简单与节俭的。直至657年仍只有13465个官员控制和管理着五千万人口,由府兵维持水准不高的武备。由于官吏已纳入统一维系的官僚机构,中央对地方的控制便稳固地建立了。他们不再会如分裂时期那样,受地方显赫士族支配,但是中央对地方的控制既是有效的(皇帝掌有用人权),也是有限的,一般只限于维持法律、秩序、收税及户口登记与土地分配等方面,以及动员履行兵役与劳役。同时,地方推行政府的政策时,又非常依赖县府官员与次级掾吏及乡亲父老的协商,目的是要适应于实际,使政令具有可行性、可受性。过于激烈的干涉政策都无法推行。由于适应性在帝国行政中被强调,整个社会文化环境便比较稳定、均衡。

尽管我们不倾向于夸大唐太宗的个人作用,还是应估计到他作为一位开明君主所体现的文化史意义。首先,历史通过他的权力运用,把较合理的简化的且具有较大适应性的统一集权制度在全国确立下来,影响垂范于后世(当然,其本身内含的矛盾，如科举制的利弊后面还要谈到）。其次，唐以后的中国社会仍不能超越"人治"格局，"治乱"仍是历史文化的主题，那么君主的领导能力是否妥善，思想是否开明，术略是否适当，以至于修养气度如何，便成了至关紧要的问题。在这方面，唐太宗成为理想风范。譬如，凭借个人化的风格，他得以在朝廷中树立权威，凌驾大臣们所代表的强大士族集团，同时他又善于知人用人，用人以贤才为原则，防范按关系亲疏、资格新旧定官职大小的弊端、强调"为官择人，不可造次。用一君子，则君子皆至，用一小人，则小人竞进矣"（《资治通鉴》卷一九四）。又譬如，作为建功立业者，唐太宗不乏自信与决断力，同时却又乐于听取能臣的进谏。他知道自己不是无所不知、无所不能的，因此应当"虚己以受人"，要臣下敢于说真话，献良策，不忌讳犯颜直谏，力求"兼听则明"，避免"偏信则暗"。中国历史上关于开明政治的讲究，常常就要提到唐太宗的"纳谏"，提到他与周围人如魏征、马周等结成的开明君臣关系。如他自己所体会的："以铜为镜，可以正衣冠；以古为镜，可以知兴替；以人为镜，可以明得失。"（《隋唐嘉话》卷上）

　　唐太宗并非思想家，风云一世，也没有什么求学问道、宰制思想领域的功夫，唐初的思想空气也是颇为自由宽松的（如儒、释、道三教并行），但唐太宗贞观之治具有即术见道的特色，即在权力运用中，体现传统儒家的道德伦理观念和"抚民以静"的"致治"理想。从隋炀帝亡国杀身的教训中，他得到了警示以及"君舟民水，水可载舟亦可覆舟"的认识，因此不仅重视与实施统治有关的功利权法，而且重视与巩固统治化育人心更为攸关的仁德教化。当时魏征与封德彝争论求治要不要教化的问题，唐太宗赞同魏征的意见，定出"偃武修文，中国既安，四夷自服"的方针，专心从改善政治，使百姓安宁方面来着手。武德九年（626）有益州地方官奏称僚人反叛，请发兵进攻。他不许出兵，认为僚人夙居深山，有时出来掠夺，相沿成习惯，不算反叛。地方官如果公平对待，自然相安无事，哪可轻动干戈，杀害他们，难道他们不是我的民众么！这种不以少数民族为仇的态度，使得当时境内华夷各族间的战事减少，保障了国内的稳定与和平。

　　唐太宗及贞观之治，为初唐文化建设之发展创造了有利的环境。在经济上，由于推行均田，奖励垦荒，轻徭薄赋，劝课农桑，设置义仓救灾备荒，兴修水利，改进耕具（如曲辕犁的发明），农业及手工业活动开始复苏，有几年"天下大稔，流散者咸归乡里"。在文化活动的恢复方面，一方面比较开放，无大拘束禁忌和强求一律，另一方面开辟了新的修饬与组织方式，如为求经典的标准化，太宗命颜师古考定"五经"，命孔颖达撰定《五经正义》，令天下传习；如建立官修史制，设史馆，由宰相监修，一时史著丰硕，"二十四史"中就有六部成书于其时（《晋书》《北齐书》《周书》《梁书》《陈书》《隋书》）。此后这种官修史书的机构，便历代沿袭下来，修撰本朝实录的习惯也自这时形成。在音乐艺术方面，有祖孝孙的修订新乐，作《大唐雅乐》，唐太宗还亲自主持创作《秦王破阵乐》《功成庆善乐》等歌舞。

历史上有"贞观之风，到今歌咏"的说法，反映唐太宗时代的历史地位不低。但也有不同的议论，如南宋朱熹批评"太宗之心，则吾恐其无一念之不出于人欲也，直以其能假仁借义，以行其私……而得其成功耳"（《龙川文集》）。

唐代教育与科举制度

自贞观以后，偃武修文，宗风丕变，唐代文治亦随之悄然兴起。唐人杜佑就唐初兴办教育之盛况写道："贞观五年，太宗数幸国学，遂增筑学舍千二百间。国学、太学、四门亦增生员，其书算各置博士，凡三千二百六十员。其屯营飞骑，亦给博士，授以经业，无何，高丽、百济、新罗、高昌、吐蕃诸国酋长，亦遣子弟请入国学。于是国学之内，八千余人，国学之盛，近古未有。"（《通典》卷五三）四面八方的学者、学生云集长安，兴学善士，讲经论史，风气縈然。

教育之兴旺，为学空气之浓厚，显然是文治发展的一项重要指标。不过我们应该知道，唐代兴学，主要是官学，从中央到地方，学校制度设立，附属于职官取士制度及传统教化的要求。另外，招收生徒有资格限制，即大部分是面向贵族和官员子弟的。再有，学习的内容主要限于"经义"。归纳起来：第一，教育受等级制影响，入学资格凭的是家庭官阶和门荫地位，机会不均等；第二，国子学、太学、四门学入学的品阶比律学、书学、算学高，前三者主要是为应进士、明经之用，也就是为科举制做准备，最终从中选拔从政人才，而后三者培养的是专科人才——可见在唐代，教育已是轻视技术专科了（尽管这种专科仍很有限）。

一般来说，"兴学"的广泛影响在于：一方面为士子提供一经过文化训练走上社会的途径，另一方面浓厚了整个社会的尚文、重知识的风气。当时在民间，除了官办的州、县、乡学之外还有属于启蒙性质的乡里村塾，唯村学极为简陋而已。各种学校除了要求通经，还很重视诗歌的学习和创作，这也是唐代文学新秀辈出的原因之一吧。

唐代国子学，盛于贞观时。至武则天掌权，一方面崇佛轻儒，另一方面大量从各地直接征召文士前来洛阳应试，这样便造成学校的荒废。此后的开元、天宝年间，情况虽稍有好转，终经"安史之乱"，颓波难挽，不能恢复旧观。其中原因，除了社会动荡外，主要是中唐以后科场腐败现象日趋严重，贵要势门出身的子弟依仗权势和财富，借通关节、走后门而获取功名，在学馆中苦读的却未必能及第。唐代学校既然主要为科举而设，兴衰随之便是自然的。

教育制度也好，科举制度也好，它们在唐代确立并为后代所沿袭，大致是适应传统政治和文化体制的进一步完善而来，体制的运转和维护既需要有一个惯例化的职官系统，职官应有一定的来源，又需要一个意识形态系统来保障。两个系统相辅相成，并使知识分子——文化精英依附于这两个系统，并无他路可走。如韩愈所谓："方闻国家之仕进者，必举于州县，然后升于礼部、吏部，试之以绣绘雕琢之文，考之以声势之逆顺、章句之短长，中其程式者，然后得从下士之列。虽有化俗之方，安边之画，不由是而稍进，万不有一得焉。"（《韩昌黎文集校注》卷三）

由隋朝开创而在唐代确立、定型的科举制，是传统文化智慧在一定历史阶段的产物，它反过来亦深刻影响于传统文化。

话说回来，科举制成为传统惯例，亦是一大进步。科举即开考试科目选举从政人才（取士）的制度。科举制虽然始在隋朝，却是在唐太宗时固定下来的，其对象为从学校来的生徒和从州县来的乡贡（自学成才者由州县考试后向上推荐）。学生和乡贡都受吏部（玄宗时改为礼部）考试，通过考试者便可进入仕途。考试的科目不少，如秀才、道举、明法、明字、明算等，但以明经、进士两科最为显要，名臣入仕大多出身于这两科。明经主要考帖经、经问大义以及答时务策，也就是要求应举者熟诵儒家经典（包括其注疏）。进士主要考诗赋，即考命题作诗，但初唐进士科，原只考策问，到武则天掌权时改为试帖经、杂文、策问三场；天宝时以诗赋取士始成固定格局。国家考选政治人才以能否吟诗作赋为标准，现在我们会觉得有些奇怪，可当时却也事出有因。明人胡震亨解释说："唐进士重诗赋者，以策论惟剿旧文，帖经只抄义条，不若诗赋可以尽才。又世俗偷薄，上下交疑，此则按其声病，可塞有司之责。虽知为文华少实，舍是益汗漫无所守耳。"（《唐音癸签》）也就是说，这是一个使考试避免抄袭雷同、陈腐落套的办法，也便于衡估。又，诗赋较能表现举子的才能，应试者可以不即不离地将其胸襟抱负、理解、趣味，运用古书成语及古史成典婉转曲折地表达，因此有才尚须有情，有学必兼有品，否则尽管才高学博，情不深、品不洁依然不能得诗赋之上乘。这个取向，似乎也同中国传统文化注重练达人情滋味有关。

由于诗赋对文士有吸引力，唐代名人多从进士科出身，及第人数，百人中取一二，而明经则十人中取一二，故进士为贵。"二十八人初上牒，百千万里尽传名"（张籍诗）。科举对人们的吸引力太大了，正如"跳龙门"一般，同时也造成人才激烈竞争的无情场面，"吟诗三十载，成此一名难"（项斯诗）。有不少人蹭蹬科场，鬓发斑白，不达青云，"遑遑乎四海无所归"，落拓一生。同时，竞争中一逞文采风流又成了时尚所趋。王定保《唐摭言》谓："进士科始于隋大业中，盛于贞观、永徽之际，缙绅虽位极人臣，不由进士者，终不为美，以至岁贡常不减八九百人。其推重谓之'白衣公卿'，又曰'一品白衫'，其艰难谓之'三十老明经，五十少进士'。其负倜傥之才，变通之术，苏、张之辩说，荆、聂之胆气，仲由之武勇，子房之筹划，弘羊之书计，方朔之诙谐，咸以是而晦之。修养慎行，虽处子之不若；其有老死于文场者，亦所无恨。故有诗云：'太宗皇帝真长策，赚得英雄尽白头！'"此话未免夸张，却多少也反映科举制给人才竞进提供了固定的舞台。有唐一代，尽管许多士子的升沉悲欢荣系于此，利弊丛端难以尽言，但许多名臣、才士毕竟循此路而展开其人生活动与价值实现，则是事实。科举制成为一统文化秩序的支柱之一和重要的常规制度，以保障体制的运行，并成为士子的"情结"和一条传统文化心理的纽带，恐怕不是偶然的。之所以如此，科举制恐怕有它的合理性，也有它历史转折和进步的意义。

关于这一点，也许涉及大一统社会的组织系统问题，不便深谈，但我们知道，隋唐以前的社会组织往往是以有势力的士族豪门及其在政治、文化上的代表为重心的。士族门第观念已根深蒂固。他们可以借魏晋以来的九品中正制，操纵用人权，进而把持政权，而李唐集团不买这个账。所以唐太宗要更命刊定《氏族志》，专以皇族宗室及勋贵功臣置于旧高门士族（如山东"四姓"）之上，这就在客观上抑制了豪门士族的势力，以避免"内轻外重"。实行科举制显然也是"釜底抽薪"的一个有效办法，因为其形式乃是强调公开考试、平等竞争，形成一条读书做官的路子，这一现实逐渐促使社会不再特别看重门第，而去重视那些应科举的读书人。"这在封建国家政体的演进上应该说是一个飞跃，因为它从法律上规定了国家行政机构的组成是向着整个地主阶级成员开放的，这就把地主阶级各个阶层吸引到政权的周围，扩大和巩固了统治的基础，打破了一小部分豪门世族霸占政权的垄断局面。这在当时来说，应该是一次人才的解放。唐朝的空前繁荣与发达，与人才解放这一历史性事件的出现是有直接关系的。"（傅璇琮《唐代科举与文学》）关于科举制的合理性及意义，这段话讲得不错，应该补充的是，在原则上，科举制不仅意味着社会组织、国家机构向整个地主阶级成员开放，同时也是向平民开放的。另外，这一制度还刺激了各地方各种人朝向同一文化目标而进趋，使社会人才发生垂直流动和新陈代谢，同时又离不开一个"主心骨"。不妨说，这是中国传统文化机体在隋唐调整后赖以稳定的一个柱石，一条动脉。

毋庸讳言，科举在唐代的施行也暴露不少弊端。有合理性，也有难以避免的不合理性；虽已形成制度，仍有不严密的漏洞，而且仍不免带有前一历史时期荐举制和九品中正制的某些痕迹，如注重名公巨卿对举子的评议，录取时可以公开接纳社会上、政治上有声望者的荐举，可以事先确定去取及名次，考试时卷子不糊名，等等。中唐以后社会风气败坏，科举制度亦受到冲击和破坏，以至令人吟叹"莘草不消力，岩花应费功"，"仙桂终无分，皇天自有私"，"辛勤几逐英雄后，乙榜犹然姓氏虚"。科举制对社会价值观念的转变也有负面的影响，由功名势利而产生的世态炎凉，历史上真有讲不完的故事呢！

风气开放

从唐太宗贞观年间到唐玄宗开元年间,约一百二十年,是唐代社会稳定、兴盛的时期。所谓"千场对舞""万马争歌""国容何赫然",这样的盛世,历史上不多。由于唐初的基础打得不错,政治、经济、文化活动有序展开的气候、环境能够维持百年,也是文化建设灿然鼎盛的世纪。唐太宗死后,起过主要作用的是武则天。她作为高宗的妃嫔、皇后秉政多年(高宗被架空,如司马光《资治通鉴》所说:"天下大权,悉归中宫,黜陟、生杀,决于其口,天子拱手而已。"),后来索性自己做了女皇。这是中国历史上仅见的特例——出了一个女皇帝。

关于武则天这一现象,历史上评价很不一致。虽然儒家正统史官未免深恶痛绝,但这一大大出"格"的事实,毕竟出现了,缘故何在也颇耐寻思,或许同唐代文化风气不无关系吧。一般看来,她在权势上异军突起,靠的是聪明才智、果敢决断、知人之明,其中兼有残酷无情、不拘小节以及善于投机等成分。同时,她对政敌及可能的威胁表现的冷酷程度,也是历史上罕有匹敌的。她不惜害死自己的亲生儿子。有人说,武则天虽阴鸷而有术略,她对巩固和发展唐代治世的作用不能低估;有人则说,撇去私德不论,其在位期间实无政绩可言。褒贬之间,殊难定夺。这里只是注意"武则天现象"与唐代社会风气的关系。譬如她做女皇,更改帝王谱系,变李家天下为武家天下,是很出"格"的一件事;还有她本为太宗的小妾,却又为高宗所纳,也近于乱伦。许多不合乎礼法名数观念的事情能破格出现,似乎反映唐人文化风习比其他时代都开放。

这里面有隋唐以前北朝时代胡汉民族融合的影响。《颜氏家训》曾说:"邺下风俗,专以妇持门户,争讼曲直,造请逢迎,车乘填街衢,绮罗盈府寺,代子求官,为夫诉屈。此乃恒、代(指鲜卑族)之遗风乎?"接着又说,北方人士多靠妇人管家,精美衣服、贵重首饰不可缺少,而男人只有瘦马老奴可供使用。夫妇之间,你我相呼,不讲女人敬夫的礼节。看来这种风气,不大受"男尊女卑"一类礼法束缚,到唐代犹遗风未泯,如朱熹所言:"唐源流出于夷狄,故闺门失礼之事不以为异。"(《朱子语类》)后来唐玄宗也将其子寿王的妃子杨玉环据为己有,做公开的"扒灰"。我们读唐人笔记小说,可见大量夫妻各自婚外偷情,"不相禁忌"的故事。复次,"由高祖至代宗,公主再嫁之可知者计廿五人,下迄宪宗,三嫁或三嫁以上者五人"(向达《唐代长安与西域文明》)。至于坊间男女杂处风俗亦颇受胡族影响,《教坊记》讲,一些歌舞女子结为"香火兄弟",若其中一女被聘,便称所聘男子为"妇",皆可通之,"云学突厥法","皆因当时突厥势盛,长安突厥流民又甚多,以至无形之间,习俗亦受其影响也"。

尽管只是一个侧面,也多少能见出唐代社会风气之开放,就传统而言,未曾有此容受及自由之气度,故武则天改制称帝原非大可惊怪。当然武则天之行迹亦颇多古代权术文化经验的支助,令人奈何不得。盛唐以前人们常常避免不了名教与自然、夷与夏等文化思想习俗上的冲突,到这时,似乎不大成为问题了。若说是因有自信力或自觉的选择等而造成宽容,也未必然,也许更多基于自然趋势和历史变化的因素,逐渐造成某种时尚风气,而当中唐以后秩序发生动摇,来自传统内部的相反的趋势也会起作用,也就等于回到是否维护纲纪的老问题上去了,如诗人杜甫所希望的"致君尧舜上,再使风俗淳"。

胡风、胡俗的浸润,一方面反映唐代文化的博大兼容,另一方面反映中原与西域、外邦与中土文化交流的活跃。这种交流除了在广州、扬州、洛阳等地进行,更以长安为集中、热烈,所谓"凡万国之会,四夷之来,天下之道途,毕出于邦畿之内"。长安不仅为东西方交通的枢纽,而且是东方文化的中心,是不同文化习俗相互接触影响的地方,具体表现在几方面:一、唐代有大量流寓长安之西域人,西域文化与之俱来。这些人包括北朝时既已久居华地的西域人,远道而来的商人,传道的僧侣以及人质于唐的异族人士,他们有的来自于阗、龟兹、疏勒诸国,有的来自中亚、西亚。二、西域来的商人"殖资产,开第舍",货利西市。李白诗有云:"落花踏尽游何处,笑入胡姬酒肆中。"三、胡服胡饰的好尚,如从唐代敦煌壁画中可见,男女俱穿胡装,即所谓裤褶,折襟翻领,女衣大致相同,唯稍长,内里另有长裙,肩披肩巾,俱穿胡靴,出土唐俑亦不乏卷檐胡帽、窄袖胡服。花蕊夫人《宫词》云:"明朝腊日官家出,随驾先须点内人。回鹘衣装回鹘马,就中偏称小腰身。"元稹诗有云:"女为胡妇学胡妆，伎进胡音务胡乐"，"胡音胡骑与胡妆，五十年来竞纷泊"。据说唐代法服中有六合靴，规定为百僚之服，也仿自波斯。四、饮食方面偏好胡食胡酒，如抓饭、烧饼、葡萄酒等。五、盛行波斯传来的波罗球戏（一名击鞠，一种马上球戏）。六、胡乐、胡舞流行，如龟兹乐、天竺乐、拜占庭的拂林舞、康国的胡旋舞等。七、唐以前绘画多用线描及平面描写，自西域传来凹画之方法，风格大变，如尉迟乙僧、吴道子、张僧繇等人的画"俨然有立体之势"。

总之，唐代长安成了一座典型的国际都市、八方辐辏之区，亚洲各国的乐工、画师、艺人、方士在这里云集，各国贵族、商人、武士、使者、留学生出出入入，也成了佛教、祆教、基督教、摩尼教滋长的地方。唐代开放的规模是空前而自如的，刺激各个文化领域的繁荣，同时外部世界的许多知识、技艺也随"胡风"，随文化、经济交往而输入。传入中国的有印度的占星学，拜占庭的医术，阿拉伯的药方，波斯的香料，和宗教传入有关的石窟艺术和寺塔建筑，以及制糖技术和造船技术。同时，中国的炼丹术也经印度、波斯、阿拉伯向西推进，传入欧洲，它们被看作制药化学最早的规范。在唐代，由于陶瓷烧制技术已很发达，瓷器已列入外销的大宗货物之中，分别从陆路和海路运往亚洲各地。

唐代文化有时被称为"世界性文化"，正像长安被称为"世界性城市"一样，是同它的开放性、容受性分不开的。由贞观到开元、天宝，唐朝的文治武功内政外交，成功地显示了一个一统帝国的威力，为其开放、阔大、弘益自身，不拘一格地吸收外部养分提供了条件。不过，这并不意味着周围没有麻烦、不同文化的碰撞没有冲突，或者涉及传统的发展与连续性方面就没有问题了，许多问题仍然存在，并潜伏着难以克服的冲突，武则天与唐玄宗最终由开明走向昏乱，唐朝的国运由盛转衰，可能也正与此有关。然而这开放闳阔的历史一页，毕竟颇具光彩，它体现了一种开朗豁达、不拘谨束缚的精神意向，成为许多进取者创造者的精神源泉！

盛世荣华

唐诗的研究者把唐诗历程划分为"初、盛、中、晚"四段,这个划法也可借来说唐代文化,譬如"初唐"是开辟、恢复,"盛唐"就意味着持续上升至于鼎盛了。这时期,仿佛"人杰地灵,物华天宝",社会生活比较安定、和谐、富裕,内忧外患相对冲淡,给文化发展以较好的内部和外部环境。从贞观到开元年间,环境大体上顺绥,尽管统治集团内部斗争一直不断,内外政策亦有变化,但社会没有遇到激烈动乱。

例如户口方面,太宗初年全国不满三百万户,到唐高宗永徽元年(650),户部奏报全国有户三百八十万,人口增加很快;到开元二十八年(740),已有户八百四十一万多,人口达四千八百多万,逐渐恢复到东汉末年的水平了。又如农产品,隋末一斗米值数百钱,到开元二十八年,长安、洛阳米价一斗米不过二十钱。杜甫诗云:"忆昔开元全盛日,小邑犹藏万家室。稻米流脂粟米白,公私仓廪俱丰实。"工商百业的活跃自不待言。以长安商市为例,据记载,东市有行业坊肆逾二百;西市更较东市为热闹。考古发掘表明,西市店铺非常稠密,市内几乎没有什么空地,饮食、珠宝、石刻、陶铁器店乃至"凶肆"应有尽有,在西市井字街的中心部位还设有管理市场的市署。

说到长安城的修筑,可谓规划整齐、气魄大,反映出气象万千。唐长安城区面积相当于现在明建西安旧城的五倍。规模庞大还只是一方面,统一而精细的布局,更将政治、艺术观念体现在有意识的设计中间。如大明宫中含元、宣政、紫宸三大殿同位于整个宫城的中轴线上,组成一宫殿群,排场大,有纵深,成为我国宫城三殿制的开端。如果拿唐代宫苑建筑同后来的明清宫室相比,顿显前者的巍峨壮观。大明宫正殿含元殿以龙首山做殿基,夯土殿基残高至今尚在十五米以上,而北京明清故宫三大殿的台基高度仅有两米。含元殿前建有长达七十五米的龙尾道,左右两翼建起翔鸾、栖凤二阁,两阁间宽度约为一百五十米,是故宫午门两翼阙楼间宽度的两倍。大明宫另一重要殿宇麟德殿的面积是故宫太和殿的三倍。今人若能面临那一派景象,当会为之震动,唐人吟咏"九

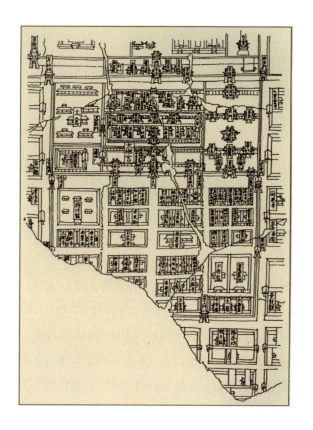

吕大防石刻长安城图
（宫城及皇城残部）

大明宫麟德殿复原图
大殿规制宏伟，堪称唐代建筑的经典之作

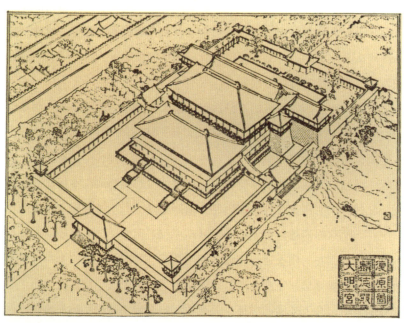

开元通宝 唐
唐武德四年开始铸造流行，是唐朝流通时间最长的货币

天闾阖开宫殿，万国衣冠拜冕旒"，也并非偶然。

唐代建筑、园林的情调，与盛唐之际昂扬自得、追求壮丽、享受人生的风尚弥漫有关，历史机缘如此，倒也不是能造作勉强出来的。这种近于"天然的人工"有一番砥砺、一番涵泳，感觉和体会以至对文化活动的把握，看起来便接近了充沛和成熟，富有大气又不乏细腻。如陈子昂所谓："发挥形胜"而又"幽赞芳辰"，"山河春而霁景华，城阙丽而年光满。淹留官乐，玩花鸟以忘归；欢赏不疲，对林泉而独得。伟矣，信皇州之盛观也"（《晦日宴高氏林亭序》）。王勃"抱玉策而登高"，襟怀之大，更是了不得："摇头坐唱，顿足起舞。风尘洒落，直上天池九万里；邱墟雄壮，傍吞少华五千仞。"（《山亭兴序》）

有人讲，唐风有汉风的大，又能出之以圆熟，不是单纯粗放。从建筑场景到山水园林，开拓大天地，便追慕"邻斗极之光耀，迩天汉之波澜"，或者"塔势如涌出，孤高耸天宫，登临出世界，磴道盘虚空；突兀压神州，峥嵘如鬼工"，以至于"欲上青天揽明月"；而徜徉于小天地，亦能兴会于水木钟竹、书室琴轩，体会着"小院回廊春寂寂，浴凫飞鹭晚悠悠"的意境，不乏"玲珑望秋月"那般风致。盛唐文化的"千帆竞渡"景象，确实具有将中国文化创造意蕴尽情发挥，造于绚烂的巅峰感。张说有一首诗写长安富贵升平景象："花萼楼前雨露新，长安城里太平人。龙衔火树千灯艳，鸡踏莲花万岁春。"赶上过节的景象更非同一般："……正月十五、十六夜，于京

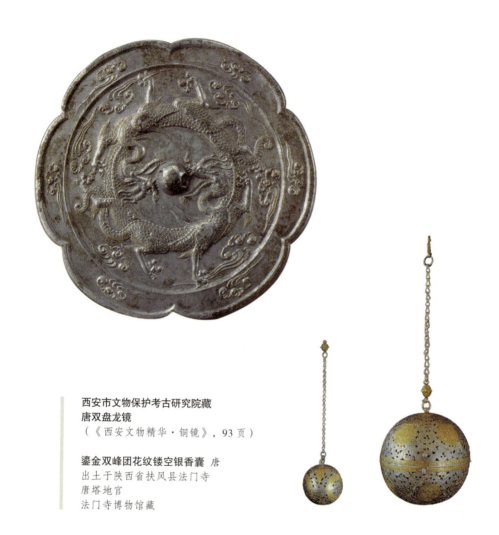

西安市文物保护考古研究院藏
唐双盘龙镜
(《西安文物精华·铜镜》, 93页)

鎏金双峰团花纹镂空银香囊 唐
出土于陕西省扶风县法门寺
唐塔地宫
法门寺博物馆藏

师安福门外作灯轮,高二十丈,衣以锦绮,饰以金玉,燃五万盏灯,簇之如花树。宫女千数,衣罗绮,曳锦绣,耀珠翠,施香粉。一花冠,一巾帔,皆万钱;装束一妓女皆至三百贯。妙简长安、万年少女妇千余人,衣服、花钗、媚子亦称是,于灯轮下踏歌三日夜;欢乐之极,未始有之。"(张鸶《朝野佥载》)唐人之享受人生、及时行乐,涉及雅俗生活的多方面,甚至沉湎于斗鸡:每到千秋节(玄宗生日)或清明节或大酺宴乐之时,唐玄宗总要举行大规模斗鸡活动,千余只雄鸡,金毫铁距,拼斗凶猛,竟成壮观。民间亦风行斗鸡,李白有诗记云:"路逢斗鸡者,冠盖何辉赫。鼻息干虹蜺,行人皆怵惕。"此外，狎妓之风亦甚盛，长安官妓集中于平庸里，妓业兴隆，"京都侠少，萃集于此"，时人谓此坊"风流薮泽"。扯远了，还可扯到人死后。唐人讲求厚葬。葬时，偶人像马，雕饰如生，葬罢，设有路祭，道旁设帐，置以花、果、食品，精美丰盛。烧纸钱和寒食扫墓之风也由此始成俗例。总之，衣食住行和娱乐的酣畅自足，尽现于唐风，可想见其余。

唐三彩
唐开元年间
出土于陕西西安
鲜于廉墓
中国国家博物馆藏

隋·唐·五代（581—960）

简单说，盛唐充满热情的时光，是消磨在怎样一种文化生活和时代心理中了呢？以"富强"为例，唐人的所为所想所达到的水平，超过了前代，但在他们的观念中并未产生对财富积累的单纯欲望，也就是那种经济意义上的竞争精神并未取代文化性上的表现，当时的诗文往往多富于重义轻利的倾向。因而不妨由此认识，盛唐的富强是基于民族性格的，它有一种浓厚的文化取向，仍然不离传统和谐致治的人生理想。因此当唐代社会经济已达富强之水准时，人生与社会需要往往便要专注于文化"生产"的"消费"，而不是去征服和改造自然。不知这是否可以解释，文学艺术何以在盛唐花实累累，大放异彩，盛唐风韵又何以是雍容、闳放、自在、圆熟？

还是从建筑上说，譬如长安双塔——大雁塔、小雁塔，一个气魄雄伟，一个秀丽飒爽，看上去不大有宗教的超世间意味，它们披着历史光影，坐落于宜人的环境中，成为与自然相映发的人文景观。陵寝建筑，如太宗昭陵、高宗乾陵，安排匠心，依山借势，错落深浅，仍然表现为经纬天地的心怀和"不异人间"的指导思想。如果说历史建筑沐雨栉风，自己带上了几分"建筑意"，那么，唐代建筑之杰作（可以从日本唐招提寺、五台山佛光寺大殿等领略其风貌），除了技术的进步之外，和谐的轮廓和壮美相得的气度，大约也内含着唐人饱满的精神、从容自如的韵致，它们正是盛唐生活和智慧丰润所产生的结构，其手笔又非出于刻意而求。

在文化创造力极为蓬勃的气氛里，生活与艺术的界线常常不是分明的。这是说盛唐社会生活往往带有了艺术的色彩、趣味。诗文书画、纸笔墨砚的影响先不讲，手工业制品和生活器用也不免带上了审美趣味。如纺织品，讲究文采绮丽，除一般锦、罗、纱、绸、绌、绢布之外，特织品有瑞锦、官绫、花纹织成盘龙对凤、麒麟、狮子、天马、辟邪、孔雀、仙鹤、芝草、万字、双胜及梵文等样。敦煌千佛洞的佛画绢幡皆为几乎透明的薄绢，用丝线彩绣，工甚精细。民间所织的轻绢薄绫，亦被誉为"天上取样人间织。织为云外秋雁行，染作江南春水色"（白居易《缭绫篇》）。又如线毯，白居易诗还写道："蜀都褥薄锦花冷，不如此毯温且柔。"

唐代陶瓷技艺也日趋成熟。陶器有著名之唐三彩，通常是用铅黄、绿、青（或蓝）三色釉涂于陶器上烧制而成，多作人物俑、动物俑。瓷窑遍布南北，以越窑青瓷和邢窑白瓷为著名，前者"类玉类冰"，后者"类银类雪"。"南青北白"，大约也体现了兼容齐蓄、相得益彰的艺术趣味吧。

唐诗的意象世界

如果你举出一件事物来，作为唐代文化的代表和个性风神的象征，你大概会首先想到唐诗。这也许是古今中外都没有异议的，假若没有唐诗，唐代文化至于中国文化便要失去一份美丽了。有人用一个字说唐，那个字显然是"诗"。想当初，唐代的诗人们也不过作为"天地一逆旅"中的旅客，或在高山流水间或在边塞大漠中，或樽前月下或江湖路远，写下些五个字或七个字的诗句，未必会想到它们的不朽，如"江河万古流"，会成为后人难以企及的"高峰"，这真是历史成就的因缘，常令人匪夷所思。譬如宋人叶梦得评杜甫诗句"锦江春色来天地，玉垒浮云变古今"，"五更鼓角声悲壮，三峡星河影动摇"，气象雄浑，"无复继者"；宋人张戒谓："才力有不可及者，李太白韩退之是也，意气有不可及者，杜子美是也。"都是这种意思。我们看唐诗极为丰厚馥郁的意象世界及其言有尽意无穷的表现，也感到神而明之似不过如此了。

在中国，千百年来，有点儿文化的人，或多或少都读过唐诗；作诗自唐代蔚成风气以后，历代诗人和诗篇又不知凡几。作为中国读书人的某种精神寄托，唐诗之影响可谓深远矣。

清人章学诚曾解释说："遇有升沉，时有得失，畸才汇于末世，利禄萃其性灵；廊庙山林，江湖魏阙，旷世而相感，不知悲喜之何从，文人情深于诗骚，古今一也。"（《文史通义》）这还只是一般的对于诗的看法，还不完全能说明中国古典诗歌何以于唐代兴盛空前以及唐诗所具有的时代精神。

但是，关于这个问题，一时也还没有确切的答案。自然，唐诗的兴盛似乎与唐前期社会的走向兴盛相一致，所谓"盛唐之音"，是时代生活的鼓舞。有人强调文艺恰逢一种理想的文化环境："对外是开疆拓土军威四震，国内则是相对的安定和统一。一方面，南北文化交流溶（融）合，使汉魏旧学（北朝）与齐梁新声（南朝）相互取长补短，推陈出新；另方面，中外贸易交通发达，

'丝绸之路'引进来的不只是'胡商'会集，而且也带来了异国的礼俗、服装、音乐、美术，以至各种宗教。……这是空前的古今中外的大交流大溶（融）合。无所畏惧无所顾忌地引进和吸收，无所束缚无所留恋地创造和革新，打破框框，突破传统，这就是产生文艺上所谓'盛唐之音'的社会氛围和思想基础。"（李泽厚《美的历程》）在融合中革新、创造、发展出新的个性形式，唐诗的行程确实包孕着那个时代人们充溢的文化热情。从行板如歌的《春江花月夜》（张若虚）到王勃的"天涯若比邻"，从李白淋漓泼墨般的"我且为君搥碎黄鹤楼，君亦为吾倒却鹦鹉洲"，超然无碍而又真意难宣的"桃花流水窅然去，别有天地非人间"，到沉郁者杜甫仍不失对活泼人生的况味："朝回日日典春衣，每日江头尽醉归……穿花蛱蝶深深见，点水蜻蜓款款飞"，"白日放歌须纵酒，青春作伴好还乡"……唐诗的世界广大无穷，不仅节奏韵律洋溢无端，意象神妙层出不穷，情感的表现，想象的不俗以及充满种种经验感应的回响，都予人体味不尽之感，用"丰富"来形容，怕是稍嫌一般了。

作为天机云锦一裁难再的文化史和文学史奇观现象，唐诗之开展、浑成，前波不已后浪奔逐，较理想的社会生活氛围及其所调动的文化热情，只是造成这一景观的一方面原因。在这一方面，唐代人才和思想的解放超过了以前，而其时文化经验的积累尚未变成负担。唐代确是历史的一大转变。自然，"解放"并非是魏晋时代那种旧秩序解组情势下的个性解放和信仰危机中的价值观念分立，相反，它处在一个悄悄地由贵族社会向平民社会的转变中，旧的等第差序格局在逐渐消退，中央集权下的社会水平流动与垂直流动都大为加强了（尽管阶级贫富的差别仍普遍存在）。科举制是这一趋势中的产物，文艺的平民化、世俗化大约也由此而来。这样，唐诗，它的作者和灵感以及交流的场合，便获得了适宜的"土壤"和"气候"，枝繁叶茂起来。

"大气候"疏疏朗朗，唐代的诗人，诗作便格外多。清康熙年间编辑的《全唐诗》，九百卷，收诗四万八千九百余首，计有作者二千二百余人，尚非全璧，想其规模，不妨举一反三，可称诗之泱泱大国了。而且唐诗发展的"四季"，一直保持其精力充沛，即每隔几十年，就会像雨后春笋一般出现一批有成就的诗人。譬如7世纪的后五十年，相当于高宗、武则天时期，先是王、杨、卢、骆"四杰"，再则是陈子昂，并辅以杜审言、沈佺期、宋之问等，正式展开了唐诗发展的独特的道路。8世纪前半期，主要是开元、天宝以及稍后肃宗、代宗时期，唐诗臻于繁荣，名家辈出，佳篇竞传，除了李白、杜甫外，如王维、王昌龄、孟浩然、李颀、高适、岑参、王之涣、元结、韦应物、刘长卿等，一口气可以数出二三十人来。8世纪的后半期和9世纪的头二三十年，先是以钱起、卢纶为代表的"大历诗风"，后是以白居易、元稹为代表的"元和体"诗，以及韩愈、李贺提倡的浪漫主义诗风，各流派交相辉映，竞放异彩。这还不算晚唐的杜牧、李商隐。"渭北春天树，江东日暮云"，有才能的诗人，不是一两个、两三个地出现，而是成批地焕发，集中在一个朝代里。这就又表明唐诗本身所具有的生命力，这种语言艺术可开发的潜力，并不限于回应盛世的"盛唐之音"。在天宝以后唐代社会生活由盛而衰的变化中，诗歌流风却未告衰歇，而是开拓了更多表现领域，并且使"抒情诗"这种样式占据了传统文学的主流。我们看唐诗的形式，无非那么几种：五言、七言绝句，律诗（又称"近体"），古风（包括乐府体歌行）。用这有一定声韵格式限制的体裁，却可以写景、写事、咏物、言情、写际遇、发议论、谈历史，能够于遣词造句中间道人所欲道，发人所未发。这一套，究其根本，重心在于抒情写意，而不是写实叙事。如《诗大序》所强调的："诗者，志之所之也。在心为志，发言为诗。情动于中，而形于言。"诗言志，这个"志"，不论是指个人内在的情感、怀抱，还是指由个人情思升腾而表现"以一国之事，系一人之本"的社会公众志意，都是中国古典诗歌力图通过语言来表达的。唐诗的充分发达，基于此，也许正是体现了中国人的心灵特点和文化理想。唐代诗人沉思翰藻，借多彩的诗篇寄托其苦乐悲欢，树立其心境、志趣，同时为中国人的"言情"的文化提供一种极佳的艺术表达方式。在这一点上，唐诗是继《诗经》《楚辞》以来的传统开新之页。

这就又涉及唐诗繁荣的另一面原因，即文学传统本身的发展，有如瓜熟蒂落，由汉魏的五言诗和乐府诗，经两晋南北朝之涵泳而变为唐诗，有一个自然的趋势。再拉远一点，远有《诗经》和《楚辞》的典范，它们在形式与精神上为后代文人墨客的情思诗意开辟了方向，贯注着抒情的特质，即在叙写与咏叹中反映着"自我"内在的想象（理想）或价值。唐诗，不论是欢乐还是哀怨，是平静还是慷慨，就精神形态而言，何尝不是在咏叹倾诉中把握着生命的自觉与语言文化的自觉，何尝不是在诗的创造活动中企图超越现实世界的局限性？就五言、七言诗这种形式的确立而言，唐代诗贤驾驭自如，穷情写物，也往往取效前人（如建安风骨、两晋意境、宋齐藻绘、齐梁声韵）并进而锤炼开新，由粗要以至精微或由拘谨以至放逸，所以五言、七言诗到唐代形成了一个高峰。具体说，譬如绝句，篇幅只在二十个字或二十八个字之内，限制颇大，却贵在"语近情遥，含吐不露"，虽是"眼前景、口头语，而有弦外音，使人神远"。王维"人闲桂花落，夜静春山空。月出惊山鸟，时鸣春涧中"四句，四个印象，一个场景，看起来是一刹那的经验，却似乎在触动旁观者对自然、人生的某种感悟。李白写"送别"："故人西辞黄鹤楼，烟花三月下扬州。孤帆远影碧空尽，惟见长江天际流。"情景交融，只能说此情此景的意境，该是胜过千言万语了。又譬如律诗，八句之中的限制也不算小，但律诗所创造的意境更具有典型性，它把片段印象、感觉、流动的感情作一种"固定"（尤其是中间的两组对句整齐铿锵，形同熔铸），并造成节奏的抑扬顿挫，从而使个体情感的抒发通过一组组意象的联结，进退回旋，达到某种普遍的本质的意义，深化或者说提升了诗歌语言的表现力。如杜甫的《登高》："风急天高猿啸哀，渚清沙白鸟飞回。无边落木萧萧下，不尽长江滚滚来。万里悲秋常作客，百年多病独登台。艰难苦恨繁霜鬓，潦倒新停浊酒杯。"表达情感的历练已经很深。这样的例子真是太多了。唐代诗人对诗形式的广泛探索和圆熟挥洒，不仅具有艺术意义，同时体现以抒情为特质的中国文化如何开拓自身感觉和意识的天地，这才是唐诗最重要的文化史意义吧。

堂庑甚大，唐诗是说不尽的。简单说，唐诗创造性地转化了传统，利用汉字丰富之表意性，通过惯例化的经验组织和语言表达，体现中国人的情感和思想形态，展示他们对世界、人生的种种想法。也可以说是一种中国式的智慧。同时，唐诗也表现着唐代深广的社会生活与文化风貌。譬如边塞诗和田园诗，在题材、旨趣上开辟出截然不同的天地；至于日常生活的种种兴会、四时山水、个人沉浮的悲欢、历史兴衰沧桑，滋味皆在字里行间。杜甫、李白、王维代表了儒、道、释三种思想背景和人格境界，影响后世士大夫的文化心理和人格取向。白居易以明白晓畅之诗介入现实，李贺、韩愈等人则务求超奇险怪，勒刻出盛唐之音另外的诗格。诗至中唐以后，又是一番气象了。

佛教本土化及禅宗兴起

前面曾说，唐代产生历史之一大转变，并以社会平民化趋向例言之，以此解说唐诗繁盛的动因；继而注意到文化史研究者分析传统艺术思维，恰恰也认为，到了唐代，士大夫文人的精神趣味有个不小的变化，并使中国文学艺术最终奠定了自然、凝练、含蓄的风格。这个变化据说同禅宗在中唐以后崛起有相应的关系。

说到禅宗兴起，实在也不算小事，也许正意味着唐代社会宗教生活与观念上的一大转变。这一变，也是与唐代文化的走向互为作用的。

佛教自东汉末传入，经过魏晋南北朝之参差辗转播迁，入唐后，已成为与儒道并立的"显教"，尽管偶有劫难风波（如唐武宗会昌灭佛之举），亦奈何"野火烧不尽"了。佛教植入及其本身诸般嬗变，缘故颇多。原来说佛教在东晋、南北朝时勃兴，同传统文化中的冲突与意识危机有关。按说入唐后情况自当有所缓和，佛教是否就没有市场了呢？也不然，佛教仍有其稳定的适应性。这与统治者的态度是迎是拒、是扬是抑，固然有很大关系，但事情也不全为此左右。如唐高祖早年信佛法，后太史令傅奕屡上疏除佛教，高祖便于武德九年春下诏询问臣僚：废毁僧尼，可乎不可？诏下，朝臣赞否不一。揣高祖本意欲听从傅奕之议，全灭佛法，但顾虑"恐骇凡听"，又想到起兵之初亦曾倚仗过佛僧，因而毁佛之事始终未行。由此可见佛教有它的社会基础，也有进入传统文化的适应性。按说宗教权威本与世俗权威分庭抗礼（所谓沙门不称王者），唐代佛教却每每适应或服务于王权。贞观时有道士指斥释法琳《辨正论》毁谤皇室，太宗下法琳于狱，并且给法琳出了个难题，说法琳著作中有念观音者刀刃不伤的话，那么就让他念七天试试看。等七天过了，法琳倒也善于应付，说是七日以来，未念观音，唯念陛下。弄得唐太宗倒不好意思杀他了。武周时更有僧人变"啸傲王侯"为"结纳王侯"，始有沙门封爵赐紫之风，也都是三教融合为时所用不可少的插曲。

撇开与政治教化的纠葛恩怨不谈，佛教之植入及其形态变化，确有其适应中国社会文化和思想现实情境的特点。中国佛教本身虽然现象驳杂、门派众多，但在文化史上的影响则可划为两类：一是以"三世轮回""因果报应"为理论核心，以捐塑佛像、刺血写经、禁欲苦行、供佛斋食、广行善事为外在形式的纯宗教迷信型的低级佛教，在民间及文化较低的阶层中蔓延；二是哲理思辨型的佛学内容，即以在身心与宇宙之间求证解脱为目的的理则胜义（主要是讲禅定解脱的禅宗），往往在士大夫心中引起回响。一个偏重修证的"行"，一个偏重学理的"思"，在根本上，二者又是佛教原始要求一事的两面。就其体系的深广意义和人生哲学的功能而言，当然不是儒、道两家所能完全排斥的，甚至彼此可以互为补充、发明。譬如佛教以禅定（禅有静虑的含义）修行求证的方法为基础，它传入中国时带来了两种"货色"，一是印度梵僧们用超乎平常所知而神乎其事的神通表现；二是教导修习小乘禅定的修行方法。当时，也正是中国道家方士发明种种修行方法，冀求升仙入道的时期，所以一经接触佛法中禅定与神通的证验，便自然要彼此观摩，甚至倾心禅定以求神通，一变战国以来利用外药金丹的修炼或锻炼精神魂魄的修炼方向。由此，跟踪而来的，便是佛教思想学术的源源输入，以充实修禅定的理论基础。这就已种下了唐代禅宗佛教大兴的契因。

初唐，道、佛二事，朝野均持先道后佛之大致态度，两教争斗，多为调停之计或对释门恪以限制。一方面明确规定道士、女冠位于僧尼之前，不使"诸夏之教，翻居一乘之后"；另一方面，又承认佛教"神变之理多方，报应之缘匪一；洎于近世，崇信滋深；人冀当年之福，家惧来生之祸，由是滞俗者，闻玄宗而大笑；好异者，望真谛而争归；始波涌于闾里，终风靡于朝廷……"（《集古今佛道论衡》卷三）。贞观间，玄奘法师自西域归国，受到热烈欢迎和太宗的敬重。诸如此类，反映了佛教与唐代社会文化的密切关系，有时被视为"妖幻之教"，有时又被视为有益于治化，学问不凡；有时受礼遇，有时遭贬抑。结果，三教之融合终胜于纷争，也造成了中国佛教形态在唐代的演变。

中国佛教本身自进入隋唐时代的一个突出现象是宗派大兴。汤用彤先生说："所谓宗派者，其质有三：一、教理阐明，独辟蹊径；二、门户见深，入主出奴；三、时味说教，自夸承继道统。"（《隋唐佛教史稿》）也就是说，在经论讲习与修禅定上皆产生了"同中求异"的纷攘。因佛典经论东来日多，引起教理之疏讨日密，于是华人渐自辟门户，相为辩论。一方面是所谓"枝叶徒繁，本源日翳；一师解释，复异一师；更改旧宗，各立新意"（傅缛《明道论》），另一方面某一教派的"判教"又被强调为"依教开宗，务存通会，使坚疑硕滞，冰释朗然，圣说差异，其宜各契耳"（法藏《华严一乘教义分齐章》）。看来，在佛教义理多元化阐释、理解之过程中，解释的不确定性给佛教中国化提供了方便。同时，新教派的建立又注重"异中求同""一以贯之"，不仅综摄各类经论，亦不妨吸收中国固有思想文化之成分，遂转出靠拢和植入传统文化潮流的中国佛学。唐代正为此一转捩的关键，此后中国佛教自具规模体性，并东渡日本。

既有分派，又各自综摄，隋唐佛教大体系为八宗，它们是：三论、唯识、天台、华严、禅、净土、密、律，其中天台、华严、净土、禅四宗最具中国特色。正因为如此，此四宗于唐代士大夫阶层和民间的传播力较大，或为契合玄理，或为因缘文字、情思，或为修禅解脱，或为顾念死生、祈福禳灾。即如韩愈虽力主辟佛，仍不免与释子有文字因缘；白居易官太子少傅时，曾劝一百四十八人结上生会，行弥勒净土业。

天台宗之倡举在唐之前，先是慧思本为北方禅师，而传法于南，继之智𫖮本系南人而就学于北，南重谈理，北重坐禅，二人既为禅师且兼义学，而智𫖮对于经论、禅定、戒律几方面均有建树，综合为一系统，住天台山，建成一大教派，即《法华经》讲判教、圆教，特奉观音菩萨，谓为救苦救难，因而与民间流行的神灵崇拜风气颇为相合。

唐朝初年，佛教高僧大德以玄奘为著名。玄奘俗姓陈，名祎，十三岁出家，好学不倦，广为跋涉。后决心西行求法，乃于贞观三年（629）出发，孤身历经险难，到达印度，留印期间于佛学深有造诣（如唯识学，因明学），十七年之后他回到长安，主持译经，仍然孤怀专注，不趋时誉，至殁世共译经论等七十三部，总一千三百三十卷。（此说依据《续高僧传》）因玄奘译成佛学中唯识学与因明学（印度佛教的逻辑学）的学系，不仅促进佛学重视建立严谨的逻辑体系，同时，也影响到一般学术应注重辨析的精详。玄奘的这一次翻译佛经，是印度佛学转变到中国佛学过程中，最认真严肃的努力之一，但毕竟偏重哲理，不够实用，与修行实证的目的有不相关系的趋势。恰好达摩在梁武帝时期传来禅宗的修证法门，至唐代已近百年。禅宗的直指人心、见性成佛的修行法门，已渐渐普遍为人所知，到禅宗六祖慧能与其师兄神秀时期着重简化归纳的禅道，便自然应运而兴，一跃而成为唐代以后中国佛学的中心。

禅宗标志着佛教中国化的定案。表面看，它也讲念佛、修行，不离禅定根本，实际上更适合中国士大夫的口味，适合中国传统文化个性。谢灵运曾说："华人易于见理，难于受教，故闭其累学，而开其一极；夷人（指印度民族）易于受教，难于见理，故闭其顿了，而开其渐悟。"（《辨宗论》）他这里所谓"累学"和"渐悟"，是指佛教所提倡的苦行、戒律、禁欲、禅定等以长期磨难为解脱途径的方式；而"见理"和"顿了"，则指中国士大夫喜好谈理，不喜欢苦行的方式。若真是如此，便可以理解主"本心即佛"理论的禅宗为什么能广为流行了。

禅宗的两个明显特点——一是重现世，一是易行、简约——均与中国的传统文化思想性格相合拍。当然，这"直指人心，见性成佛"的一面，原也并非给人一懒惰取巧的法门（虽然也有产生狂禅或野狐禅的流弊），禅宗的中心在于所谓"涅槃妙心……微妙法门，不立文字，教外别传"。譬如讲涅槃的境界，是超越思想意识的，不是言语、文学、理论可以尽其极致的微妙法门，入门就要从身心着手，找到身心性命的真实面目，但是一落言语文字，其中的知识本身就是互相对待、交互变化所形成，已非绝对真实了。所以禅宗要从"拈花微笑"开始，扫空说法传心的压力，超越意识的限制去求彻悟。看起来就显得平实简便而又微妙了。在一般人看来，真是方便法门。

禅意·隐逸文化·敦煌艺事

约在唐高宗、武后时期，域内佛教禅宗传至达摩老祖以来的第六代，弘忍之后，神秀与慧能北南分宗，北主"渐悟"，南说"顿悟"。先是北宗兴旺，"盛行于秦洛"；南宗冷落，"沉废于荆吴"。天宝"安史之乱"后，情形却大变，南宗逐渐压倒北宗，以至于言佛多指禅，指禅多称南宗而已。

南宗禅的兴起，说到底，还是由于它符合士大夫接受的需要，适应中唐以后士大夫的心理结构和生活情趣，使他们觉得既灵活实际又不妨碍"所作所为，皆是佛性"。这个吸引，应该说"乐意"的成分为多。随着初唐昂扬外铄的风气渐趋平淡，禅林之清静闲适，禅僧之机锋敬语，禅理之深奥玄妙，禅家自我心理平衡之悟性，对上了士大夫转趋微妙的口味，引起以禅为雅的风气，所谓"参学之流，远迩辐凑"（《全唐文》），"文章接才子，禅理悦高人"，"曲径通幽处，禅房花木深。山光悦鸟性，潭影空人心"，禅宗旨趣似乎已同中国士大夫的人生哲学、人生艺术接通，共逐溪流，同对青山了。王维有句："植福祠迦叶，求仁笑孔丘。"他的诗与画，较多带上了禅宗的思维方式。白居易也写下读禅的感想："须知诸相皆非相，若住无余却有余。言下忘言一时了，梦中说梦两重虚。空花岂得兼求果，阳焰如何更觅鱼。摄动是禅禅是动，不禅不动即如如。"一旦想到"名为公器无多取，利是身灾合少求""鱼能深入宁忧钓，鸟解高飞岂触罗"，士大夫的心态已由慷慨任纵转向低徊况味，禅意也像道家清虚风旨一样，成为精神上的抚慰和对烦恼的解脱。如果说中国士大夫人生哲学分为两部分而互补——入世与出世，进取与退隐，杀身成仁与保全天年，好像天平的两端时时摇摆，那么禅宗正为后者提供了理论支持。

话说回来，由印度佛教到中国禅宗又到唐代士大夫的心理接受选择，文化碰撞中的一步步嬗变，终至落到士大夫那种调和真俗、即真即俗的文化智慧上面。譬如说，要求彻悟佛法真谛，津渡无过于梵我合一，即心即佛，超然尘世之外拘守灵府之中，"识心见性，自成佛道"，"以心传心，皆令自解自悟"（《坛经》），这倒是把存在和意识都交给心灵直觉来"掌握"了，简易方便，切近体验而又不乏明智通达的境界。

说来变化真是不小：第一，早期佛教恪守清规戒律、苦苦自守的方式已经让位给自然适意的生活方式，"饥来吃饭，困来即眠"正是这种随遇而安、顺应自然、恬淡安逸的生活情趣的标志，它使僧侣与士大夫得到满足。第二，早期佛教对经、律、论的研读和对偶像的崇拜，已经让位给直观体验，直觉把握、简洁明快的顿悟和自心觉察式的自我解脱，这使禅僧与士大夫获得了轻松的感觉。第三，早期佛教经院学究式的谈论已经让位给了随机应变、妙语连珠的应答艺术，这种艺术化的对话完全脱去了过去那种令人昏睡的枯燥和使人眼花缭乱的推理，对士大夫尤其是富于艺术修养的文人很有诱惑力。

不过，这种趋于隐逸式的文化选择，实际上对于士大夫来说，因缘是多样的，影响也不一。或者纯为标榜，以退为进；或者身在魏阙，寄意逍遥，仕隐兼达，将"逃禅"做成人生的补充；或者就是在社会危机与激烈的情况下，一些士大夫困扰于价值失落，无可奈何地选择了"逃避"。后一种情况在中唐以后已较普遍，如白居易在《寄隐者》中所感叹的："由来君臣间，宠辱在朝暮。青青东郊草，中有归山路。"他以为最好的选择是"中隐"："大隐住朝市，小隐入丘樊。丘樊太冷落，朝市太嚣喧。不如作中隐，隐在留司官。似出复似处，非忙亦非闲。不劳心与力，又免饥与寒。终岁无公事，随月有俸钱。君若好登临，城南有秋山。君若爱游荡，城东有春园。……人生处一世，其道难两全。贱即苦冻馁，贵则多忧患。惟此中隐士，致身吉且安。穷通与丰约，正在四者间。"（《中隐》）由此可见，禅宗那一套不是很对士大夫隐逸文化心态的路子吗？二者的互为作用正非偶然。

且不说这种相互作用如何滋育了唐以后士大夫"自净其意"的心理倾向和自适的生活方式，禅宗义谛对士大夫思维方式的影响，更有深刻之处。由于禅宗倾向于将外界物象视为内心寄托，又以主观幻象去包容并改变外界物象，受其影响，士大夫在生活与艺术活动中，发展了对大自然及人生投射内心情感的倾向，使它们幻化为自己所喜爱所欣赏的"幽深清远"的意境。同时，所投射的情感又是复杂微妙的，而禅宗式的表现（含糊玄妙，似是似非，亦此亦彼）恰恰有助于酝酿意象的组织，使之朦胧、含蓄、蕴藉，正如王维的诗和画，往往体现着澹泊自然、清净空灵的气氛。唐宋以后，这种情趣与感受的表现成了中国士大夫诗画艺术（抒情诗、写意画）的主要内容，而这种表现的成功，正被视为造诣所在，艺术高致的所在。因而宋代严羽要说："论诗如论禅……大抵禅道惟在妙悟，诗道亦在妙悟。……惟悟乃为当行，乃为本色。"（《沧浪诗话》）只是这个"悟"是没法说的，是无相而无不是相，即如空中之音、水中之月等。

禅宗通过那种直觉感悟的思维方式，影响了诗与画的表达，同时它对佛学的平实化的革新，又与唐代以后兴起的平民文学结下了不解之缘，禅师说法产生某种通俗文体和格调，影响传统的讲学方式、小说和民间说唱。直接宣传佛教传说故事的"变文"也通过"俗讲"方式而广为流行吟唱，以至"愚夫冶妇

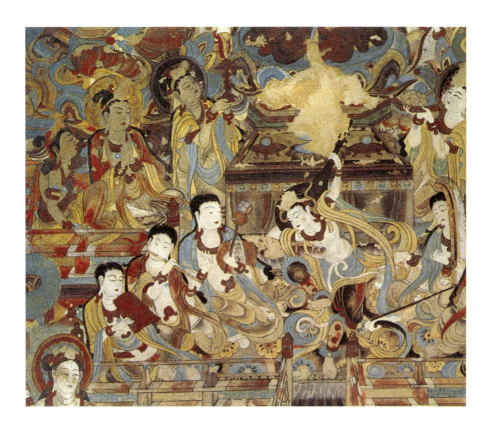

敦煌舞乐图 唐
敦煌 112 窟

乐闻其说，听者填咽"（赵璘《因话录》）。就思想而言，佛教关于人生世事不出因果报应的思想，在中国古代小说、戏曲中留下的痕迹甚深。

前面讲了不少禅宗与唐代文化特别是士大夫文化的关系，但还不是佛教进入唐代社会生活的全部情况。情况也许还体现在佛教思想的传播程度，寺庙的兴旺与否，僧尼的数量等方面，还有就是佛教艺术在唐代发展到鼎盛，也是很说明问题的现象，这种现象至今仍在敦煌莫高窟、云冈石窟和龙门石窟等处有遗存显示。

譬如就雕塑而言，不容易弄明白为什么继北朝之后，隋唐有数不清的无名雕塑家陆续在河北、陕西、山东、河南、山西、四川或摩崖或凿窟添造出无数的佛像，只能猜想，那是民间崇佛风气大张的标志吧，造像之多可能被视为功德的积累、虔善的表示。在数不清的佛像雕塑中包含着宗教意味，同时也融入

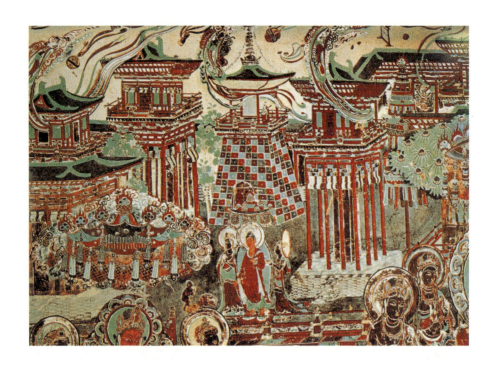

西方净土变（局部） 唐
敦煌 217 窟

了创作者的观念和时代的意识。佛像的造型和风格也恰好体现了佛教的中国化，在唐代比南北朝时期更为明显。例如唐代石刻雕像一改前代之秀骨清相，面容柔和圆满，似更具人情味。历来认为山西天龙山唐雕技术上尤为洗练，佛像姿态表情与衣褶线条均具优雅风度。有些巨大的佛像，如龙门十余米高的本尊佛像、卢舍那佛，均是眉目秀丽，姿势均衡，宛如在消解神圣与世俗间难以逾越的界线。

石刻雕塑之外，敦煌的木雕彩绘泥塑蔚为大观，在唐代达到极盛。唐窟也供养着高二三十米的佛，面部丰腴，神态庄静。唐窟的发展更在群像，有的龛中塑有七身佛像，还有多至十一身的，加上供养的菩萨、天王、力士像，各具神态和微妙含义，群组配合。塑像之外，四周墙壁及天顶绘制有佛本生故事、经变图、诸天部众、供养人像、藻井花饰、山水杂画等，满布于各个角落，组构为各不相同的"佛国世界"，也是企望在人间而又超越于世间的理想世界。

到唐代，从前秦时已开始营构的敦煌石窟，更以其壁画的灿烂空前，使敦煌佛教艺术发挥到琳琅照眼、气派丰华。它的内容表现已很广泛，大致有佛像画、佛经故事画、民族传统神话故事、经变画四大类题材。这些题材的表现已不复局限于早期宗教压抑性的悲苦场景，各种幻想出来的"极乐世界"代之而起。例如"经变画里居中的是佛，密密匝匝地簇拥着众多的菩萨、弟子、天龙八部等。如果是西方净土变，则靠下还有乐队和舞蹈，宝池中有莲花化生，亭台楼阁之上装点着彩云、天花和飞翔的香音神；佛像庄严、菩萨婀娜、护法威武、童子天真，宏大而完整的构图表现出一派富丽堂皇、华美隆盛的景象。这时，由于建立了统一的封建大帝国，我国南方和北方、中原和西域各有不同特点的艺术风格、外来影响和民族传统，都融合成一个统一的整体。早期那质胜于文的风貌和锋芒毕露的热情，变得圆润，变得含蓄，变得柔和，变得文雅；无论人物、山水、界画，皆走向成熟，进入了佛教艺术灿烂的鼎盛期"（常书鸿《敦煌莫高窟·序》）。

假如认为这种评价大致不错，那么几乎可以说敦煌的世界，其价值其意义，更在于文化史上。这种宗教艺术固然因宗教信仰及传播而引起，但实际上并未贬低人的存在。相反，借助宗教艺术活动的舞台，唐代文化的创造活力得以充分体现，无数无名艺术家的想象力和创作自由，他们的气度和毅力，正是敦煌艺术表现的多样性、丰富性及风格鲜明得以实现的保证。这是中国传统文化艺术在胡汉融合、神俗相映条件下铺叙出的壮观一幕，而一旦随着中唐以后禅宗"从圣入凡"精神的扩展，宗教精神逐渐从原来的体验转弱，敦煌艺术的格调便不复昔日的光辉了。

中唐思想文化的融合嬗变

隋唐帝国也像秦汉帝国一样，不仅在版图和政治上实现了统一，更在文化思想上经历了一次融合，虽然融合不免处在缓慢的长时段过程中。譬如说在汉代，先秦诸子各思想流派，主要指儒、法、道、墨、阴阳，在汉代思想一元整备的倾向中，渐归于综合。而唐代，则是在汉魏以来的思想传统之外，又容受了前代植入的佛教与道教观念，便流为所谓的"三教融合"。扩大了说，社会文化意识往往处于道德与宗教相配合的格局里。围绕着中国传统文化中已带有惯性的主题，即"天人关系""天人感应"这样的基本问题，各思想门派在唐代，异中求同的趋向似乎要大于彼此间的差别与冲突。在这里面，从古代而来的原始宗教因素（巫觋本色），儒教所强调的顺应天命的道德努力与道德意识，佛理的赏善罚恶因果报应说以及道教的神仙方术、鬼神信仰，可以说都同流并行，深入民间生活。韩愈曾说："古之教者处其一，今之教者处其三。"从唐代朝廷的态度说，虽然有时不免扬此抑彼（如武后之好佛，玄宗之重道，武宗之毁佛），但更多的情况则是尊道、礼佛、崇儒，走不到偏至绝对的程度，也是融合的趋势使然。从好的方面说，是"同归于善"，即对维持文化思想秩序有好处；从未必好这一面说，也是"同归于善"，不免消解了文化意识上的多元探索，思想天地渐趋狭窄单调，而且越来越实用。譬如本土及外来宗教本是一种复杂的精神现象，既含有人生哲学、人生理想方面的价值因素、终极关怀和道德修养的提升因素，也含有迷信（非理性）和讨巧（实用、欺罔）的因素，这里边就有精神格调上的大分别。中唐以后这种格调渐趋卑琐和虚伪，信仰和欲望也混同一气了。例如唐肃宗曾重开道教、佛教讲座，却派遣女巫到处祭祷名山大川；代宗曾把道教骗子召进宫，依照他的预言大修奉天城；宪宗则"锐于服饵，诏天下搜访奇士"，服药之后"暴成狂躁之疾"，一命呜呼。此后，唐敬宗、武宗、宣宗、后唐庄宗、闽主王昶、前蜀王建、南唐李昪，或是求仙访药，或任用道士、迷信巫术，或营造道观、铸塑神像，渐堕末流。在一部分官僚士大夫那里也风靡此道。道教以其对世俗欲望（如治病、长生、驱邪捉鬼）的适应性，在唐代因而红火过一大阵子。

当然，在中唐思想知识界，也不乏对历史思想进行反省的动向。如号称"文起八代之衰，道济天下之溺"的韩愈，他想重新确立儒家思想道统，企图把应天道、尚自然的"法天"思想与尽人道、行仁义的"济世"思想结合起来，以一种"为主之道"的自觉精神去重整道德伦理纲常。基于此，他认为道家"剖斗折衡"，佛教"灭其天常"，道教"不信常道，而务鬼神"，都是应加以排斥的。但韩愈力排佛、道，却局限于形式上，未能形成思想哲理层次上的挑战，因而被柳宗元批评为"忿其外而遗其中，是知石而不知韫玉也"。结果韩愈虽然反佛老，在思想上又袭用佛老。到了他的学生李翱那里，就索性把禅宗的"本心清净"说与孟子的"性善"等同起来,把禅宗所谓"业障"和孟子所谓后天染恶牵扯起来,把禅宗的"直指本心""即心即佛"与孟子所谓"求其放心"联系起来,提出"复性",已经是兼摄儒、佛的身心性命之谈了。又如曾参与"永贞革新"(政治改革)的柳宗元,可说是个无神论者。他曾说过"力足者取乎人,力不足者取乎神",亦自道"自幼好佛",从其一贯的人文理念出发,虽然反对生硬加诸人生的所谓天命、天理,却也承认:"浮图诚有不可斥者,往往与《易》《论语》合,诚乐之,其于性情奭然,不与孔子异道。"(《送僧浩初》)因此,柳宗元在思想方法上持"兼收并蓄""融会贯通"之意见:"悉取向之所以异者,通而同之","咸伸其所长,而黜其奇邪"。总之,目的是要人为破除迷信,重视自我的主体性,开阔自我的主体性,改善人事、政治、道德的状况,所谓"利于人,备于事","诚乎物而信乎道"。柳宗元和刘禹锡,作为注重理性思考的士大夫,企图以面向现世人生的人文精神去把握天人关系的主题,但是这种理论对于仍处于晦明不定的历史现实影响并不大。在乡土民间不甚自觉的层次上,思考远不如因循盲从更为普遍,这才是唐代三教融合的更大背景。其结果即文化意识的混同化,将道德与宗教进一步配合,成为一般中国人的精神自我安顿:一方面肯定道德的重要性、伦理的维系,强调人要修得善果;另一方面又肯定此善果可以得到上天的福报,天意人事、赏罚善恶,两方面都照应到了。

这正反映了中国文化中比较豁达的宗教心态,大致在唐代形成了。至于要问中国民间乡土的信仰或者迷信究竟缘于哪一宗教,就很难说。在几种思想信仰趋于混同、共处的情况下,便不容易发生严重的宗教斗争,也不容易产生与王权(世俗权威)相抗衡的宗教权威。总的看就像是信仰什么各随其便,一幅彼此相安无事的景象。

把原本纷纭不一的精神意向,融合在一个历史文化场景中,使神道设教与政治、与传统的伦理相配合,这是中唐以后中国文化的一大特点。作为一个重要的转变,人们可能会注意到,正像这个特点没有大的改变一样,中国古代社会后期历史进程的方向与方式,在中唐以后的一千多年中始终没有根本的改变。换句话说,承上启下的中唐文化,不觉地为以后的千年历史奠定下一个基本的文化模式。

在这里不可能全面讨论这一文化模式，单就当时的意识形态而言，值得指出一个变化，即文化精神开始由盛唐的"发散"转向中唐以后的"收敛"，世事与人生际遇在穷达进退之间，令人感到"事功"与"兼善天下"难免受制于历史境况，于是退而向人格中求境界，将眼光更多地由外在世界转向内心，通过独善其身及自我完善、解脱的方式来调和天人，致力于文化价值和使命担当的问题。这一变化可从三种思潮演变中看出来：一是传统儒学向思孟学派转化，二是早期佛教向禅宗演变，三是道教向老、庄归复。

譬如传统儒学讲文化，在中唐以前，基点在于"礼"，"礼"可以规范人的欲望与行为。如荀子所说："人生而有欲，欲而不得，则不能无求，求而无度量分界，则不能不争，争则乱，乱则穷……故制礼义以分之。"（《礼论》）不过，实际上礼的规范导引作用很有限，而且是外在的，中唐以后的文化立言者有感于此，转向内心、人格，向孟子和佛教所重视的自我修养、"以心求道"去找更可靠的东西，找价值承当。例如，在韩愈那里，就格外提出首先应诚意正心，然后才是修身齐家治国平天下，同以前儒家重视天命神权不同，更强调以道德法则为中心的文化设计。在这一点上儒、佛也完全可以并行不悖。在中唐士大夫的精神世界中，传统的道德价值关怀被突显出来，政治、知识、宗教、日常生活，皆可被道德一以贯之，把存在的基础均搁在这种人格完善的自觉追求上，这正是宋代理学的先驱。

再说到道教在唐代的嬗变。前边说过，唐代社会很多人信奉道教，同道教具有浓郁的巫仪方术色彩有关，因为道教可以在一定程度上给人以长生、驱邪、过神仙日子的希望。从宫廷到民间也不乏迷信的"土壤"：要长生，有炼丹术；要财宝，有点金术；想当官，夜半去打醮祭神；想治病，请道士来设斋上章；治丧，道士来做法事，消灾祈福，画符念咒，等等。通过互相感应、象征转移、心理暗示等方式，道教表现了其迎合民间世俗心理的功能。这是一方面，另一方面，如果光是限于巫仪方术，道教也很难扩大其影响。由于比较重视心性修养的士大夫对于道教中所蕴含的人生哲理与生活情趣更感兴趣，促使道教自身也发生变革，中唐时，少讲或不讲鬼怪巫术而转向清净修身的道士也多了。他们中间的王玄览、司马承祯、吴筠等注意玩味哲理，以至于借鉴释典，回归老庄，强调欲求真道，必须清心寡欲。像恬淡虚心、守一养气归根复命、寂泊之至这一类的修行,不仅与老庄的意思差不多,同禅宗讲的禅定也颇相似。简单说,道教的人生哲学从过去单纯的生存、享乐转到既包括肉体生存又包括精神永恒这样一种灵肉合一的追求上来。这种追求包含三个层次:以自然恬淡、少私寡欲为特征的生活情趣;以清净虚明、无思无虑为特征的心理境界;以这种生活情趣与心理境界为主,以养气守神等健身方法为辅,赢得的良好生理状态。

作为一种人生哲学的总结,确实带有三教融合、殊途同归的意味,其影响于中国士大夫和中国文化,也正体现着灵肉合一而非灵肉冲突的文化取向。

绘画与书法

唐代文化气象万千,流光溢彩。这么说,总因盛唐文艺的酣畅淋漓、兼收并蓄而出之以阔大俊爽,在历史上最不易得。"兰陵美酒郁金香,玉碗盛来琥珀光。但使主人能醉客,不知何处是他乡。"(李白《客中行》)盛唐艺术有一番创格,似乎出之于天纵之资、秀异之才,看来就是活泼泼地,难以拿规矩来衡量。所以后人称李白的诗、张旭的草书属于无法可循的一类,"青莲兴会标举,非学可至"。但是那种"活"的创造精神又确实只是一段流光、一度溢彩,忧患一至,体验和表现便不同了。说是盛唐昂扬发散,中唐顿挫收敛,变化主要缘于整个文化环境和士大夫的心境变了。不过,盛唐飒爽不泥、开拓天地的格调还是给有唐一代的文艺创出了大气象。看起来,时风推移,唐风不仅是"大",又得个"深"字,让后人追想"本色"的魅力。

为什么讲"本色"呢?是因为感觉唐代艺术创造活动有个特点,即艺术与生活是融合的,艺术也是生活本身,不把它当作装饰品或功利的手段。譬如敦煌石窟中的壁画与雕塑,它们在千年历史风霜中沉默着,带着力度与厚质,仍然令人震惊。但是其不朽的力量该是来自许多无名艺人大匠的毕生心力吧,正所谓"丹青不知老将至"。从著名的"昭陵六骏"浮雕到乾陵、顺陵前的石兽,到龙门奉先寺石窟艺术,蓦然回首,也最是其中一股朴茂之气令人回肠。作为创作,"本色"也就是天然、不做作的意思,这对唐人来说不成问题。对后人来说却难能可贵。

步辇图 阎立本 唐
故宫博物院藏

在绘画方面,唐前期可以说绘画多具有文化象征性、表现性,很少为了审美。如阎立德、阎立本兄弟所画帝王、贵族肖像画与人物画卷,气概不凡,笔触高雅,因为他们本身就是贵族,下笔自无卑弱之气。将西域、印度、波斯风格引入中国绘画表现的尉迟乙僧,本身是西域人,其画风深受佛教艺术影响,致力于寺院壁画,属于开风气的人物。接近中唐的吴道子,后来被尊为"画圣"(与其同时的杨惠之被誉为"塑圣"),他也是因专心从事寺观壁画声名动世的,据说他一生总共作了三百多套大壁画。吴道子所画题材,也以"变相"为多,如净土变、地狱变、维摩变等,其画图往往颇具感染力和情绪震摇感,恐怕不仅因为"画什么",其效果在于他的方法和风格有特殊的表现力,如组成形象的线纹以富于运动感和强烈的节奏感而引起注意。所谓"磊落逸势""落笔雄劲",画面呈示内在的张力。再者,带有立体感的线条("莼菜条")可以表现"高侧深斜,卷褶飘带之势",比"铁线描"更能表现事物的立体造型,与书法中的草书意味仿佛。线纹内含张力,也不全在于技巧,尽管吴道子对传统各家技法有潜心研究,他的画终究还是贵在画家的灵魂表现。据说他在创作

宫乐图 佚名 唐
台北故宫博物院藏

虢国夫人游春图（局部） 张萱 唐
宋摹本 辽宁省博物馆藏

时往往陷入高度兴奋与紧张的状态，因而能够自由挥洒，若有神助。

　　唐画真迹极少有缘得见，看后人摹本，也还能感到唐前期的画给人混沌大化之感。换句话说，像酣畅如吴道子，并非惨淡经营或意笔盘桓，而是以其充沛之文化热情得其自在，技法上有创格，却不见刻意和勉强。稍有不同的是号称"大小李将军"的李思训、李昭道父子，他们所擅长的"金碧山水"或"青绿山水"，固是在气宇恢宏、规模壮阔中表露其理念，在摛形赋采中炫示其富丽尊荣，但就传统画风而言却是保守的，其所执着的大概是盛唐帝国"日不落"的梦想。这种文化意义同李思训作为后人所谓山水画北宗的意义同时铭诸画史。虽然线条与色彩在表现上的冲突，在李思训那里已获得协调，但吴道子的山水画偏于"挥霍"水墨线条，又近于在复古中创新，有如唐诗盛时的以汉魏古风取代六朝以来的齐梁艳体。吴道子的"逸"与运动的水墨线条，似乎远接顾恺之，更秉有一份传统的笔墨精神，同时正像李白诗、张旭草书一样感染着那个时代的浪漫气息。被称为南宗创始的王维又被认为是文人画的创始者，他在画法上将李思训的"渲染"转用于吴道子的"水墨黑白"，传达出"高古"的情趣格调，适合于一种宁静幽雅的心境，看起来，表现上所执着的倒是一种超尘出世的不执的心态与精神。

　　王维的诗画趣味，颇影响于后世，这同中唐以后士大夫隐逸文化之滋生较为契合。相传王维除以《辋川》《雪溪》著称外，还画过"雪里芭蕉"一类，以写意为旨归，不拘形似。沿此一路，又融合了唐早期画风的法度意向，出现了泼墨一体的山水画，如韦偃、张璪、王默诸家。张璪自谓"外师造化，中得心源"，这八个字成了后来中国古代绘画的基本原则，是在"天人合一"的传统人文意识中辟出的一条思维路子。

　　艺术的发展，内中难免含有一个"创新与守旧"的矛盾，正如它的时代背景也难免有"变与不变"的矛盾。由盛唐到中唐，人们的心理（包括受到儒、道、释进一步融合的影响）因应于时代发生的转折已有一番潜移默化，像士大夫的心理便有一番进取与隐遁的冲突和协调。体现在艺术实践中，便由早期的线条与色彩，模范与创格的冲突、协调，进一步演变为写实与写意，高雅与世俗的冲突、协调。人们的印象中，唐代绘画对中国绘画传统的创新可能是多方面的，总的看，是一个多样化而又逐渐融合的过程。题材上，人物、山水、动物、花草均有，

捣练图（局部） 张萱 唐
宋摹本 美国波士顿博物馆藏

宗教画、世俗画各有其致；风格上，或豪放或沉静，表现中也就寄托了不同的理想怀抱，有或实或虚的手法；趣味和手段随之丰富了。因而也不能单纯机械地从时代精神方面去解释艺术流变，比如绘画，有它在自身传统内部因革损益的情况，也有它形式本身的律动（比如推陈出新）。唐代绘画对于传统的约定俗成有两种反应，大体上说，一是在原来画风画法的基础上将其导向成熟；一是革新传统，从而开创一个新的画风。前者如"大小李"，后者如吴道子、王维。同时，这两种反应趋向又难免交织融汇，为有个性的画家所吸收。如在长于写实方面有善画马的曹霸、韩干，善画仕女的张萱，得意于泼墨作山水松石的王默。到了8世纪后半期的大历、贞元年间，绘画又经过宗教艺术的一轮升华、丰赡，达到人物画以周昉为代表、花鸟画以边鸾为代表的丰满成熟期。后人评周昉之佛像、真仙、人物、仕女等画"皆属神品"；边鸾画花鸟姿态，逼真精妙，使世俗的唯美趣味颇得赏玩之兴。周昉的仕女画，雅尚丰腴，但内中有一派从容静力，其表现的功力可以说是圆熟已极吧！他所作佛画中的"水月观音"一改佛像那种道貌岸然的姿态和教条的表现手法，加进风俗画的典雅成分，将观世音表现成慈母一般的和蔼可亲。这种世俗化倾向正像唐代宗教与学术思想在中唐后日益向世俗靠拢一样，反映了由圣入凡的历史动向。

也如绘画之走向丰满、成熟，唐代的书法也大体上有个由飞动走向浑厚的历练过程。有人曾从盛唐以后社会文化风貌的转变论证书法体式风格之演变，

五牛图 韩滉 唐
故宫博物院藏

所谓将盛唐气势、情绪纳入规范，一方面预告了儒学的复兴，另一方面是新兴的世俗地主更欢迎如颜真卿字那样的通俗的、规范的美。而这种"美"的代表当推"杜诗颜字韩文"，如苏轼所谓"故诗至于杜子美，文至于韩退之，书至于颜鲁公，画至于吴道子，而古今之变，天下之能事毕矣"（《东坡题跋》）。那种体现着文化经验成熟的艺术境界与法度圆成，在中唐前后耸立群峰，不会是偶然的。就书法而言，颜真卿（709—784）是一里程碑，此公楷书（如《千福寺多宝塔碑》《颜氏家庙碑》）方严端正而又敦厚大度，行书（如《祭侄文稿》《争座位帖》）举重若轻，刚柔相济。鲁公之字可谓笔笔有重量，有蕴藉，有凝聚力，因而开出与初盛唐所崇尚的"二王"书法趣味系统（偏于优雅潇洒一路）大为不同的表现天地。颜氏书法的表现贵在不事刻意矜饰，既无躁厉之气，又无媚谀意味。它的文化意义不仅在于提供了一种艺术修养上的规范，"稳实而利民用"，而且更在于开启中国文化体验的深入途径（比六朝时更深入了）以及道器统一所臻的境界。颜氏一生刚直养厚，"安史之乱"中曾持节困守孤城，后又殉难于李希烈叛乱之役。这一点最能体现人格器识与文艺的重要关系，若说"字以载道"，此方为典型，流风余韵，无乃山高水长。

说是中国书法可以代表中国文化艺术的抒情特质，以至于"令人相信仓颉四目窥见了宇宙的神奇，获得自然界最深妙的形式的秘密"，这是一种体悟性的认识。进而，迄至中唐以颜真卿为代表的书艺，大概更可窥见中国文化精神

隋·唐·五代（581—960）

多宝塔感应碑 颜真卿 唐
西安碑林博物馆藏，此为拓本

于字里行间的高度凝集，还不仅是情感表现和生命暗示的萃集，而且可以内含理念与体验的冲突与协调以及成就其形式上的把握（刚柔、方圆、曲直、扬抑等关系），可说圆醇、深厚了。正如当时书论家张怀瓘所论："混黑白于胸襟……图古今于掌握。玄妙之意，出于物类之表；幽深之理，伏于杳冥之间。岂常情之所能言，世智之所能测？"（《议书》）他又进一步解释了书法这种"无声之音无形之相"的抽象表现，颇具文化旨趣："至若碛毫烁骨，禅短截长，有似夫忠臣抗直，补过匡主之节也；矩折规转，却密就疏，有似夫孝子承顺，慎终思远之心也。耀质含章，或柔或刚，有似夫哲人行藏，知进知退之行也。固其发迹多端，触变成态，或分锋各让，或合势交侵。亦犹五常之于五行，虽相克而相生，亦相反而相成。岂物类之能象贤，实则微妙而难名。"（《书断序》）

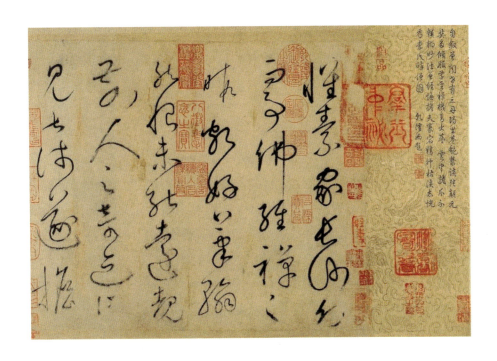

自叙帖 怀素 唐
台北故宫博物院藏

道艺天人，关系是否这么直接，倒也不一定，但这里边确实反映了传统文化追摄道器天人相合的结构倾向，颜字之意义故而不专在于技法，其风神最难于临摹。

当然，也不能忽视书法艺术演变本身的脉络。就书体大势看，唐代是楷书时代。楷书的造就，经历了欧阳询、虞世南、褚遂良等人的磨砺，他们因太宗之倡王羲之，而就北学南，渐见法度谨严，所谓"永字八法"也是盛唐时确立的。至于张旭、怀素的别出"狂草"，姿性肆逸，也未尝不以"楷模精法详，特为真正"（怀素《自叙帖》）。唐代文化之大而深，可见一斑。所以《旧唐书》上说颜真卿也因同张旭有渊源，故而正、草兼美，遒婉双绝。

内忧外患

谈唐代历史文化，一般都要说说"安史之乱"这件事情及其影响。历来史家均认为，这场爆发于8世纪中叶、持续了七八年之久的内部动乱，标志着唐王朝的由盛而衰，帝国虽然终于避免了解体，但积患已深，不复振作如初，初唐的秩序一去不返。"安史之乱"发生于曾经励精图治的玄宗朝后期，它对唐帝国形象和信心的打击，似乎比"造反"本身远为严重：756年，皇帝如惊弓之鸟从长安经崎岖山路逃向四川境内，这一次逃难及"马嵬之变"后来成了传说和艺术创作的素材，其中便有白居易的《长恨歌》。在许多感伤的诗里，玄宗的宰相杨国忠和杨贵妃、拥兵造反的安禄山，都被看成是使以前十五年盛世繁华凋谢的人物，情况实远为复杂。然而对于政治和社会精英集团来说，格外震惊，因为他们忽然看到强大的唐帝国竟瓦解于顷刻之间，并且震恐于皇帝悄悄出走，却将他们遗弃。许多世家大族的成员惊慌失措地南逃，有些人再也没有回来。长安陷落后不久便出现了8世纪后期常见的悲观失望、不信任和严厉批评的情绪。

这种信任危机对原本自我感觉不错的社会文化心理相信有不小的冲击。涉及"安史之乱"的前前后后，有必要先略说说唐代前期和中期的中外关系以及中央与地方的关系。唐帝国也像汉帝国一样，在立国之后，内部统一、稳定，成为亚洲东部国力强盛、文化发达的国度。汉代曾短期控制了东起朝鲜北部，西至塔里木盆地西边，南到越南北部的一大片领土，此后这一规模难再恢复。隋代在几个世纪的大分裂之后已开始恢复汉帝国的疆域，但大功未奏，直到唐太宗平定天下，才着手以臣服周围国家的方法来推行前代对外进取的未竟之业。

开国初，唐朝的力量还不够强大，因此对许多结邻的周边国家取怀柔政策，有时以下嫁公主（实际上不是皇帝自己的女儿）的手段进行和亲，有时用外交手段离间那些国家的内部团结。直到630年，北部边境原来十分强大的东西突厥因内部分裂而趋衰弱，加上唐朝经济实力已有巨大增长，给唐太宗提供了一个进行对外扩张的机会，其中包括平服东突厥，瓦解西突厥，对塔里木盆地诸绿洲王国实行宗主权，羁縻西边的吐谷浑、回纥、吐蕃，用兵高丽，唐朝文化的影响亦大大增加，丝绸之路得以畅达无阻。唐前期与四邻诸国大抵有五种关系：一是遏制侵略，如平服突厥；二是向外扩张，如攻高丽；三是以宗主权实行保护，如在西域等地设都护府；四是和亲与羁縻，如对回纥、吐蕃；五是单纯的经济、文化交流，如对天竺、日本、大食等国。前三项都需要军事力量的保证，以及实现这种保证的财政支持。当然，总的看，唐代对外关系的平衡维系，它外围安全地带的维系，主要还是要依靠本身的政治稳定和经济实力。

然而唐帝国本身的条件并非能得到长久保障，同时，由于无法避免游牧文化与农耕文化对峙冲突的背景，唐帝国周围疆域的种种麻烦看来没有完全澄清的希望。到玄宗朝中期，即8世纪40年代为止，虽然边境大体维持了稳定，但漫长无比的边境防务在人力和给养方面都是代价昂贵的。当时（天宝年间），唐朝设立了安西、北庭（对天山南北两路诸国）、河西、朔方、河东（对突厥、吐蕃）、范阳、平卢（对契丹、奚）、陇右、剑南（对吐蕃、南诏）九节度使和岭南五府经略使，军费支出不少，并成为中晚唐藩镇割据的基础。

由于需保持进行常年战争或战备的动员，唐代早期实行的府兵制已被完全破坏。改行募兵制后，各边镇军队大为扩充，所募者有不少是边域少数民族的归化内附人，他们是在边境地区的长期冲突中逐渐内附为唐民的，其中有不少原是游牧人，被指定居住在边州，被召募后为骑兵。有些内附人因军功而升为蕃将，后来在安禄山所率的范阳镇，还变成以蕃将为主。朝廷对军队的控制已大为削弱。由于事实上不得不使武将担任节度使，节度使又掌握着朝廷无法控制和对付的兵力，少数人名义上还是皇帝的仆从，实际上却是半独立的地方统治者和潜在的反叛者。

在这种情况下，中央集权制度及其行政系统遇上了难以克服的难题。与此相应，朝廷内部争权夺利斗争的激化也越来越难以避免，先是李林甫的阴谋与清洗，大批杰出的人物死了，或被断送前程。中央的官僚集团被李林甫清洗的暴力所动摇，又在一定程度上被暴力所吓倒，在运转中很难遵守正常的途径与程序。后有继起的杨国忠，企图凭借朝廷权力与边镇坐大的安禄山相抗衡。

755年，安禄山以惩罚杨国忠为名，起兵反叛，曾占领洛阳和长安。两年后他被刺杀。他的儿子与史思明又继续了反叛，一直到763年，局面才最后平定。"安史之乱"使中国最富饶的一些地区遭受破坏，人口减少，战争亦使唐帝国在边疆的立足点因自顾不暇而丧失了许多，而更重大的长期性破坏，则是中央政府权威严重丧失造成的。

这种丧失及影响体现在"安史之乱"后唐代社会的若干变化，如：一、军方成了帝国生活中的主要力量；二、地方行政结构被改组，在中央与旧州县之间,节度使与观察使成为常设权力纽带;三、许多人通过新途径(如战功)在官僚体制中获得权力、财富、威望;四、国家财政结构崩溃,需要新方法筹措收入;五、原有的土地制度受到打击;六、人口向南迁移;七、丧失对河北和河南大部分地区的控制;八、江淮几道取得重要地位;九、唐帝国丧失了领土和威信;十、对立的政治力量如宦官的权力不断增长。

事实上,中唐以后确实产生了许多另具意义的新情况,包括中央政策的失控、失调以及同现实的妥协,以换得帝国统治的维持。值得注意的是,中央权威的丧失以及随之而来的分权和权力的地方化,具有重要的社会意义。这意味着许多城市成了商业繁荣、行业俱全的地区性大都会。城市化的发展进程以生产力的全面发展为基础。人口南移不但提高了农业生产力水平,而且促进了手工业在长江流域的发展。结果,又促使贸易和商品流通量迅速增加,使中晚唐成为商业和商人活动十分活跃的时期。由此来看,以集中控制为理想模式的传统意识,虽然被无可奈何地放弃了,却使传统社会的经济和文化获得了新的发展形态。有人认为,中晚唐正是下启北宋经济文化发生大变化的开始时期。

如果说社会文化心理上的理想色彩减弱不免令人嗟叹,也可以说,同样作为一种解放,精神活动、文化创造活动也在寻找着不同于盛唐时的方向与方式,即如在传统中改变着传统。一方面有些人在关心传统体系的修复,另一方面,关心的人又很少,或者关心之余又不得不放弃某种传统的理想。白居易的几句诗大概透露出一些消息吧:"自从委顺任浮沉,渐觉年多功用深。面上减除忧喜色,胸中消尽是非心。妻儿不问惟耽酒,冠带皆慵只抱琴……"(《咏怀》)

"安史之乱"以后

"安史之乱"后,风华博赡的盛唐终于不能不过渡到失去理想主义土壤的中唐岁月。此间文化风貌之转变,虽然并非如舞台上换了一幕风格决然不同的戏剧,时代气氛之不同,却也近似秋水之于春江了。如果比较一下士人的情怀,譬如:"六驳食猛虎,耻从驽马群。一朝长鸣去,矫若龙行云""抚剑夜吟啸,雄心日千里"（李白），"丈夫三十未富贵，安能终日守笔砚"（岑参），"穷年忧黎元，叹息肠内热……非无江海志，萧洒送日月"（杜甫）……这些句子到中唐后就少见了。钱起吟的是"流水传潇浦，悲风过洞庭。曲终人不见，江上数峰青"。悲凉之雾到了李贺那里更极端地感受为"云愁海思"、桐叶秋风："澹色结昼天，心事填空云""长安有男儿，二十心已朽""朝朝暮暮愁海翻，长绳系日乐当年"。似乎是无可奈何的，现实的压力使士大夫形成各种不同的姿态，从怀抱的异途到生活方式的选择，从进取到逃避，从寂泊到感伤，种种色彩纷呈，不甚和谐，中唐文化现象不容易找到某种"主旋律"了。

　　对于文化的演进而言，不理想的生活和心理环境，倒也有另一番意义，即如韩愈所谓"穷言易好""不平则鸣"，中唐的文学艺术体现着某种与现实有着痛苦关系的文化体验，中唐诗歌越来越注重意境而不仅是兴象，恐怕不是偶然的。我们读韩愈的诗——"欲为圣明除弊事，肯将衰朽惜残年！云横秦岭家何在？雪拥蓝关马不前……"虽然感觉到他仍然肩荷着人世的使命感，却已带上了浑然的悲剧意味，好诗似乎已不能没有"顿挫"。意境之"厚"，滋味可咀嚼，正出之于"顿挫"。譬如刘禹锡"怀古"的意境："山围故国周遭在，潮打空城寂寞回。淮水东边旧时月，夜深还过女墙来。"兴亡之思，蓄积于一首小诗，苦心已在不言中。柳宗元也用顿挫的笔表达其抑郁情怀："岭树重遮千里目，江流曲似九回肠""射工巧伺游人影，飓母偏惊旅客船""烟销日出不见人，欸乃一声山水绿。回看天际下中流，岩上无心云相逐"，正是孤怀高咏。

　　与先前不同，中唐士人的心理活动特点，明显地由"外向"转而"内向"，由开阔闳放转而收敛精微，由元气淋漓转而在二重心理矛盾中寻求平衡。他们的诗文仍然描写天地人间，但"天地入胸臆，吁嗟生风雷。文章得其微，物象由我裁"（孟郊）。自然，天地也不须大，贵在小中见大而已，所谓"止水可为江湖，一鸟可齐天地"（王璠）；"竹药闭深院，琴尊开小轩。谁知市南地，转作壶中天"（白居易）。刘禹锡曾唱出"沉舟侧畔千帆过，病树前头万木春"，随着仕途的挫折感遇，弦歌理想也就变为吟咏惆怅，聊慰悲怀了。《新唐书·裴度传》记裴度曾事四朝之君，二十年间常以一身系国之安危、时之轻重，而结果仍归于隐逸："时阉竖擅威，天子拥虚器，搢绅道丧，度不复有经济意，乃治第东都集贤里，沼石林丛，岑缭幽胜。午桥作别墅，具燠馆凉台，号'绿野堂'，激波其下。度野服萧散，与白居易、刘禹锡为文章、把酒，穷昼夜之欢，不问人间事。"

由认同式的入世情怀到悲剧性的人生体验，由干预现实的讽喻批评精神到退而徜徉山水田园的自足，由春阳灿烂到秋气萧萧，这大概正是中晚唐士人的心理历程吧。他们所依靠的已不能是滔滔俗尘中的功业，而是山巅水涯的自然以及自我的寂寞澄怀、对俗尘的超然意态。如柳宗元在山水中寂寞的心音："秋气集南涧，独游亭午时。回风一萧瑟，林影久参差。始至若有得，稍深遂忘疲。羁禽响幽谷，寒藻舞沦漪。去国魂已远，怀人泪空垂。孤生易为感，失路少所宜。索寞竟何事，徘徊只自知。谁为后来者，当与此心期。"由此，世态炎凉、人情物故、历史沉浮皆转化为心境上的冷暖自知和人格胸襟上的涤荡淡泊。中晚唐士人的文化关切也因此而更多地体现在丰富的体验和感觉上，冷与热交集于以诗况味的瞬间与永恒："秋草独寻人去后，寒林空见日斜时……寂寂江山摇落处，怜君何事到天涯？"（刘长卿）

说是时代环境气氛的演变也罢，士人文化心理的冷热交集也罢，不知是否可以说，中唐之所以为中国文化史之一大转折，"由圣入凡""由外向内"当为题中隐义。以"由圣入凡"例言，"圣"，即指为圣贤立言、为生民立命的传统文化的高层次指导原则，如"仁义礼信"一类思想学说，可以拿来作为经邦济世的依据；"凡"，则指日常人生。换句话来说，前者为"道"，后者为"器"。中国传统文化的力量标志之一，不徒在于圣为何，道为何，凡又是怎样，器又是怎样，尤在于即器见道、由圣入凡。中唐以后，这一文化的"自组织"动向又前进了，又经历了现实与理想的折中调整。前面曾说过，儒、道、释各自风貌都有个灵肉合一、圣俗协调的变化，在其他生活领域，大到政治、经济，小到工艺、习俗，唐代兼容自主的文化积累在中唐以后的现实的影响下，仍能维系住悠长岁月，恐怕正因其固有着圣凡不二、道器不离的性质。当时，有些敏感的士大夫，或者求仕的平衡或者求隐的平衡，都比较注意使实际的利害同理论上的是非予夺相联系。譬如说传统文化中有一种强大的观念——载道或者寓教，亦即强调写文章也好，别的什么活动也好，应该要把"道"载在其中，把"教"寓在其中。道，当然是儒家的哲学和纲常为主。一提唐代影响颇大的古文运动，就要提到韩愈的主张，其第一条就是"文以载道""文以明道"。为什么这说法千百年来根深蒂固？仅仅说这是针对了文章的内容与形式关系而发言，恐怕嫌表面了，实际上它应和了中唐以后传统文化进行综合整备的要求，使文化在内容与形式、道与器、圣与凡的结合上惯例化、普遍化。韩愈虽然谈的是古文，讲的是写作，其实作为某一项文化活动的文化意义却是共通的，一方面"行之乎仁、义之途，游之乎《诗》《书》之源"，使凡不离圣，器通于道；另一方面，"志在古道，又甚好其言辞"，"志深而喻切，因事以陈辞"，以至于沉浸浓郁，含英咀华，"奇辞奥旨，靡不通达"，这又意味着圣与凡、道与器的完美统一了。对中国散文有着重要革新意义的中唐古文运动，在文学风气上的影响是巨大的，但它的文化意义显然也是在一个领域内反映着中唐以后文化模式的形成。

道，尽管是在不同解释和接受中的目标和法则，毕竟还是传统文化结构的内核。中唐社会生活虽然并不昌明，却并未失去"羽翼夫道"的意识，那种情况也许正加强了人们的文化关切——不管怎么说，还得把"文章"做下去！中唐以后文化的"大文章"虽然比初唐、盛唐难做，却也正因如此，也因为中国古代后期社会（如宋、明、清）均有相似的问题（如何维持一个大一统的社会与文化秩序），中唐这篇"文章"更具有典型意义。譬如诗、散文、书法、绘画、园林、建筑、雕塑、宗教和风俗习惯，以及作为俗文学的传奇小说，还有哲史学术，大致都在走向定型与成熟，为以后北宋的"烂熟"续篇奠定基础。

由圣入凡、即器见道，实际上又体现为在多样途径的探索中综合，求其会通，"得其高朗，探其深赜"。譬如中唐时，经学出现了许多专门名家，"有蔡广成《周易》，强象《论语》，啖助、赵匡、陆质《春秋》，施士丐《毛诗》，刁彝、仲子陵、韦彤、裴茝讲《礼》，章廷珪、薛伯高、徐润并通经"（李肇《唐国史补》卷下），大都不专重章句，转求儒学义理，求"圣人之意"与"生灵之意"的相通。其中以啖、赵、陆三家"春秋学"、韩愈的"道统论"以及李翱的"复性说"最有影响。这可以见出在思想方面"由圣入凡"的趋向。另外还有史学、地理学、兵学、天文、历算、医学等方面的专门家。唐朝的诸子之学也格外兴盛，如杨倞注《荀子》，卢重玄注《列子》，贾大隐注《公孙龙子》，尹知章注《韩非子》《鬼谷子》，杜牧注《孙子》，滕辅注《慎子》，杜佑注《管子》……我们看当时人编撰史籍、志书、类书、集注，均表现文化宗风的不衰，足以垂示后世。唐初藏书之盛，虽经"安史之乱"而亡散殆尽，但此后又重事搜罗，后来从敦煌石窟发现的大量唐人写本可窥及唐代文化积累之功亦是卓绝的。杜佑呕心沥血三十年于贞元年间编成历史上第一部专门叙述典章制度的专史——《通典》，史家刘知几于史馆失意之余私撰《史通》，堪为闳中之史学专论，他们的志意皆契会于"通"，恐怕值得注意。

通，即意味着圣凡、道器的互为依存融合，而不是分途，包括文艺的形式与内容、风采与骨质，扩大为文化上说，亦即调和体用、知识与道德、外王与内圣的关系。所以中唐以后文化的特点不仅有其"顿挫""收缩"的一面，亦有其反省、调整、转化传统的另一面。这后一面更为重要。拿柳宗元来说，他政治上失意，生活上坎坷，思想情怀也不事束缚，境界不凡，但他在谈到写文章时所作自白，颇能反映当时文化价值承当者的使命感，影响积极而深远："故吾每为文章，未尝敢以轻心掉之，惧其剽而不留也；未尝敢以怠心易之，惧其弛而不严也；未尝敢以昏气出之，惧其昧没而杂也；未尝敢以矜气作之，惧其偃蹇而骄也。抑之欲其奥，扬之欲其明；疏之欲其通，廉之欲其节；激而发之欲其清，固而存之欲其重。——此吾所以羽翼夫道也。"（《答韦中立论师道书》）

原道翼道，旁推交通，大概是传统文化在唐代寻求转化的大关节吧。

民俗韵致

用盛、衰这样的字眼来描述唐代文化的全体形态变化，可能是不准确的。尽管中唐以后国势不能恢复到昔日气象，也影响到制度、行政、士大夫精神生活以及民生诸多方面，似可用"衰"字来形容，但就社会下层生活及其文化面貌而言，可能受政治变动的影响要少得多。因为一来由盛唐到中晚唐，并没有出现一个大规模文化变动的情况，二来中国中古社会虽然是中央集权，可控制却始终未达到社会的基层，民间生活甚至也并不大受改朝换代之影响，这也是中国文化被称为农业型或伦理型的根性所在。

之所以这么说，是因为"安史之乱"后，唐代文化仍然有其自身延续性的发展，特别在民间生活中表现着丰富的内容。历史记载的事情当然不少，包括战乱和灾难，但有唐一代，二百多年，毕竟安定时候为多，生产力总有些增长，文明的进步（从工艺到趣味等）也毕竟是普遍性习俗生活的背景，像宗教现象和民俗风情也正是民间生活的主要文化性因素，构成传统文化的凡俗层次。我们看中晚唐大约一百五十年间世俗文化的特点，一个是本土道教和佛教浸润日深，有形无形地影响到乡村市井的风物人心及民俗流变；二是民间文化如衣食住行、婚丧嫁娶、吉凶庆忌等惯例大致定型，流衍于后世；三是工艺、艺术的形制和风格转向华丽精致，是盛唐的延伸与进一步世俗化。

也许很难说明，但给人一种印象，中唐到北宋，是文化在中国古代社会的基本框架结构中充分发育成熟的时期，其中包括民族心理性格、思维和行为方式在俗文化形式上的自我确定和设计。但在俗文化现象中显然也内含着华夏人生意识，在人与自然、自由与命运、欲望与规范这类问题上的矛盾，以及在认识上难以解脱矛盾困惑的文化心态。就普通人来说，一方面，他们祖辈在土地上耕耘，在作坊里劳碌，往往欲望不多，略得温饱，性格温和内向，对灾难表现出巨大的承受力；另一方面，又在信仰鬼神、迷恋术数中表现出非理性的冲动，甚至表现出欲望驱使下的自私、狭隘。这虽然难以理解，却无法否认。以伦理道德观为中心的儒学，曾以"家礼"（三纲六纪之类）形式为俗文化秩序做了规范。具体说来，就是在人与人的关系上，讲谦和忍让；在人与家庭的关系上，讲孝悌慈爱；在人与社会的关系上，讲忠义服从。不过礼文化追求和谐的理想，毕竟着重于对欲望的外在抑制，中唐以后儒学又在重述"修身齐家治国平天下"时倾向于强调先须"正心诚意"，虽然重视人的自性修养，一来仍难以解决安身立命的问题，二来亦对芸芸众生产生不了作用。由此，道教佛教在民间传布，那些今生来世、功过善恶、因果报应的说法，那些祈福禳灾、装神弄鬼的仪式，便补充到俗文化中去，并转化为与日常生活关系密切的风俗习惯。具有日常和神秘性质的习俗，虽然也是规范，却能吸引人们在趋福惧祸的象征性活动中获得某种心灵安慰，或者在宣泄情感（如口宣神号、行礼叩拜、燃放鞭炮、载歌载舞、搭台唱戏、会亲访友）中寻求心理平衡或精神补偿。《旧唐书》记载，唐高宗时，有个叫张公艺的人，其家人已同居共财整整九代，高宗"幸临"其门，问起这个大家庭九世同居的奥妙，张公艺大书一个"忍"字。忍，虽然不容易而可贵，实际上终究不是办法，更多的情况是忍不了，因而俗世生活仍需别的东西。在唐代，"别的东西"包括岁时风俗、卜卦风俗、看相、算命、符咒、斋丧俗、预兆信仰、梦兆、驱傩、浴佛、拜月，等等。

譬如岁时节日风俗，往往涉及多重意义，如祭祖、祀神、祝寿、祈福、驱邪、兴农、休息、娱乐、交往。元日、寒食、清明、端午、七夕、重阳、腊日为唐代几个重要节日。元日即后来的春节，除夕夜人们守岁达旦（孟浩然："续明催画烛，守岁接长筵"），燃放爆竹（三国时即已发明），门上悬挂桃木板（桃为五行之精，为鬼所惧，又称仙木），以辟邪取吉祥意。清晨，全家祭祖，饮屠苏酒，传说可以祛除瘟疫。寒食、清明为唐人扫墓、烧纸钱、祭奠先人的日子，在此前后，人们还举行一些郊游、赛会一类的迎春活动。农历四月初八是佛诞节，这一天，寺院里往往举行"浴佛法会"，在大殿里用一水盆供奉释迦牟尼佛诞生像，僧侣和信徒用香汤为佛沐浴；民间在佛诞节还熬煎香药、糖水相互赠送，或用大豆、青豆煮熟了，洒上盐汁送人，称为"结缘豆"。许多信徒在这一天还要互相"传经"，集资刻经、造像，北京房山石经洞许多唐代石经，就写明刻于四月初八。五月初五端午节，民间除吃粽子、赛龙舟，还有挂钟馗像的习俗，因相传钟馗好吃鬼，故用以驱鬼；此外"采百草"（药草）和"饮雄黄酒"也很盛行。七月十五是中元节，原是祭祖，后成为佛教节日，又称"盂兰盆会"（盂兰是梵语，意为倒悬，传说作盂兰盆可解祖先倒悬之苦）。这个佛教节日同目连救母的故事有关：佛经上说佛弟子目连的母亲死后变为饿鬼，目连竭尽全力不能救济其母，佛传授给他一部《盂兰盆经》，教他在每年阴历七月十五日以一百种食品款待各方僧人，其母方能得到解脱。盂兰盆是以竹竿斫成三脚，高三五尺，上端有一盏灯笼，挂上纸钱、纸衣帽一块焚烧。相传灯笼一亮，鬼魂就会汇聚拢来，河里的水鬼则放河灯来通知。"家鬼"在家里祭祀，"野鬼"则受各家门口的饭菜招待。此外像农历七月三十的地藏节、七月七"乞巧"、八月十五的中秋拜月、九月初九的重阳登高赏菊，都各有意思趣味，就不列举了。需要补充一下，道教于岁时风俗亦颇讲究，如正月初二要祭财神，初九是玉皇大帝生日，要举行大醮仪（俗称神仙大会）。二月里土地神过生日，三月份城隍爷出巡，大开庙会。然后，关帝、二郎神、水官大帝、娘娘、城隍，一个一个地过生日，都要上香、设供、聚会、祭赛，最后是腊月二十四送灶神。受宗教影响的这一类风俗成了民间文化活动的主要形式。

还有如卜卦、算命、看相、符咒及预兆信仰等一类带有迷信性质的风俗，在唐代流行，敦煌石窟中发现的唐人写本中便有许多记载。这一类风俗，往往是把许多生活现象、人的生理现象与某种吉凶祸福的可能性预言联系起来，构成带有因果神秘性的解释系统，既有些经验性的比附推断，又不乏想象力，中间也掺杂有儒、道、释的思想作为立说依据。在当时人看来，也许不大注意它们是否有科学性，是否真能应验生效，重要的是生活需要某种指南，它们反正为生活所必需。因为这类习俗的作用主要体现在心理上，民间文化心理需要那些精神寄托及其所附载的形式，同时既具有道德教化的作用，也抑制了传统文化中科学意识的生长。

不可能用简单的标准去判定民俗的好坏，自因其中难免良莠共存，同时它的主要意义更在于它的历史合理性，也是传统文化的凡俗表现和在基层存在的土壤。因此，文化变动往往同移风易俗最为相关。

话说回来，中唐以后民俗的惯例化，对社会文化的多途径发展不无益处，因为在风俗层次上，文化活动往往是自发的，逐渐自然形成的。譬如印刷术的发明，便同民间对佛经、日历、占卜类书的需要有关。世界上现存最早的有纪年的木版印刷品就是敦煌发现的王玠刻本《金刚经》。如果我们注意到唐代金银器、陶瓷、铜镜、纺织品的工艺进步水平，纸笔墨砚的广泛使用以及象棋的发明、凳椅的出现等，也许会发现它们与民俗文化有因应关系。至于唐代兴起的说唱文学、传奇小说、参军戏等更难说没有俗文化的影子。

附言，中国人饮茶、敬茶、品茶的习惯，自唐代开始盛行起来。据《封氏闻见记》载："开元中，泰山灵岩寺有降魔师，大兴禅教。学禅务于不寐，又不夕食，皆许其饮茶。人自怀挟，到处煮饮。从此转相仿效，遂成风俗。自邹、齐、沧、棣渐至京邑，城市多开店铺，煎茶卖之。不问道俗，投钱取饮。其茶自江淮而来，舟车相继，所在山积，色额甚多。"著有《茶经》的陆羽在民间被尊为茶神，他总结了民间制茶、煎茶、饮茶的风尚，还论及有关的茶具、水、佐料等方面的讲究，强调饮茶如何成为独具韵味的艺术，饮茶者如何在从煎到饮的过程中，达到澄心静虑、畅心怡情的境界。饮茶之艺术化，既颇可适应文人心志情趣，似乎也可代表民俗文化对人生的感觉是丰富多彩而又适性自然的。"食罢一觉睡，起来两瓯茶。举头看日影，已复西南斜。乐人惜日促，忧人厌年赊。无忧无乐者，长短任生涯。"（白居易《食后》）令人想到淡淡人生中的滋味，在茶内也在茶外。茶禅、茶道、茶艺等颇能代表中国文化生活的韵致。

晚唐及五代十国

唐代文化，我想，已说了个大略。在中国文化史上，"盛唐模式"与"中唐模式"均具有典型意义，换句话说，传统生活的文化存在方式，经过这两个模式的开发、塑造，又是一番设计、调整，承上启下，又不可避免地要进入下一幕历史，进入"晚唐"和"五代"。

史家所谓"晚唐"，原是模糊的说法，没有明确其起点。窃以为，如果中唐以755年（"安史之乱"）始至820年（宪宗死）终，大致讲得通的话，那么晚唐可指820年到907年这一段，正是唐朝走向衰亡的八十七年。因为"安史之乱"后，中唐社会虽然困难甚多，勉力支撑，主要症结却一直是藩镇割据引起的政治、经济问题，朝廷相对于割据势力，处于劣势而妥协。805年永贞革新流产（王叔文被杀，柳宗元等八人被贬）后，宪宗李纯即位，力图中兴唐室，结果他在同桀骜不驯的方镇所进行的军事对抗中取得了进展，在一定程度上恢复了中央集权制度，这恐怕是最后一次振作，以后的局势便如强弩之末了。这使人觉得，820年宪宗去世，标志着中唐的终结，晚唐的开始。

不过，这一变化并非截然划开的，许多问题在中唐时已是隐患，随着维持既有秩序能力的衰弱，而逐渐放大与表面化了。譬如王朝财力的紧张，一方面在经常发生动荡、造反的地区重建权威需要巨大费用；另一方面是为保护帝国疆域不受侵略，以及在中央政府有效统治已被严重削弱后仍然需要维持一个庞大的官僚机构，这些都给王朝实际所能支配的财力带来沉重的压力。压力导致了一系列恶性发展：从780年到860年，为了支持恢复王朝统一的战争，农民身受增税的负担;从820年到860年,出现了不断增加的骚动和地方性盗匪活动;从860年到875年,戍军暴动发生,他们试图在长江下游建立一个独立的地区政权;从875年到884年,一场大规模的王仙芝、黄巢起义爆发了,首都失陷;然后是从884年到907年的混乱,一批地区性政权先后建立起来,其中一个(朱温的"后梁")最终结束了唐代二百八十九年的历史。

如同恶性肿瘤,还有些弊端在晚唐发展到十分严重,一个是内廷宦官的势力甚嚣,他们往往成为权力的操纵者;一个是发生在朝官之间的朋党斗争,即所谓"牛李党争"。这种发生于朝廷上层的争权斗争,意义只在于无穷尽的"内耗"和使政治清明变得无望。宦官与官僚拉帮结伙,不可避免地败坏了道德风气,离散了传统的"修齐治平"体系,以至于835年"甘露事变"(一次由丞相李训和凤翔节度使郑注筹划的清洗宦官的未遂行动)后,唐文宗凄凉惨淡地说,古代最不堪的君主只受制于诸侯,而他本人竟受制于家奴(宦官)。唐宣宗则是靠装痴,才被宦官看中扶上了皇位。

看来一切规范以及支撑王朝不坠的联合都在冰泮瓦解。同时,唐朝的长期衰弱助长了外族对大片北方领土的占领,如来自沙陀突厥、回鹘、鲜卑、党项、吐谷浑等部族的威胁,更加剧了晚唐后期的混乱,这也是南北朝以来汉文化大为衰落的时期。

晚唐文化,一部分因素该属于中唐的余波,另一部分因素恐怕是夕晖残照了。即以士大夫际遇而论,宦海旋涡,变幻不止,使其进退失据,往往荣衰贵贱系于顷刻,有如浪涛里一叶飘浮。总的看,不免萧瑟迷离。"残星几点雁横塞,长笛一声人倚楼。"

说到这里,便容易想起李商隐那种朦胧深沉、情感郁结的诗句来。有人曾依性情所好而言:"一种风流吾最爱,六朝人物晚唐诗。"晚唐诗以至于晚唐文化之所以让人觉得风流可赏,同盛唐、中唐相比别是一番滋味、境界,大约与李商隐、杜牧这类诗人的活动有关。义山与牧之被称为"小李杜",其诗作独具晚唐风韵,恰好给星汉灿烂的唐诗史做了压轴的一页。

杜牧和李商隐皆生不逢时,无法展其抱负,才情入诗,又不得不于山重水复中转觅柳暗花明。前者原不乏"平生五色线,愿补舜衣裳"的书生意气,但中了进士后长期沉沦下僚,灰心失望之余,唯有一觞一咏,歌儿舞女,"逐日

愁皆醉"了。他那种"十年一觉扬州梦,赢得青楼薄幸名"式的放浪形骸,"嗜酒好睡,其癖已痼"式的懒散颓唐,同他时时关心天下事的人世雄心矛盾地集于一身。所以他是矛盾的:"清时有味是无能,闲爱孤云静爱僧。欲把一麾江海去,乐游原上望昭陵。"现实时空颇为局促,而他的心理时空则表现得极为深远,又有"言不尽意"的感慨蕴藉:"六朝文物草连空,天淡云闲今古同。鸟去鸟来山色里,人歌人哭水声中。深秋帘幕千家雨,落日楼台一笛风。惆怅无因见范蠡,参差烟树五湖东。"念着"尘世难逢开口笑,菊花须插满头归""千秋钓舸歌明月,万里沙鸥弄夕阳"这些句子,直觉地感想着晚唐诗人似乎比以往更发乎性情地咀嚼着人生悲哀与历史的悲剧意味。

晚唐风韵的美,正是悲剧的美。李商隐的际遇坎坷又超过了杜牧,一生中自卑与自负在心灵中永远交织。一方面苦苦奋斗,另一方面又因陷入牛李党争的夹缝里而忧郁难堪。"永忆江湖归白发,欲回天地入扁舟",是他自嘲的哀叹;"何当共剪西窗烛,却话巴山夜雨时",是他的怅惘;而"嫦娥应悔偷灵

韩熙载夜宴图 顾闳中 五代
故宫博物院藏

药,碧海青天夜夜心",则是一种永恒的寂寞了。律诗发展到李商隐,在用事精切、属对细密、形式之美与感情婉寄方面,皆已无与伦比,可谓"一空百代"。他把诗的意象组织同含蓄委婉寄兴缘情的传统文化性格(如楚辞)相结合,好像是写朦胧之艳情,却把想说而又不能直说的幽忧怨愤,隐约于有无之中。所以李氏的许多"无题"诗,都让人觉得晦涩难懂,以至引出了"一篇《锦瑟》解人难"这样的千古诗案。如"昨夜星辰昨夜风,画楼西畔桂堂东。身无彩凤双飞翼,心有灵犀一点通……"分开看各句似乎都明白,但各句、各联之间却似乎没有联系,使全诗节节断开,意脉隐藏极深,曲折回环,欲言欲止,让人感觉到诗人心境中的矛盾:彷徨、隐埋极深的痛苦。李商隐诗的文化意义正在于他借传统的形式表达出内含着深刻困惑的人生体验,体现着感觉精微而又只能向内倾斜的文化心理倾向。"一生襟抱未尝开",现实的不理想,糜折了朝气、勇气,只剩下悲凉的暮气,"于今腐草无萤火,终古垂杨有暮鸦"(李商隐),"出寺马嘶秋色里,向陵鸦乱夕阳中"(温庭筠),"夕阳无限好,只

秋山问道图 巨然 五代
台北故宫博物院藏

珍禽图 黄筌 五代
故宫博物院藏

是近黄昏"（李商隐）。唐末诗人韩偓曾作《香奁诗》，似乎专言艳情，卑不足道，但何尝未有难言的苦心呢？其诗云："缉缀小诗钞卷里，寻思闲事到心头。自吟自泣无人会，肠断蓬山第一流。"感慨是很深的。

晚唐诗人尤爱吟咏三类主题，即自然、爱情、历史。然而在对自然的眷念中，他们寻找的是内心的宁静；对爱情的歌吟是对个人生活的关注与对使命的逃避，在爱情中委身心于颓唐；对历史的追怀则是对现世的喟叹与失望。由此文化精神及创造活动的天地不能不渐渐缩小，唯美与享受的风气、纤巧绮丽的风格，在晚唐和五代间渐渐流行。更适合歌舞之需要的词也便萃然兴起。唐亡后，不少士人逃往南方的西蜀与南唐，续其残梦，产生了温庭筠、韦庄等人为代表的"花间词"，所谓"叶叶花笺""文抽丽锦""秀而不实"者。南唐中主李璟和后主李煜是杰出的词作者，其词写亡国破家的悲剧心情，几成千古绝唱："……细雨梦回鸡塞远，小楼吹彻玉笙寒。多少泪珠何限恨，倚阑干。"（李璟）"春花秋月何时了？往事知多少。小楼昨夜又东风，故国不堪回首月明中。　雕栏玉砌应犹在，只是朱颜改。问君能有几多愁？恰似一江春水向东流。"（李煜）

也正如流水落花一般，907年唐朝灭亡后，分崩离析而成的"五代十国"（北方的梁、唐、晋、汉、周，南边的南吴、南唐、吴越、楚、闽、南汉、前蜀、后蜀、荆南和北汉）也在五十年间旋生旋灭。由于北方常年战火不熄，南方尚称苟安，传统文化、经济的重心进一步移向南方，这是南北文化格局之一大转变。

五代十国期间，承唐之余波，传统工艺如陶瓷、雕版印刷、建筑、制墨有较大发展。艺术方面以词和绘画的造诣承担了由唐向宋的过渡，并且斐然可观。如黄筌、徐熙之写生花鸟，周文矩、顾闳中之人物，卢楞伽等人之壁画，以荆（浩）、关（仝）、董（源）、巨（然）为代表的南北山水画派，下启北宋。柳诒徵氏云："自唐迄宋，变迁孔多。其大者则藩镇之祸，诸族之兴，皆于政治文教有种种之变化，其细者则女子之缠足，贵族之高坐，亦可以见体质风俗之不同。而雕版印刷术之勃兴，尤于文化有大关系，故自唐室中晚以降，为吾国中世纪变化最大之时期。前此犹多古风，后则别成一种社会。"（柳诒徵《中国文化史》下）应该说，传统文化在经历了唐代的风雨洗礼之后，又该翻开一页了。

宋·辽·西夏·金·元

(960—1368)

兴隆北宋

一次我们到京郊的潭柘寺去,见到寺中两株古树,霜皮苍古,黛色参天,据说寿数已逾千年。不禁想到它们的扎根大约是在宋辽时代吧。那时候距今正好一千年了。

960年初,北方后周政权的禁军首领赵匡胤在陈桥驿(开封北)发动兵变,黄袍加身,废了后周柴氏,自立宋朝,这是史称"北宋"的开始。

宋以武力向南兼并,十几年间,逐步结束了五代十国的分裂局面。这时产生了一种新的对峙性的势力格局,和北宋对峙的,北有辽(契丹),西有党项(后建立西夏)。如此计约一百多年,辽和北宋相继衰亡,宋室南渡临安,又有一百多年南宋与金的相持,直到蒙古骑兵的铁蹄掠过中原和江南。

北宋赵氏汉族政权虽然给中国广大地区带来了一个统一、稳定的世纪,但在格局气象上已不能同汉、唐帝国相比。宋太祖虽然说过"卧榻之侧岂容他人鼾睡"的话,也只是对衰弱的南唐而言,在北方和西北方,宋初的武功一再受挫,最后只能做事实上的妥协。1004年宋与辽订立"澶渊之盟",协议宋每年给辽绢二十万匹,银十万两,边州两军各守边界。此后维持了一百年的和平。北宋与西夏之间一直是打打和和,互有胜败,也是一个僵持不下之局。从这一点看,北宋对11世纪历史情境选择了现实的反应方式,看来比较文弱,这也影响到社会得以把力量投入到传统文化的组织和建设中去。其表现是精神领域的探索和文化事业的兴盛。在这种风气弥漫的世纪里,有人说武功不足,文治有余。北宋文化对内在方向的发挥,一方面赋予传统活力及新内涵,使其各方面均趋向精致圆熟、尽善尽美;另一方面因忽略而逐渐丧失尚武之精神及力量,导致自身的覆亡。

说是"文武之道,一张一弛",其实怎样张弛仍是历史上难以解决的矛盾。譬如中原沦陷于女真(金),对南宋该是最沉痛的教训,但南宋一些疾呼主战的人始终不能占上风,南宋对现实的默认仍与北宋一脉相承,尽管出于偏安,文化上仍然有夺目的成就。传统文化经历浩劫,仍能维持不坠。可以说,到了宋代，这是一个转变：华夷之辨的历史主题出现了这样一种答案——战场上的弱者乃是文化上的征服者。所以，尽管朱熹和陆九渊的思想、马远和夏珪的画、李清照和陆游的词无补于南宋之安危，但长留史册、泽被后人的毕竟还是这些文化遗产。历史得失，真是很难说的。一方面是战争厮杀，另一方面则是文化的混合，经宋一代，也构成外族与汉族交融过程中重要的一个时期，例如科举考试制度，在北宋定型，辽、金以及后来的元、明、清都莫不加以吸收。

前边曾说过，中唐至北宋，是文化在中国古代社会基本框架结构内充分发育成熟的时代。成熟恐怕有赖于一些转变的条件，使制度、政策适应历史趋势。譬如史家都谈到中唐时实行杨炎提出的两税法（简化、合并税项，一年分春秋两季征收。不论土地归何人所有，一律按土地面积纳税），标志着土地私有制度的合法化，并促进世俗地主势力取代门阀地主势力，促进社会流动（包括人才流动与资源流动），同时庶民具有了更大的独立性。这些，都会在文化上产生深刻的影响，譬如宋代教育已破除门第限制，显示平民化、普及化趋向。科举考试也更具开发性，对白衣寒士开门，扩大了取士名额。北宋由于总结了唐代的得失教训，着眼于稳定和权力的集中，在制度上做了许多调整，为文化兴隆打下了基础。

不仅是一般意义上的兴盛，传统文化似乎走到了最有成熟味道的地步。思想方面，儒学的复兴和理学的盛行，成为中国思想史上一个划时代的阶段；文艺方面，古文运动仍在进展，词的文雅，曲的通俗，绘画中的文人画，各呈异彩；在科学技术方面，中国三大发明都在这时得以推广应用并发生重大影响：指南针适用于航海事业，印刷术的改进（毕昇首创活字印刷）促进书籍的普及，宋版书以精美著称，火药被应用于火炮及武器的更新。在许多事物的讲究方面，宋都超过了唐。譬如以诗文数量相比，《旧唐书·经籍志》著录集类 892 部 12028 卷，《宋史·艺文志》则著录凡集类 2369 部，34965 卷。宋代还编成四部大型类书：《太平御览》《册府元龟》《文苑英华》《太平广记》，可见重文之一斑。司马光修史十九载，撰成大型编年体通史《资治通鉴》，南宋袁枢又开创史书的"纪事本末"体，做出《通鉴纪事本末》。典章制度方面，郑樵作《通志》，宋末元初的马端临作《文献通考》，二者与唐代杜佑《通典》并称"三通"。可举事例还很多。北宋诗坛曾有"江西诗派"，提出用意炼句要

"脱胎换骨""点铁成金",不知这话是否也可用来说宋文化一种特别的格调精神?在这一精神影响下,宋人穷理尽性,以阐释的方式弘扬传统。理学在宋代高度体系化不是偶然的,宋诗亦被称之为"思虑深沉之调"。

以一个"熟"字论宋,也是说在形式与意味的结合上都很讲求,穷形尽相,踵事增华,又不免润饰藻绘,如磋如磨,归于摩挲含玩,如词、如画、如瓷器,似乎确有一种趣味、火候上的变化,不再注重大气、粗朴、慷慨,而是注重准确、细腻、韵味以至于新巧。正如柳永、秦观的词,颇宜于写下"伫倚危楼风细细"或"淡烟流水画屏幽"的意思。当然,这只是宋代文化表现令人印象颇深的一个特色罢了。

但是,这种特色或者说智慧运用的倾向,自有其发生的历史土壤,社会环境的牵动以及心理变化上的因缘,亦需稍加留意。说远一点,中国社会大凡以小农经济为基础,直到宋代,土地关系虽屡有变化,大量人口总归尚以此种方式求生存、求理想,无过于和谐、自足、宁静,长治久安亦无过于此。北宋结束了分裂与动乱,自然容易回到这个文化理想上来。再者,吸取晚唐之教训,秩序之稳定也应优先考虑;同时,因力量不足以向外扩展,恢复汉、唐规范已成幻梦,柔与刚、文与武、内与外之间便有个实际上的倾斜。再加上北宋兴起

千里江山图（局部） 王希孟 宋
故宫博物院藏
古代青绿山水中的杰作

的新儒家思想，特别强调日常人生与天道人伦的合一与高扬道德主体论的文化意义及普遍人生意义，也造成一种将神圣、理想同现实需要协调起来的文化设计。

应该注意到宋代生活主流对传统和历史境况的回应，虽然并非很自觉的，这种回应仍在稳定与发展的平衡关系上创造了一种模式。这种模式对以后七百多年历史（元、明、清三代）施加有效的影响。在这个意义上，从典章制度到思想文艺，宋代可谓对传统进行有限改造的时代。

譬如北宋制度、政策上的"改造"特点，若干条均有意义。一、一方面坚持夷夏之辨与攘夷的原则，另一方面又采取现实的妥协态度。二、一方面强调"尊王"，另一方面推行士人政治，鉴于唐、五代故事，故喜用儒臣、压抑武将，通过改进科举考试制度，完善文治、吏治的程序。三、军事改革上的"强干弱枝"，宋太祖有"杯酒释兵权"之举，即以高官厚禄为手段，不流血地剥夺诸将兵权。以枢密院掌军事，由皇帝直接指挥，有事时枢密院派遣军官统率部分禁军出征，这样，将领不易形成自己的势力，离心趋势被彼此制衡削弱，得以避免"尾大不掉"之局面。四、加强君权，使分管政治、军事、财政的中书门下省、枢密院、三司（户部、盐铁、度支）三权分立，由皇帝控制，唐代三省制牵制君权的平衡在宋朝已消失。五、土地私有制与科举制（宋代布衣入

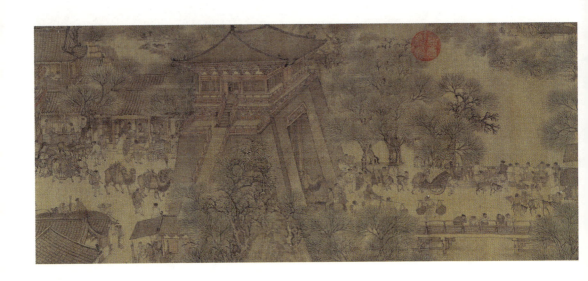

清明上河图（局部） 张择端 宋
故宫博物院藏

仕率较高）的常规化，使地主阶级和士大夫成为支撑政权的主要社会基础。

不管说它是"平民社会"，还是说它是"君主独裁下的分权社会"，宋代对传统的改造着眼于稳定、均衡，给文化繁荣创造了条件。

瓷的时代

北宋末年有个画家张择端，画了一幅《清明上河图》，画的是都城汴梁清明时节的景色，很有名。如果不看这幅画卷，还真想不到北宋城市经济的繁华程度究竟如何。概括说，百业兴旺，熙熙攘攘。孟元老的《东京梦华录》也作了这样的描写。不好一定称"太平盛世"，然而整个11世纪的进步确实大幅度提高着北宋物质文明的水准，其标志是农业生产力的进一步开发和城市手工业、商业的繁荣。中国人口在北宋时首次突破了一亿。

既然以农业立国，文化发达必然要以农业开发为基本动力。这种对自然的开发利用，在宋代，除了生产工具之不断改进和水利灌溉这两个传统方向之外，其具有飞跃意义之处则在于开发利用的深广度。譬如，第一，土地利用范围在垦荒基础上进一步扩大，出现了梯田、圩田、围田、湖田等，因种植面积增加，仅平江府的田赋由宋初的十七八万石增加到神宗时的三十四五万石。第二，农艺技术的讲究，如施肥、田间管理和轮种、两造这些环节，体现精耕细作的要求日益提高。第三是良种的引入，如从越南引入早稻良种占城稻。第四，经济作物的种类和种植面积在扩大，如茶叶种植普及于东南州县，成为大宗商品；棉花的传入和推广以及果木蔬菜品类繁多等。诸如此类，都意味着对温饱型农业的一定突破。宋代土地关系虽然也有"官屯""民屯"的形式，但主要是比较松弛的地主与佃农的租佃关系，尽管剥削十分严重，还是促进了农业生产力的提高，"户口蕃庶，田野日辟"。

随着农业发展和生活艺术化的讲求，北宋时，矿冶、纺织、制瓷、造船、造纸等手工业亦至于鼎盛。其中以制瓷成就最为突出。宋瓷可说是中国陶瓷工艺艺术传统中的华章，在文化史意义上也不妨称宋代为"瓷的时代"。宋瓷体现了中国器物文化体系的高度成熟，近几十年来，陶瓷考古发现的古代瓷窑遗址分布于一百七十个县，而分布有宋窑的即达百分之七十五，可见其势厚积。

与唐瓷"南青北白"（越窑与邢窑）的格局已大不相同，宋代开展出六大瓷窑体系，在产品工艺、釉色、造型与装饰风格上各有特色洋溢，美不胜收。它们是北方地区的定窑系、耀州窑系、钧窑系、磁州窑系，南方地区的龙泉青瓷系、景德镇青白瓷系。以往论瓷者又喜称定、汝、官、哥、钧为宋代五大名窑。其中，汝窑由于烧瓷时间短促，传世品最少，弥为珍贵，世所见以盘、碟一类器皿较多，釉色呈淡淡天青色；哥窑的来龙去脉颇为朦胧，传说"哥窑与龙泉窑皆出处州龙泉县，南宋时有章生一、生二弟兄各主一窑，生一所陶者为哥窑……"（《七修类稿续编》），确否已不易考。传世哥窑器主要特征为釉面裂纹，即"开片"，这种特别的纹理效果，利用了釉和胎在冷却过程中收缩率不同的特征而形成。官窑分南北宋，唯北宋汴京官窑消息杳然，此类烧瓷为宫廷专用，釉色以粉青为代表，紫口铁足，间有蟹爪纹等开片，器形多为洗、碗。

总的看，宋瓷在北方以定窑、钧窑为影响大，在南方则是景德镇瓷系与龙泉窑系长领风骚。定窑以白瓷为主，兼烧黑釉、酱釉、绿釉及白釉剔花器，且有刻花、划花、印花三种装饰。钧窑在河南禹县，属北方青瓷系统，其独特之处在于"乳浊釉"，釉内含少量的铜，烧出的釉色青中带红，有如蓝天中的晚霞。青色则近于蓝色，是一种蓝色乳光釉，标志青瓷工艺及启发"窑变"花釉的一种突破。

定窑白釉孩儿枕 宋
故宫博物院藏

龙泉窑青釉花瓶 宋
日本颖川美术馆藏

汝窑天青釉瓶 宋
英国大维德中国艺术基金会藏

江西景德镇为青白瓷窑系的中心，其釉色介于青白二色之间，青中有白和白中显青，又称"影青"。在宋代，这已是一个有代表性的制瓷工艺体系，风尚远播福建、广东及海外。龙泉窑属传统历史悠久的南方青瓷系统，上承越窑体系，宋初以余姚为中心烧制所谓秘色瓷，南宋中期以后形成最具龙泉个性的梅子青和粉青釉青瓷，这种青瓷的釉色与质地之美达到了青瓷工艺的历史高峰。

宋瓷为中国陶瓷文化开辟出新的境界，其风神仪态，高雅凝重中见沉挚素静，令人难以想象。钧瓷灿如晚霞，变化如行云流水的窑变色釉，汝窑莹润如堆脂的质感，"影青"的色质如玉，"龙泉梅子青"的翠碧晶润，哥窑断纹开片之斑驳别致，定瓷图案工整的印花，耀瓷犀利潇洒的刻花，无不意味清绝，臻于天工。黑瓷似乎除黑而外无可为力，但宋人烧出了油滴、兔毫、鹧鸪斑、玳瑁那样的结晶釉、乳浊釉，正是卓绝的创造。更进一步说，宋瓷的境界高、造诣深，不仅在釉色之灵，更在于对质地之类的追求，各种施釉方法均注重质感的展露而不以浮薄浅露、一览无余为满足，如官窑及龙泉青瓷经多次施釉，利用釉中微小气泡所造成的折光散射，可成凝重深沉的质感和观赏不尽的蕴蓄。宋瓷的品格精进如斯，几令后代难以匹敌。它是在汉唐以来工艺和造型艺术手段、观念的长期熔铸丰富而又提炼后的创作，同时这种创作受到宋代雅化的文化趣味熏陶，反映出宋代文化的进境与风范，变华丽为幽雅，变开阔恢宏为严谨含蓄。

瓷业的繁荣，是宋代历史条件下瓷业市场竞争的结果。竞争造成了革新、精致化和传播。由此也可以说，宋代经济、文化的发展，依赖于：一、社会生活的相对安定；二、传统经验的积累和改进；三、商业经济活动（包括海外贸易）的刺激作用。

宋朝官府的财政收入，有很大一部分是由商业税和专卖商品（如盐、茶）中获取的，这恰恰也就促成官府对商业活动抱有虽然统治却不遏制的态度。这样一来，商品经济的成分就增加了。不仅对农业和手工业是一种刺激，对城市的功能扩大，对社会文化习俗的影响，都不无意义。例如汴京（开封）作为大型商业城市，是当时世界上第一流的。据《东京梦华录》，开封城内城外，处处都是店铺、酒楼、茶坊、瓦子（娱乐场）、勾栏（剧场）。皇城东角楼街的南通巷，谓之"界身"，店铺栉比，俱是金银彩帛交易之所，"每一交易，动辄千万"。城内著名酒楼有七十二座，酒楼门首"彩楼相对，绣旗相招，掩翳天日"。马行街北州桥，"夜市又盛百倍，车马阗拥，不可驻足，都人谓之里头"。夜市直至三更，五更又点灯贸易，买卖衣物、图画、花环之类，至晓方散，谓之"鬼市"。

宋代商业发达程度还体现在：一、城市工商人口大量增加；二、各种行业滋生；三、地方集镇和专业性集市兴起；四、商业资本活跃；五、出现商业联号及商业辅助机构；六、普遍成立专业行会组织；七、海上贸易的开辟；八、货币流通量增加，建立信用制度和广泛使用票据，并出现了世界上最早的流通纸币——交子（后改名为钱引）。

可以说宋代社会已走向一种近代意义的世俗社会，因为确实能够从其农业、手工业之发达水平，以及商品经济在整个经济中所占比重获得一种"传统转化"的印象。就经济基础而言，宋代社会的三个特点，即地主和小农的土地私有制，职业分工的专门化，工商业和货币经济的发展，似乎在雏形上已具有

耀州窑刻花瓶 宋
故宫博物院藏
刻花刀法刚劲，线条粗犷，
极富装饰效果（上左）

哥窑贯耳八方瓶 宋
首都博物馆藏（上右）

磁州窑白地黑花龙纹瓶 宋
日本白鹤美术馆藏
图案刚柔兼备，
具有丰富的表现力（下）

社会历史形态变化的新的可能性。

但是宋代并未能走向近代工业化,原因很能吸引人去探讨。至少可以想到,有自给自足观念对追求消费和利润的限制,有国家权力的限制,还有传统文化思想的限制,等等。

科技与教育

中国历史上几个统一而又历时较长的朝代,一代之中治乱兴衰,前期的气象都比较好,宋代也跳不出这个规律。北宋社会生活稳定持续的时间不算短,于是经济和文化活动都相当活跃,在艺术、学术和科学技术方面是一个出人才、出成果的时代。

很难说文化价值观已发生大的变动,相反,在宋代,正统儒家思想意识的强调比任何时候都明确。但是彼时社会经济在中唐、晚唐基础上的恢复与发展,也推动了整个社会的世俗化趋势。在这里,"世俗"是相对于古典宗风而言,其价值关切更多地给予实际功利的活动。商业、工艺在宋代突进以及宋人善于将传统"治平"理想调适于现实需要,反映了宋代文化不同于以往的风格。如果缺乏这一世俗化的土壤,科学技术便不大可能在宋代有突出的贡献。像指南针、活字印刷术和火药武器这三项发明创造的历史意义,虽然创造者并未估计到有多么大,毕竟体现出古老文化在现实需要下所迸发的活力。没有需要便没有创造,同时社会亦须承认和鼓励创造,而不是压制它。这些都意味着创造活动需要一个适宜的文化环境,以求有所作为。幸好,宋代的能工巧匠颇有所作为,这同宋代政府对发明创造常予以奖励是有关的。例如冯继升进火药法,唐福献火器,项绾献海战船式,石归宋献弩箭,郭咨造战车,木工高宣设计制造八车船,水工高超献防洪法等,都得到赏赐鼓励。有的发明创造还得以广泛应用,如沈括制木图,普遍被边州官员仿制,新木船型的船样,亦被沿江沿海各州仿造(见《宋史·兵志》)。

毕昇创造泥活字印刷这件事,特别有意义。毕昇大概只是个工匠,他在庆历年间(1041—1048)想到用活字来印刷,显然有发明的背景。其一是唐代雕

毕昇像

版印刷方法引起书籍文献复制的革命；其二，随之而来的需求扩大又暴露了雕版的低效率。在这种情况下，易于刺激新的摸索试验。在这里，观念、实验、应用三个环节的配合，似乎已显示了初步的近代科学发展模式。毕昇着眼于"活"的组合，实在是接触到了"把个别上升到普遍"这一思路，当不仅仅是灵光乍现，实为"以简驭繁"的思维启示性发明。而后四百年，西方始有金属活字，由此事可见宋代科技水平之领先不无缘由。

印刷术革新对文化的影响，自不待言。宋代刻书、藏书之风气始蔚然化成。宋代编纂巨制，如大型类书、史书俱见气概不凡，同时某些科学专门领域，亦有深入的总结探讨，更为难得。如建筑方面，前有喻皓的《木经》，后有李诫的《营造法式》；在武器方面，曾公亮著《武经总要》；医学方面，有《圣济总录纂要》《新铸铜人腧穴针灸图经》；数学方面，贾宪著《黄帝九章算术细草》，秦九韶著《数学九章》。沈括所著《梦溪笔谈》更是一部博学博物的"小百科"。它记录和讨论的范围极广泛，不拘一格，既有文史哲纵横之谈，也谈天文历法、地理气象，"易"学与数学杂陈，机械、冶金、建筑、植物、农业、医药、地质、化学与音乐、绘画并讲，都有一番认识。如记载磁州工匠炼钢的方法，江西信州工匠提炼铜的方法，还记载了延安有石油的情况，预言此物后必大行于世。沈括（1031—1095）本是位士大夫，他的著作的历史意义，恐怕还要超出著作内容本身以及他的渊博好学，实际上已体现出重观察和实验的近代科学精神与经验论的倾向。可惜的是，它未能超出"博物"的范围，而致力于专门的或理论规范式的研究。科学思想的萌芽，一开始总是孕育在经验中，但系统性的科学认识和科学方法的诞生，路还很长，沈括的经验主义倾向，应该说，是科学思维成长的前兆。这一前兆现象的出现，同宋代文化趋于实用的特点肯定有关系。譬如北宋大儒胡瑗便主张学问要着重实用，经义应合于时务；李觏提倡为学也应注重功利，有助于国家富强。另一位大哲学家张载亦提出世界的"物质性"加以讨论，至少他认为学者也应该钻研物质世界，他本人便讨论过天文学、生物学之类的问题。当然这一切在价值观念的更新上是极为有限的，具有新背景的科学思想及方法体系的成长，同技术进步还远非一回事。

针灸铜人像
中国国家博物馆藏
北宋医家王惟一对针灸学
很有研究，著有《铜人腧穴针灸图经》一书，奉旨铸造针灸铜人。
明代仿原铜人重新铸造此铜人像

水运仪象台示意图
1 浑仪；
2 鳌云圭表；
3 天柱；
4 浑象、地柜；
5 机轮；
6 枢轮；
7 天衡、天锁；
8 平水壶；
9 天池；
10 河车、天河、升水上轮

虽然如此，在11世纪的世界上，就科学技术而言，中国文明的经验仍然是世界文明进程的先路前驱。譬如天文学，宋人对天象之观测与记录，星图之绘制，观象与计时仪器之改良，历法之修订，宇宙之描述，莫不有精良建树。一百年间，宋人进行了五次恒星位置观测并在此基础上刻星图于石上（苏州石刻天文图）。苏颂与韩公廉建造的水运仪象台，洵为巧思精构。此台高约十二米，宽约七米，分三层，上层放浑仪，用以观测日月星辰的位置；中层置浑象，模拟天体运动；下层设五层木阁，定时有木人出来报时，木阁后面装置漏壶和机械系统，漏壶引水升降，推动机轮，使整个仪器运转，此仪器又名元祐仪。

自然科学诸门，传统数学的先进在宋代仍有大进展，如贾宪的"开方作法本源图"（"贾宪三角"）比法国人的研究早六百年，秦九韶的"增乘开方法"和"大衍求一术"后来受到西方学者的广泛赞誉。

写到这里，不禁想到一个问题：既然宋代中国在某些科学领域的发现和技术水平上已取得划时代之历史进步，为什么它们在当时及以后却未能引导出近代自然科学体系（如理论、实验、技术三者的循环加速）？或者说，为什么对自然的观察始终未能系统化，实验方法未能走向明确的规范化？其故安在？

对此问题，有人究之于儒家思想对伦理实践的过分重视，必然忽视知识本身的独立价值，从而妨碍科学发展；有人归之于古代封建官僚体制的束缚。如果我们不想得很高深，仅就宋代而言，是否可以说，社会文化结构在这里边起着决定性的作用？譬如考试制度、教育制度似乎已制约了价值取向与知识取向。至少，科学知识的探求尚不被人们所重视。

宋代的科举，大致沿袭唐代的旧规，考试内容限于诗赋与帖经（默写经典中的句子），即使在这一点上发生争论，也在于是否应更强调经义修养或者从政能力上面。主张改革的范仲淹也不过稍加强调"取以经济之才"，考进士要"先策论而后诗赋"，取诸科士"墨义之外，更通经旨"而已。最多认为这样也就够了。"先之以六经，次之以正史，该之以方略，济之以时务。"科举考试宋代取人较多，成为读书人成才入仕之路，它对科学发展的不利影响主要在于它同学校教育是"一条龙"，学校教育亦不能不依附于科举制度。

宋代教育有很大复兴，特别是民间书院兴起，开历史风气。当时有所谓四大书院：岳麓、白鹿洞、石鼓、应天府，庆历年间有兴学热潮，京师建太学，各州县亦纷纷立学，规模一度甚盛。高等教育亦设立医学、武学、律学、蕃学、小学、算学等专门，但总归受前途限制，重视科学的观念难以推开，并影响于制度兴革。学校既然不能成为传授和探索科学知识的场所，难免在根本上限制了科学知识体系在中国的成长。重道轻器、崇本抑末，这一条是根深蒂固的。所以，最优秀的人才，尽管"通《易》之神明，得《诗》之风化，洞《春秋》褒贬之法，达礼乐制作之情，善言二帝三王之书，博涉九流百家之说"，也只能是廊庙其器，做个卿大夫，或者乐古人之道，做个乡先生。更开阔些如沈括，已是例外了。

理　学

略考宋代文化之方方面面，感觉它有个特点：譬如说它新吧，它有很多旧东西，若说它旧吧，又有不少新东西。前面说到工商业发展、科学技术的进步，大约可算新内容；但政治、教育以及思想领域，历史的老调子也还在唱。总的看，就像在对传统和历史境况的回应中，体现着新与旧、变与常的二重组合，理想和现实便是这一组合的基本坐标。

就顺应现实而言，宋代生活已有世俗化之倾向，其价值关切显然包含对"人欲"的肯定，对"利"的肯定；然而这很难成为权威性的文化理想。相反，宋代思想家孜孜追求超越世俗倾向的道德理想，并体认为综摄天人的"理"和"道"。他们讲"存天理，灭人欲"，他们认为现实应是朝向理想的现实，文明物故应是被理或道所设定的，而理想就在对儒家哲理的深刻阐释中。宋代思想文化的代表以及绍述传统文化理想的使命，便落在了理学家身上。在这个意义上，宋代可以说是"理学时代"。理学又称"宋学"。而理学之兴起，也正体现着不新不旧、亦新亦旧的特点，所以又称"新儒学"，意味着对先秦以来儒学的继承与体系性重建。不妨先简要说说"理学"是怎么一回事。

《宋史》中有《道学传》，讲的就是理学的脉络。先说周敦颐作《太极图说》，"推明阴阳五行之理，命于天而性于人者，了若指掌"。又说张载作《西铭》，"极言理一分殊之旨，然后道之大原出于天者，灼然而无疑焉"。后面又讲程颢、程颐、朱熹的发扬光大，等等。"道"这个概念，有时被当作"自然之道"或途径，有时被解释为万物或存在究竟的最高概念，有时又被当作一般日常生活之道。在致力于探讨宇宙人生根本原理的宋儒看来，"道"不如"理"所指清楚。他们相信"理"是一个无所不包的概念，是指整个宇宙的根本原理。它涉及：宇宙根源如何？现象背后的主体是什么？人生的意义是什么？知识的有效性有何根据？等等。就所探讨的这些问题而言，理学超出了传统儒家所讨论的范围，又将义理性命之学凌驾于"功利"或"章句"之学之上，作为与外学（外王）相区别的内学（内圣），用朱熹的话说，需要做"本体功夫"，"先要穷理"。

我们知道，"天人合一"原是传统思想的核心。秦汉以来既安排了"天人"大一统，魏晋以来（通过玄学、禅宗）又在"天人"体系中发展了对自然韵律的心灵感悟。从中唐到两宋，新儒学的思想家更感到这个体系需要在辨析中完善。辨析的结果，从"北宋五子"的周敦颐、邵雍、张载、程颢、程颐到南宋的朱熹、陆九渊，无论是从太极八卦推衍，还是从"气""性"这类概念范畴去探讨，或言诚善，或言致知，或言心思，都归结于：宇宙之间没有任何东西不是由"理"统摄、化生的。理，"推之四海而准"。这就为大至天地、小至草木，面目各异的事物、现象找到了根本依据。用程颐的话说："散之在理，则有万殊，统之在道，则无二致。"（《二程集·易序》）朱熹更强调"理在气先"，"有理，便有气流行，发育万物"；"天地、阴阳、生死、昼夜、鬼神，只是一理"（《朱子语类》）。由"天理流行"到"心理流行"，"则能遍体天下之物"，在这个天人合一的体系中，便可以推出文化价值的设计了。这种设计带有相当大的理想主义或理性主义色彩，譬如宋儒讲"人性"，是把人的自然属性同社会文化属性，合并在一个"理性"框子中，内容仍然被强调为"仁、义、礼、智"。"仁"指合理基础上的爱，"义"指合理的待人接物方式，"礼"更被看作妥当适宜的仪节法度，而智仍不过是指辨别彼此、是非的能力，看起来同知识有关，然而致知的要点在于"即物而穷其理"。总之，人的行为从本性说都要遵循"理"所代表的价值判断，这里，似乎没有给知识本身、给科学留下任何余地。天理与人欲对立，人类要想显露天理，必须在修养上下功夫。

简单说，宋儒把"理"作为宇宙的根本，道德生活、知识论以及为政的根本，也作为人生的规范，由此去肯定现象世界（以对抗佛学的世界虚幻说）和人生的意义（以完善先秦儒家、道家的思想体系）。如果问，理学的文化史意义何在？可以说：

首先是为中国传统文化的延续性（宋代作为改造的延续的重要环节）做出了理论阐释上的保证。

其次，宋代理学确立了对政治及文化制度以及主要文化生活方式的影响。一、建立由尧舜到文武周公到孔子到孟子的道统，使中国人的宇宙人生观念建筑在道德价值之上。二、为学之道在于正心诚意，这种生活需要专心一致于成圣成贤。三、以"四书五经"为经典，"四书"包括《论语》《孟子》，还有宋儒从《礼记》中摘出来的《大学》和《中庸》。四、首创书院制度，使士子在其中接受经典和道德教育。五、以正心、至善的标准衡量政治（以三代诸帝为理想政治典型）。

再次，传统士大夫人格在理学体系中完善。例如张载的情况，史书上称他

"移疾屏居南山下,终日危坐一室,……志道精思,未始须臾息,亦未尝须臾忘也。敝衣蔬食,与诸生讲学,每告以知礼成性、变化气质之道,学必如圣人而后已。以为知人而不知天,求为贤人而不求为圣人,此秦汉以来学者大蔽也"(《宋史·张载传》)。这恐怕应该算是极高的理想人格境界了,是悟道、知天、成圣的高度统一,并落实到日常人生。这当然距离凡俗人生过于遥远高超了,同时亦超出传统的"安贫乐道"或"淡泊明志"的境界,以至于显得迂执。但张载却相信:"至诚,天性也;不息,天命也。人能至诚则性尽而神可穷矣,不息则命行而化可知矣。"(《正蒙·乾称篇》)这已经不仅是一般的"士志于道"的价值承当,而且是使自我向永恒的消融。所以,对人生和现实,张载留下了许多名言:"故天地之塞,吾其体;天地之帅,吾其性。民吾同胞,物吾与也。""富贵福泽,将厚吾之生也;贫贱忧戚,庸玉汝于成也;存吾顺事;没吾宁也。""为天地立心,为生民立命,为往圣继绝学,为万世开太平。"……真如金石,掷地有声,显见志意之高远、人格之庄严。说是理学原非宗教,但这里确有一股宗教热忱,说是道学家易成伪君子,大约只是后话,宋儒还是胸中洒落的。周敦颐曾作《爱莲说》,其风范为历代士人所仰慕。

最后,宋代理学重视"心"的高度能动性,从而进一步完善了传统士大夫的思维方式,推动了意象思维和"写意"的文化表达方式。理学讲"大心"的发挥,应突破一切"见闻之知",达到"德性之知"。邵雍说过:"天听寂无音,苍苍何处寻?非高亦非远,都只在人心。""天向一中分体用,人于心上起经纶。"(《伊川击壤集》)程颢说过:"只心便是天,尽之便知性,知性便知天(一作'性便是天'),当处便认取,更不可外求。"(《二程集》)南宋朱熹也认为:"心包万理,万理具于一心。不能存得心,不能穷得理;不能穷得理,不能尽得心。"(《朱子语类》)他虽然和陆九渊有"先发明本心"还是"先格物穷理"的分歧,重视心的能动性则并无二致。由此,士大夫对物象世界的把握日趋主观化:方寸之间可以万物森然,满心而发便觉充塞宇宙。

宋代理学的思想史意义、文化史意义难以尽述。在某种意义上,可以说是在更新思想文化传统,使之完善化、理想化,给士大夫精神提供文化依据和价值支撑。同时,它对历史境况的回应虽具有挑战意义,却不甚实际,因而作为心性之学,在后来又被视为空疏之学。南宋的叶适和陈亮就由此批评理学的强分天理、人欲和只谈圣贤不谈王霸，主张义理实际就在功利之中。话说回来，理学何以在宋代兴起，并在朱熹那里形成了庞大体系呢？

在宋代君主专制的情况下，实际上士大夫参与政治、文化实践的要求增长了。我们只要想到范仲淹所谓"居庙堂之高则忧其民，处江湖之远则忧其君"，便能体会到士大夫忧患情怀的深切。士大夫怀抱理想，一种人是着眼于实际的改革，另一种人则要分清问题的本末表里。后一种人正是理学家（新儒家），他们从思想文化的根本去考虑问题。如程颢所谓："夫事有大小，有先后。察其小，忽其大，先其所后，后其所先，皆不可以适治。"（《二程集》）朱熹也把"人主之心正"看作"天下之大本"。所以，他们势必以弘扬理学为根本之治的首要条件，为区别于只言功利的"本体功夫"。同时又是在综合佛、道中扬弃佛、道，复兴传统思想学术，并开创出新境界来。至于它是否抓住了根本，以及是否抓住了天理人心就可以重新组织起和谐的秩序，历史之回答不免仍然暗昧不明。

"庆历新政"与"熙宁变法"

中国古代的大一统社会，像秦、汉，像唐、宋，春秋著录，均有个由治到乱、由盛转衰的规律性现象。由现象往里看，找原因，有表层的、特殊的症结，如人治的好坏，是否有圣主贤臣等；也有深层的、一般的症结，如制度体制运作是否能维持其有效的活力，传统文化结构的潜在影响等。虽然历代均有人着眼于前车之鉴而总结经验教训，宋朝还出了本大书《资治通鉴》，毕竟难以在历史实践上获得解决。其实，乱也好，衰也好，并非一下子产生的，所谓"积重难返"，"积重"原是在所谓"治"或"盛"时就已隐埋下了。决疣溃痈，原有个过程。在这一过程里，有问题或明或暗，或浅或深，或急或缓，或令人不觉而牵补度日，或令人忧患而思拯溺发瘖。在北宋中叶，确实也因此而引起一部分士大夫起而推动改革运动。前有范仲淹等人尝试的"庆历新政"，后有王安石的"熙宁变法"。

传统士大夫"以天下为己任"的忧患意识和"内圣外王"理想，在宋代表现尤为突出。在这方面，虽然东汉有"政治清议"，中唐有"永贞革新"，但影响和意义都不如北宋的改革。北宋中叶士大夫推动变法活动所表现的历史主动性和文化自觉，大大超过了前代，同时是传统社会文化冲突的一次新表演。这一冲突既体现于变革的提出，又体现于变革走向失败的过程。与前述宋代新儒家所讨论的内容（穷理尽性，安身立命）不同，冲突主要集中在"制度"层面（或者说要不要变革）。

先说说要求改革的原因。北宋初年，有鉴于唐代教训，开国君主加强了中央集权的政治体系，在官制上"分化事权"，使台院府司互相牵制，在兵制上"内外相制"，以厚禄养军，使其驯顺；在土地和赋税方面，"不抑兼并"，田税不均，听其自然，向豪强势力妥协。为了保持较稳定的秩序，统治者采取"以常为变，以易为难"的态度，未曾顾及利后之弊以及负面的后果。譬如，"冗官""冗兵"现象的膨胀，机构运转的低效率，朝野之惰逸风气以及贫富分化可能造成的社会动荡，等等。如此，不到一百年，至宋仁宗庆历、皇祐年间，机构臃肿，内外官员已数达两万多；军队庞大，人数已达一百二十多万，相当于北宋初年的五倍多，养兵之费占国家开支的十分之七八。加以同西夏的战争时久耗巨，国家财政面临严重危机，进而，从宋真宗到宋仁宗的几十年间，各种赋敛呈直线上升，但仍然难脱窘境。积弱积贫，已然势有不能。

这些"内囊中干"的现象，是宋太祖、宋太宗未能想到的。而在后来的士大夫明察之人看来，则无异于危机渐至，不能不日夜谋虑。欧阳修看到："天下之势，方若敝庐，补其奥则隅坏，整其桷则栋倾，枝撑扶持，苟存而已。……是以兵无制，用无节，国家无法度，一切苟且而已。"（《本论》）"苟且"是个很形象的描述，另外的说法则有"萎靡"。《元城语录》引刘安世的话说："天下之法未有无敝者。祖宗以来，以忠厚仁慈治天下，至于嘉祐末年，天下之事似乎舒缓，萎靡不振，当时士大夫亦自多厌之，多有文字论列。"看来，再照着常规苟且下去，萎靡下去，真是要"无为不治"了。于是，变法的要求很自然要提出来，"方庆历、嘉祐，世之名士常患法之不变也"（《龙川先生文集》）。

实际上，变法或者改革总有程度和性质上的不同，参与者也必然会受到主观、客观上的限制。例如范仲淹等人倡导的"庆历新政",只能算是温和的改良。它的主要意义在于,从明体达用的兼重上启发儒家政治、文化理想在宋代的复兴,一方面代表士大夫对于政治和社会问题的觉醒,另一方面尝试把儒家思想付诸实施,而且真挚地体认"以天下为己任"的入世情怀。就文化意识冲突(守常与达变)而言,范仲淹是反对因循,力主奋发有为的。因而在他身后,分别开展出重义理(体)的理学思潮和重功利(用)的变法运动。

范仲淹提出十点改良主张:一、明黜陟;二、抑侥幸;三、精贡举;四、择长官;五、均公田;六、厚农桑;七、修武备;八、推恩信;九、重命令;十、减徭役。这些主张大都比较笼统,偏重于现有制度的整顿和改进,如消除行政上的弊端,使用人程序合理化以及兴学和改善科举制度等。但即使如此,还是要触动冗官和恩荫制度的既得利益者,裁削幸滥,考核官吏,辟举新进人才,庆历新政所颁布的若干诏令,总归对浸淫既久的官僚体制"大锅饭"是个冲击,因而阻力仍很大。这里面也有个实行难的问题,即如宋代科举制取士甚宽,太祖时每届取一二十人,多不过百人。太宗时,一开始就录取了五百多人,真宗时骤增到一千五百多人;仁宗时通常是四五百人,也有几届上千人的。这样,历年积累下来,大量入仕文人难以被官僚机构尽数容纳,以至你争我夺、互相排挤的现象难以避免。更何况"请神容易送神难",到头来改良必然要面临强大的反对派,反对派就不难抓住小事情,以"荐引朋党"的罪名,把范仲淹等人排斥出朝廷。庆历新政也就失败了。由此而来的朋党之争,作为不断在中央发生的政治斗争,终北宋一代愈演愈烈,遂使政治无澄清之望。

派系权力斗争侵蚀改革的舞台,庆历新政的情况颇显示改革之艰难,有如挣扎于泥沼。但是后来的王安石却强烈地感到事有可为,他说道:"因循苟且逸豫而无为,可以侥幸一时,而不可以旷日持久","以古准今,则天下安危治乱,尚可以有为,有为之时,莫急于今日"(《王临川全集》),他要求立即变更法度。结果之一是王安石提出的《上仁宗皇帝言事书》,确立"虑之以谋,计之以数,为之以渐,勉之以成,断之以累"的变法立场;结果之二则是1069年宋神宗任用王安石为参知政事,开始变法。

熙宁变法之目标,小一点说是解决当时之财政困难(理财),大一点说是围绕"富强""均平"的改革主题而推进制度的有限改革,再大一点说,就是通过因时达变实现法先王之意的理想社会。分别说：一、新法以改善农民生活和抑豪强为目的，有青苗法、农田水利法、方田均税法、免役法等。以青苗法为例：由政府给农民小额贷款，使农民在夏秋青黄不接时得以维持生活，免受高利贷盘剥，农民收获后再以谷物抵算还债。二、有关商业，新法有均输法和市易法，前者旨在由国家调节物资，后者旨在由国家调节商品流通和物价，摆脱商人对市场的控制。三、军事方面有保甲法、保马法，以及军器监的创设，旨在寓兵于民和保证马匹、武器的供应。四、整顿财政，完善会计制度。五、注意选拔和培养人才，企图以学校代替科举。六、王安石颁行自订《三经教本》，企图统一学术文化思想。

以主流而论，王安石变法的效果和意义是积极的。但是在1069年至1085年整个变法的进退曲折过程中，朝中的改革派（新党）与保守派（旧党）长久地冲突，王安石曾两次罢相，最终以神宗死去、旧党复起而使新法尽废。实际上新法总是有得有失，甚至应该说得大于失。但为什么会归于失败呢？原因总是很多。譬如改革派内部的软弱和分裂，措施操之过急，强制性抑制和干预的代价以及用人不当和党争之破坏性等，弄得王安石后来自己也意气消沉："自念行不足以悦众，而怨怒实积于亲贵之尤；智不足以知人，而险诐常出于交游之厚。"（《与参政王禹玉书》）失败的原因不少，但是值得注意的是，改革与保守之间，虽然面对共同的现实，却有着极不共同的文化意识背景。因此这是一场广义的文化冲突，也是历史定势与理想及主动性的冲突。这一冲突借北宋改革而凸现了"常"与"变"的冲突难以解决这一文化史主题。

王安石的"三不足"之说，谓"天命不足畏，祖宗不足法，人言不足恤"，突出体现了王安石的有为达变观（苏轼评之："网罗六艺之遗文，断以己意；糠秕百家之陈迹，作新斯人。"）。反对改革的司马光则代表了习故守常的传统意识："继体之君，谨守祖宗之成法，苟不隳之以逸欲，败之以谗慝，则世世相承，无有穷期。"（《温国文正司马公文集》）这样的好事大概是没有的。但如果以为变革不艰难（相反，历史上成功的希望太小了），必定是对中国历史文化了解太浅。以前觉得"改革"的"革"字不好理解，后见钱锺书《管锥编》讲《周易正义》说"'革'这一卦名，既含革新之正义，又含难变之反义"，"盖以牛革象事物之牢固不易变更，以见积重难返，习俗难移，革故鼎新，其事殊艰也"。想不到这个字里还内含着深刻的历史教训。

宋　词

　　剧场小世界，世界大剧场。从这个角度去看一个朝代的文化史，譬如宋代，不免会感到色彩光影纷披陆离，并且表现的方式、形态大不一样。各阶层的人们像是各不相同的文化角色，活动于不同的场合、"圈子"。不说理想、格调，风尚、趣味也是难以一概而言的。宋人生活的结构比较松散，比较不规范。譬如有人执于道德义理，以正心诚意、修身齐家相标；有人忧国忧民，进退于廊庙天涯；同样是士大夫，有人则富贵乡里，脂粉队中，"花光满路，何限春游，箫鼓喧空，几家夜宴"；更不论大贾贵胄"买笑千金，呼卢百万"；皇帝不忘穷奢极侈，歌舞耽安；甚至在偏安一隅的南宋，也弥漫着追逐享乐的风气，士大夫不免一而悲歌慷慨，一而又以酒色声伎抑郁其无聊，或者隐逸于山水。种种或梦或醒，或悲或欢，或委曲或浅薄的文化体验、心理情绪在一个"大剧场"里生灭沉浮，他们"就像古希腊悲剧里的合唱队，尤其像那种参加动作的合唱队，随着搬演的情节的发展，歌唱他们的感想，直到那场戏剧惨痛的闭幕、南宋亡国，唱出他们最后的长歌当哭：'世事庄周蝴蝶梦，春愁臣甫杜鹃诗！'"（钱锺书《宋诗选注·序》）

　　在宋代琳琅陈列的诗文书画，尤其是最能体现一代风韵的宋词中，应该说，不仅有彼时人们的复杂感想、寄托，而且留下了时代精神的印痕和文化记忆，混杂着儿女情、风云气、无端哀怨之心怀等。宋词，比较典型地体现了柔性——传统文化日益内向和抒情的意度特性。宋词常常织就一种感伤的美，让人感觉，词这种语言艺术的表达形式，在宋代灿烂发达，确乎是"文变染乎世情，兴废系乎时序"（刘勰语）。

　　宋词在文学史上继唐诗之后成为一座艺术高峰，简单说，一是表现了用别的形式难以表现的审美感觉：准确、敏锐、深切、细腻；二是在具体而抑扬变化的长短句子组合中含蓄了普遍的人生感受和文化性格。前者，王国维的看法可作为说明："词之为体，要眇宜修，能言诗之所不能言，而不能尽言诗之所能言；诗之境阔，词之言长。"(《人间词话》)后者，如况周颐谈到的"词心""词境"，实际也就是讲宋词风格与文化性格、时代情境的关系。他说："吾听风雨，吾览江山，常觉风雨江山外有万不得已者在。此万不得已者，即词心也"；"人静帘垂，灯昏香直，窗外芙蓉残叶飒飒作秋声，与砌虫相和答……斯时若有无端哀怨枨触于万不得已；即而察之，一切境象全失，唯有小窗虚幌，笔床砚匣，一一在吾目前。此词境也"(《蕙风词话》)。

上述认识未必能衡量所有的传世词作，但有助于了解北宋中叶后蔚为大观的主流词风的旨趣所在。宋词的渊源在于唐代的燕乐歌辞和俗谣，以及诗的一定变化和延伸，中经晚唐五代之起例发凡，转变为有宋一代词人辈出，溢彩流风。近人网罗传世宋词已有三万首。

词之兴起，原因不一。譬如有韵文形式本身求变的契因，如说律诗绝句渐成习套潜力无多，故转而作他体，以求新意。或者因为词有"近俗"及"小技"的出身，可以比诗更为随意地聊以娱宾遣兴，长于表现男女艳情。又，因为词是按曲填词，富于音乐的韵律变化。另外也有人认为，由于宋诗"言理而不言情"，便把抒情的功能交付到填词上去了，等等。总的看，"词体之所以能发生，能成立，则因其恰能与自然之一种境界，人心之一种情感相应合而表达之。……以天象论，斜风细雨，淡月疏星，词境也；以地理论，幽壑清溪，平湖曲岸，词境也；以人心论，锐感灵思，深怀幽怨，词境也"(缪钺《诗词散论》)。进一步说，词境比之于诗境，虽然自有表现内容上的短处，却往往在意绪上平添了委婉、含蓄和吟咏不绝之味。试比较晏殊的《浣溪沙》与题旨相似的一首律诗，便见前者杰出，后者一般：

一曲新词酒一杯，去年天气旧亭台，夕阳西下几时回。
无可奈何花落去，似曾相识燕归来，小园香径独徘徊。（词）

元巳清明假未开，小园幽径独徘徊。春寒不定斑斑雨，宿醉难禁滟滟杯。
无可奈何花落去，似曾相识燕归来。游梁赋客多风味，莫惜青钱选万才。（诗）

参差不齐、平仄换韵，词也是诗体的解放，宜于表现更复杂的形象和感情。

譬如五代时韩偓的《懒起》诗："昨夜三更雨，今朝一阵寒。海棠花在否？侧卧卷帘看。"而同样的主题，在李清照的《如梦令》中却表现为："昨夜雨疏风骤，浓睡不消残酒。试问卷帘人，却道海棠依旧。知否，知否？应是绿肥红瘦。"词情之表达更见一种"委婉形容"况味，摇曳多姿。

词之盛，在两宋。一是体裁格式趋于丰富，由小令到慢词长调，二是趣味风格的多样，三是词人佳作大量涌现，四是由绮丽怨悱中转出文雅蕴藉，由闺中儿女之言到感时伤事，时见高迈俊爽而终归于韶华深秀，主题出现了"爱情青春""身世家国""山林隐逸""人生感悟"等几大类。词心词境亦随着时代生活和文人意绪的变化而多有变化。大略说，宋词流派，由晏殊、欧阳修、张先的清切雅丽开其端，又有柳永之含情幽艳靡曼近俗；继而有苏轼的雄绝一世雄词高唱，沿此路有黄庭坚、陈师道下启南宋的辛弃疾、刘克庄等人的豪放词风。另一个系列则是一些精于音律和人工之美，追求纤丽精致的"专家词人"，如周邦彦、贺铸、秦观、晏几道、李清照，以及南宋的姜夔、吴文英、史达祖、张炎等人。以前词论有一种"豪放"和"婉约"的分别，也有讲"正宗"和"变体"的，讲"南"和"北"的，讲"情胜""气胜""格胜"的。宋词世界，确乎消息幽深，难以尽道。如果从文化史的角度去看，宋词的主要色彩和风格趣味，大略不出宋代文化既走向成熟又趋于柔弱困顿的范围，体现着迟暮的美和感伤的情怀；绮中有怨，艳外有凄，壮而悲，愤而忧，以至于由"千古兴亡，百年悲笑"的感怆，落到了"哀以思"的冷寂："……西窗又吹暗雨，为谁频断续，相和砧杵？候馆迎秋，离宫吊月，别有伤心无数。《豳》诗漫与。笑篱落呼灯，世间儿女。写入琴丝，一声声更苦。"姜白石这首咏蟋蟀的《齐天乐》，为宋词之旅的孤独心音续下尤为沉挚的余响。

俗与雅

上一则借词论宋，似乎事有未尽。什么事呢？且再说，一是宋词的进境反映出宋代文化艺术活动的"文人化"，越来越讲究文雅蕴藉，"意内言外"，也就是说"脱俗"。二是宋代城市经济生活的发达对文艺（包括诗词）的影响，不算小,词既与生活所要求的一定娱乐性、刺激性有关,便不能不有"从俗""近俗"的特点,譬如"诗雅词俗"的说法。这两条看起来十分矛盾,实际上也未尝不可以并行:前面的"脱俗"是就文人化的格调境界而言的,后面的"从俗"则着重于题材和语言方面。雅与俗,既矛盾又可以协调,互为作用,这大概是传统文化在趣味上一张一弛而馥郁酝酿的一种特性。

先说第一条,关于"脱俗"。词的出身本来是俗的(敦煌曲子词可证),在宋代发达起来有赖于文人的改造,氤氲化成。北宋词人柳永的词作是偏于市井俗气的,喜欢铺叙发露、镂金错彩一般侧艳软媚,正因为这样,柳词便被士君子讥为不雅。据说,柳三变(柳永原名)因作词而升不了官,"三变不能堪,诣政府"。晏公(晏殊)曰:"贤俊作曲子么?"三变曰:"只如相公,亦作曲子。"公曰:"殊虽作曲子,不曾道'彩线慵拈伴伊坐'(柳永《定风波》词句)。"柳遂退。(见张舜民《画墁录》)正如晏殊对柳永的态度,所谓文人化,无形中倡导的是符合士君子道德观和趣味的所谓雅词,尽管宋词体系也包括有俗艳之词,却不成中心。

第二条关于城市生活在文化、娱乐方面的要求,宋代是高涨的。"三千粉黛,十二阑干""笙歌紫陌""彩袖蹁跹"之类,令人想见市井中各色人等征歌逐乐,出入百舍勾栏的情形。上自皇宫盛会,中至文人学士的家宴结社,下到市民阶层的街巷深处,都有文人制词,乐工谱词,歌伎唱词。因而许多词作在相当程度上带有娱乐性、艳情性、软媚性、通俗性,也无足怪。这种情况要到苏轼、辛弃疾一派新风出现以及危亡忧患的情绪增长才有所改变。但终宋一代,雅与俗,始终是既矛盾又互补的。通俗文化的倾向亦开始更多地体现在民间说唱艺术的兴起上。

反映大众趣味和通俗性质的文艺活动,在宋代,开创了作为白话小说的话本和戏曲。话本即"说话"(近于讲故事,与唱、表演相区别)。艺人的底本,依据话本。艺人在勾栏内讲"小说",讲史,讲经或说浑话。宋代话本小说之创作,虽然同唐变文、唐话本有渊源关系,毕竟因城市中市民文化消费的需要而勃兴。为了吸引直接的听众,它基本上采用白话叙述,并常常令市井细民成为故事的主人公,将爱情和公案作为主要题材。还有,开始重视结构安排,重视情节与刻画人物的生动性,意味着以俗文学的写实性取代正统文学的抒情性。

在这里，包括讲史话本（它后来发展为具有广泛听众的历史演义体小说，以史实为经、虚构为纬），表达上由文言到语体白话，方法上由言志抒情到客观描述，显然为文学传统提供了一些新鲜的趣味和表现领域。但雅与俗、旧与新、变与不变的冲突，显然也并不严重，它们沿着各自的路向各奔前程，虽然相互有吸收、有影响，雅与俗仍大体保持各自的经验世界，并且在许多传统观念（历史观念、道德观念）上是共同的。也正因为如此，俗文艺（如小说、戏曲）尽管在宋元以后日渐发达，在观察和体验历史、人生上面仍然受到传统意识的限制。而普通老百姓的历史知识，关于善恶忠奸的概念，也主要是从说唱艺术以及戏曲表演中来的，虽然早期戏曲（宋杂剧）尚不脱歌舞、滑稽、杂技为主的娱乐性质。

由中晚唐到北宋，中国文化并未产生特别深刻的变化，但如果说不免物换星移，确也因为社会组织结构中平民阶级的兴起、社会生活中经贸活动因素的增加，逐渐形成不同的文化圈。其中主要的有两个，一个是士大夫文化圈，一个是平民文化圈。前者趋"雅"，后者趋"俗"，似乎是双轨的，这种情况延续于宋代以后。当然"阳春白雪"同"下里巴人"并非完全隔绝，有时，士大夫也受"俗"的影响，譬如理学家朱熹等人的文字加入了许多白话、俗语的成分；同时民间文化也受"雅"的影响，如工艺器物讲究精致和素雅的风格等。然而，两个圈子毕竟各有其不同的文化功能，而且士大夫文化自然占据着中心地位，并把传统文艺推向一个独具士大夫风神趣味的表现天地。譬如苏东坡的诗文书画所达到的成就，为后代文人所喜爱。表面看其笔墨钟灵源于才气性情，实际上正是出世的理想和既难以入世又难以出世的体验塑造了这种不俗的文人形象。在宋代文化艺术活动中，这种"文人化"性质具有相当普遍的意义，所谓"超然乎尘垢之外，一新天下耳目"。士大夫的生活因越来越"文人化"而带有优雅闲适风度，在宋以后逐渐成为一种社会文化风尚，士大夫的使命似乎并不都在于"修齐治平"上，他们同时是一种文化角色，把他们的生活艺术和趣味，作为超越世事俗尘的途径，带进传统文化经验中去，似乎正是必要的补充。

比如苏轼所体认的理想境界："惟江上之清风与山间之明月……是造物者之无尽藏也，而吾与子之所共适。"（《赤壁赋》）又如欧阳修晚年号"六一居士"，客有问曰："六一何谓也？"居士曰："吾家藏书一万卷，集录三代

煮茶画像砖（拓本）

以来金石遗文一千卷，有琴一张，有棋一局，而常置酒一壶。"客曰："是为五一尔，奈何？"居士曰："以吾一翁，老于此五物之间，是岂不为六一乎！……'吾之乐可胜道哉！方其得意于五物也，太山在前而不见，疾雷破柱而不惊，虽响九奏于洞庭之野，阅大战于涿鹿之原，未足喻其乐且适也。'"（《六一居士传》）在这种洒脱悠然的文人天地里，传统文化中的许多"节目"，都可说在宋代趋向成熟。

例言之。一是嗜茶品茗，宋代文人对此极为讲究，"咸以高雅相从事茗饮，故近岁以来，采择之精，制作之工，品第之胜，烹点之妙，莫不咸造其极。……天下之士，厉志清白，竞为闲暇修索之玩……争鉴裁之妙"（宋徽宗《大观茶论·序》）。茶里茶外，似有精微之道寓之，旨在"至静无求""淡泊高韵"等。

二是文玩鉴赏，对象为各种古器图籍和文房用具。宋人往往于清闲之燕留神展玩，至于痴好。如李清照《金石录后序》谓："每获一书，即同共勘校，整集签题。得书画彝鼎，亦摩玩舒卷，指摘疵病，夜尽一烛为率。……坐'归来堂'……甘心老是乡矣。"文玩本非要事，但士大夫渐已习惯把它看作娱己的高趣："吾辈自有乐地，悦目初不在色，盈耳初不在声。尝见前辈诸老先生

听琴图
传赵佶 宋
故宫博物院藏

瑞鹤图 赵佶 宋
辽宁省博物馆藏

多畜法书、名画、古琴、旧砚，良以是也。明窗净几，罗列布置，篆香居中，佳客玉立相映。时取古文妙迹以观鸟篆蜗书、奇峰远水，摩挲钟鼎，亲见商周。端砚涌岩泉，焦桐鸣玉佩，不知人世所谓受用清福，孰有逾此者乎！"（赵希鹄《洞天清录集·序》）

三是园艺，如徽宗朝办"花石纲"，进献种种灵石奇花、异木珍果，反映宋代园艺之巧夺天工。一些士大夫竞作《梅谱》《菊谱》等，并将其品赏移之于诗文词画，著称者如林逋、姜夔的"咏梅"，崔白、宋徽宗的花鸟画，文同的"墨竹"，杨补之、赵孟坚的"梅、兰、竹"等。

四是绘画的神韵与文人画之发祥。宋代绘画承五代成就而又气象过迈，并转发出山水花鸟这一中国绘画的主流，成为绘画艺术的巅峰期。如初期荆浩、关仝、董源、范宽、李成的水墨山水画，将写实与写意、技法与观念相结合，于传统中另辟蹊径，至于笔简气壮、景简意长的幽远宁谧的境界，形成"尺幅千里"。进而，在北宋熙宁前后，绘画的方法、风格又进一步朝着士人情趣和

溪山行旅图
范宽 宋
台北故宫博物院藏

早春图 郭熙 宋
台北故宫博物院藏

神韵品位方向发展,如苏轼、李公麟、文同、米芾、米友仁等以"墨戏"表现其"襟韵洒落"。苏轼提出了"士人画"的命题:"观士人画,如阅天下马,取其意气所到。乃若画工,往往只取鞭策皮毛槽枥刍秣,无一点俊发,看数尺许便倦。"(《苏轼文集》)这自然是代表了新的标准。米芾的"米癫"画风很逸放,除率然表现其天真神采外,无所关心。在文人画的心理背景方面,郭熙讲得够清楚了:"……林泉之志,烟霞之侣,梦寐在焉,耳目断绝。今得妙手郁然出之,不下堂筵,坐穷泉壑,猿声鸟啼,依约在耳,山光水色,滉漾夺目,此岂不快人意,实获我心哉?此世之所以贵夫画山水之本意也。"(《林泉高致》)眼前景,胸中山,在士大夫心性与自然的融合中,似乎可以超脱尘

俗,"其神与万物交,其智与百工通。"到了南宋马远、夏珪的山水世界,则更是在无限的表现中企图超越有限,借点染自然而巧妙地表现感情的韵律。所谓"韵味清远,不为物态所拘",也正表明士大夫文化在宋代确立了影响深远的"尚意""重韵"的准则风范,并在其中塑造自足的文化性格。

曾慷慨吟咏"早岁哪知世事艰,中原北望气如山"的诗人陆游,有他的代表性。一面是对身世家园的忧患,而更沉浸的一面则在于文人的壶中天地(琴心、墨戏、庭园花木、茶酒书画)。"小楼一夜听春雨,深巷明朝卖杏花。矮纸斜行闲作草,晴窗细乳戏分茶。"其游息心情,正在于无可如何的"闲"与"戏"了。

略说辽、西夏、金的文化

现在要说说11世纪至12世纪北中国的情况。当时与宋朝前后并立并且彼此纠葛时间甚长的势力有辽、西夏、金,使北中国的历史舞台上风云际会。这

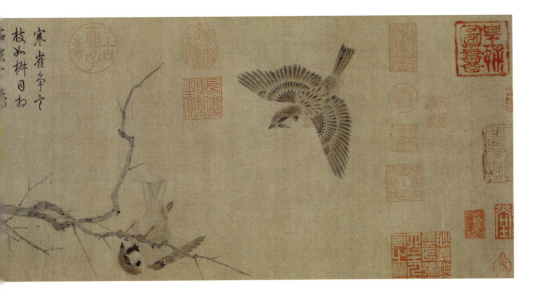

寒雀图 崔白 宋
故宫博物院藏

三者分别是契丹、党项羌、女真部族的国号。

全面地说，中国文化也应包括除汉民族农耕社会之外的少数民族游牧文化生活的内容，囿于正统观念而将其排斥出局是不切实际的。特别是在宋元时期（这也是继南北朝之后又一次中华民族的融合时代），原本被视为"夷狄异邦"的汉宋文化周边部族，不但建立起自己的文化制度和强大军队，而且越来越深地搜入了中国历史，直至入主中国，几个世纪间，成为历史文化舞台上不可忽视的角色。

当然，在游牧渔猎式的生存环境中成长起来的部族，其文化往往也如逐寒暑水草而居的生活一样，是不稳定的，而当其借剑与火的征伐开始获得某种稳定和环境时，往往又要被比较先进的文化同化。文化的支配、民族斗争，甚至于民族压迫又往往导致民族之间的融合和一统化。"千年干戈化玉帛"，从长城内外到黄河流域，从汉唐到宋元，汉族与异族间彼此恩恩怨怨、进退往复，有着难以解脱的矛盾，然而弹指化为沧桑，就文化的意义而言，这种历史是悲剧性的：第一，汉民族文化渐趋于软弱、退缩；第二，长期冲突没有推动中国文化的飞跃进步；第三，少数族文化被汉族文化所同化。

宋·辽·西夏·金·元（960—1368）

约10世纪初，相当于五代时期，契丹部族兴起于塞北草原。首领阿保机大权在握，结束了氏族部落联盟的制度，仿照汉人王朝制，称皇帝，建年号，立太子，建立了"辽朝"。在相当长时间内，辽国四出征伐，南下中原，西侵突厥、吐浑、党项、沙陀诸部，东灭渤海，于是土广民众，气势甚盛。辽太宗耶律德光时，还曾借兵给石敬瑭，灭后唐，然后割取了幽、蓟、涿、朔等"燕云十六州"，石敬瑭向辽太宗称父，这就是历史上大有丑名的"儿皇帝"。

辽代分两段，前一段历二百年，比北宋还长一些，后一段西辽（黑契丹）逸出西北，至13世纪初被蒙古（元）所灭。辽代文化之基础仍具有游牧文化的粗放特点，并在战争掳掠中发展起来。比如一方面安置俘虏的汉人在北地从事垦殖，另一方面把占领的汉地作为发展农业的基地，广泛利用汉地和渤海地区的矿业、纺织业、制瓷业的技术水平以发展自己的物质文明，商业贸易和城邑建设也逐步完备起来。所以辽代文化主要是一个逐步接受汉文化的过程。它在制度上多受唐制影响，唯"辽俗东向而尚左"（《辽史·百官志》），皇帝宫殿设在西方，因而官职分为北南，和汉族官职分为左右相似。辽太宗占领燕云十六州后，建立起两套制度，"以国制治契丹，以汉制待汉人"，分而治之。前者称北面官，后者称南面官。"北面治宫帐、部族、属国之政，南面治汉人州县、租赋、军马之事。"

契丹文字是据汉字字体而改的拼音字，但传播不广，早已失传了，故多通用汉文。譬如辽代曾大兴佛教，雕印过"大藏经"（契丹藏经），并继隋代大房山石室所藏石经续刻石经。辽代佛教建筑风格浑朴、工艺谨然，颇有光风霁月之致。如蓟县❶现存辽建独乐寺观音阁，采用传统木结构，迄今已巍立千年。应县辽代木塔，是现存唯一的大木塔。大同下华严寺薄伽教藏殿以木建结构、梁枋彩画和教藏（藏经的书橱）最古著称。八角十三层砖塔是有代表性的辽塔，如北京天宁寺和内蒙古宁城中京城址的砖塔可见其风格。总的看，辽代文化具有汉化和蕃化之二重性，在风俗方面仍保持契丹色彩，而在文物制度方面则受中原影响很大，这都反映了少数民族企图发展一套统治多民族地域的方法，逐渐形成一种混合本身和外来因素的政治文化结构。

这种情况也大致体现在一度大步前进的西夏历史中。西夏是西部羌族中的

---

❶ 现天津市蓟州区。——编注

西夏王陵
位于宁夏回族自治区银川以西贺兰山,是中国现存规模最大、地面遗址最完整的帝王陵园之一,也是现存规模最大的一处西夏文化遗址

党项部族建立的国家,建国号(大夏)在 1038 年。西夏的兴起,基础首先是它处在吐蕃、宋、辽的各自边缘上力量较薄弱难以控制的地区,再有就是尚武功,通过同宋、辽的战争而获得能够分庭抗礼的地位。但是西夏之发展,也同夏景宗(元昊)、夏毅宗(谅祚)实行蕃、汉并行的政治、文化制度有关。西夏君主一面效法吐蕃旧俗,另一面则"潜设中官,全异羌夷之体,曲延儒士,渐行'中国'之风"(《续资治通鉴长编》卷五○)。例如,贺兰山麓的西夏历代帝王陵,其布局格式左右对称,与唐宋无异。西夏碑刻遗存,常用夏汉两种文字对书,笔法颇具唐代书法风格。敦煌等地石窟中的西夏绘画和雕塑反映出在佛教影响传播下西部地区文化的融会和相通。西夏文字又称"国书",乃依借汉字的规制而自为创定,成为与汉、藏、梵、蒙、回鹘文并列的一种历史文字。当时编印了夏汉小字典的西夏人骨勒茂才曾指出,番、汉文化交流的必要性乃在于文化根本上的共通性:"兼番汉文字者,论末则殊,考本则同。"(《番汉合时掌中珠》原序)西夏立国一百九十年,终被成吉思汗所攻灭。

西夏文石碑
出土于银川西夏陵区

12世纪初的北方，由于女真部族兴起于白山黑水，辽朝走向衰亡。原被辽统治的女真各部族由阿骨打统一领导，举兵抗辽，在战争中阿骨打称皇帝，建立金国。1125年灭辽，继而又大举南下攻宋，渡黄河，陷汴京，虏徽、钦二帝，造成北宋的灭亡。这时金统治着辽阔的北方以及中原的汉族故地，与南宋对峙，达一百年。其统治区域内分三块，一是辽的旧地即金建国前后占领的地区，一是河北、山西的燕云十六州一带，一是淮河北包括陕西的北宋故地。1153年金主完颜亮向南迁都燕京（今北京），称"金中都"。女真族大约是亚洲东北部古老种族经过长期居留而转化成的一支定居民族。原始女真的文化特点是渔猎、畜牧和农耕相结合的，因此他们建造房屋、村寨，养猪、食米、麦，服兽皮，没有草原部族（如契丹）那么大的流动性。同时女真人又以聚众大规模田猎为重要习俗，耐劳苦，善骑马，又比农耕民族较具有流动性、战斗性。他们的习俗不大重伦理，除一夫多妻外，父死妻其后母，兄死妻其嫂，并不为怪。宗教信仰上，有一种流行的类似原始巫术的萨满教，日常用以驱邪医病，着重于神灵感应的效力。女真的组织是一种凝聚力较强的亦民亦兵形式，打仗时动员快，纪律严密。原来阶级差别亦不大，阶级、礼俗、宗教上的变化多在建国以后。

从文化上说，女真从初见于史到建国，经历了一个长时期的发展，一方面保有部族活力，另一方面因受契丹、高丽、中原汉王朝的影响，渐由野蛮步向文明，如使用铁器、官制雏形、社会分工、建筑城寨等。12世纪初年更勃然兴起，所谓"俗本鸷劲，人多沉雄"，"将勇而志一，兵精而力齐，一旦奋起，变弱为强"。（《金史》）

但是金人入主中原后，为了维持其有效的统治，必然面临着政法和文化制度完善化（也就是汉化）的问题。所以虽然一直有保持其"女真化"的倾向，却终究难以避免汉化的趋势。譬如采用科举考试制度，为金政权提供了大量治理中原的人才，有助于帝国的稳定。学校的恢复和尊孔的措施更显示女真统治者倾向于以儒家的理想和制度来治天下。金中都皇城的建设也大体仿照北宋的程式，由北宋工匠营建，其东西南北城门各有施仁、彰义、端礼、崇智之名，富有崇尚仁、义、礼、智之意，亦颇见汉族传统文化的色彩。

由于金代社会中中原文化并未因异族统治而丧失活力，从经济活动到宗教学术、文学艺术，也就未产生大断裂。这时的格局类似于南北朝时期，尽管中心已移向南宋治下的江南地区，金代文化亦于传统有相当的贡献。例如在传统戏曲发展中，"金院本"成为宋元杂剧之间的重要环节。金代还出现了赵秉文、王若虚、李纯甫、刘祁和元好问等著名文人，出现了学术和宗教思想上的新见解和融合倾向。

金政权被蒙古人所灭。金亡后，有士人认为金之衰亡在于"根本未立"，意思是说，由于汉化不够，不能和汉人真诚合作，所以灭亡。也有人认为，恰恰因为汉化才使女真丧失了尚武精神和能力。是非如何，不易断定。但是金代毕竟是唐以后第一个边疆民族在中原存在较久的朝代。它代表着一种边疆民族入主中原并建立统治的模式，为后来元、清两代之前驱。作为决定着这种模式历史命运如何的文化冲突与社会问题，后来的历史亦未给出"解决"的证明。

南宋偏安

将一大段交错的历史,即北宋、辽、西夏、金、南宋这一组组风云聚散的历史时空在眼前过一过,也许会感到,那时中国大地正处于一股前所未有的历史冲击波中,传统的华夏文化中心受到来自边疆异族的压力与挑战,处在"征服"的旋涡里,这个冲击波,在蒙古人成吉思汗及其军队到来时达到了高潮。

面对北方而来的"征服",宋人与其说是捍卫传统的原则,不如说将原则折中于现实的考虑,以财帛换和平,把命运押在了"苟安"上面。北宋与辽的"澶渊之盟"、南宋与金的"绍兴和议"都具有这种性质。这种对历史情境的反应,由于离开根本的解决甚远,自然体现为传统的危机,体现为文化心理和体制上"经世"的困难。所谓"积弱"的根子不妨说也在这里,走不出困境去。南宋吕祖谦讨论宋朝"体用"之困境时,道出了个中消息:"国朝治体,有远过前代者,有视前代为未备者。夫以宽大忠厚,建立规模;以礼逊节义,成就风俗。此所谓远过前代者也。故于俶扰艰危之后,驻跸东南,逾五十年,无纤毫之虞,则根本之深可知矣。然文治可观,而武绩未振;名胜相望,而干略未优。故虽昌炽盛大之时,此病已见。是以元昊之难,范、韩皆极一时之选,而莫能平殄,则事功之不竞可知矣。"(《宋史纪事本末》卷七八)总之,在安逸与忧患之间,宋代文化"柔"的气质似已入膏肓而不可拔矣。有识士大夫尽管有鉴于此疾呼振作,但局限于历史认识的传统框框,仍然还是把"宽大忠厚""礼逊节义"当作"根本",当作"体","经世"的想法则不免空泛而不切实际。所以,南宋尽管出了李纲、岳飞、韩世忠那样的英武有为之士,陈东、陈宜中那样的冒死议政的太学生,出了陆游、辛弃疾那样的慷慨风流的文人和朱熹、陆九渊、叶适、陈亮那样的思想家,以及文天祥、陆秀夫那样的忠介之臣,终不免走向衰亡。世运如是,当不仅令一代人感慨不置。

这里面的因果关系是怎样的?传统的思想家往往关注着"天下有道"的问题,宋儒更是将心思集中到"人心惟危,道心惟微,惟精惟一,允执厥中"上面。

踏歌图 马远 宋
故宫博物院藏

他们讲求理想的道德观、国家观、社会观，也就是执着于一种理性的文化理想，却难以将理想同现实的文化运作衔接，因而也影响了对社会历史做出深入的认识，而问题恰恰在于社会历史运动有它自身的规律，它往往呈现出一些无情的事实。先说"天理流行"无济于事。在南宋，由于对"无情的事实"已有所感受，便会引起一种反省和质疑式的思想路向。例如陈亮（1143—1194），他抱有与理学异途的事功思想，批评理学的流弊时说："自道德性命之说一兴，而寻常烂熟无所能解之人，自托于其间。以端悫静深为体；以徐行缓语为用。务为不可穷测，以盖其所无。一艺一能，皆以为不足自通于圣人之道也。于是天下之士始丧其所有，而不知适从矣。为士者耻言文章行义，而曰尽心知性。居官者耻言政事书判，而曰学道爱人。相蒙相欺，以尽废天下之实，则亦终于百事不理而已。"（《龙川文集》卷一五）这种近于文化精神上的反省，可说发当时士流未发之覆，并同后来明季、清季的实学思潮一脉相传。但是这种经世观念本身的思想容量以及影响毕竟很有限。当时大儒朱熹与陈亮辩论，便批评陈氏之"义利双行王霸并用"的主张不能区分"天理人欲"，不得根本。朱熹认为，根本在于"吾心义利邪正之间"，察之密则见之明，持之严则发之勇。关于社会历史的评价，朱熹的标准仍悬于天理人心，反对以功利为标准。针对陈亮之肯定汉唐事功，朱子有段著名的褒贬：

老兄视汉高帝唐太宗之所为，而察其心果出于义耶？出于利耶？出于邪耶？正耶？若高帝，则私意分数，犹未甚炽；然已不可谓之无。太宗之心，则吾恐其无一念之不出于人欲也。直以其能假仁借义以行其私。而当时与之争者，才能知术既出其下，又不知有仁义之可借，是以彼善于此，而得以成其功耳。若以其能建立国家传世久远，便谓其得天理之正，此正是以成败论是非，但取其禽获之多，而不羞其诡遇之不出于正也。千五百年之间，正坐如此。所以只是架漏牵补，过了时日。其间虽或不无小康，而尧舜、三王、周公、孔子所传之道，未尝一日得行于天地之间也。（《朱子文集》卷一）

上面这段话以及朱陈之争，反映了宋代高扬的一种传统意识，坚执着从道德理想高度去反省历史文化，批判功利主义，尽管有些不合时宜。如果用现代的词语来比较，朱熹一派重的是"价值理性"，陈亮一派则重视"工具理性"，虽然二者都未在宋代历史进程中得到积极的回应，陈亮自比于诸葛亮而终于仕路不达，朱熹则陷于庆元党禁之厄，但是朱熹的思想是在主流和正统中的。

另一方面，在南宋，又有著名的"朱陆之争"，即理学和心学、"道问学"与"尊德性"之争。"朱"为朱熹，"陆"为陆九渊（字子静）。有名的"鹅湖之会"即为二者辨别异同的插曲。这一争论本身并非很严重，但讲中国思想史，讲宋学，都是避不开的关目，因为由此转化出在后世影响颇大的"陆王心学"。如果说二人都致力于成圣近道的人生旨则和文化理想，则区别在于，朱熹把"格物致知"（道问学）作为接近大道的主要途径，而陆氏则把到达理性主义的根据地视为"良心"或"良知"（所以他从"万物皆备于我"出发，提出"六经注我"之大胆意见）。用现代词语来比较，朱近于经验主义，陆近于理性主义；在知识论上面，前者强调后天习得，后者强调先天悟性。朱子总还说："学必贵于知道，而道非一闻可悟，一超可入也。循下学之，则加穷理之工，由浅而深，由近而远。"（《朱子文集》卷一八）这样得来的知识已不免很狭窄，而陆子却指责为"尚智巧"，"不知开端发足"，是如"愈骛而愈远"，以至于标举"易简"，批评"支离"，确认"吾心即物理，初无假于外也"（王阳明序语）。朱陆相较，陆更近于"反智论"的传统。"心学"的崛起，固然意味着人格气质之学的发扬，对于中国人的文化心理所产生的极大影响，恐怕也在于阻蔽了对外在世界的认识（当然是局外事后之论）。

正如宋代文化将传统推至自足范围内的成熟，终宋一代大家迭出的思想探索，也在融合抉发至于精深的义理方面达到了难以逾越的高度。但无论如何，它们对于历史现实的反应则是隔膜、无力的。譬如它们都无法提供一种经验或理论，以突破治乱、兴衰相继的历史循环。如近人梁启超所谓："我国数千年之历史，凡一姓之初兴，必以威劫为政策，如汉高祖宋艺祖之时代是也。及经数叶，则必以放任为政策，如汉文、景，宋真、仁之时代是也。放任既久则有乱，乱则有亡，亡则有兴，有兴则有威劫，威劫既倦则返于放任，如是迭为循环……"这就更令人感慨不置了。

同时，辽、西夏、金、元从北方带来了"征服"（在文化上又被征服）的模式，也并未改变那种循环的宿命。

1206年，在蒙古草原上，铁木真统一蒙古各部，称成吉思汗，然后南下用兵，先后灭西夏、金。1276年，已改国号为"元"的元世祖忽必烈的新王朝军队攻陷临安，南宋随后灭亡。在历史上，殉难的文天祥留下了一首《正气歌》和两句诗："人生自古谁无死，留取丹心照汗青。"悲壮结局，千古传诵。

元朝杂色

历史上的中国人常常有一种"华夏文化中心"的观念。执念于这种观念，一方面有优越感和自足感，另一方面坚持"夷夏之大防"，深恐"以夷变夏"。从孔夫子到晚清的辜鸿铭都担心"披发左衽"的事情，怕失去了本身的礼乐制度、历史传统。不过，到宋代，这话说来就不大气壮了，先后而起的辽、夏、金、元都是异族政权，元代蒙古贵族政权更成了历史上第一个建立"大一统"的异族政权。历史似乎无情地给旧观念打了个折扣，保留的慰藉则是异族统治在文化上的"汉化"，所谓"用夏变夷"姑作此解。

但沧桑之变毕竟是巨大的："草合离宫转夕晖，孤云漂泊复何依。山河风景元无异，城郭人民半已非。"（文天祥）"淮襄州郡尽归降，鞞鼓喧天入古杭。国母已无心听政，书生空有泪成行。"（汪元量）据说南宋遗民郑所南画的兰花没有根，可见寄托的怆痛有多深！可历史又是难以改变的，当中国的宝座上坐着一个蒙古人的皇帝时，元朝的历史便正式开幕了，即使不愿意承认也不能不接受事实。而长达几个世纪的分裂与战乱亦随之终止，元代宣布了中国的统一，也是一次在民族新融合基础上的统一。

确实，以蒙古本族的有限人力，征服和统治广大的中国，是很困难的。因而，"蒙古统治者在征服和统治中国时，还得大大依赖色目人。西方的民族，不论是投降的，还是被征服的，都被蒙古征发来充作兵员。譬如高加索山地的阿速人就大批地被迁到中原来，组织成阿速卫。咸海以北的康里，康里西北的钦察，今伊犁一带的哈剌鲁，以及斡罗思、唐兀等族，都分别依其族籍组织成军。忽必烈时代用来打南宋的军队，除了北方汉人外，几乎包括了中亚细亚一带各族的人。统一战争结束后，他们中间很多人都在政府里做了官，对元王朝的政治、经济和文化政策，都发生了重大影响。尤其是回回，长于运输、储藏，善于理财、搜刮，长期被蒙古贵族用来经营商业，管理财政。依附蒙古的汉人和南人，也替蒙古统治者出了很大的力气"。元王朝开始的情形，已意味着不可避免地将要出现一个广泛民族融合的背景。这是元代文化史的第一个背景性特点。

第二个背景性特点在于，元王朝的自我设计基本上取法于"汉"。忽必烈意欲推行"汉法"，所以建"大元"国号，以"中统"为年号，他在诏书中宣告："诞膺景命，奄四海以宅尊；必有美名，绍百王而纪统。肇从隆古，匪独我家。……顷者，耆宿诣庭，奏章申请，谓既成于大业，宜早定于鸿名。在古制以当然，于朕心乎何有。可建国号曰'大元'，盖取《易经》'乾元'之义。"这就等于明确地把元朝看作中国历代王朝的继续，而非另起炉灶了。与此相一致，忽必烈建立元朝的过程中，政治中心逐步南移，并定都于大都（在金中都之东北），是为北京城的前身。

元朝确立，其意义可举出多方面，比如：一、确立了辽阔的疆域，并使中原与边疆的联系密切和固定下来。二、促进国内各民族间经济、文化的交流，使民族融合进一步得到加强。三、统一的环境对文明进步有利，特别是为天文、地理、水利等学科提供了积极支援的背景，如郭守敬利用这种条件，进行杰出的实测活动（从北纬六十五度到北纬十五度，每隔十度设一个观测站，共设立二十七个观星站），终于编制出当时世界上最先进的《授时历》。四、统一有利于中外交通和文化交流的发展，沟通了中国与外界的相互了解。如威尼斯人马可·波罗随其父于1271年沿丝绸之路来华，1275年到达上都，他在中国住了十七年，于1295年回到威尼斯。后有《马可·波罗游记》一书传世，它对欧洲人认识东方特别是中国的情况，起了巨大作用。又如海上贸易元时益趋发达，1977年在韩国木浦附近海底发现的元代中国海船，装有瓷器、铜器、铁器达几千件，钱币七万枚，可见当时与高丽、日本海上贸易之规模。五、农业与手工业大体上维持了一定的生产水平，较突出者如水利和河漕的兴修（如凿通通惠河，使新运河沟通南北四大水系，直达大都）、苏南的棉纺业（黄道婆引进较先进的技术）、景德镇的青花瓷器等。都市、城镇、商埠之经济在元代更见繁荣。按马可·波罗的描写，元大都"百物输入之众，有如川流不息"，杭州则是"世界最富丽名贵之城"。

话说回来，从草原大漠到村墟城郭，从毡帐到宫殿，从流动掠夺到定居立业，元朝统治者已面临新的文化处境，而且并无自己的经验可以适用于变化。在这种情况下，审时度势的选择就显得非常必要，也好在忽必烈作为开端，并没有太多的文化成见。因而这一时期，第一，能利用色目人（如阿合马、桑哥等）和汉族士大夫（如刘秉忠、姚枢、卢世荣等）等藩府之臣治国理财；第二，取法于金制和汉制，建立起有稳定连续性的行政、法律和用人制度；第三，对社会经济生活和文化生活的控制比较松弛（政治上的防范和赋税聚敛当然不肯放松）。总的看，经济和文化仍能在前代的基础上有相当程度的进展，其环境的开放性可能还超过了以前。也可以说，就文化史传统而言，元代仍是宋、辽、金的延续，并没有提供新的模式，大体上是"以北方之俗，改用中国之法"。

但是与宋、金文化相较，元代文化又是杂色的。比如说，社会等级分为高低四大类，即蒙古人、色目人、汉人和南人，其中"色目"便是"各色名目"的意思，指蒙古人、汉人、南人之外的西域部族人，据说有畏兀儿、钦察、回回等二十三个部族。他们地位不低，并渐渐散处各地，难免使各地的风俗和种族血统在杂处混合中逐渐变化，诸如当时不同民族间的婚姻颇为自由，蒙古人、色目人可以用汉姓汉名，而汉人也可采用蒙古姓名，等等。名教上的约束似乎并不严格。

以"杂"说"元"，除了多民族结合成文化共同体这一明显特点外，宗教信仰也是各有所皈又共存并流。元代统治者既对儒术感兴趣，以之为安定国家的原则（如忽必烈建太庙、祭祖、立皇帝制度、重用汉臣等做法），同时又对佛教感兴趣。当时吐蕃佛教（西藏喇嘛教）在朝廷的地位最隆，而在地方上仍以唐以来的禅宗为流行。道教在元代也大为红火过一阵，其中以金代兴起的全真教和老牌道教正一派分别在北方和南方最得香火之盛。全真教"七真"之一的丘处机曾西行跋涉千里谒见成吉思汗，颇受青睐，于是"玄风大振，化洽诸方，学徒所在，随立宫观，往古来今，未有如是之盛也"（《云山集》卷七）。元世祖也召见过正一派的天师张宗演。道教在元代骤盛，世俗化也更为明显了，其仪式科醮往往为皇帝、贵族而举行。直到元代中后期，道教的势头才转为衰落。伊斯兰教在中国的传播也以元代为张大的转折，偕中亚各族居民大批徙居内地而来，伊斯兰教的清真寺和《古兰经》、祈祷和礼拜便成为中土的一种重要宗教现象。但伊斯兰教的信徒主要为史籍所称的"回回人"，即今回族的先民。同时，从元朝伊斯兰文献和文物上面可看到波斯文化的痕迹。此外，元代北方和南方沿海一带还有基督教、犹太教在中国较早期的传播。中土一时汇集了如此杂然异趣的宗教及其信徒而且未至互为捍格，几如一派历史奇观，显然是元代以前难以想象的。

元代人生活的文化背景本有着不小的民族差异，由于有中央集权的统治秩序作为保障，这种民族融合的情况便成为寻常。但是元代统治者的秩序观必然要以权力维系为中心，带有"征服"的色彩，所以"汉化"是一方面，另一方面，民族压迫亦未尝懈怠。例如汉族士人一向以科举作为参加政权的主要途径，元朝时却废除科举，闭塞了汉人入仕之途。直到仁宗延祐二年（1315）才恢复考试制度，但是取士不多。直到元末，总共廷试十六次，取士一千一百余人而已。在有限的人数中，蒙古人、色目人还受到优待。入仕、就职、升迁，还有许多方面，汉人和南人都受歧视和限制，是不能不感到压抑的。民族和阶级的双重压迫，给予世代生长于斯的人们深深的心理创伤。少数人对多数人的统治亦成为民族感情难以接受的历史，这种历史潜含着动荡性。终元一代，民间反抗运动频繁发生，恰如天灾之频繁发生一样。这些，给元代文化带来了消极影响。中国历代王朝均有一段盛世可述，而元代不然，自从忽必烈开国的好时光一去，便落在长期的停滞与衰落中了。这是一个没有多少创新的时代。

元画与元曲（剧）

纵横天下事，说的是天下事皆有纵的和横的联系，孤零零的东西可能没有。不妨说，历史片段也是这样，譬如元代的生活与文化。

纵，体现为传统的延伸，具体说，元代文化的许多方面是宋代文化的延续，虽然人们已处在异族统治之下，而文化的连续性总是根深蒂固的，况且元朝统治者也不可能跃马扬戈去征服文化，于是元人之人文风格仍富于传统的造诣与历练。如领袖元代文苑的赵孟頫曾历仕元代五朝，拜高官，其诗文书画笔墨意

元青花
大英博物馆藏

趣皆堪比往贤，人们比之为唐之太白、宋之东坡。甚至一些非汉族出身的人物如耶律楚材、萨都剌也都接受汉文化之熏陶，具有相当高的艺术修养。萨都剌的诗词就作得很好。

横，指共时性的横向影响因素，也是造成元代文化与前后时代相区别的地方。由于民族关系发生了大变动，这种影响因素便与之俱来。例如工艺美术品的品种风格，受"横"的作用不算小。元人的丝织最盛行加金工艺，即织金锦，又称"纳失失"，是类似于波斯所产的金锦，组织华丽，显然同游牧出身的权贵好尚浮华尊贵有关，也同喇嘛教的盛行有关。加上当时中外交通的发展，促成许多域外染织品（如回回锦、缅甸锦、波斯毯）传入，工艺和风格难免多参以西法。又如瓷器，元瓷以"青花""釉里红"著称。由于当时已有大量瓷器外销，故形制与纹饰，已不纯为中国式的清雅，而是结合了中亚波斯传入的装饰风味。器物工艺同社会需要的关系较为密切，因而往往显示文化风尚的变化，在这一点上，元较之于宋，是近于由精致到粗犷，由雍雅到富丽。变化既缘于民族气质之差异，又同中外交流的扩大消息相通。"横"的影响另外还有一种，

钧窑双耳连座瓶 元
出土于北京

即一般文人因受统治者的歧视,仕路不达,而使其在思想、艺术等方面的文化表达上带着苦涩和逃避的色彩,如明朝胡侍所说:"中州人每每沉抑下僚,志不获展……于是以其有用之才,而一寓之乎声歌之末,以舒其怫郁感慨之怀,盖所谓不得其平而鸣焉者也。"(《真珠船》)"不平则鸣"这句老话,用在这里,似乎意味着不理想的文化环境也是一种激励,促使一大批具有高度文化艺术素养的文人去寻求自己的精神天地,在人生困厄中,将历史情怀抒写于一幕幕舞台悲剧。元代戏剧艺术家人才辈出,用"曲子"、用剧本记录其"人生演出",反倒使他们困厄的人生表现着生命的不朽了。

百年纵横,传统与时代的二重影响,投射于元代的艺术活动,形成以绘画和戏剧为代表的艺术新流向。讲艺术史,不能不讲绘画"元四家",更不能不讲"元曲""元杂剧"以及代表人物关汉卿、王实甫等。他们均不属于宫廷文化的范围。元代优秀的绘画带有隐逸气质,最终确定了文人画之成熟,而杂剧作家则把理想旨趣寄托在近俗的形式中,这与他们的生活有关。

平心而论,元代画风远不如宋代格局气派和风神绰约。前期的赵孟頫、高

克恭虽具大家气象，终不出宋人尺度。到黄公望（子久，号大痴道人）、吴镇（仲圭，号梅花道人）、倪瓒（元镇，号云林）、王蒙（叔明，号黄鹤山樵）四家笔墨推出，山水法意，为传统之一变，似乎更能体现元代绘事的个性。这四个人皆以山水为主，大体完成了南宗山水画的基本形式，总的格调是一种处士型的文人格调。画面的气韵不再着重表现于客体对象，而是放在主观意兴上。如黄公望笔法的"简远逸迈"，倪云林"萧散淡雅""若淡若疏"，吴仲圭之"随所欲为""极率略"，黄鹤之"秀润幽深"，皆所谓"幽亭秀木，自在化工之外，一种灵气"。这种远离形模追求写意的倾向，倪云林曾自作解语云："仆之所谓画者，不过逸笔草草，不求形似，聊以自娱耳。"又云："聊以写胸中之逸气耳，岂复较其似与非。"这种旨趣的表现，与闲适任诞的游戏差不多，却也可感到其笔墨之外的寂寞悲凉。后来的文人对此亦情有独钟，恐怕不是偶然的。

后来也有人批评"元四家"："尽扫汉、晋、六朝、唐、宋之画，而以写

鹊华秋色图 赵孟頫 元
台北故宫博物院藏

胸中丘壑为尚，于是明、清从之。……惟是模山范水梅兰竹菊萧条之数笔，则大号曰名家……盖中国画学之衰……则不能不追源作俑以归罪于元四家也。"（《万木草堂画目》）但是如果考虑到元代汉族知识分子（特别是江南士人）所处境遇的困顿苦闷，想到他们被迫或自愿放弃"学而优则仕"的传统道路，而且往往只有隐逸文化的经验可供选择，那么便可理解，寂寞和在诗文书画以至山水竹梅间寻求超脱的心理很容易导向远离客观现实而诉诸自我的创作取向。不是没有理想了，淡泊恰恰被视为理想。元人绘画的形式意义中显然含有那个时代的文化潜义，并间接影响于后世的人文精神。

当然，把这种流变看作一个层次上的文化现象，可能更合适些。在另外的层次，也会有另外的理解和把握，例如元代的花鸟画（钱选、陈琳、柯九思、王冕等）、界画（王振鹏）均有不凡的成就，宗教壁画代表者如山西洪洞广胜寺和永济永乐宫壁画，在功力和气魄上均可为民间艺术的高水平存证。诸如此类，元代文化的"杂"，也表现在这里。

　　我们多少能感到，由隋唐到宋元，士大夫文化圈日益增长了内省和心灵隐逸的动向，而随着市井生活的活跃，民间文化也日益蓬勃着。后者的主要形式如说唱艺术、戏剧表演，在消闲娱乐的要求下发展起来。在元代，由于文人同市井生活的关系比较密切，不仅丰满了"曲"这种形式（又叫散曲，包括小令和套曲，句调长短不齐，而又有一定腔格），使其雅化，而且在话本基础上开始创作长篇章回小说（如元末施耐庵、罗贯中创作《水浒传》《三国演义》）。文人的参与，更使民间出身的原始戏剧，经过北宋滑稽短剧、南宋之南戏（又名温州杂剧或永嘉杂剧）以及金代诸宫调之弦索铮铮这一系列粗具规模的过程，而发展出一座"元杂剧"的高峰。杂剧作家又称"书会先生"，关汉卿、王实甫、马致远、白朴、纪君祥、郑光祖等人正是数百名杂剧作家中的佼佼者。

　　元杂剧成为突出的文化史现象，似乎正反映出传统与时代的纵横交会，或者说是一种"文化碰撞"。如果元代文人不是抛舍仕途流连于吟风弄曲的光景，一掬其才智，戏曲便仍停留在简陋的艺术和思想水平上。如果没有宋元以来都会生活的要求，也不可能产生雅俗结合的元杂剧。都会文化生产为元杂剧的生长提供了相宜的条件，诸如：一、都会向戏剧供应需求娱乐的闲杂人等；二、都会逐渐形成剧场，可定期演出，道具方便完善；三、都会汇集各地伶工精英，交流经验；四、都会同时有其他各种杂耍百戏上演，既互通有无，也易

八花图卷 钱选 元
故宫博物院藏

融合成中国独有的、具备唱做念打的新综合形态戏剧；五、都会内生活着清客类的小知识分子，他们可以供应新剧本、改善曲词，甚至协助财力，戏班工伶也可借此提高艺术水准，得到更多表演机会；六、都会比乡村更适合戏剧发展，如获得上自达官贵人下至贩夫走卒的观众。当然，戏剧的提升也意味着趋向于雅化、文学化、复杂化了。尽管如此，戏剧仍在相当大的程度上被正统观念视为"谑浪游戏"和"倡优供奉"。

关汉卿是元代早期的大戏剧家，此人倜傥博学、才情并茂，为一时之冠。他的代表作也是元杂剧的代表作《窦娥冤》，可以说在思想和艺术表现的内涵上大大超出了一般的娱乐范围，为元杂剧奠定了深厚主题和悲剧形式；借助对善恶冲突的刻画，反映出民族、社会和个人陷于困顿的现实，以及对人生、历史的思考。

王实甫的代表作《西厢记》，写一个曲折而美好的爱情故事，写这种本于自由的爱情如何克服礼教的束缚，生动而又充满矛盾的趣味。它的不多的几个人物性格也给人留下美好的回味。这出戏有着极优雅的文辞，蕴藉诗情画意。

总的看，元杂剧有悲剧、喜剧、历史剧，题材也多样。在传统文艺样式中，它显得最切近人生的喜怒哀乐和社会生活的方方面面，并且把元代生活的那种苦闷和对理想人生依然抱怀的挚念淋漓尽致地加以表现。有人说元杂剧既在中国文化的涵泳中体悟了社会、人生和自我的种种矛盾，又展示了矛盾的难以解决状态，只能寄托襟怀于梦境——法治之梦（以包公为主角的公案戏）、缅怀之梦（历史剧对幽远的呼唤）、团圆之梦（爱情的胜利）。这些梦，对于中国人的文化心理有经久深微的影响。以戏剧为道德劝儆的津梁，这点在元代还不明显。

还是王国维说得好："元曲之佳处何在？一言以蔽之曰：'自然而已矣。'古今之大文学，无不以自然胜，而莫著于元曲。盖元剧之作者，其人均非有名位学问也；其作剧也，非有藏之名山、传之其人之意也。彼以意兴之所至为之，以自娱娱人。关目之拙劣，所不问也；思想之卑陋，所不讳也；人物之矛盾，所不顾也；彼但摹写其胸中之感想，与时代之情状，而真挚之理与秀杰之气，时流露于其间。故谓元曲为中国最自然之文学，无不可也。"（王国维《宋元戏曲史》）

我们曾说过，元代并非文化史上的黄金时代，但它造就了元杂剧这一丰满之果，这本身就富于文化的戏剧性，历史之进退得失亦常令人感慨。

明·清

(1368—1911)

明初秩序格局

万里黄河从中国的北方流过,向东流向大海。中国人一开始就注定了要祖祖辈辈同这条不羁的河流打交道。黄河既哺育了中国文明,也给这块土地上的人们带来苦难。"俟河之清",这已成了农耕社会最为企盼的理想,然而历史状况却还离理想甚远。不仅如此,随着时间推移,黄河水患有增无已。如金章宗明昌五年(1194)黄河改道夺淮,使黄淮沿岸蒙难。元代黄河决溢十分频繁,达二百余次。至正四年(1344)黄河又一次决溢改道,白茅决口,黄河北徙夺路入海,治河问题更为严重起来。当时正是社会危机日趋严重的元朝末期。至正十一年(1351),元统治者征发十多万河工、戍卒开发河道,在民怨已深的情况下,直接引发了红巾军大起义。社会生活的危机与自然灾害造成的危机,往往互为推波助澜,困扰千百年历史,元代又何尝能跳出去!此后烽烟四起,元朝统治在历时十七年的元末农民战争中走向灭亡。改朝换代的又一个轮回开始了。这一次压倒群雄的是当过和尚、流浪汉的朱元璋。他领导一支义军南征北战,规取天下,于1368年建立了明朝,年号洪武,定都南京,史称明太祖。明取代元,意味着汉族地主占统治地位的秩序又恢复了。

那情况怎么看都有些像是"轮回",或者说"老谱新翻"。虽然世事并无完全一样的重复,可是这种历史运动,包括其生灭沉浮的因果,都很难摆脱一只"看不见的手"。不论叫它经济、政治抑或文化,总不出传统的近于循环的模式。按传统的解释观念,如果一个朝代衰败了,自因主昏臣乱,无法"修、齐、治、平",代替而起的朝代则以励精图治自立,然后又走向衰败。原因说复杂很复杂,说简单也很简单,总之可归法到传统的机制上去。元败明兴,大抵不过又添了这样的例子。

不过,这种社会历史演变的机制对社会自身的调整,体现于明代,仍然是有效的。在历史文化之常规内,社会还可以有缓慢的发展,再说也没有什么新的规范来代替它。因此开国帝王朱元璋实际上只能选择对"常规"的加强与改善,亦即加强和改善集权统治体制。换句话说,是建立起能维持传统秩序的道

雄伟的万里长城(©Gaopinimages 高品图像)

术体系。

朱元璋"洪武之治"沿各方面渐次展开：一、以武力统一全国。二、制定措施恢复和发展社会经济，包括解放劳力实行各种形式的垦荒屯田；提倡节俭，惩治贪贿行为；奖励桑棉，恢复手工业的生产力；重新统计户籍、田亩，整顿赋税，等等。这些均着眼于稳定社会，重本抑末，用明太祖的话说，是"初飞之鸟不可拔其羽"，是避免"民急则乱，弦急则逝"。三、改革国家机器，强化集权，包括分解地方权力，改行中书省为布政、按察、都指挥使三司，三司分治，权归中央；废除中书省，不设丞相，由六部分理事务，皇帝亲裁政务；设立"卫所兵制"，使"将不专军，军不私将"，指挥权在皇帝手中。四、分封朱姓藩王和功臣勋贵，建立世袭统治集团和规范等级制度。五、制定《明律》，严刑峻法，设立锦衣卫及镇抚司，作为皇帝的私人特务机构，加强对社会的控制。六、树立正统观念，任用儒生，以"四书五经"为经典，严行以八股文取士的科举制，朱元璋把是否有利于专制统治作为文化思想取舍的基本准则。

上述种种道术体系的内容，既是创建和巩固明朝秩序的常规，也把大一统式的传统政治文化推到了高度集权专制的巅峰，朱元璋建立了皇权的绝对权威。这里头既有历史经验之总结，也有现实的考虑，要求历史按照帝王的带有功利目标的理想来塑造——即建立稳定的秩序，树立价值标准和行为准则。这些标准和准则能够使他建立的组织机构永恒长存，使其规范下的价值生活也永恒长存。同时，这种努力也不免带有朱元璋个人性格的色彩，一旦他认为必须保证他所关心的能够实现，便可以不择手段地去做。例如数兴大狱、诛杀功臣宿将，以杜绝出现异己势力的可能，豢养特务（锦衣卫），不惜实行严刑滥杀，草菅人命，说起来触目惊心。史载："国初重辟，凌迟处死外，有刷洗，裸置铁床，沃以沸汤，以铁帚刷去皮肉。有枭令，以钩钩脊悬之。有称竿，缚置竿杪，彼末悬石而称之。有抽肠，亦挂架上，以钩入谷道钩肠出。……有剥皮，……有挑膝盖，有蝎蛇游等。"（《古今图书集成》卷七六五）洪武间，不仅法网日密，而且"法外加刑"，株连乱杀。胡惟庸案发生在洪武十三年（1380），至二十三年（1390）再兴胡惟庸之狱，牵连被杀者至三万余人。二十六年，又兴蓝玉之狱，族诛至一万五千余人。同时"文字狱"也愈演愈烈，如杭州府学教授徐一夔在《贺表》里有"光天之下，天生圣人，为世作则"之句，未料犯了朱元璋的忌讳,认为这是骂他秃头(光),当过僧(生),做过贼(则字近音),便把本想奉承的徐某人杀了。当时还有许多地方学官因文字中有这类犯忌的字词而送了命。于是,朝野上下一片恐慌。赵翼《廿二史札记》引旧史云:"京官每旦入朝,必与妻子诀,及暮无事则相庆,以为又活一日。"又谓朱元璋"借诸功臣以取天下,及天下既定,即尽举取天下之人而尽杀之,其残忍实千古所未有"。在文化专制主义发展史上,文字狱、特务、酷刑、株连、八股文这几种明初大行的事物,可谓谬种流传,至今一旦说起,便会追溯到朱元璋那里去,当作文化史颇为黑暗的一页。

历史似乎给朱元璋提供了一种实行社会政治、文化控制的机缘,使其得以巩固新王朝的统治。而从长远看,传统社会的若干难以解决的矛盾——威劫与放任、集中控制与权益分离、张与弛、法度与人心以及土地兼并的问题——并未在较合理的机制上有所解决。因此,朱元璋确定的制度、政策,有些作为明朝统治的常规能维系下去,有些则不久就变形变质了。例如朱元璋罢设丞相,一人独揽大权,但事无巨细,皆要躬亲处理,渐渐便无法应付。于是洪武十五年(1382)又设文华殿、武英殿、东阁等大学士备为文书顾问,后来转为参与机要的"内阁",又转为实荷部分宰相权事的首辅、次辅,朱元璋的立法宗旨便已徒余其表。又如明初曾在人口普查和土地清丈之后,建立了"黄册"和"鱼鳞册"档案。黄册是集中于京师的全国户籍总清册,鱼鳞册为土地情况的总清册,政府可根据这两册征调赋役,但由于官吏和地主通同舞弊的现象越来越严重,这一制度也名存实亡了。

应该说,明朝统一国家的建立、巩固以及强化的集权专制,对14世纪以后中国文化的进路,有着很大的制约作用。如果说朱元璋对专制体制的强化,一开始还具有稳定秩序的积极作用,有助于兴利除弊,到后来则成为一个保守、僵硬的结构,本身也不免要产生难以克服的流弊。明朝二百多年的历史,没有产生社会进步的历史性变化,最终还是按照老例耗尽它的气数,便是一个最无情的评价。老例,其实在朱元璋身上便已体现了。史书上说朱元璋刚坐天下时还有纳谏之胸怀,到后来便容不得不同意见了。《明史·王朴传》说到王朴"数与帝辨是非,不肯屈。一日,遇事争之强,帝怒,命戮之,及市,召还,谕之曰:'汝其改乎?'朴对曰:'陛下不以臣为不肖,擢官御史,奈何摧辱至此?使臣无罪,安得戮之;有罪,又安用生之?臣今日愿速死耳。'帝大怒,趣命行刑。过史馆,大呼曰:'学士刘三吾志之,某年月日,皇帝杀无罪御史朴也。'竟戮死。"明代之文化专制暗昧到何种程度,概可想见了。

有人指出:明初政治统一,经济繁荣,本为科学文化的发展提供了极为有利的条件,但包括明初在内的明前期近百年,文化上是万马齐喑,死气沉沉,也没有出现一个像样的文化巨人。培养人才不少,但全部以"摘经拟题为志……惟四子一经之笺是钻是窥,余则漫不加省。与之言,则两目瞠然视,舌木强不能对"(宋濂《銮坡集》卷七)。这是朱元璋厉行文化专制政策的后果之一,影响不可谓不远。

权威与事功

历史上的社会文化设计,大抵有两种类型。一种,以秩序为中心而建筑集权社会;另一种,以自由为基础经营集团社会。按照这种分法,中国传统社会往往是以秩序为中心而建筑的,当然也不是没有自由,但设计考虑中不免以秩序为优先。秩序,有道德伦理上的,有政治制度上的,也有思想理念上的,总的说,要求遵守纲常,"三纲"之首即"君为臣纲"。为什么一定要这样?我们只能说,这是历史形成的。从秦汉以来,已成惯例,尤其是统一时代,无不以加强帝王的政治权威和天人合一的思想文化权威作为维持秩序的保证,也可以称之为权威主义文化。可是,前面曾提到过,在中唐以后既发生中央权威减弱以至丧失的情况,北宋以后又继之以长期的分裂和外族的征服,均不符合"长治久安"之理想模式,也就为朱明王朝的建立提供了值得注意的历史教训。显然,朱元璋建立起统治秩序后,会汲取一些教训,重新从权威主义的政治经验和思想资源(包括儒家和法家的思想术略)中多有规取,以至于对专制加以强化,也并非偶然。

朱元璋所为,近于荀子所谓"君者":"君者,善群也","能群也者,何也?曰:善生养人者也,善班治人者也,善显设人者也,善藩饰人者也。……四统者俱,而天下归之"。总之是落实"君尊臣卑",以道、势、法、术统御

北京宫城图 佚名绘 明
中国国家博物馆藏

火龙出水
见《武备志》
这是明代制成的二级火箭,龙体依靠外面的火药筒产生的推力前进,到一定时间,龙体内的火箭就会引火爆发,箭支就会从龙口射出,是我国古代水陆两用的火箭

青铜火铳 明
中国国家博物馆藏

天下,宁严毋宽,大树绝对权威。如《明律》的制定,着眼于虑患防微,不仅严戒民间教门会道行所谓"左道乱正之求","扇惑人民,为首者绞",而且不允许任何有损君权的异动:"凡诸衙门官吏及士庶人等若有上言宰执大臣美政才德者,即是奸党,务要鞫问,穷究来历明白,犯人处斩,妻子为奴,财产入官。若宰执大臣知情,与同罪。"(《明律集解附例》)当时朱元璋虽然也尊崇儒学,规定将"四书五经"作为士子的必读书,但对《孟子》却很不以为然,就因为孟子讲"民为贵,社稷次之,君为轻",大不合君权神圣的心意,于是便删砍《孟子》言论八十五条。朱元璋特别重视用法律、文书典册的形式将权威固定恒久化,先后颁定《大明律诰》及续编、三编,三诰中采集了罪至凌迟、枭示的案例有千百条,网锢日密,甚至有"寰中士大夫不为君用"一目,记录了贵溪夏伯启叔侄断指不仕,苏州姚润、王谟拒绝召聘而受诛籍家的案例,是以前任何一代所未见的。洪武年间,不仅颁布有《皇明祖训》《醒贪简要录》等惩儆规范,令世人一体遵行,甚至还规定了官与百姓衣袖式样尺寸如何,披巾戴帽应该如何;不仅整编了里甲制度,而且还规定了一年要举行两次"乡饮

河防一览图（局部）
潘季驯 明
中国国家博物馆藏

酒礼"，以化民俗，可谓事无巨细，深文周纳了。

也应该看到，明初权威主义文化秩序的推行，对残破颠扑的社会生活不失为一种修复，也保障了相当长时间的社会稳定。朱元璋于洪武三十一年死去后，虽然发生了王位之争，燕王朱棣发动"靖难之役"，以"清君侧"为理由，推翻了他侄子建文帝的皇位而自立，并迁都北京，但这位明成祖恐怕比他的侄子更能实行朱元璋的君主专制统治，他大杀方孝孺、铁铉等建文旧臣，枉杀直臣周新、学士解缙，设"东厂"特务，均不乏乃父遗风。

往往，权威与事功是相辅相成的，内政如此，一个强大政府的外交，也是明前期文化状态的一个体现方面，也因为宋元以来帝国的外部环境与本身存在发展的关系更为密切了。自开国之际到明成祖继统，明王朝具有了较强大的经济和军事实力，便以此为基础筹划其边疆秩序和对外关系。洪武、永乐间对北方边族采取强者击之、弱者抚之的方略。永乐十八年，北京皇城竣工，明成祖正式迁都北京，便有拱卫、开拓北方的意图。他在位期间先后率军五次北征，打败鞑靼部、瓦剌部，收抚兀良哈部，基本抑制了来自漠北的威胁。还在西北、东北地区设置了卫所、都指挥司,用兵安南,宣慰西藏,明初期威势所及虽不及汉唐,却也强盛一时,直到明中叶北方的瓦剌和东南沿海的倭寇始构成一度紧要的威胁。

作为中央王朝权威的体现,明统治者仍然坚持着自视为"天朝上国"的心理,只是朱元璋已意识到"四方诸夷,皆限山隔海,僻在一隅,得其地不足以供给,得其民不足以使令"(《皇明祖训》),不如结成"朝贡贸易"基础上的睦邻关系。因此当时中国同日本,同东南亚各国都发展了海上交通和官方贸易。永乐元年,明政府"依洪武初制,于浙江、福建、广东设市舶提举司","寻命太监提举市舶",并不断派遣使臣到安南、占城、暹罗、真腊、爪哇、苏门答腊等国,邀请他们到中国来进行贸易。虽然由于传统观念的影响,民间贸易的性质被不断加以约束,形成所谓"惟不通商,而止通贡",中国与外部世界的往来毕竟已揭开新的一幕。

值得注意的是,沿海平民"交通外番,私易货物"本有利于东南沿海经济的繁荣,可明政府却屡下"禁海令":"禁濒海民私通海外诸国",个中缘故,恐怕同明政府对待中外关系的传统态度有关。换句话说,考虑问题的出发点,首先是政治而不是经济。一方面,所谓"天朝心理""自尊情结",无非固执一种优越感,不大容易接受自由贸易背后的平等意识、契约关系;另一方面,统治者的权威行为亦被要求体现于对经济贸易文化的垄断,相反的倾向则被视为对权威的破坏,不能加以接受。所以14、15世纪以后的中外关系史早在明初就已确定了保守性控制的导向;发展着的贸易被当作"朝贡"和"赐予",遣使出访,目的在于宣扬国威,"宣德化而柔远人"。

最能体现这种"宣德柔远"精神的事情,是世界航海史上堪称盛举的郑和船队远航,俗称"三保太监下西洋"。永乐三年(1405),太监郑和受命组织船队远航外洋,从苏州刘家河起程,率船六十二艘,二万七千余人,帆樯如云,浩然远举,至占城、爪哇、暹罗、马六甲、苏门答腊等地,于两年后返回南京。当时所用海船的吨位、航海设备都已臻先进。从永乐六年(1408)到宣德五年(1430),郑和又继续了六次远航,远至印度、斯里兰卡、菲律宾以及波斯湾、红海,直到非洲东海岸,踪迹所至,皆绘示于《郑和航海图》,此举为世界航海史上颇可大书的一页。因为郑和远航不仅早于西方哥伦布、达伽马远航近一百年，船队规模和船只之大更是史无前例。但是，尽管远航促进了中国与海外国家和地区的贸易与文化交流，却并未形成对外部世界的探索和发现意识，也并未产生对自身文化变动的影响，例如传统的封闭意识、重农轻商的观念，都依然为朝廷所坚执着。郑和下西洋是一个伟大的创举，足以证明中华民族的文化智慧和能力，不仅不落后而抱残守缺，而且无愧自立于世界民族之林，同时，其行为和使命的局限又造成一大历史遗憾：与开创一个新时代的机会交臂失之。郑和之后，这种"走出去"的想法，近于消息杳然。

直到16、17世纪，葡萄牙殖民者开辟了欧洲通往东方的新航路，耶稣会传教士随之东来，进入中国，中国此时的态势已不觉处于被动了。意大利传教士利玛窦于万历年间向中国传布西方文化，带来了一幅《坤舆万国全图》，使中国人第一次了解了地球和世界五大洲，而这时距郑和下西洋已过了近二百年！一张地图（代表着如何认识世界和自我）含有不同寻常的历史文化意味。

"国家导向"与工艺器物

明代之前半期，即王朝创建和巩固时期，社会生活应该说有个显著的特点，即统治者努力使国家成为社会中的主导因素，并将一种集中控制的模式强加于社会。具体表现在，提高君权，建立有力而又可支配的军队和行政系统，完善科举制和实行思想文化专制以及强化法规等。还不仅是这些，更广泛的集中必然要涉及社会组织活动和秩序上的安排。譬如：

一、国家为使社会秩序结构稳定并保持不变，设想了不同的世袭籍属，以便把民众区分归类。皇族与世袭贵族垄断了民政与军事权力，绝大部分民众划归为民、军、匠等籍属，他们对国家须承担不同的义务。民众提供赋税和徭役，军户送子服军役，匠户则从事技术劳动。

二、进行编制和实行区分社会地位的规章制度，除了重视封号、礼仪以及对住宅、车马、服饰式样的限定外，还依靠大量法令条文（如《大明令》《大明律》《教民榜文》《御制大诰》）来规约普通人的行为，强行树立显贵集团的价值标准以建立一个和谐的新结构，同时也保护农民不受滥用权力之害。

三、完善里甲制度（一里十甲，一甲十户，每里还有十户最富有的大户当甲首），不仅要求村民自己负责完成纳税出役的义务，并由乡绅和长老在管理地方生活时向政府负责，这种制度可以打破居民自由定居的格局，把王朝行政贯彻到户。

四、地方宗教活动也处于集权全面控制之中。

五、对家庭事务的关心也体现于《大明令》中。如《户令》对不少问题做了规定：继承权、婚姻由长辈做主，父母或祖父母在世时严禁分家，表彰守节妇女等。《刑令》中有关于服丧的种种技术规定，明确规定了家族内部的亲疏关系，因而成了执行刑事法律的基本原则。"从政府的观点看，将这些符合传统的、正统的理想家庭关系制定成法，便于将个人束缚于一个不断扩大的集体之上，这一集体对他的成员的活动，诸如婚姻、居住、职业与产权等握有大权。这样，个人的行为就受到了家族的制约"（范德《明王朝初期的政体发展》），而个人作为乡土文化与集体的一员，不能不相信个体本身的意义并不足道，他只是不断延续的父系家世中的一部分而已。中国广大乡土社会的礼法秩序，大抵是这样来安排的，而明代则加强了这种安排。

另外，国家对社会的主导还体现于经济组织与经济活动中。譬如明代官田数量很大。明代前期，国有土地的规模之大为前所未有，至明中叶才趋向衰落并向土地私有制转化。官营手工业的组织结构，在明代也很庞大。工部是掌管官营手工业的主要部门，下设营缮、虞衡、都水、屯田等吏司和营缮所、宝源局、皮作局、文思院、织染所等机构，直接负责有关土木工程、矿冶、铸钱、陶器及衣物的生产。内府负责皇室消费品供应。户部主要管理盐业、盐政。都司下设军器局。此外还有地方官所辖官营手工业机构，如南北八省府的二十二处织染局。明代前期，约有三十万工匠在中央和地方所属的手工工场或作坊里工作。

上述一幅国家对社会大规模干预性管理的景象，引起了不乏文化意义的问题，例如：对时代文化的影响如何？是否能够长期维持？颇值得注意。

首先要加以肯定的是明前期的社会导向是由稳定社会秩序而来，而稳定显然对经济、文化的恢复和发展,对王朝延续的基础有所保障,而且有力的管理可以在权威文化的背景上推动生产力发展,其标志则是由国家组织实施的文化工程体现出国威国力。如大规模的垦荒、兴修水利,如组织大型航队远洋海外,如纺织业、矿冶业的生产规模扩大,水平提高。再具体些的例子,可举出著名的永乐大钟(在北京西郊大钟寺),钟高6.75米,重46.5吨,内外铸有《华严经》《金刚经》《金光明经》,共22.7万字,可见气魄之大、工艺之精。又比如为类聚经史子集、天文地理、医卜技艺之言为一书,编成《永乐大典》,计两万两千九百三十七卷,凡三亿七千多万字,搜罗之广,篇目之富,卷帙之多,可称博大,独步古今。与此同时,由永乐至宣德,历十九年之工,建造了南京大报恩寺九级琉璃塔(为纪念朱元璋及其皇后),塔高三十二丈九尺四寸九分,外墙用白瓷砖砌成,号称"中古时代世界七大奇观"之一。这些功业给人以"大"和"辉煌"的印象,大约也正代表着那个时代的精神、讲求,以及"国家导向"的影响。

很难想象那样的情景:宣德皇帝曾一次下诏生产多达四十四万三千五百件之数的陶瓷器皿,为此景德镇御窑烧制经年,官方对生产过程严加控制,派有专人督察,而生产工序亦颇为繁复:"计一杯功,过手七十二,方克成器,其中微细节目,尚不能尽也。"(《天工开物》)然而也只有质优的精品才被征用,大量的产品均被销毁。至1982年后,景德镇珠山发掘出官窑瓷片数十吨。附带略言,在宫廷趣味的浓重影响下,传统陶瓷工艺在明永乐、宣德、成化间凸现一次新潮,当时著名的品种有甜白、祭红,更发展了青花与斗彩,由此开创出"瓷、色、画三绝"和陶瓷装饰的新方向,或青翠披离,或彩晕尽致,又转发出陶瓷史的"彩瓷时代"。

此外,从丝绸染织,金属工艺,雕漆、金漆器等器物文化层的演示,也有一共同趋势,即是在传统基础上大加丰富改进并屡有新变以至近于穷尽其潜力,总的看又没有可能产生在性质上突破传统的实践与理论。在这个意义上,国家导向与传统导向,又不免有保守性,规矩成方圆,方圆如何,总要看规矩。

以明代前期营造南京和北京都城宫阙园林为实例。汉唐时代那种"体象天地、包蕴山海"的气象表现,自然已大为缩小,却又不失其自足、完善、稳定的宗基,尽量体现其"治隆唐宗""管领天下"的政治理想和尊崇威严。北京城的规划建设，能看出来是作为政治中心和皇权体现来考虑的，它的格局对称、整齐，方正不乱，形成对紫禁城中心的围绕。紫禁城处在整个都城的中轴线上，高城深池，门楼殿阁无不堂皇庄重，与其说是生活空间，不如称之为政治性的建筑空间更合适。皇帝住在这里，作为外廷三大殿（奉天、华盖、谨身）及两侧建筑群的中心角色，也作为内廷三殿（乾清、坤宁、交泰）及六院妃嫔的主人，统治着帝国。皇宫南面，左有太庙，右有社稷坛，体现《周礼》"左祖右社"的规定。外城的天坛，作为祭祀性的坛庙建筑群，景观要比森严的皇宫开阔疏朗一些。天坛包括祈年殿、圜丘、皇穹宇三个建筑，其设计匠心颇为独到。如可以设想祈年殿（大享殿）被要求建为圆形大殿，在当时的技术条件限制下，既无钢筋水泥，又不能用大梁长檩，其构思被完全集中到木结构的精巧利用上：支撑高大沉重的三重檐顶的，是二十八根大柱和许多巧妙衔接的枋、棁、桷、枓。这种无梁殿构架，洵为在传统文化自我完善过程中智慧运用的典型。祭天圜丘的数结构（建设时以"天数"为原则，下层二十一丈，取"三七"数，中层十五丈，取"三五"数，上层中心是一块圆形石，外有九环，每环石块也都是九的倍数）严谨而无懈可击，皇穹宇的圆形围墙（又称回音壁）亦自有神工意味。这些大概不仅仅该当作建筑形式来看待，它们（包括明代皇陵的营建）无不反映了传统文化天人合一体系在明代皇权—世俗秩序的体用下，如何被确立为常规，被发挥到极致。至于这一传统和时代导向的未来命运如何，又将不免会有一番（明代中后期）历史再导演。

明中叶社会生活演变

从洪武开国至宣宗朝，约为明代前期，为有明一代比较好的一段。稳定秩序，树立权威，在各方面修正纲纪，与民休息，不能说"大治"，但可称安定。只是从各朝历史经验来看，这种安定是不保险的，比较而言，变动更具必然性。此后英宗、宪宗、孝宗三朝，纲纪已见不稳，但尚可维持不坠，此一段约为明代之中前期。自正德以后，嘉靖至万历，渐已形成远离前期风格的社会文化转变，此时升平逸乐与危机疾患并存，仿佛历史之十字路口，明中叶（16世纪）

遂为经济史家、文化史家所特别关注。

话说回来，如果把纲纪（制度、政策、价值观念等文化设计）当作传统社会生活的某种导向来看，那么前面曾设问过，明前期的"国家导向"能否维持长久有效？答案是：否。

否定并非来自外部（诸如农民起义、外族入侵），好像一个事物的结构本身生长了对自己的否定。到明中叶已累积了对纲纪的严重破坏，政治腐败。比如史载明代宦官为祸最烈。从英宗朝的王振、曹吉祥，宪宗朝的汪直、梁芳，到武宗朝刘瑾、谷大用，以至世宗朝之崔文、熹宗朝之魏忠贤，秽乱朝政，流毒匪浅。宦官弄权虽然似乎不可思议，却也是专制体制所造成的蛀虫。本来明太祖对宦官曾有严格规定，并镌铁牌置宫门内曰："内臣不得干预政事，预者斩。"并要他的后人照办。可是明代皇帝既任专制，废除丞相，而政务丛脞，宫廷上下内外亦需广为牵掣，孤家寡人势必依赖左右亲信耳目，宦官之善于"固结君心"，正是很自然的。看起来，宦官干政是对正常行政系统的破坏，但由于所谓正常的行政系统本身就不健全，权力就很有限，君权便必然要依赖别的什么，如太监。明朝太监可掌理内外章奏及御前勘合，操纵朝臣人事进退，提督京营和监军统兵，担任地方镇守和守备以及操纵厂卫特务机构。宦官之往往乱政，君主之姑息养奸，归根结底在于他们是专制的需要，可以迎合君主之所欲。由此，反常与正常也便难以分清，这正是明代专制制度悲剧性的反映。由于缺乏权力制衡的机制，朝臣或谏言罹祸，或委曲其间，或逢迎媚上，专制制度终不免腐蚀自身，由盛转衰。

譬如说皇帝吧，开国君主尚能节俭爱养，修政勤民，明中期以后便渐无约束，以至嘉靖皇帝（世宗）被称为"家尽"皇帝。《明史·食货志》载："武宗时，乾清宫役尤大，以太素殿初制朴俭，改作雕峻，用银至二千余万两，役工匠三千余人，岁支工食米万三千余石……权幸阉宦，庄园祠墓，香火寺观，工部皆窃官银以媚焉。……世宗营建最繁，十五年以前，名为汰省，而经费已六七百万，其后增十数倍，斋宫秘殿，并时而兴……营缮益急，经费不敷，乃令臣民献助，献助不已，复行开纳，劳民耗财，视武宗过之。"上有所好，下必甚焉。宫廷风气趋于奢侈放纵，这对社会影响不会太小，明中叶社会之由朴入奢，亦可想见。

明·清（1368—1911）

五彩鱼藻纹盖罐 明嘉靖年间
中国国家博物馆藏

明成化斗彩鸡缸杯
英国大维德中国艺术基金会藏

讲奢侈，得有一个经济基础，这就涉及在秩序稳定的条件下，明代的农业、手工业、商业获得空前进步的情况。这也不算奇迹，中国历史社会只要有一较稳定的环境，天灾人祸较少，经济便有一次恢复振作，这已是规律了。明代也不例外。特别是明前期之国家导向亦对经济进步有相当有力的推动，到明中叶便积聚了可观的势头。比如农业扩大了开发程度，谢肇淛说："湖（按指湖州）民力本射利，计无不悉，尺寸之堤，必树之桑，环堵之隙，必课以蔬，富者田连阡陌，桑麻万顷，而别墅山庄求竹木之胜无有也。"（《浙江通志》卷九九）粮食产量，据何良俊说，嘉靖时松江一带亩产已达二石五斗至三石（《四友斋丛说》卷一四）。番薯、玉米、棉花、蚕桑、烟草、甘蔗、柑橘、花生以及染料作物均得到普遍种植，酿酒业亦大为发展，手工业之长足进步难以备述。仅就丝织而言，嘉靖时，改土机为新式纱绸机。还出现了绫机、绢机、罗机、纱机等各种专业化织机。其中结构复杂的提花机被广泛应用，提花技巧得到翻新。织造供给皇帝穿用的龙袍，花形繁复，工艺细密，非有能织造各色花形的提花机配合不成。明中期的瓷业可称"制作日巧"，器形、图饰无不斑斓照眼，景德镇成为繁富之区。宜兴的紫砂陶亦于时兴起，龚春等名匠所制茶壶，海内珍之，名公巨卿、高人墨士不惜重价以购。此外，矿冶业、造纸业、印刷业俱在传统水平之上大大改进了工艺、技术。不过这些进步仍是就传统意义而言的，与传统的行业分工、生产组织和消费需求相应。

然而明中期的经济繁荣却也含有若干转变的意义，民间经济增长了活力，在整个社会经济中逐渐占有更大比重。其表现是：经济发展的要求与趋势，胀破了"国家导向""控制"的"格子"，商品经济因素与商业性市镇的多量涌现，是过去所没有的。这种情况介入社会生活，也造成了文化景观的变化，包括前面提到的社会风气的演变。具体些说，明代前期占主导地位的官营经济趋向衰落，如矿冶、织造、瓷业、盐业等方面的官营皆因效益不好，难以为继，为民营所取代。民间手工业经济兴旺与日益扩大的商品交换，互为作用，也促成物产种类、市镇规模、交通以及货币资本的进一步开发。城市繁华，无论南北两京、各水路码头，即以苏州阊门一带，舟车辐辏观之，也是"翠袖三千楼上下，黄金百万水东西，五更市贩何曾绝，四远方言总不齐"（《警世通言》卷二六）。东南一带的市镇尤称旺发，如震泽镇"元时村市萧条"，居民只有几十家，到成化时则增至三四百家，"嘉靖间倍之而又过焉"。在普遍活跃的商品交流中，在趋于繁华的城市集埠，明代中叶的商人大贾亦占尽风流，其社会地位非昔日般低贱：安（安庆）、太（太平）、宣（宁国）、徽，"其民多仰机利，舍本逐末，唱棹转毂以游帝王之所都，而握其奇赢，休歙尤夥，故贾人几遍天下"（《松窗梦语》）。当时各省均有大量活跃于市井的商人，尤以徽商、晋商为善于经营的两帮。

存在也转变着传统意识。按传统"士农工商"轻重论列的四民观，经商是无论如何也不能同科举相提并论的。宋代陆游便强调过："若推上世之心爱其子孙，欲使之衣食给足，婚嫁以时，欲使之为士，而不欲使之流为工商，降为皂隶。"（《渭南文集》卷二一）洪武初年明太祖也规定过"商贾之家只许穿布"，地位犹在农民之下。明中叶，随着商业拥有了巨大吸引力，社会价值观便发生了相对于传统的转变。黄省曾《吴风录》说："至今吴中缙绅士夫多以货殖为急。"汪道昆《太函集》说："古者右儒而左贾，吾郡或右贾而左儒。盖诎者力不足于贾，去而为儒，赢者才不足于儒，则反而归贾。"《二刻拍案惊奇》卷三十七云："徽州风俗以商贾为第一等生业，科第反在次者。"话说到这样，大约反映出明中叶以后社会价值观的不小变化，也意味着对传统导向和国家导向一种否定吧。毕竟，社会生活环境要通过风俗习尚，影响到文化，民间经济活动与商业的繁荣，给明代市民文化的兴起提供了土壤。

且以"食在明朝"的意思来结束这一段，因为中国饮食菜肴的讲究和集其精致之大成，也大抵以明中叶后经济、文化转变为前导的，由"吃"可略察消息。比如明人笔记讲到缙绅豪商的饮馔之精：

羊腰或猪腰，连膜煮酥，剥去外膜切片，另用核桃去皮捣烂，拌腰片下锅用小火炒；至核桃油渗入腰子，加香料、陈酒、秋油炒干，说是"味之美，熊掌不足拟也"。

吃鸭子，家鸭不足贵，需用野鸭；野鸭又必须用罗网生擒者，宰杀去毛极净，用五香、甜酱、秋油、陈酒灌入鸭腹，缝好；外用新出锅的腐衣包裹，上笼蒸得极烂，去腐衣、施刀工——自颈而腿，节节开解，抽去骨头，鸭头鸭脚如旧，保持完整形状。然后在蒸鸭所流出的原汁中，再加五香、甜酱、陈酒等作料，用极小的火煨干上桌。

炒鸭舌（或雄鸡冠），蒸熟后去取嫩骨，和笋芽、香菇用麻油炒，淋以甜白酒。食者但觉其甘甜，每不辨为何物。（高阳《古今食事》）

虽然不过道其一鳞半爪，怎么琢磨出来的，只能说是极致而匪夷所思了。

市民文化

史家大都认为，有一个明显的历史文化变化，发生在 16 世纪（从正德初期到万历中期）。然而究竟变化何在，又很不容易说清。试说，恐怕这一条是明显的，即商业远比以前活跃，并对传统文化精神有影响。再就普遍性问题而言，本人感觉，明前期社会生活（大文化）以"集中化"为结构原则，中叶以后却势有必至地产生了"分散化"的格局倾向。大致可说是两条线索，从形成历史文化面貌的因果作用上看，前者是从政治向风俗、经济的方面走动，后者是从经济向风俗和政治的方面走动。所谓历史变化，也许就关联于这两条走动方向不同的线索。

如前所述，民间经济活动之渐进，不免会胀破国家导向的"格子"，集中控制的模式已不复能加以约束。如此，像重农轻商、重义轻利、存理灭欲这些引导行为的观念，虽未全失去依据，实际上却也因旧规范的弱化而变得松动了。实际上商人这一阶层，在社会上远比过去活跃，他们恰好置身于上层文化与通俗文化之间，又在群体生活中充当影响渐大的角色（如编写族谱、修建宗祠、书院、寺庙、道路、桥梁）。美服佳肴、声色犬马的生活也不再只由贵族、官绅享用，有钱便活得不差，脸面光堂，有钱好办事。这是很容易被世俗所接受的。因此不论商人们好奢侈享乐抑或勤俭贮财，偏向于利欲取向的价值观念变动显然冲击着明中叶以后的社会文化。譬如冲击旧的等级秩序，市民势力抬头，传统的礼法、礼教也不再那么森严而不可逾越。这就是由经济上的变化向世俗风尚上的变化走动的情况。

前面曾说过"吃"，中国的烹调特色、方法、滋味、韵味多为讲究，昌于明代。说到"穿"，我们现在从戏曲舞台上所见古人通行的穿着打扮，也多以明代的制式为准。唯明初多宗唐制，又对服饰的图案、颜色限制较严，至中期以后，禁令松弛，一时市井里巷不以鲜艳华丽为异。明代官服缝缀补子以区分等级，文官绣禽，武官绣兽，华丽图案用于服装，本不下庶人。而明中期后，锦绣华服"竞侈相高"，以服饰、器具炫人心目。其中尤以吉祥图案最能体现竞丽求福之风尚，深入千家万户，形成传统民间装饰的主调。吉祥图案或以某种事物寓美好意，或以事物之音谐其吉祥之词。如以松树、仙鹤寓长寿，以鸳鸯寓婚姻和美，以石榴寓多子，以凤凰、牡丹寓富贵；如以荷、盒、玉饰示和合如意，以蜂、猴示封侯，以莲花、鲇鱼示连年有余，从一个侧面反映民间生活的文化理想。

平心而论，这种文化理想仍颇具简朴气息，仍属于以自然经济为基础的乡土文化范围。应该说明的是，明中叶产生的文化变动，也许并未对广大乡村农民的生活有多么大的改变，新潮流多逸动于市井、市民或士大夫文化圈子。不少文化史著作往往笼统地论列这个时代的所谓整体变化，甚至就个别或局部现

象比附于西方发生的资本主义文化,恐怕并不切合实际。毋宁说,当时在市井生活中确实产生了某种新的行为和价值取向,而在广大的乡土社会中,在上层统治者的意识中,传统的根子仍然很深,说是禀性难移也并不为过。正因为如此,中晚明才是一个震荡及文化冲突的时代。

且举个例子来说,明初高则诚作一传奇《琵琶记》,人物素材皆由宋元南戏取资,描写书生蔡伯喈辞别白发父母和新婚娇妻,上京赶考中了状元,被逼着与牛丞相的女儿结婚,不得回家。未料家乡遭灾,他的结发妻子赵五娘赡养公婆艰难度日,自己偷偷咽糠充饥,婆婆窥知真情,昏厥而死,公公怨怒中也不久病亡。赵五娘剪卖头发,埋葬老人,手抱琵琶,一路弹着行孝的曲子,长途行乞上京寻夫。她寻到了京城状元府,向牛小姐叙述了全部遭遇,牛小姐深为感动,蔡伯喈也因此悲痛欲绝。最后,皇帝得知此事,旌表了蔡伯喈、赵五娘、牛小姐以及蔡伯喈的已亡父母。这出戏表现的是"忠孝"这一类中国文化的基本内容,是伦理性的。作者的出发点是力图以人生悲欢中的"子孝妻贤"来打动人,然而在不同的人看来,却有不同的接受取向,譬如文化人看,有人看见了"骂世",有人看见了"人生之怨";皇帝朱元璋看到的,竟是比"四书五经"还要高的教化价值;然而老百姓喜欢这出戏(《琵琶记》长期在民间

溪山渔隐图卷（局部） 唐寅 明
台北故宫博物院藏

流传），总是更多地共鸣于人物不幸的命运，关注一个柔弱女子的真情与至善，并希望有一个较理想圆满的结局来弥补生活的缺陷。正同他们喜见吉祥如意的种种象征，喜听才子佳人的故事，以寄托对美好、善良的祝福，二者相去不远。老百姓的感动同士大夫文人的感动并不全是一回事。由此可以看出来，乡土生活固然有一定的伦理道德维系，但礼教深入作用的程度和范围并不一样，一方面不免荷枷戴锁，另一方面有默默的叹息与抗议（民间流传的戏文、说唱有相当多的成分是一种对民众文化诉求的慰藉），同时也或多或少地表现出质朴自然的民间情致（如在许多大胆以至于淫亵的山歌、情歌、民谣中所表现的）。

明中叶以后，这种多元的俗文化表现，应该说，在市井生活中要自由得多。因为兴旺的市井生活，茶楼妓馆等交际场所提供了可以满足欲望—遭风流的环境，吸引了各色人等加入追欢逐乐玩味人生的潮流。同时，在名教压抑下的对自然人性的渴求，也便应时而迸发，如冯梦龙有"借男女之真情，发名教之伪药"的文学主张，并非偶然的。明中叶以后，一些从仕途官场中流落出来的士大夫文人也加入了这股意识本很朦胧的非正统潮流，在其中推波助澜。早一些的，如几位江南名士，祝允明、唐寅、文征明，便不免以人以文，争出窠臼。祝允明自云："枝山老子鬓苍浪，万事遗来剩得狂""蓬头赤脚勘书忙，顶不笼巾腿不裳。日日饮醇聊弄妇,登床步入大槐乡"。唐寅曾感怀:"不炼金丹不坐禅,饥来吃饭倦来眠。生涯画笔兼诗笔,踪迹花边与柳边。镜里形骸春共老,灯前夫妇月同圆。万场快乐千场醉,世上闲人地上仙。"文征明没有祝、唐二位诸般狂态,但也常常"卷书零乱笔纵横",其诗不掩困惑心情:"高楼酒醒灯前雨,孤榻秋深病里情。最是世心忘不得,满头尘土说功名。"加上晚一点的徐渭,他们的曲折心态和真率的表现,令人想起千年以上的阮籍、嵇康、刘伶。再一次置身于传统内部的文化冲突中,他们只是比一般人多一些敏感、多一些体验,或者说多一些理想,也还未唤出新的时代精神吧。

上述几位确是才子,工诗文之外,书画尤为名家。唐寅、文征明与沈周、仇英号称"明四家",领明代画坛风骚。不过他们的山水、人物画大多不出宋元旧风,虽极笔墨之绵密细致,隽雅洗练,要之仅为隆盛流派、荟萃精华之功或传统意义上的满溢而流为逸纵,文人画在明代达到纯熟,难得再开辟新的表现天地。倒是徐渭(青藤)的花鸟意笔疏放,别见旨趣。黄道周、倪云璐的草书笔致方折,拙中见真厚。书画由于同文房清玩、书斋雅趣关系最近,作为雅文化的表现故多受传统意趣与形式的限制。

尽管明中叶的诗文书画常作复古姿态,文人们在传统形式意味的圈子里难以翻出什么筋斗来,戏曲和拟话本小说却因其通俗,因其与市井民众的交流,也因其映现市井文化之面面景观,而有领异标新的光彩。如曲论家王骥德所谓:"诗不如词,词不如曲,故是渐近人情。"人情与教化相比,人情似乎更占了上风,"演而畅之","可新听睹可佐谈谐"。像冯梦龙加工编写的"三言"(《喻世明言》《警世通言》《醒世恒言》)、凌濛初刊刻的"二拍"(《初刻拍案惊奇》《二刻拍案惊奇》)以及中国第一部文人创作的长篇小说(又是古今第一淫书)《金瓶梅》,都既可当作叙事艺术作品来阅读,也可视为观察那个时代生活的历史档案。它们甚至带着一些玩味的津津乐道的态度,力图客观地再现种种市井众生相,展示在情景主题、欲望主题上人们有怎样的想法、行为及命运。现在看起来,它们是大胆的,是最早的性文化读本之一。明中叶市民文化的不复拘束,也能从对情爱的种种现象作真切之叩问中看出来。但是对这一人生永恒主题的把握,明代文人又有一种情与理的冲突难以化解的疙瘩,以及趣味上的颓废与沉堕。所以这类作品往往又以"风鉴教训"作为掩饰,或

桃源仙境图 仇英 明
天津博物馆藏

楼居图
文征明 明
纽约大都会
博物馆藏

被认为是格调不高。对某种文化限制的突破，又趋向另一种文化畸态，即如由反对禁欲而走向纵欲，这里有着中国人文情感和理欲冲突的悲剧性困厄。

困厄有没有"出口"？是否只是"大困厄"中的"小解放"？这种问题不仅联系着文化传统的结构变革（这很难），而且要看能否高扬起新兴的人文理想，作为反省和变革的坐标。在这方面，生活于万历年间的戏剧家汤显祖，具有木秀于林的意义。他以创作"临川四梦"著称，其中以《牡丹亭》最为悱恻动人，几为中国戏曲史上的绝唱。汤显祖不同于一般的失意文人，也不同于一般的礼教反叛者，他特别关注具有理想意义的价值人生。梦，既意味着挣脱现实的羁绊，更意味着对理想的积极追求。"至情"被推为价值的核心，与之相比，俗儒所斤斤力持的"理"便黯然失色了。此意为汤氏首发而深切言之。按说，《牡丹亭》仍然写的是已成为热门的"情爱"题材，但其不凡意义，就在于将杜丽娘追觅爱情自由、生死以之的精神历程提升到一种前所未有的理想境界："如丽娘者，乃可谓之有情人耳，情不知所起，一往而深，生者可以死，死者可以生。"其实，在这里"至情"的表现，不仅是叙述的核心，更不妨看作一种要求文化觉醒的象征。"梦中之情，何必非真"，汤显祖这么说，带有执着与困惑的矛盾，正像他向传统重新提出价值关怀这一问题一样，仍然面临着理想与现实的冲突。

常规与突破

若作简单区分，文化史现象似可划分为"常规"与"非常规"两种。譬如从宋代以来的正统意识，认为"理"所代表的价值判断是人生的基本规范，天理同人欲是对立的。而从明中叶以后的社会生活看，有一些人，特别是商人与文人，并不觉得理和欲一定要那么对立，从而对人性的自然方面有所肯定。尤为具有反叛姿态的人，如汤显祖、徐渭、李贽等人，更强调真情、个性的文化意义和价值，反对理学家的说教约束。这一类思想、行为倾向，也就可以称为"非常规"的。

然而恐怕又不能夸大这种"非常规"的文化倾向，认为它突破了传统的社会文化体系和结构。实际上，它很像魏晋时代"任自然"与"重名教"那种文化冲突在时代生活土壤中又一次出现。而且影响是很有限的，由于时代条件限制，并没有多少人能了解他们在呼唤什么。尽管汤显祖的《牡丹亭》曾使广陵女子冯小青哀伤不已（"人间亦有痴于我，岂独伤心是小青"），但当时搬演的戏曲（特别是曲调音律上更讲究的昆曲）仍以才子佳人、忠教伦理的内容为多，而且昆曲的雅化也使戏剧与民间文化的关系减少了。（吴伟业诗云："百余年来操南风，《竹枝》《水调》讴吴侬。里人度曲魏良辅，高士填词梁伯龙。"）就明后期的士大夫文化来说，仍大致不出"进退出处"的传统格局，一方面游离于放大了的宗法制度体系，另一方面还要依附于这一体系，无从解放。譬如，未尝无开新之想的学者何良俊，当小官当腻了，也不过是想退隐园林而已："吾有清森阁在海上，藏书四万卷，名画百签，古法帖彝鼎数十种，弃此不居，而仆仆牛马走乎。"（《明史·何良俊传》）

如果说明中后期的文化有些"不旧不新""亦旧亦新"，那么有些士大夫则正徘徊于常规与非常规之间。袁宏道便说："长安沙尘中，无日不念荷叶山乔松古木也，……当其在荷叶山，唯以一见京师为快。寂寞之时，既想热闹；喧嚣之场，亦思闲静。"（《袁宏道集笺校》卷二一）他们每常愤世嫉俗，亦每常不能脱俗，就算他们格外珍视个性的表现，在传统文化体系的笼罩下亦无可奈何。李开先是位有个性的创作者，《列朝诗集小传》称他"所著，词多于文，文多于诗。又改定元人传奇乐府数百卷，搜辑市井艳词、诗禅、对类之属，多流俗琐碎，士大夫所不道者"。但是李开先的自白竟是："古来才士，不得乘时柄用，非以乐事系其心，往往发狂病死，今借此以坐消岁月，暗老豪杰耳。"无论人的主观上还是客观上，诸如此类说明了什么？大概还是常规的结构难以逾越吧。正如社会经济生活中虽然发生了所谓"资本主义萌芽"，却不会发展为西方意义上的资本主义生产方式。

应该承认，明中叶以后，社会文化仍基本上在常规中维系，而且在文艺创作和生活趣味上都不曾完全摆脱复古风尚，直到明王朝的灭亡，也不出旧的改朝换代模式。当然，常规远不如明前期那么严格有效了，因而才会出现广泛的官场腐败、朝廷政治危机以及民间造反，才会出现昏君、权阉、佞臣，才会出现改革家（如张居正）、清官（如海瑞）、叛道者（如李贽）以及党争、清议（如"东林"），统治秩序亦随之衰落了。然而既有常规（因秩序而非发展需要所形成）的存在，仍被人生动地形容为"活着的祖宗"。

比如科举取士制度的深远影响远比有些人愤世嫉俗的批判强大得多，明初考试尚非专尚时文，其后辗转流变，八股文成为仕途的敲门砖，致有"八股盛而六经衰，十八房兴而廿一史废"之叹。"十八房"指一种进士帖括文的刻本，多出于苏杭，市于四方，令天下之人"惟知此物可以取科名，享富贵，此之谓学问"（顾炎武《日知录》）。明初学校教育，其国学之制、国子生之盛，有超越以往的气象，而且尚能以务实用世作为教育目的之一。后来的求学者既只有应举一途，则无不埋首时文制艺，八股之害遂渐为深重。明中叶以后，私立书院重新兴起，为学派宗师讲学弟子受业问道的场所，学问之间，以经史为表，心性之学为本，仍属于传统"宋学"（义理之学）的范围。这一点，突出表现了整个明代思想学术的特点，虽不乏一代之昌明较著，大致仍遵循传统文化的常规导向，未越雷池。

不过，明代哲学和思想，大观之，中叶以后亦颇称活跃，也有特点。主要特点是，明代思想家格外重视内心体验功夫，放弃了以往儒生对经典注释的重视。他们的思想主旨，着重于主体意识，如陈献章"以静为门户"，王阳明"致良知"，湛若水"随处体以天理"，王艮"反己乃格物工夫"，刘宗周"慎独"。黄宗羲曾说，明儒"不失矩镬"，"作圣之功"，到王阳明就有了大的担当。此话道出阳明之学对传统儒学（或曰新儒学）做了常规性发展。

王阳明本名王守仁，生于成化八年（1472），卒于嘉靖七年（1528），因生前曾在会稽阳明洞隐居，自号阳明子，又曾办阳明书院从事讲学，故称阳明先生。他的思想学说有时便称为"阳明学"，或曰"王学"，因其与南宋陆象山之学又有相似，在儒家思想史上统称"陆王心学"。王阳明一生既是安土靖边的文武大员，又是有明一代独树思想大旗的儒学家，故影响很大。当然阳明学的笼罩，亦反映了当时士大夫在分散而迷乱的历史情境中寻求安身立命的要求，它又是对传统天人合一思想体系在宇宙论、道德论、知识论及人生文化价值依托上所做的集成式阐发。阳明哲学的基础，简单来说就是"良知"二字。良知可解释为道德意识，但广义而言，则大大提升和扩展了"心"的作用。依宋代理学的基本命题而来，王阳明解释自己的概念体系："以其理之凝聚而言，则谓之性。以其凝聚之主宰而言，则谓之心。以其主宰之发动而言，则谓之意。

以其发动之明觉而言,则谓之知。以其明觉之感应而言,则谓之物。"(《传习录》卷二)据说他也曾想"格物致知",但对着竹子"格"了七日,无所成功,于是顿悟:"始知圣人之道,吾性自足,向之求理于事物者,误也。"(《王文成公全书·年谱》)换句话说,良知是天人之际的本源所在,是万事万物的本体,对于人生来说,"是尔自家的准则,尔意念着处,他是便知是,非便知非"。"意无不诚,心无不正",这就把一切选择的权利和责任均交给了超越现象的内心良知,包括道德与知识上的选择均以服从良知为正途。他说,这才是"千古圣贤相传一点滴骨血"。由此得一存亡继绝、志存幽杳的体悟,似乎也就以一御万,进入天人合一、心物合一、知行合一、理欲合一、知识与道德合一的境界。话说回来,王阳明所尽心体认、承当的,仍为一种价值理性,并把传统文化以至人生的命运搁在了良知的基础上,如果这东西什么都是,也就可能什么都不是(阳明身后关于良知的解释便众说纷纭),虽然人们乐于在遇到任何困扰、危机时选择此一朦胧的信仰。

阳明心学是对宋以来新儒学的一次再整备,同时也是从学理上对传统文化体系的修补,譬如它以深省思辨的面目确认了传统文化体系可以自我完善的可能,并排除了中国人把眼光和智慧投向外部世界并去认识它的可能。同时,阳明心学又把最终的关怀寄托在对道德主体性的弘扬上,从而否认了用外在规范来管辖、约束思想和欲望的正当性,于是又引导出所谓"左派王学"的泰州学派和李贽等人对"自然人性"的鼓吹。由此来看,不论是否为历史之作弄,王阳明的思想学说也存在其二重性,也像是在常规与非常规之间的徘徊了。

被迫害而死的李贽作为明代最具争议性的人物,一般被视为明代思想界最激烈的反叛者。他曾是个一般官吏,晚年剃发出家却不拘形迹,不乏畸行畸论。李贽学说以"童心说"最为人称道,"夫童心者,绝假纯真,最初一念之本心也。若失却童心,便失却真心,失却真心,便失却真人"(《焚书》卷三)。他企图以自然之性的"真"来反抗讲道学者的"伪",以至激切发言:"《六经》《语》《孟》,乃道学之口实,假人之渊薮也。"(《焚书》卷三)但是在李贽身上呈现的,仍多为魏晋名士的影子。他攻击虚伪的伦理道德,也拒绝完全遵从传统的历史观,但是在内心深处和可供选择的范围内,他仍然是儒家的信徒,自称著作"于圣教有益无损",别人也说他"哪里是毁圣叛道"。因而李贽也何尝不是一个在常规与非常规之间徘徊苦闷着的悲剧角色！

似乎没有可能找到超越传统意识和文化体系的理想和手段，明中叶以后的思想家，无论"循常"还是"非常"，独吾还是兼济，都只能对文化史做出传统道德导向式的回答，而这恰恰不免是僵化保守的，因为已经和社会的实际发展不相适应。也正是在这种情况下，乡土生活难以改变其凝滞状态，市井生活沉溺于庸琐，而士大夫文化则明显地浸染着敝屣世情、寄意竹园、在小天地中以求解脱的气息。这一点，能够从明代走向精致、成熟、巧逾鬼工、意趣别致、优雅自得的园林、盆景、建筑、家具以及种种文玩乐好中，看到些精神小天地的影子。（晚明张岱自述："好精舍，好美婢，好娈童，好鲜衣，好美食，好骏马，好华灯，好烟火，好梨园，好鼓吹，好古董，好花鸟，兼以茶淫橘虐、书蠹诗魔。"）

晚明动态

记得曾以一个"熟"字说"宋"，现在若用一个"精"字说"明"，不知合适否？明代社会文化经过长期酝酿，在传统文明导向、结构的规范下走向精致，便顺理成章。譬如黄宗羲讲明代学思之精："尝谓有明文章事功，皆不及前代，独于理学，前代之所不及也，牛毛茧丝，无不辨晰……明儒于毫厘之际，使无遁影。"（《明儒学案》）又如明代之园林，特别讲究"纳须弥于芥子"，不少亭园就称作"芥子园""小方壶""小玲珑山馆""小有天"等，甚至在苏州可以领略"残粒园"（占地仅140平方米）等的纤巧，在扬州可以玩味"个园"的营构极致，"不出户而壶天自春"。此外，像亭阁门窗之装饰，明式家具之做工精湛，造型之有神韵，都表明明朝在器物这一层次上的精致。

但是明代文化其实又不专是"精"字所能概括的，毋宁说它的特点倒是"杂"。杂，一是并存有文化上的不同层次，不同的圈域便有不同的形态。即如上层社会追求生活与器物的精致文雅，而下层社会则无法去同样讲求。明中叶以后，这种不协调、不平衡日益加强了。二是同时存在着许多矛盾，最明显的莫过于社会制度和秩序一方面以伦理道德为支柱和指导，甚至法律的解释和执行也离不开传统的伦理；另一方面又容忍和滋生大量的贪污腐败，因而暴露出自身社会组织的僵化。然而僵化又不是绝对的，这个社会又可以在体制内进行某种程度的修补，如张居正在万历初年所推行的吏治、财政经济方面的改革，也带有一些兴利除弊的意义，虽不能克服危机，却可以缓和危机。又如我们知道，宋元以来，中国文明的技术和经济因素有早熟式的发达。明初造船术和航海技术所达到的水平，可说毫无落后的影子，这是一个典型例子。然而明朝政府的禁海政策，等于限制了这一领域的科学进步及其对经济、文化的推动作用，罗盘针便被用来"看风水"了。也有许多技艺发明，因产业结构的限制以及缺乏理论和实践的相互推动，难以转化为生产力和科技进步的巨大动力，甚至囿于小生产观念，不仅行业间实行保密，家族内部也有手艺"传媳不传女"的规定，以至技术失传。明代商业本已颇为发达，像货币、金融及其他辅助机构——塌房、廊房、堆垛场、钱铺、金银铺、兑房、寄附铺、交引铺以及商业经营上所必要的簿记、商用数字、珠算等都出现了，较之同时代的欧洲商业并不逊色，却得不到向前发展。中国白银使用虽早，但在明代，白银多用于粮草的折兑、田赋的加派、商税的征收、盐课的纳价，而用于民间交换则较少。总之，进步与阻碍、变与不变的矛盾，在明中叶以后的社会文化体系中交织，鱼龙混杂，毕竟让死的拖住了活的。当时一些政治家、思想家以及一般士大夫文人内心与行为上的矛盾、彷徨（缺乏前后一致和理知上的完整性），也正是社会文化基本矛盾的反映。

也应该说，明代文化矛盾的深刻之处，正在于它既是历史演进到一定阶段的必然现象，又提出了传统能否进行创造性转化的问题，虽然不很明确，但许多人的努力、悲剧性的努力，毕竟意味着这一问题的存在了。山重水复，难得柳暗花明。但不应忽视，也有一种努力，虽然不是直接地切近问题，却未尝不意味着别有意义的回答，如晚明著名的官员兼科学家徐光启所自谓的："生平务有用之学，尽绝诸嗜好，博访坐论。"换句话说，也就是在仕途、诗文、理学，以至于八股时文之外，关注和研究自然科学知识。尽管这种关注不大系统，缺乏对科学的基础概念、结构的认识，仍是对传统知识论的一种更新，或者说对中国传统科技经验做了深入的总结，意义不小，自为明后期文化的一道光彩。

明后期出了四位大科学家。其中李时珍和徐霞客都属于科举失意而转向实

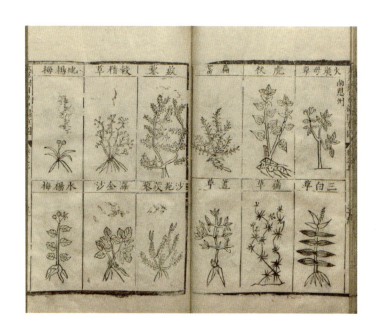

《本草纲目》

学的人才，徐光启和宋应星虽当过朝臣或地方官，也大抵因政治变故而寄身学者生涯。这也表明科学文化在整个传统文化体系中所处地位之低，对自然的科学探索不被社会所重视，因而难以形成现代意义上的科学知识体系。然而这几位科学家的实践还是对传统观念有所突破。例如李时珍（1518—1593）在长期行医实践中意识到正确鉴别药物品类，认识药物特性的重要性，他除了大量阅读既有文献，收集资料，亦颇注重野外采集和实地考察，不辞高山密林，足迹遍于南北，终经二十年辛苦经营，著成中国医药学史上的划时代之作《本草纲目》。此书共五十卷，一百九十余万字，收载药物一千八百九十二种、药方一万一千零九十一个，并附有动植物插图一千一百余幅，其价值是显而易见的。❶ 同时此书的分类体例尤具科学方法的意义，体现了纲目有序、条理清楚，如以"释名"说明药物的名称来源和依据，"集解"说明产地、形态和采集方法，"修治"说明炮炙方法，"气味"说明药物性质，"主治"说明药物功用，"发明"说明临床经验和药理等。

因为《徐霞客游记》的广泛影响，徐霞客被称为古往今来少有的旅行家，

---

❶ 通常认为此书为五十二卷，乃集药学成就之大成。——编注

实际上他是一位自然地理的考察家，也是一位摆脱了书生气的探险者。徐霞客（1586—1641）从二十二岁起走出书斋，出外旅行，立志"穷九州内外，探奇测幽"。经三十余年周游名山大川，他考察所得的记载包括山脉江河、地形地貌、奇峰异洞、瀑布温泉，乃至风土人情、矿藏物产、民族关系、边疆事务，博闻实测，辨正察谬，卓越之功实为古今一人。作为孤独者，徐霞客认识世界的科学态度，实在富有超越其本身活动的文化意义。

宋应星（约1587—1661）作为一位地方官，难得的是他不落俗套，尤为注重与国计民生有关的实际知识和生产经验。所作《天工开物》一书，三卷十八篇，详细整理总结了与生活有关的农业、手工业技术经验，包括粮食生产、纺织品、染料、粮食加工、食盐、糖、陶器与建筑材料、金属铸造、车船、金属锻造、烧炭烧灰、榨油、造纸、冶金、兵器、颜料、酵母剂、珠玉开采这十八个门类，系统分明、资料充实。这部书的重要性当然在于以前缺乏这种总结，同时，对迷信的澄清以及重视数据、规格、效率、比例等科学分析要素，更是确立了它的重要价值。

论活动时间，徐光启（1562—1633）比徐、宋二位要早一些。他在中进士进入北京朝廷之前便结识了耶稣会士意大利人利玛窦，并接受洗礼加入天主教。因此他是接触西学最早的传统士大夫。徐光启的著述以《农政全书》驰名。这是一部"考古证今、广咨博讯"的农业科学名著，仅就它能突破士大夫书呆子的局限而亲理农耕技艺来说，便难能可贵了。尤有进者，也可以说是非常规的选择，徐光启不以旧学为尊，不守传统学术窠臼，肯于在务实之中兼收西法，会通精华。因此他在修订历法时"熔西人之精算，入大统之型模"，与耶稣会士龙华民、罗雅谷、汤若望等人共同修订了《崇祯历书》。徐光启成为开中国近代科学风气之先者，还在于他第一个与利玛窦合作翻译了第一本西洋数学书——欧几里得的《几何原本》（前六卷），此外还和利玛窦合译了《测量法义》《测量异同》等应用几何学著作，自译了《泰西水法》。显然，在他和李之藻、王征、方以智等学者的推动下，西方的科学理论和方法开始被引进中国，动摇了中国传统的经验型思维。例如朱载堉在乐律学研究中建立了精密数学方法和实验测量手段。这些都是破天荒的事，虽然影响有限，却意味着对文化传统的转化提供了新契机与有意义的启示。

这一同现代中国史相联结的东西方文化接触的最早一幕,是从徐光启、李之藻、利玛窦开始,序曲温和。徐、李的开放心态可能被当时的保守观念视为非常异义可怪,但是,在晚明,阳明学说的衰落,中国天文学家计算日食月食的错误,佛教的衰弱,东林学派与当权者间的争端以及其他一些危机,也自然促使徐光启及其友人去摸索一条新的信仰之路及新的知识方向。而且,他们原非传统的激进反叛者,他们相信,西方科学与中国文化传统之间并无矛盾冲突。事实上,当时和后来的保守派与激进派都强调这种冲突是不可避免的。徐光启及其友人成了孤独寂寞的前行者。

也许,这是一个漫长的过渡时期的开始,而历史并未任其逐步地展开。1644年,明王朝在清兵南下威胁和李自成起义军的直接冲击下走到了末日,上述所谓明代文化的种种冲突,也便暂时休止。回顾前尘,不免又会想到"历史的十字路口",无论进、退、徘徊,都令人深省。

清帝国

现在仍屹立在中国北方的万里长城,为明代所修筑。后人登长城往往叹为观止,也许不曾想到,它不仅是个伟大民族精神的象征,而且是个历史失败的象征。所谓失败,至少包括军事防御思想上的失败。长城并不能阻挡住军事形式演变中的外来进攻,从17世纪初开始崛起的满洲(女真)势力不断南下冲击,致使明王朝束手无策,已足以说明问题。从万历四十六年(1618)努尔哈赤率部对明用兵,十数年间,明军屡战屡败,将非不才,兵非不勇,个中原因,史家多归之于"自毁长城"。自毁意味着能量的自我消耗,当日的体制已到山穷水尽,即如万历朝的历史,已被无可奈何地称为"一部失败的总记录"(黄仁宇《万历十五年》)。明帝国已经走到了它发展的尽头。内外交迫(内有造反的农民军,外有满洲的压力)更使明朝的最后一位君主吊死在京城煤山的一棵树上。

然而继起的清朝又如何呢?实际上传统历史文化的连续性仍十分明显,故史家多以"明清"并称,所谓晚期的中国封建社会时代。明清易代,在某种轮回之变的意义上,好像下棋,把明代那局烂棋索性收拾了,重摆一盘,但弈棋

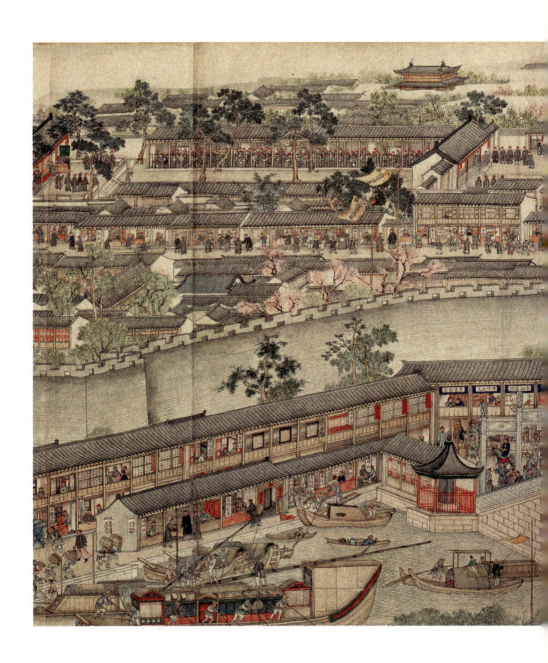

姑苏繁华图（又名《盛世滋生图》，局部） 徐扬 清
辽宁省博物馆藏

规则无大变化，下法当然有异，变化却也不大。这令人想起梁启超所谓"放任既久则有乱，乱则有亡，亡则有兴，有兴则有威劫……"。17至19世纪满族统治下的清代历史，从兴到衰仍不出传统历史文化的塑造。

1636年，努尔哈赤的继任者——他的儿子皇太极改"后金"为"大清"，立足辽沈，进而窥伺中原。此时正值明王朝倾覆在即。1644年李自成领导的大顺军占领北京，清军旋即在吴三桂引导下入山海关，打败李自成，此后大举南下，逐步控制了全中国，皇太极死后嗣位的顺治帝（福临）迁都北京，正式成立一个新的中央王朝。

皇权易统，河山易帜，似乎意味着文化上比较落后的满族开始统治文化上较先进的汉族，包括令汉族男子脑后也垂挂一条辫子，其影响是消极的。然而在清入关以前及明清之际，满洲政治军事集团的崛起已具有相当长时间满汉文化融合的背景，又表明改朝换代并不意味着有深彻的文化变动。满族与中原的关系，至少可以追溯到公元前1000年以前其祖先肃慎人与西周的往来，其后历代都不出中华民族之范围，辽代以后女真人更在北部中国建立过一个地方政权——金。明代东北地区的女真人分为建州、海西、野人三部，后在努尔哈赤统一女真的过程中逐渐形成强大的满洲部族集团。努尔哈赤及其子皇太极都深于谋略，前者创立军政合一的八旗制度，创满族文字，置屯田，开矿藏；后者开贝勒议政，改定文字，又设蒙汉八旗，招纳汉文士，依仿明制，改定官制，行科举、修会典，崇喇嘛教，都颇见习武不废修文之概，特别如大量翻译汉文典籍，容纳收服汉臣，显示对汉族文化的吸收、取鉴，有助于创立大业的目标。这一特点在清开国之过程中被运用为成功的策略，即所谓"以汉制汉"。前者为手段，后者为目的。由此，皇太极重视、优遇投降的汉人，故前有孔有德、耿仲明，后有祖大寿、吴三桂，先后降清，成为清兵入关之前导；顺治时的摄政王多尔衮假仁借义，收拾人心，故范文程、洪承畴多献议策。洪承畴本为明朝蓟辽总督，兵败被俘降清，清兵入关后，他得到多尔衮赏识，佐理机务，就曾从新朝需要出发，将明朝有关典章制度、汉族地主阶级的统治经验及其可用人才，尽量吸收到清朝的统治机构中来，促使国家机器尽快地有效运转。清朝开国奠基的基本策略既然是"以汉制汉"，势必在文化政策上对明代多有因应。孟森谓："世祖开国之制度，除兵制自有八旗为根本外，余皆沿袭明制，几乎无所更改。明之积重难返，失其祖宗本意者，清能去其泰甚，颇修明明代承平故事。顺治三年三月，翻译明《洪武宝训》成，世祖制序颁行天下，直自认继明统治，与天下共遵明之祖训。"（孟森《明清史讲义》）这无非意味着在明代成败经验的基础上，仍对集权专制加以强化贯彻。这当然也因为实际上不可能有别的选择，正如这种秩序形式在明代已经历了一次由盛而衰的历史过程，也还没有什么新结构可以取而代之。显然，汤换了，药基本还是原样。

从顺治朝到康熙朝，为确保君主权力的垄断（也就是国家垄断），采取了政治、经济、文化诸方面的措施，并力求以此稳定秩序、控制社会。如：一、以制度的形式确立满族贵族的特权地位；二、保持满洲八旗军队的作战能力，作为暴力统治的基础；三、招揽和笼络汉族士大夫，并通过恢复科举考试及取士制度，吸引知识分子依附新朝；四、杜绝太监干政和朋党风气，否则以重罪论；五、制定详密的"大清律例"，维护"尊卑上下，秩序森严"，甚至以"比附"断案；六、在民间推行保甲制度；七、相对地轻徭薄赋，鼓励垦荒，改革赋税制度，实行"摊丁入亩"的方法；八、撤销世袭藩王及收回其在地方的权力；九、加强对边疆地区的控制、管理，包括绥服蒙古、安定西藏，实现对新疆地区和西南地区的行政统治，主要通过武力征服和镇压反抗（如准噶尔部十分之三死于屠刀之下，"改土归流"时屠戮苗民一万七千余人），终于剿灭各地长期的抗清斗争。开拓边疆，混为一统，建立起一个幅员广大的大帝国。其极盛时期的疆域，西抵中亚巴尔喀什湖北岸，西北至唐努乌梁海，北达漠北，东含萨哈林岛（库页岛），东南有台湾，南迄南沙群岛。

"兵事实力在八旗世仆，人心向背在汉士大夫"。清帝国的建立和兴盛，多赖于其以少数人驾驭多数人的软、硬两手。就文化思想而言，既需花一番心思在圣贤仁道的门面姿态，接受一番儒学义理的讲论（在康熙的提倡之下清初理学复盛），并注重对汉族士大夫以科举取士以及开设博学鸿词科征召人才，建立起传统导向，同时又不忘记实行消灭异端倾向的文化专制。科举制和文字狱在清代重兴并超过前代并非偶然。二者的利害，恐怕对清代知识分子的心理、行为及价值取向、文化精神都产生了深重的影响。清代的学术思想和风格亦因之有一大转向。清代文字狱，网罟最为森严。如康熙年间之庄廷鑨《明史稿》案、戴名世《南山集》案最为震动朝野。庄廷鑨为浙江富户，他从明代大学士朱国祯后人手里购得朱氏所著"明史"稿本，又加以增修为《明书辑略》。书成，庄廷鑨死，其父庄允诚为之刊印。后被某下台知县谋功告讦，指目其书述事不循清朝年号而将南明隆武、永历二帝视为正统。清廷认为大逆不道，遂戮庄廷鑨尸，庄父瘐死狱中，亦戮尸，家属男性年十五以上均斩，妻女坐罪为奴，连与该书稍有干系的刻匠、书商、买书藏书者以及卷端所列名士亦被问斩。顺、康、雍、乾之大小文字狱不断发生，不免深文罗织，令士人谈之色变。据有限史料统计，这一时期计有文字狱八十二起，文字忌讳和思想禁锢便不胫而走。清代统治者用这一手，还通过另一手，即利用编纂《四库全书》对含有民族意识的文化典籍加以禁毁和改篡，实现其文化暴力。清代文化学术之进退往往系因于禁止讲学、文字狱、君主之提倡这三项背景性因素。

实学思潮及清代朴学

历史上之改朝换代，原非新鲜罕见之事。明室既殁，隔代之下，也许并不感觉铭心刻骨，可是对明末的士人来说，却是风雨如磐，不胜苍凉，心理冲击是不会不大的。冲击之下，人和思想都在分化。有的人做了烈士，有的人归顺了新朝，有的人则寄迹江湖，隐于学术，做了明的遗民，他们独立不阿地在清初进行自己的学术文化探讨，表现着思想史于明清之际的某种大转变。其代表者为顾炎武、黄宗羲、王夫之。昆山顾炎武曾说过："天下兴亡，匹夫有责"，他觉得生当世事巨变的时代，每个人都要有所担当。作为超越了"入世出世"二分模式的知识分子（顾氏等人拒不受清朝之招），他们一是以气节自励，一是对时代和历史的课题进行紧张思考，并从事开创性的学术工作，著述藏之名山，待之久远。明清之际的环境原不算好，却产生了顾、黄、王这样的大家，对中国文化史做出了大贡献。历史的阴差阳错往往如此。

不过，这些被抛到了社会边缘的人物，也许是转变风气、启发新思潮者，却在当时不可能有多大影响。尤其是王夫之，他从三十三岁起，便像隐士一般，避免和外界接触，不曾离开船山，后半生致力于治学和著述。他的著述虽丰，却很晚才被刊行,到19世纪后半期始受到国人注意,有些颇具灼见的哲学主张,则要到民国以后才被认识。顾炎武和黄宗羲对于清代学术的影响要大一些。要之,在史学(包括学术史)、经学及小学方面,由于清初在野士林处在对明代理学的反省气氛中,实学(经世致用)思潮和朴学(乾嘉之学)亦实发端于顾、黄及孙奇逢、李颙、颜元、李塨等人。总的看,清初学者的意义,在于他们处于时代变动之际对传统重新提出问题,以及他们对问题的探讨,显示了传统思维的进展与局限,例如怀疑精神的萌发,倒无关乎是否进入清代思想学术的正统。

话说回来,明亡的震荡,引起一些士人心理和观念上的震荡,因而清代学术的自立是从对明学的反动开始的。如萧一山所说:"夫有明末之空疏,始有清初之敦实;有明末之蔑视读书,始有清初之提倡经术;有明末之轻忽践履,始有清初之注重躬行。"(《清代通史》)顾炎武等人深怀忧患地思考历史教训以及知识分子应该负起的文化使命,意欲博学笃志,切问近思,破除宋明理学之敝,回到先秦儒家的精神根基上去。所以顾炎武说:"古今安得别有所谓理学者!经学即理学也。自有舍经学以言理学者,而邪说以起。"(全祖望《亭林先生神道表》)这态度正意味着清代学术的大转向。

顾炎武(1613—1682)曾在家乡参与抗清斗争,失败后离开家乡,长年游历北方,拒不受清廷之召,以学术事业终其余生。顾氏治学范围很广,包括地理学、史学、音韵学、考古学以及经学的研究。他的特点在以下几方面:一、批评阳明言心言性之学为"虚空之学",是"置四海之困穷不言,而终日讲危微精一之说",已远离圣贤之道。他以为"圣人之道,下学上达之方,其行在孝弟忠信,其职在洒扫应对进退,其文在诗书三礼周易春秋,其用之身,在出处辞受取与,其施之天下,在政令教化刑法,其所著之书,皆以为拨乱反正,移风易俗,以驯致乎治平之用"(《与友人论学书》)。基于此,他以"好古"来寄托其政治、文化理想。二、重视"多闻",即博学于文。正因其反对空谈心性,主张经世致用,所以注重将观察及实地研究方法运用于学术领域。他的方法是读大自然这本书,读历史这本书。比如他的研究项目涉及政治制度、地方志、天文、水利、农业、国防、金石铭刻、音韵和考古,因此含有学术领域的新发现,具有将知识建立在实证和经验基础上的倾向。三、以"知耻"

二字讲历史和文化哲学。他极服膺"行己有耻"这四个字,强调"礼义,治人之大法;廉耻,立人之大节;盖不廉则无所不取,不耻则无所不为;人而如此,则祸败乱亡亦无所不至"(《日知录》)。如此高扬道德价值,向人们灌输道德勇气,是对精神风气颓堕和人格弱化做出的传统反应,但这种反抗是悲剧性的——专制统治恰恰在生产与其相反的东西。但顾炎武仍然坚持以此去解释中国文化的兴衰,认为人尤其是士大夫的道德气质对风俗的影响(即所谓"仁人君子心力之为")维系着中国文化的命脉。由此他认为,历史沉浮,战国是一大衰退之始,而东汉"尊崇节义,敦厉名实"为一大改进,魏晋及唐、五代则又为一坏,对宋代的"耿介知耻",他给予很高的评价。这可以看出,他如何坚持以道德风气为准则解释文化史兴衰。尽管事情并非如此简单,明清之际思想家的"正气"又不能不令人起敬。

黄宗羲(1610—1695)也是最厌恶"揣摩世态、陪奉人情"的一个。他虽然是明末理学大师刘宗周的学生,也讲"性理",却不满于"心体无善无恶"之说,攻击阳明学的末流之弊。同时他的政治思想很激进,他第一个大胆站出来指责中国君主专制政治。当六十岁时,他写了一本《明夷待访录》,其中抒发孟子"民为贵"的思想,指弹"为人君者","以为天下利害之权,皆出于我;我以天下之利尽归于己,以天下之害尽归于人,亦无不可"。他重申了作为儒家基本原则的人性尊严,认为政治的主要目标应是维护人格尊严及公众福利,人民应成为主人。虽为空谷足音,诚为中国近世民主主义思想的先驱。黄宗羲的学术行业,尤重在史学,其开创性著作有《明儒学案》《宋元学案》《明史案》等,其学术倾向明显地体现了由思辨向经验的转变,并以经世致用为旨归。

号称"船山先生"的王夫之(1619—1692),也是一位孤独的思想前驱,他曾自题"六经责我开生面,七尺从天乞活埋"。抗清失败后,他杜门著述,于明清之际独树一帜。船山思想道路的开辟,重在就哲学根本问题和人性论展开对传统思想(玄学、佛学、理学)的批判,从而恢复儒家的实在论,既同朱子的"道问学",又同陆王的"尊德性"相抗衡。他的思想建筑在物质世界存在的基本前提上,"一眠一食,而皆与物俱,一动一言,必依物而起",他认为宇宙间万事万物属于形而上(道)和形而下(气)两个层面,前者内在于后者之中，后者又为前者的根本，二者互不可分。这样，由承认客观世界的物质性出发，他澄清了历史思想上的认识论问题，提出了一种均衡的观点，根据这一观点，感觉、逻辑判断及宇宙的整体观形成了知识和道德的基础。也因此，世界构成的要素永在新陈代谢的变化之流中。不同于梦想恢复上古之治和清静无为的传统学者，王夫之肯定历史之变化乃是更新、进步，体现出一种革命性的思想方式。所以到19世纪后期，他的思想便引起了时代的呼应。

虽然不能说明末清初三大家的出现，已经具备现代人文启蒙思想的意义，但毕竟集中显示为批判理性的一次成长，并借助对历史文化传统的反省之思，揭示若干文化转变的时代性课题，或者说思考了改良之道，对迷惘的思想灰尘做了一番清理。当然，正像"经世致用"的观念往往只是一种意愿一样，他们的一些思想闪光实在很难同清代占据主导的文化操作系统接榫合辙，同时思想资源亦受制于数千年间所形成的传统结构，只是做一种新的认同。这是无可厚非的。尽管如此，做制度和价值取向上的改良，尚非时宜，清代大一统思想文化秩序仍然在强化着（如康熙间"回到程朱"的理学又被推阐，扼制了论学的自由）。

所以清初新思潮就明末思想学术所做的反拨，虽然引起了思想和学术上的务实之风（如颜李学派的反对读死书，重视"习行"），仍难以改变科举制度下的空疏趋势。实际上学术风气转变较大的，要算是经学和考据学的兴起，也就是说，离开宋学义理的渊薮，回到东汉经学章句的路数上去。此种学问又被称为"朴学"，主要涉及文字、音韵、考古、典章制度研究以及相关的学问。这成了清学的主流，前有顾炎武、胡渭、阎若璩（其《尚书古文疏证》为经典辨伪的力作），后有惠栋、戴震、段玉裁、王念孙、王引之等人，是为考据学派的代表人物。一时朴学代替了哲学。在乾嘉时期，考据学最盛，号称"乾嘉之学"。考据之兴起，本身也包含了一种难以克服的文化矛盾：一方面它受明清之际实学思潮之影响，开始重视理智、知识和科学实证的研究方法；另一方面，训诂和考察又只限于在一个狭小范围内特殊地研究知识。然而学问之道终不能出传统知识的范围。有人说，考据学之进向也是清代文字狱等专制暴力对知识分子造成的消极影响之一。

康乾盛世

18世纪的大半,近一百年,当康熙、雍正、乾隆三朝,号为"盛世"。所谓盛,也可说是在经过调整的政治经济文化常规内稳定了秩序,社会离心的趋势减弱,犹如一台庞大的机器适应了历史所安排的秩序,缓缓地运转起来。它毕竟合于以秩序和谐为主题的中国文化的传统趋向,大体上这是一个更为广泛的民族融合时期,合战胜了分,集体战胜了个性,稳定战胜了动荡。同时,传统社会组织结构及思想文化体系的再生产,亦成为清代"大一统"的基本文化选择,直到它面临危机,也就又走向轮回的衰世。

或者说,一个集权制度的网络,对社会造成了稳定的约束。清代的这张"网"之所以有效,之所以成为中国大一统封建社会的高度发展形态,自因其严密有序,既能张开又能收束,是落眼于秩序的稳定而编织结构的。因此发展也是稳定式的发展,社会文化体系的自我完善和自我约束仍然是"康乾之治"的基本特点。清史论者言及乾隆朝鼎盛气象时说:"康熙深仁厚泽,六十年休养生息,民物恬熙,而究不免过宽之弊;雍正整饬纪纲,俾吏治澄清,庶事厘正,人知畏法,而不敢萌侥幸之心,然又不免流于过严;弘历(乾隆)深悉历来为治之要,故首揭宽猛互济之政策,所谓刚柔相济,不竞不絿,此所以六十年为清室极盛之时也。"(萧一山《清代通史》)作为"以汉制汉"之后的主要策略,"宽猛互济"诚为以张弛控驭网络的线索。宽,比如屡次减免正赋杂税,以示"爱民之道",令除捐纳弊端和赦免罪犯,以示恩惠,国家对民间经济生活不多干涉等;严,如惩诛官吏的滥权与失职,严格清汰僧道活动,杜绝朋党,兴文字狱等。以至强化地方治安、匡正风俗,禁绝偷盗、赌博、打架、娼妓等"四恶"。乾隆曾谕告臣下:"朕自嗣位以来,蠲免租赋,豁除赔累,裁革积弊,增广赦条,无非惠保良民,使得从容休息,衣食滋殖。而无识诸臣,诬谓朕一切宽容,不事稽察,以致大小百官,日就纵弛。民间讹言诸禁已开,风闻直省四恶,皆微露其端倪。……自后州县官有政令废弛,使四恶复行于境内者,该督抚不时访察,即行严参。督抚司道郡

五彩百蝶瓶 清·康熙
故宫博物院藏（左上）

山水纹碗 清·雍正
故宫博物院藏（左下）

珐琅彩豆青地开光山水诗句纹瓶
清·乾隆
故宫博物院藏（右）

守有不能董率州县，殚心捕治者，或被内外臣工核实列奏，或朕访闻得知，必以溺职治罪，与通苞苴、受贿赂者等，决不轻贷。"统治之严切，由此可见一斑。

又总观宽严两政，仍以严厉为主。或者说，经济上比较宽，而政治和思想文化上勒控严峻，将传统之"阳儒阴法""尊君卑臣"推行无遗，比之前代，若冰出于水。尤有甚者，于文字狱迫害之外，清廷又以购求遗书为名，广搜民间野史诗文，凡有抵触己意之嫌者，责令禁毁，不使隐匿流传。这恐怕是书籍检查之始。当时仅江西一省即禁毁书八千余部。自乾隆三十九年至四十七年，据兵部所报，天下计销毁书籍二十四次，五百三十八种，凡一万三千八百六十二部，犹以为未足，其中多有无辜遭劫者。然而一方面荼毒，另一方面又奖励，兴废之间犹如宽严两手之间，概以帝王好恶尺度为转移，钦定、御用文化遂为清代文化网络的纲领。

自然，康熙、乾隆皇帝并非轻视文治。正所谓"逆之者亡而顺之者昌"，他们尤喜粉饰太平，所以并不妨鼓励士人博学好文，并导之以进路，只要不出格，正不妨使士大夫以博学鸿词荐举或科场文墨作为进趋之途。人才由此而来，人才也因此而受到官方文化导向的限定，正渐渐造成思想的阉割和无数精力的浪费。《郎潜纪闻》记乾隆年间粤东诸生谢启祚，已九十八岁，尚应乡试，真可谓毕生此道，可见影响之深。宽严两政，在文化上体现为整体性的笼络。

有破有立，清代康熙以后进行大规模书籍书系的纂修，也是上述思想文化一统化背景上的工程，所谓"列圣万几之暇，乙览经史，爰命儒臣选择简编，亲为裁定，颁行儒宫，以为士子仿模规范，实为万目之巨观也"（《啸亭杂录》）。据统计，康、雍、乾间内府刊定的钦定诸书，经史子集共计一百五十七种，两万两千多卷。当时刻书藏书亦成为民间士林的风气，目录书尤盛。自宋代《太平御览》、明代《永乐大典》存世以来，大型类书、丛书编纂便成为盛世崇文的象征，清代帝王心理于此亦莫之能外，不肯居弱。此项事业亦在康、雍、乾间达于鼎盛，先后推出大型类书《古今图书集成》与大型丛书《四库全书》，好大喜功至于空前绝后。"集成"的最初编纂者为陈梦雷，此人因同"三藩之乱"有干系，下狱免死，用了六年时间作成《汇编》，"为部六千有奇"，进呈康熙，御赐名为《古今图书集成》。康熙又命儒臣重加编校，至雍正四年始刊印成书，俨然书城巨观，贯古通今，无不载具。至乾隆年间，开"四库馆"修纂《四库全书》，气势更大，所谓"上沿虞夏，咸挹海以求珠，下采元明，各披沙而见宝"，入馆参加修缮的人员先后有四千余人，搜集书籍三千五百余种，七万九千余卷，订为三千六百册皇皇巨制。乾隆四十七年（1782）第一份缮写完毕后，又陆续缮写六份，分藏于紫禁城文渊阁、圆明园文源阁、盛京文溯阁、避暑山庄文津阁、镇江文宗阁、扬州文汇阁、杭州文澜阁。《四库全书》束诸高阁，其事功的意义，恐怕首先在于清代对传统文化体系的高度确认和顶礼。

整个18世纪，清代社会的主导文化行为，建设和破除、提倡和禁止，都

《四库全书》文渊阁残本 清
中国国家博物馆藏

是在以皇权为核心的大一统模式内塑造的。这一主导不仅确保社会的行政、法律、教育以及思想学术在体制上保证既成秩序，勿稍松懈，而且深入于风俗、宗教领域，并在地方乡里生活中加强宗族制度，使族权又与政权相结合，对普通人实行宗族形式的约束。

清代虽保存有多民族之间的风俗差异，但互为融合的趋势比历代都明显。在中华民族主体范围内，衣冠服式、饮食起居、婚丧习俗、家庭组织、道德观念，大致浸久而趋于常规定式。这也是在大一统环境中的文化约定俗成（同化）现象。又例如在清廷的提携下，喇嘛教（藏传佛教）亦扩大了传播。清代喇嘛教影响颇大，显然有助于加强青藏高原、蒙古草原与中原地区的联系。喇嘛，藏语意为"上师"，朝廷的宗教活动、礼仪活动多由喇嘛演法诵经，被凶祈吉。因此当时有许多喇嘛寺庙的修建，著名者如北京的西黄寺、雍和宫，承德的"外八庙"，五台山的显通寺等，出现了四大喇嘛教首领，即达赖喇嘛、班禅额尔德尼、哲布尊丹巴呼图克图和章嘉活佛，他们皆由清廷加以册封，分别主持前藏、后藏、漠北与漠南的宗教事务，并具有政教合一的性质。

又如宗族制度，以族谱、祠堂、族长为核心，发展至清代而为极盛。清统治者也是从稳定秩序出发来鼓励宗族在民间的发展，因为强调血缘关系的宗族制度，正是以孝悌人伦作为规范和准则，以维系一族之心，求得族内的和谐。所以宗族制度完备与否，便与天下安危息息相关，并体现"圣朝之德意"。正如孙原湘《书归氏义庄后记》云："天下人情未有无所维系而即安也，而其道必自近者始。……盖君之于民远矣，立宗子以维系一族，则势近而情易通。"这显然是在基层社会维持既定秩序的好手段，所谓"保甲为经，宗族为纬"，使统治网交织远至穷乡僻壤。如此，天下郡国，参差县邑，"朝廷复以大宗法联之"，成为清代社会组织结构的有机组成部分。这是了解大一统模式不可不注意的。

踵事增华天朝梦

中国历史进至18世纪，似乎一个悠久的大一统"天朝之梦"正在实现，至少乾隆皇帝和他的左右臣僚们会这样感觉，从内外用兵的"十全武功"（十全者，平准噶尔为二，定回部为一，扫金川为二，靖台湾为一，降缅甸、安南各一，受廓尔喀降为二）到《四库全书》之大工程；从天下美景无不在兹的万国之园"圆明园"到雍和宫内二十六米高檀香独木雕刻的迈达拉大佛，甚至还可提到乾隆御制诗的惊人数量，六十年间共留诗作四万三千二百余首（大量是平庸之作，且不乏臣工代笔），超绝古今，几近于《全唐诗》的总和，诸如此类，气概自然不同一般。所以乾隆在接见英国使节马戛尔尼时，以天朝皇帝自居，并不奇怪。

然而又不能不把文明之昌盛看作传统文化体系内所达到的成就，天机云锦用在我，得志怡情，却不曾跨入新知天地，开辟出新的文化表现领域。因而彼时之昌盛既可令人叹为观止，又是自足、保守、封闭的，正如体制内的稳定有赖于约束，其文化表现难免收敛的拘谨，整个社会创造力以及智慧，还要在惯性中运动，然而却被过多的确定性所限制着了，似乎这样的发展正在走向它的尽头。

话说回来，这种体制内的发展，总要以社会经济和国家财政的稳定、平衡为基础。前面说过，清初收拾局面，统治者着眼于稳定，征敛较宽，与民休息，社会经济渐有复苏。比如多次蠲免粮赋，以示宽大，取消人丁税，从捐税中拿出一部分作为官吏的"养廉"，以及岁支节流等。正所谓"百姓足，君孰与不足"。但稳定亦需大量费用维持，如军旅、河工都需较大靡费，所以又不得不多方筹款，增加田赋火耗、关税、盐课、损纳，以使出入相敷。由此大致形成张弛相济的体制内理财常规，截长续短，虽然平衡中有不平衡，有序中有失序，却仍能给体制内文化发展提供一适当的环境。此环境表面看是承平安定，乾隆朝有六十年太平日子，大有助于天朝之梦，宫廷生活便渐开奢侈，社会风气转为逸靡，而危机实已胚胎于此时，也正是体制内社会发展演变故事重演的一幕。

由于有近百年的稳定期以及明代经济、文化发展的基础，康熙朝以来，人口大量增长，康熙末年的人口数字估计不下八九千万，到乾隆六年（1741），统计已达一亿四千万，此后更是大幅度增加，至道光二十年（1840），全国人口已超过四亿之数。全国耕地面积亦大大增长。这都是空前的历史现象。说人口、土地、农业问题是中国近世文化演变的某种关键，恐怕并不过分，至少重农的取向不得不加重了，社会也必然要求自身对起码的生存条件（食）有大量投入，对历史动荡亦有深远的影响。在这种情形下，传统的自然经济既要挖掘潜力来维持延续，又会逐渐难以承受日益增长的压力。当然，这一时期的农业在工具、耕作、肥、作物品种、水利等方面都得到了广泛开展，江南农田的单位面积产量提高，玉米、甘薯在北方地区广泛种植，棉花、蚕茧、烟叶、茶叶等亦成为大宗农产商品。总的看，以传统农业和分散小农经济为根基主脉的经济结构仍是清代政治文化体制的基础。在稳定的条件下，劳动生产力还在发展，发展又是缓慢的。与此相应，历史文化环境亦无大变化，于是传统或既定的制度、原则、价值标准仍在此一承平（又是停滞的）社会中占着优势。譬如说清代商业算很活跃，并在盐、铜、米、布、土产杂货、手工业产品的批发、贩运、零售上积累了大量商业资本，但利润资本却很少投入进行扩大再生产的产业，而是转向传统农业性的土地收买，或转向高利贷经营。如乾隆时钱泳《履园丛论》所谓："凡置产业自当以田地为上，市廛次之，典当铺又次之。"有钱，虽然不再被视为卑贱，但或者兼为地主，或者用钱捐纳功名官职，或者就是"自侈其宫室、车马、饮食、衣服之奉"，膨胀其奢侈享乐。这正是体制内文化演变的一个典型反映。正如读书人舍科举之路而无另途可觅一样，社会无不处于

极乐世界图轴（局部）
清·乾隆
故宫博物院藏

既成体制的结构性限制之中。

而且，在这种体制中，资源通过生产流向消费，而不是用来改善物质和精神环境，包括对自然的进一步开发。从宫廷到市井，此一特点在乾隆朝登峰造极。乾隆朝号称"物阜财丰"，以乾隆三十六年库存银数证之，从康熙六年的二百四十八万余两，已增至七千八百九十四万余两，积累甚丰。乾隆由此可以大事铺排享乐，如修宫殿、陵寝、治园囿、受贡、犒赏、庆寿、各种玩好、六次南巡等，无不踵事增华，极尽工丽。如南巡时，"清跸所至，戏台彩棚龙舟灯舫等物，沿途点缀，水行巨舟千百艘……街道尽铺锦毡，周围百十里，所值甚巨，而露天蒙以绸帐，所费又几十万"，甚至行宫里的痰盂都是镂银细工的。乾隆四十五年庆七旬寿，当时内外王公、文武大臣报造无量寿佛共一万九千九百三十四尊，用去工料银近三十二万两。如果看看记录各种庆典的图册，面对山珍海味，穷极华丽的排场和各种奇工巧技、衢歌巷舞的装点，就

金嵌珠天球仪 清·乾隆
故宫博物院藏

恐怕不仅仅是一种惊奇感了。另如各地官员各种形式的进贡，使天下奇珍异宝汇于宫廷，书画文玩萃于内府。不仅如此，清廷内府为向皇帝提供各种讲究的器物，设有造办处，下设匣作、裱作、画作、广木作、灯作、裁作、花作、穿珠作、皮作、绣作、牙作、玉作、珐琅作、漆作、眼镜作等三十八作，从各地选拔工匠，所制器物不惜工本，精美绝伦。凡此种种，不胜缕述，即使一斑窥豹，也可见宫廷文化趣味和奢华境界如何力图在传统工艺讲求上走到顶尖的地步，已经是一种很窄的方向，这种宫廷文化的巧饰化风格也在清代文化性格的形成上一直深有影响。

不说上有所好，下必甚之，仅看扬州一带盐商生活的竞尚奢丽、纸醉金迷，便可见清代社会消费型文化如何对社会机体加以腐蚀，其情状载于《扬州画舫录》以及《红楼梦》的描写。在宫廷、官场、富人的需求量导引下，生产活动、经济结构以及工艺艺术都只有在明确的规范中去穷尽其能量，发挥被流俗所认可的想象力、智慧。天地也就越来越狭窄，风格日趋雕琢、繁缛。

百年编织"天朝梦"。"天朝之梦"与其说是博大开新，不如说在精致、

明·清（1368—1911）

繁缛中沉湎于完美，反映着大一统文化体制内无形的自我约束收敛。例如皇家园林的兴建，清代最称繁盛。康熙二十一年建南苑行宫，后又建香山行宫及畅春园，四十八年开建圆明园。至乾隆间，更形成以北京西郊的万寿山、玉泉山、香山、圆明园、长春园、清漪园、静明园、静宜园……承德避暑山庄、皇城内西苑（南海、中海、北海）以及宫城内众多小型庭院等为代表的完整的皇家园林体系。仿佛宇内山林亭园之胜尽萃集于辇下，已经占尽了天下风光。圆明园、避暑山庄各自聚南北园林佳辰胜景于一围，细处摹制玲珑，整体布局亦求尽善尽美，但觉人工已巧夺天工，胜于自然。然而清代皇家园囿之经营虽纤谲百态，穷极幽微，却不免有秩序观念的束缚和程式的过度支配，人与自然的关系反而在繁缛的营构中变得隔膜了。造园艺术不得不在刀锥之地一逞花样翻新。例如紫禁城御花园、乾隆花园，令人感觉空间狭窄，景观、建筑体量纤小而过于密集，加上严格对称的布局，已现出单调呆板的面目，尽失自由舒朗的韵味。清代建筑、园林以及家具等器物（如微雕）的体制内演化发展，也许正典型地反映出一种文化状态和个性，百法屈曲中的挣扎无力挣脱体系制约的羁绊，难得自由的发展。

事情往往这样，在经过唐宋以来许多世纪的酝酿之后，传统文化高度成熟，积势既深，程模具在，而清代又继承了长期的稳定，凡欲求人生之发展既不可能遏止，又不可能拔本塞源、另起炉灶，势必于体制模式内踵事增华。由此，一方面技巧精进，另一方面烦琐堆饰，尚不足以掩饰内蕴的空虚和精神的萎退，清代工艺器物的"成"与"病"，盖源于此。

简单说，清代手工业水平和工艺技能均已至百尺竿头，壶中斗法。如陶瓷，出现日见繁复的装饰风气，以至"戗金、镂银、琢石、髹漆、螺钿、竹木、匏蠡诸作，无不以陶为之，仿效而肖"（《陶说》）。釉色之丰富，珐琅彩绘之华艳，唯求极妍而已。纺织、刺绣、印染的讲究和花样迭出，不能尽述，其中富贵吉祥的图案已成广泛的时尚。此外，景泰蓝掐丝、铁画、雕漆器、玉雕、竹雕、彩塑、料器均为清代文化器物的代表者，不懈的创造与造作拘谨是它们难以克服的矛盾。

兴亡之感

不错,到了清中叶的乾嘉之际(18世纪下半期与19世纪上半期),可以说,中国社会文化已有了一个稳定统一的格局。上自王纲国体维系的磐固,下至宗族生活沐浴熏陶行必有序,可谓"关起门来过日子"(又是一番"天地架漏过时,人心牵补度日"),似乎还不到"梧桐一叶而天下知秋"的时候。

然而,此时的文化体系表面看是统一,内里却有许多矛盾。铁板一块的事是没有的。譬如说"四书五经"作为思想学术权威,虽已确定无疑,但清代有学者往往不疑圣贤却疑文本,往往在考证中提出真伪之辨的问题。清初陈确考察《大学》后便称:"《大学》其言似圣,而其旨实窜于禅。其辞游而无根,其趋罔而终困;支离虚诞,此游夏之徒所不道,决非秦以前儒者所作可知。"(《大学辨》)阎若璩对古文《尚书》辨伪的成功,也成为某种对经典进行合理质疑的例证。毛奇龄作《四书改错》,竟称"四书无一不错,……真所谓聚九州四海之铁,铸不成此错矣"。这一类可说是"疑古"与"信古"的矛盾。

又譬如,自宋至清,伦理礼教秩序在思想依据和形式规范上都日益致密森严了,所以"存理灭欲"的事情在生活中发生了许多。最酷烈的不是"以刀杀人",而是"以理杀人",对女性的压迫尤深:"闾里之妇失爱于舅姑,谗间于叔妹,抑郁而死者有之;或其夫淫酗凶悍,宠溺嬖媵,凌迫而死者有之;准之古礼,固有可去之义,亦何必束缚之、禁锢之、置之必死之地以为快乎?"(钱大昕《潜研堂文集》)这还未说到对"寡妇再嫁"和"婚姻自由"的迫害以及无数无价值守节殉死的节妇、烈妇。虽然整个社会舆论尚未正视这一"文化的耻辱",但是也产生了声音虽有限却十分激愤的不满,如戴震对"存理遏欲"的抨击:"理欲之辨,适成忍而残杀之具";"欲者,血气之自然……由血气之自然,而审察之以知其必然,是之谓理义;自然之与必然,非二事也"。(《孟子字义疏证》)这都算不上新的文化命题,只不过同中国人的世俗生活息息相关。古老的礼教与人性的矛盾,又一次悲剧性地重演。

在一个历史文化广泛展开的背景上,许多文化矛盾也在展开着,整体的约

对菊图轴 石涛 清
故宫博物院藏

束性与人的历史主动性本身就是一个矛盾。清代文化史,从广义上说,也正是它自身矛盾的演变冲突过程,规定性与非规定性、主导意识与非主导意识,或者说个性同秩序、理想同现实的矛盾,在清中叶,便已活跃在精神生活领域里了,正如兴盛与危机并存于乾嘉时代。

牵涉到文艺,上述现象其实还可说到清初即已酝酿着矛盾,如传统绘画,从善画人物的陈洪绶(号老莲),到着意山水的石涛(号清湘老人、大涤子、苦瓜和尚)、擅长花鸟的朱耷(号八大山人),都在一种时代的痛苦中,把自己强烈的情感尽遗于笔下的自然,功力既深而又脱出窠臼,以其独创性和有力的风格与流行的风气处于相对的地位,成为带有孤独感和畸零性格的文人心理象征。不过,在以皇帝为中心的贵族士大夫社会中间,在皇家画院里却很长时间弥漫着"四王"的画风。"四王"为王时敏、王鉴、王翚、王原祁,另加上吴历、恽格,他们的画占据清代画坛的正统,以摹古(特别是元四家山水)为尚,到这几个人的锤炼样式,清代山水画便走向了形式化和定型化,渐无个性气味,并反映出艺术正在成为装点的艺术、供奉的艺术。康、乾间西方传教士郎世宁等人将西洋画技法引入。作为宫廷画家,郎世宁中西合璧,用中国传统的水墨法画山水鸟兽,虽细密工致,却缺乏神韵生气,正与画院中流行的"四王"风格接近。乾隆年间有一批画家,被人称为"扬州八怪"(汪士慎、金农、黄慎、李鱓、高凤翰、郑燮、罗聘、李方膺),风格放逸,颇有个性面目,他们承继明代徐青藤、陈道复和石涛、八大的重在意趣,表现出对久已拘束的文化风气不以为然。所谓"怪",大概也就是漠视常规,以特异的格调来表现"不俗"的意思吧。

文艺创作和欣赏活动,包括某一种形式的兴衰衍化,既处在历史的脉络上,也处在特定的文化背景和环境中,这就像土壤,有些种子从中生长出一般性的果实,如清代中叶稳定环境中所产生的诗词文章,虽然仍为士大夫文人的抒写,也在形式上多有讲究(或讲神韵,或讲格调,或讲肌理,或讲性灵,诗话、词话以及文章论大量出现,流派众多,莫衷一是,桐城派古文和博丽的骈文也曾红火一时),但在气质和表现力上似乎元气不足,流于平庸者为多,超越唐宋既不可能,也不如清初诗人、词人(如吴梅村)沉着痛快。不过,清代文化背景环境的"土壤",也有自由与约束的二重性矛盾,对于有些天才的"种子"

芙蓉鸭图 朱耷 清
中国国家博物馆藏

或敏感的心灵来说，便造成一种深切的体验，并借助戏剧、小说等兼容叙事、抒情，表现容量更为丰富的形式，来抒发其整体性的苦闷。其最著者如作《长生殿》的洪昇、作《桃花扇》的孔尚任、作《聊斋志异》的蒲松龄、以一部《红楼梦》为盛世唱挽歌的曹雪芹。他们的作品系列，展示着具有深度和召唤力的时代生活与心理的悲剧。说不清是幸还是不幸，清代文化极有人文光彩的一页，倒是在这里，而不在占有着财富和权力的王公贵族那里。

抒情性在中国传统文学中一直源远流长。而宋元以来尤其是明清时代，由于社会生活的要求而催生了小说、戏曲等叙事性的文艺样式，因而融会了新的经验以及在塑造人物、刻画场景上的描写因素；这二者构成清代小说、戏剧的特立形胜之处。但是就他们的基本创作精神而言，从《桃花扇》《长生殿》的历史兴亡之感悟，到《聊斋》的幽艳荒唐的狐鬼生死悲欢，再到《红楼梦》借家族兴亡寄托其"千红一窟（哭），万艳同杯（悲）"，又都是传统的，属于在理想与现实冲突的历史文化环境中不得已而发的失意情怀；在清代已渐趋僵化的体制中，如果不入俗流，他们肯定找不到自我的位置，同时他们又不能忘怀自我，放弃自己的学养与理想，而传统的文化又不能提供出新的选择，于是成为漂泊的旅人。他们笔下的人生沉浮幻化，既是世情的写照，又无不寄寓其巨大的感伤，有着意识的觉醒，也有着醒后的无路可寻的迷茫。所以《长生殿》说："唱不尽兴亡变幻，弹不尽悲伤感叹，大古里凄凉，满眼对江山。"《桃花扇》一曲唱道："俺曾见金陵玉殿莺啼晓，秦淮水榭花开早，谁知道容易冰消。眼看他起朱楼，眼看他宴宾客，眼看他楼塌了。这青苔碧瓦堆，俺曾睡风流觉，将五十年兴亡看饱。"《聊斋》自志云："集腋成裘，妄续幽冥之录；浮白载笔，仅成孤愤之书，寄托如此，亦足悲矣。"《红楼梦》的缘起，更有着道不尽的滋味："满纸荒唐言，一把辛酸泪，都云作者痴，谁解其中味？"解不得，还要解，也可以说，这历史文化深厚的复杂滋味，在一代代人的咀嚼中，已经成了千百年来尤其是最后一个王朝的臣民的文化宿命。

读《红楼梦》，见微知著，言近旨远，如同读一部文化史。

但我们不可能再去细细说它，除了它的思想内容（如对礼教的反叛，对理想的朦胧憧憬）外，《红楼梦》作为长篇小说的叙事艺术也达到了古典文艺的顶峰。它的组织结构体现出对传统程式的超越，如鲁迅所谓："自有《红楼梦》

《红楼梦·十二金钗图》（册页之一） 费丹旭 清
故宫博物院藏

出来以后，传统的思想和写法都打破了。"（《中国小说的历史变迁》）以讽刺社会现实而著称的小说《儒林外史》和《镜花缘》也具有突破程式的意义。

  显然，中国文化艺术的发展常常体现在程式的发展上，也包含着程式的限制与反限制。例如戏曲表演便是在一种综合性程式化演变中走向成熟的。最后在清代，由文雅的昆曲经过地方戏的滋育而达到了以京剧为代表的高级程式化的艺术表现体系，在宫廷和民间成为雅俗共赏的文化活动。戏曲在清代大为繁荣，反映了传统文化在寻找自身载体方面如何达到高度的自我完善。戏曲的普及使人们时时觉得生活在文化传统的氛围中。

  然而，也不免"衰草枯杨，曾为歌舞场"，从大处落眼，清代社会文化体系虽然在高度"程式化"中维系着，从19世纪中叶开始，一种来自外部的挑战，却开始迫切了。1840年，鸦片战争开始的年头，最终成为中国文化史剧变的分期。

西方文化冲击波

稍作一历史的审视，不难发现，迄至18世纪，清王朝已迈至中国历史漫长过程的某一顶点。从17世纪中期到19世纪中期的二百年间，它通过继承和改进，有效地维持了一个既成的大一统秩序。与尔后相比，这是一个旧秩序，而与以前相比，它则拥有众多的人口和广大的疆域。虽然欧洲人在18世纪的到来并扎下根是一影响深远的历史情况，清王朝的体制却仍运行在惯性轨道上。

现在不妨稍稍停顿，看一下当时世界历史的情势：在欧洲，一个现代化的进程已经开始，而且不可遏止。产业革命、资本的兴起、启蒙思潮、地理大发现，继而西方文化紧跟着殖民主义和商品贸易的扩展，向世界的其他地方进逼。他们信仰民族国家、法治、个人权益、基督教和科学技术，以及通过追逐利润和战争来为自己服务。世界将会由于西方人对世界看法的改变而发生巨变。然而，与此同时，中国人关注着自己的传统生活，对世界的看法并没有多大改变：绝大多数人信仰经典的儒家教义和皇帝至高无上的权力。在一个旧秩序里，经典的教义只能容忍限于传统内部的变化，扩大的家庭制度支配着个人，恪守职责的信条高于享受权利的信条，文官控制着军事，并且使商人为其所用，道德行为的准则凌驾于人的情欲、物质利益和法律条文之上。古老的以农业经济—官僚政治为特征的帝国，既不愿意同西方扩张者冲突，也不愿意寻求自身的改革，它愿意保持自己的生活与思维方式，保持自己的文化。然而历史并不以此为转移，一个扩张的、进行国际贸易和战争的西方，同坚持农业经济—官僚政治的中国文明之间，一场文化对抗便不可避免了。这一对抗在19世纪中期的鸦片战争前后逐渐激化，清朝亦开始走向衰亡，中国传统文化体系遭受前所未有的冲击。

当海通以还，欧洲人越海而来，中国人无论在了解世界或者在处理文化往来关系上，经验却有些不够。清代以前处理对外关系的诸种方式，总以华夏文化优越为前提。面对所谓"蛮夷"，或者兵戎相见，或者"羁縻"，或者在衰弱时对少数族实行"同化",不论如何,中国人都抱有长期的文化中心感。可是这一次不同了,有了新问题,糟糕的是,统治阶级的心理既然是自负自足的,在新问题面前可能毫无应变的准备。

前面说过,还在明代晚期,利玛窦等人的到来,便已揭开了近世中西文化交往的序幕,西方传教士带来了一些西方科学知识。入清后,像顺治、康熙皇帝对传教士及其科学知识并不采取排斥态度,而且还任命汤若望、南怀仁等人主持钦天监,修订历法、制造兵器、训练测绘人员,康熙还亲自参加学习代数、几何、天文、物理等方面的知识,并企图吸引西方科学家和科学书籍来华。这都是颇有见识的举措。但是也要承认,从明末以来,也一直有士大夫对西学采取强烈之排斥态度,认为若信从西方历法,会破坏祖宗传下来的"学脉""道脉"。康熙初年,有位杨光先便最为顽固,他曾有一句名言:"宁可使中夏无好历法,不可使中夏有西洋人。"尽管这种观念并非极普遍,但终究导致对西学采取消极的接受取向,即"节取其技能""禁传其学术"。当时,传教士来中国的主要文化使命是传播天主教,天主教教义教规及宣教方式往往同中国的传统礼仪相冲突,当罗马教廷不准许传教士采取照顾中国国情的变通办法时,这种冲突便失去了调和的余地,结果是康熙下令禁止天主教在华传教,驱逐传教士。清代之闭关锁国,由此结下一死结。另有关系颇大的死结为对沿海通商的严加约束。至乾隆时,西方商旅已纷至沓来,清廷对之加以限制,主要原因是"天朝"有不重视通商的体制,又须"立中外之大防",并坚持将西人之通商贸易理解为"朝贡"。乾隆在对英国使节的敕谕中说:"天朝物产丰富,无所不有,原不假外夷货物,以通有无。特因天朝所产茶叶瓷器丝斤为西洋各国及尔国必需之物,是以加恩体恤……用示怀柔。"中国人既不肯走出去,又不欢迎西方人的到来。西方人遇到了一堵"墙",但中国市场的巨大诱惑,又使他们不肯停步,实际上他们拥有武力的后盾。而清廷盲目的政策的依据则在于:一、中国在战争中占优势;二、它善于使外来民族"开化";三、它有贵重商品可使外国人接受纳贡地位。这三条都错了,事情远不是这么一回事。

先不说外来的冲击,实际上从18世纪70、80年代以后,清王朝的体制已开始衰落了。衰落的形象反映在朝廷的长期铺张糜费,官僚政治的腐败:敲诈盘剥,追求私利和颟顸无能,以及人口压力带来的贫困和不景气状态,白莲教

《海国图志》
此书是魏源受林则徐嘱托而编著的一部关于世界地理、历史知识的综合性图书

叛乱（对叛乱的镇压已暴露清朝军事和经济力量难以逆转的下降），等等。这种情况引起了一部分士大夫的忧虑与迫切要求改革的愿望。特别在道光年间，当帝国统治力量已隐约式微时，魏源、龚自珍等人提倡"经世致用"之学以反对空疏烦琐的18世纪汉学主流，并以此态度来鼓动改革，即通过对新问题做出新反应来加强国力。新反应包括要求军事、财政以及教育上的改革。《皇朝经世文编》与他后来写的一部研究西方地理的《海国图志》，是魏源最主要的著作。可是他们的努力并没有取得势头，可见既成体制的巨大惰力。

与19世纪将要连绵不息的内部动荡相比，外来冲击更是史无前例的。1819年以后，由鸦片大量输入而引起的贸易、经济、文化、军事冲突危机，愈演愈烈，直至1840年至1842年的鸦片战争，遂有中国历史的一大转变。

英国殖民者和商人对中国的鸦片贸易，使中国深受其害，造成大量白银的外流，收支逆转，加重了积弱积贫的趋势以及道德的沦丧。朝廷为此而争论不休，难择善策。到1838年底，道光皇帝采纳了林则徐强硬的禁烟方案，并任命他为驰赴粤省查办海口禁烟事宜的钦差大臣。林则徐是一位具有强烈责任感和治平理想的士大夫，为人刚直，做事果断，采取了一系列收缴和销毁鸦片的措施。但他的战争准备显然不够，而且朝廷也并不认为存在一场值得认真对付的战争。结果，事态的发展很快使林则徐的努力付诸东流。鸦片战争爆发后，英国舰队向北攻打浙江舟山和宁波，又进至天津大沽，进逼北京，各地的清军未能组织有效的抵抗，战况立刻使皇帝和朝廷陷入恐慌，林则徐被撤职，主和派占了上风。在此后的一年多里，清廷战和不定，仗打得糊涂，又不肯失面子，最终在南京陷落之前，签订了屈辱议和的条约。这就是第一个不平等条约——《中英南京条约》。条约规定，中国向英国割地赔款，开放通商口岸。第一次鸦片战争强行打开了中国的大门。

在此以后五十多年里，来自西方的冲击以及对这种冲击如何做出反应，一直是这一段历史的主题。在此一史无前例的文化冲突中，社会步履维艰，而中国人在外来侵略下不断地蒙受耻辱。鸦片战争以后不到十五年，就有1857年至1860年的英法联军之役（北京被占领，圆明园毁于大火）。又过了十年左右，发生了1871年俄国侵占伊犁和1874年日本夺取琉球的事件。又不到十年，爆发了1883年至1885年的中法战争。九年以后，日本在1894年至1895年的战争中将耻辱强加给中国，紧接着是1898年争夺租借地和1900年的八国联军入侵与义和团之役，灾难踵继。伴随灾难而来的，是传统中国自我形象和自我幻想的破灭。

晚清历史大变局

在了解19世纪下半叶晚清社会文化变动趋势时，有两条线索似乎可以提纲挈领：第一，西方文化频繁巨大的冲击以及冲击引起的反应；第二，传统社会和清帝国的内部危机及其引起的持久动荡。这两条，关联着现代化与维持传统、革命、反动、改良等敏感而困难的问题，涉及人们的心理态度、民族情感和紧张的意识斗争，也涉及器用、制度、价值观念等几个层面，更交织着失败、痛苦、迷惘和奋斗。这确实是一个挑战的时代。

晚清世局,用李鸿章的说法,叫作"三千年来未有之变局",人们无论抱着怎样的文化态度,大多都承认这是实际情况。当然,这种看法正强调的是外来文化冲击的历史影响,也有人认为,晚清社会的危机仍然主要是传统体系自身的危机,换句话说,病根在自家身内。我们觉得,这内外两面的因素都不能忽视,而且正是两条线索的互为缠绕造成了影响历史进程和晚清文化嬗变的典型环境。

前述一场鸦片战争的因果种种,已显示变局之无情到来,自此以后,清朝在与西方列强的抗衡中多次败退,不得不丧权辱国,以签订不平等条约维持统治不坠。于是,一种条约制度在19世纪下半叶影响日趋明显,诸如:外国人控制中国的对外贸易和汇兑;他们的人身与财产有治外法权的保护;他们在贸易中心城市占有不动产;外国新式轮船通行无阻于中国沿海和内河水域;港口、海关、现代航运设备、电报商人、买办领事、传教士的涌现,都在把中国的经济、文化拉入一个新格局中。

但是,在这一切之外,清王朝所面临的内部危机可能更为严重迫切。18世纪以后便已出现的社会混乱和国内各民族间的冲突,已使大量社会矛盾积聚,社会不公正、统治腐败、人口剧增及普遍贫困,还有社会下层中间非正统宗教及外来宗教对传统生活结构和价值观念的冲击,都导致矛盾在19世纪50年代集中爆发,其代表为席卷半壁河山、几乎使清朝统治濒于崩溃的太平天国农民革命运动。

1851年从广西桂平金田村出发的太平军起义,本属于历代王朝兴衰史上曾一再发生过的那一类事件,也是有清一代多次民间会党教派组织武装反叛中的一次。但它规模大,历时十余年,影响亦深广,这些都说明晚清社会文化危机不止于一般的程度。洪秀全等人领导的天国,作为处于社会边缘的集团组织,企图借助一种信仰的力量,在旧秩序内进行一次乌托邦式的社会变革,最终走向悲剧性的失败,特别反映出当时历史环境中新思想的力量与局限。

洪秀全出身于广东花县一农民家庭,他的青年时期多在传统的科举之途上蹉跎,1837年他第三次应试失败后,精神因受刺激而恍惚,产生了宗教梦幻和强烈的反叛心理。他从一本名为《劝世良言》的基督教传道小册子中获得了一种启示，皈依了基督教。此后他便与远亲冯云山一道去广西山村布道，并创立了拜上帝会。他们用基督教义和儒家道德原则的混合式理想做广泛宣传，发展了大量信徒，建立自己的政治、军事组织。此时正是山雨欲来，一呼百应，农村正值饥荒严重，紧张状态演变成公开战争。1850年7月，金田起义爆发，第二年太平天国宣告诞生。在清军软弱涣散的反应下，太平军出广西，向长江中下游出发，声势壮大，所向披靡，于1853年占领了南京，并定都于此。此后十余年，到1864年南京陷落，太平天国和清朝进行了持久的对峙性战争。虽然宗教启示在太平天国革命运动中起了不小的感召作用，但是洪秀全的拜上帝教作为一种信仰体系，并不是基督教的（所以西方教会并不予以承认），当然也不是中国传统所有的，看起来，它更像是外来教义的一种转化性接受，是在为创建一个新社会而借用所需要的各种思想。例如强调人们在上帝面前人人平等，一切所有权都属于上帝，因而自利、私有权概念以及一姓天下、专制制度等都要受到谴责，这些，都可以在中国古代乌托邦思想中找到共鸣。又如"平均"倾向，所谓"土地均耕，财产公有，平均分配"等，更是易于对下层民众产生号召力。太平天国社会文化理想集中反映在《天朝田亩制度》之中。按这一制度，家庭是社会的基本组织单位：二十五家为"一两"，由一名两司马统领。土地按人口分配，所有的成年人（包括妇女）都平等地领取生产所得。土地及其所有的成果都是国家财产，更确切地说，是由国家来管理和分配的上帝的财产。每二十五家组成的"一两"要建立一个国库，除维持家庭生计的必需品外，一切财富归国库所有。这一文件的制定者希望一劳永逸地消灭无情的竞争和剥削，代之以公有制秩序。与建立平等社会的使命相应，太平军的制度和纪律带有清教主义特征和浓重的军事考虑，并一度显示出战斗力。但它既是在高度集中的权力运作中形成的，便又很难摆脱与权力有关的弊病，如道德腐蚀、政治阴谋和传统帝王思想的影响等。他们的行动与传统秩序多有冲突，但在许多方面又不能摆脱传统的根性；同时他们改变了许多社会制度和价值准则，却不能使之适应于实际生活，适应于广大农村的组织，因而农村社会仍然属于旧秩序，并同太平天国之间存在着文化上的鸿沟。

经过了内讧和衰弱，太平天国终于被曾国藩统率的武装所击灭。曾国藩的军队已不是失去战斗力的八旗兵、绿营兵，而是在战争中组织起来的地方地主武装湘军、淮军。这场战争产生了一个重要变化，即出现了由满族君主政体与汉族上层分子中的领袖人物相结合的一个较强大的保守联盟，使清王朝在风雨飘摇中得以苟延到20世纪。在这一时期，既然没有新的体制来代替旧的，因而有"重新强调传统制度有效性的最后一次巨大努力"。

在这一种努力之中，同时也因为意识到镇压反叛的需要，清朝的重臣们亦感到有必要在固有制度范围内进行有限的调整，结果产生了以寻求西方技术，"自强""求富"为主要内容的洋务运动。洋务，指清政府的一种新型的事务活动，包括对外交、外贸收入以及与贸易商人和传教士有关的一切事务的处理，也包括涉及西方事物的新计划，如外语学堂、军队训练、兵工厂、造船厂、开矿、商船和海军等事宜的管理。洋务的开辟与推进，源于对西方冲击所做出的反应，失败引出了采习西方先进技术以求自强的教训；同时也是对内部危机所做出的反应，认识到技之长，可以扶统治大厦之将倾，如李鸿章所谓"若火器能与西洋相垺，平中国有余，敌外国亦无不足"。尽管这些变化从现代化角度去看是很皮毛的，洋务运动推行之始，仍引起了朝廷内外的许多争论，遭到守旧派的反对。但在恭亲王奕䜣、曾国藩、李鸿章、左宗棠等人的积极筹划下，早期洋务运动仍获得初步进展。如1865年开办江南制造总局，1866年办福州船政局，1867年办天津机器局，以及开办轮船招商局、开平矿务局和电报局，设立外语学校（同文馆）、兵工和造船学校，组织西学书籍翻译，首次派遣留学生赴美欧学习，等等。洋务运动使自鸦片战争以后西学扩展的趋势明确了下来。它的影响在于：一、为中国近代工业奠定了一个初步基础；二、促成传统教育向近代教育的转变；三、传播了近代科技，培养了中国第一批近代科技人才；四、冲击了封闭保守的社会风气和传统观念；五、促成制度的有限变革。由此西学传播，思想文化日渐开放，门已不可能再关上了。

艰难的选择

晚清史局，大概可以形容为"多事之秋""国无宁日"，是为同治、光绪之际，即慈禧太后掌政专权的四十几年。1860年，英法联军火烧了圆明园，一朝繁华地，化为断柱残垣千古悲凉。第二年，两宫太后垂帘听政；1862年洋务运动开始渐次推行；1864年太平天国败亡，捻军仍飘忽活动于中原，清廷又忙于剿捻；1866年清廷首次派使臣游历欧洲，福州船政局及船政学堂设立；1868年至1870年先后发生四川酉阳教案和天津教案；1872年容闳带首批留学生赴美，上海《申报》创刊；1873年"杨乃武与小白菜"一案轰动朝野，侨商陈启源开办第一家机器缫丝厂；1874年日本出兵侵略台湾；1875年左宗棠收复新疆……此后之新事竞出，风波迭至，不胜枚数。虽然在许多人心中不断有国势危蹙之感，但王朝的秩序仍在维持，社会生活的变化是不均衡的、程度不齐的。总的看，这是一个问题四伏、新旧交织，在维护旧秩序和通过变动寻求出路之间莫衷一是的历史环境。一方面是有着古老文化传统和深厚根底的大国，另一方面又面临着无可逃避的时代挑战，生存方式的变与不变，被动的变与主动的变，如何变，遂成为晚清文化的基本问题，而且根本没有历史经验来给出可靠的回答。这种景象，有如历史风雨中一条大船，人们不能弃船而去，又不知怎样修理，怎样使它稳定、具足动力、调整方向。

自鸦片战争时起，已经有一些士大夫从"经世致用"的角度，开始做初步的战略性思考，如魏源提出"师夷长技以制夷"的建议，但文化的惰性使全国上下并未形成紧迫感，直到此后更强烈的震动来临。1860年以后，有更多的中国人承认已处于亘古未有的"变局"之中了。同时许多士大夫从"求变""自强"中去寻找答案，把引进西方技术看作变局的核心。洋务派首先以"船坚炮利"为改革自强的目标。在这一西化运动的初级阶段中，着重点在于模仿西方技术。当然，一个接受西学的运动亦随之开始了，如西方科技、学术书籍开始大量翻译和传播，西式学堂进行语言、技术、电报、采矿、造船和军事学的教学，近代民用工业亦着手经营，学习西方经济的思想开始流行。这一变的趋势，虽然开始是局限在所谓"器用""技术"的层次，并被辩护为"取西人气数之学，以卫吾尧舜禹汤文武周公之道"，但势必又将引起体制（政、教）上变法的要求，即不可能将道器、本末分离看待。清朝第一位驻英公使郭嵩焘便指出这个道理："西洋立国自有本末，诚得其道，则相辅以致富强，由此而保国千年可也。不得其道，其祸亦反是。"（《使西纪程》）像郭嵩焘等一些士大夫，属

时局图

于睁开眼看世界的人,他们主张进行体制内的有限变革,以实现富强的目标。但是他们(也包括洋务派人物)实际上受到不可克服的制度以及来自政治和文化思想上的阻力,并不得不妥协。

阻力主要来自企图维护旧秩序不变的保守派官僚士绅,他们讽刺郭嵩焘出使英国是离开圣人的国度去为洋鬼子效劳。郭氏从伦敦寄回来他的报告,赞扬西方的技术、政治制度和教育制度。他因此而受到弹劾,被指责为背叛朝廷和背叛中国文化传统,并被迫辞职。

当然,保守派采取排外的不合理态度,主要是由于他们在理智和感情上对中国文化持有不渝的信念,甚至有忽视实际的教条僵化倾向,未免抱残守缺,但是他们的文化忧虑却主要是怕失去道德作为文化的支柱以及失去政治控制的可能性。作为坚定的反功利主义者,他们主张,中国仍然应该特别重视儒家礼、义、廉、耻的古训,如果鼓励儒学之士向夷人学习,他们就会寡廉鲜耻,对中国将没有用处,不论他们多么精通西法。义利之辨的命题重新出现,使得许多士大夫反对各种自强计划,特别反对修建铁路、建设高大建筑、采矿和架设电报线路,认为这些"怪物"一定会破坏原本和谐的天人关系,带来上天的惩罚。同时,由于西学是随着列强对中国的战争而涌来的,民族立场也加强了中国人的排外情绪以及在对外关系上的盲目主战论调,它们在19世纪后期高涨为义和团的"扶清灭洋"运动以及"庚子之乱",结果也是悲剧性的。

整个晚清史都贯串着变革与保守两大思潮的冲突。每一思潮内部又都有差别性的态度和极为多样的思想因素,讨论错综复杂,难以做出正确的选择。许多人赞成洋务运动,因为他们希望通过走富强道路而拯救中国免于灭亡。也有些人反对洋务运动,他们担心它会取代传统儒家学说的地位,破坏传统文化的命脉。这似乎是一个令人进退两难的问题:如何既能使中国自强又不失去中国固有的体制,亦即如何使"器"变,"道"不变。问题又在于:道与器能否分离?

19世纪70年代以后,中国人对"现代化"的矛盾态度,以及如何看待传统文化的矛盾心理,被搁在一个"中体西用"(中学为体,西学为用)的模式中,加以调节和弥合。张之洞作为实力派官僚力倡此说,称:"新旧兼学,四书五经、中国史事、政书、地图为旧学;西政、西艺、西史为新学;旧学为体,新学为用。"(《劝学篇》)洋务运动和晚清自强的努力,终于难以超出这种矛盾的思维方式,事实很快便证明"中体西用"说只是个虚幻的解决方案。

1894年甲午中日战争中国战败以及经营多年的北洋海军覆没,对于洋务运动的指导思想和实践均是沉重的打击。对失败教训之思考可能引起了思想界一大变化,无论关于国难危亡还是关于现代化进程,制度变革的问题显然变得日益迫切了。与之相应的,也与中国面临被瓜分的危机气氛相应的,是思想意识的进一步觉醒以及社会文化冲突的扩大。由于西方的扩张影响,19世纪后期,在中国一些通商口岸城市的经济结构中产生了程度不同的"现代"部分,社会也在发生变化,这个变化过程逐渐破坏了人们传统的态度和信仰,同时提出了新的价值观和新的行动方式。譬如一些知识分子已经意识到,中国的政体有必要朝着非正统的方向进行改良,他们提出君主立宪下国民参政的改良主义政治观点。因为当他们研究西方国家强盛的秘密时,已不再仅仅着眼于技艺精巧和工商繁盛。"此时他们发现,西方国家发展的关键主要在于它们消除了统治者与被统治者之间的壁垒,从而取得了共同意志和集体行动的能力。"(费正清主编《剑桥中国晚清史》)据说,这种能力的发展应归功于议会制度。像这样一类新思想的寻求,在1895年以后激荡为更广泛的社会思潮,其原因和影响都同文化传播工具的变革相关,如:一、改造传统书院以创立新学堂;二、学者自动组织的学会遍布全国;三、在1895年至1898年出现了约六十种报纸,报刊不仅活跃于沿海及长江下游的城市,而且推进到内地,成为传播新意识的有力工具。学堂、学会、报刊这三者之间相互促进,创造了一种引起思想激动的气氛,在受过教育的中国人中间广泛发生影响。同时,伴随着新鲜思想风气和社会舆论的成长,知识分子这一新社会集团也诞生了,他们以其对文化变革的敏感,在1898年流产的维新变法运动中担当了重要角色,有的人则通过翻译、介绍、阐述等文化工作,将新思想昭于世人,如梁启超的论说宣传、严复翻译的《天演论》,在世纪末的思想界,如石投水般地激起思想波澜。

历史似乎已到了不能不往前变革的时候。在1898年戊戌变法之前,活跃的知识分子如康有为、梁启超、谭嗣同等人以及有志于改革制度政策的温和派和激进派士绅、官员,为维新变法已做了许多舆论准备,包括对儒家学说进行激进的为变革目的而做的解释,对新的社会政治理想所做的描述以及对制度改革的设计。由于光绪皇帝的支持,变法在 1898 年 6 月到 9 月间达到了高潮,皇帝接连发布了一百多道上谕,试图在经济、军事和文教领域推行新法。但是在夏季消逝时,慈禧太后和保守派发动了政变,将光绪帝软禁,康、梁逃往域外,谭嗣同等六君子殉难,戊戌变法失败了。这一失败的悲剧表明在旧体制内进行制度变革存在巨大困难。当然,改革的基础仍然是脆弱的,旧体制亦丧失了通过自我改造而恢复生力的机会。

清朝——中国最后一个王朝,在 20 世纪初的第十年,最终不可避免地走向了衰亡。一场共和民主革命成为此时历史的选择。1911 年武昌起义的枪声划破夜幕,标志着一个旧时代的结束,一个新时代的开端。此后的中国文化史,将要进入一个变动更大的过渡阶段,但它同 19 世纪中国文化的命运经历,同数千年中华民族历史生活的演变过程仍然是息息相关的。

20 世纪的中国人已经或将要在本身所处的历史环境中塑造自身的文化形象,展开其文化创造活动。这时候,他们又不能不面对文化史这一丰富深厚的遗产,认识过去,认识自我,这里面会有许多启示,有沉重的思索和憬悟,有会心契神的交流,有情感的皈依,有智慧的叩问与回答。这就很好,这就是让眼光和思路随着文化史走一遭的意义所在,至于是否做出明确的判断与评价则是难以匆匆定夺的。所以困惑往往与体悟并存,这也正是历史这本"大书"永远读不尽的缘故吧。事犹未竟,毛锥暂搁,让我们继续注视和倾听。

中国历史年表

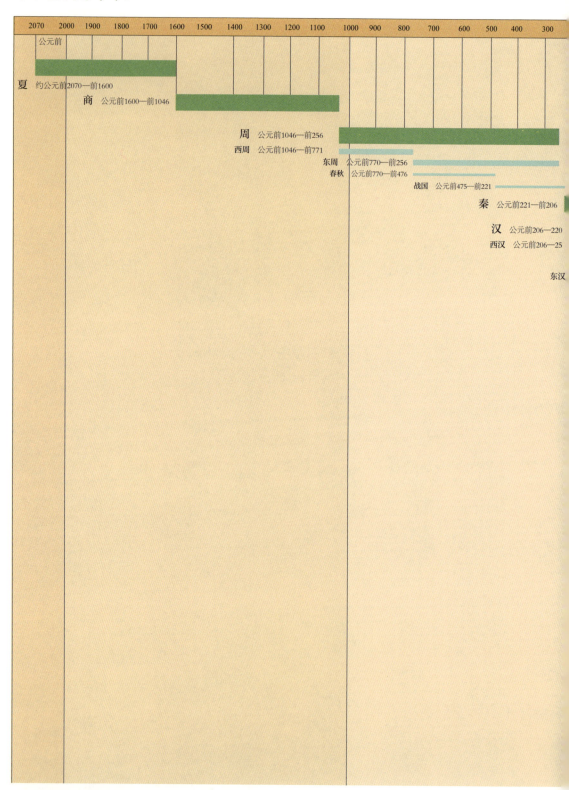

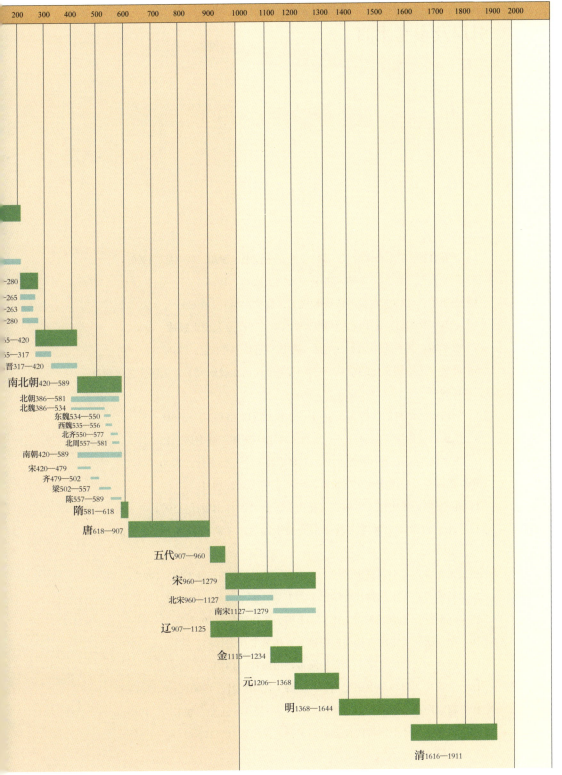

引用及参考书目

［1］张光直：《中国青铜时代二集》，生活·读书·新知三联书店，1990。

［2］张光直：《考古学专题六讲》，文物出版社，1986。

［3］徐旭生：《中国古史的传说时代》，文物出版社，1985。

［4］［英］李约瑟：《中国古代科学思想史》，江西人民出版社，1990。

［5］费孝通：《乡土中国》，生活·读书·新知三联书店，1985。

［6］萧兵：《中国文化的精英——太阳英雄神话比较研究》，上海文艺出版社，1989。

［7］何新：《诸神的起源》，生活·读书·新知三联书店，1986。

［8］朱狄：《原始文化研究》，生活·读书·新知三联书店，1988。

［9］王朝闻主编：《中国美术史》（原始卷），齐鲁书社，1990。

［10］钱穆：《中国文化史导论》，台湾正中书局，1951。

［11］陈安仁：《中国上古中古文化史》，台湾西林出版社，1971。

［12］北京大学历史系考古教研室商周组编著：《商周考古》，文物出版社，1979。

［13］张光直：《中国青铜时代》，生活·读书·新知三联书店，1983。

［14］马承源：《中国古代青铜器》，上海人民出版社，1982。

［15］陈全方：《周原与周文化》，上海人民出版社，1988。

［16］李仁溥：《中国古代纺织史稿》，岳麓书社，1983。

［17］唐兰：《中国文字学》，上海古籍出版社，1979。

［18］王毅：《园林与中国文化》，上海人民出版社，1990。

［19］郭宝钧：《中国青铜器时代》，生活·读书·新知三联书店，1963。

［20］郭沫若：《中国古代社会研究》，人民出版社，1954。

[21] 侯外庐、赵纪彬、杜国庠等：《中国思想通史》（第一卷），人民出版社，1957。

[22] 夏传才：《诗经研究史概要》，中州书画社，1982。

[23] 袁宝泉、陈智贤：《诗经探微》，花城出版社，1987。

[24] 王振复：《巫术：〈周易〉的文化智慧》，浙江古籍出版社，1990。

[25] [英]马林诺夫斯基：《文化论》，商务印书馆，1945。

[26] [美]费正清：《美国与中国》，商务印书馆，1971。

[27] 杨宽：《战国史》，上海人民出版社，1980。

[28] [英]李约瑟：《中国科学技术史》第三卷，科学出版社，1974。

[29] 刘青峰：《让科学的光芒照亮自己：近代科学为什么没有在中国产生》，四川人民出版社，1984。

[30] 李泽厚：《美的历程》，文物出版社，1981。

[31] 顾颉刚：《史林杂识·初编》，中华书局，1963。

[32] 余英时：《中国知识阶层史论》，台湾联经出版事业公司，1980。

[33] 刘泽华主编：《士人与社会》（先秦卷），天津人民出版社，1988。

[34] 李学勤：《东周与秦代文明》，文物出版社，1984。

[35] 李泽厚：《中国古代思想史论》，人民出版社，1986。

[36] 杜正胜：《编户齐民》（见《吾土与吾民》），台湾联经出版事业公司，1983。

[37] 梁漱溟：《中国文化要义》，台北正中书局，1983。

[38] 齐思和：《中国史探研》，中华书局，1981。

[39] 徐复观：《中国人性论史》，台湾商务印书馆，1979。

［40］杜维明：《孔子仁学中的道学政》（《见中国文化论文集》三），台湾幼狮文化事业公司，1981。

［41］林河：《〈九歌〉与沅湘民俗》，上海三联书店，1990。

［42］高尔泰：《读〈骚〉笔记》（《文艺研究》1986年第1期）。

［43］翦伯赞：《秦汉史》，北京大学出版社，1983。

［44］中国社会科学院考古研究所编《新中国的考古发现和研究》（第四章），文物出版社，1984。

［45］余华青、林剑鸣、周天游、黄留珠：《秦汉社会文明》，西北大学出版社，1985。

［46］余英时：《历史与思想》，台湾联经出版事业公司，1976。

［47］韩养民：《秦汉文化史》，陕西人民教育出版社，1986。

［48］冯天瑜等：《中华文化史》，上海人民出版社，1990。

［49］鲁迅：《汉文学史纲要》（《鲁迅全集》卷九），人民文学出版社，1981。

［50］顾颉刚：《秦汉的方士与儒生》，上海古籍出版社，1978。

［51］唐长孺：《魏晋南北朝史论丛》，生活·读书·新知三联书店，1955。

［52］鲁迅：《魏晋风度及文章与药及酒之关系》（《鲁迅全集》卷三），人民文学出版社，1981。

［53］汤一介：《郭象与魏晋玄学》，湖北人民出版社，1983。

［54］侯外庐、赵纪彬、杜国庠、邱汉生：《中国思想通史》（第三卷），人民出版社，1957。

［55］汤用彤：《魏晋玄学论稿》，中华书局，1962。

[56] 李泽厚、刘纲纪主编:《中国美学史》第二卷(上),中国社会科学出版社,1987。

[57] 陈寅恪:《陶渊明之思想与清谈之关系》(见《金明馆丛稿·初编》),上海古籍出版社,1980。

[58] 罗宏曾:《魏晋南北朝文化史》,四川人民出版社,1989。

[59] 周一良:《魏晋南北朝史札记》,中华书局,1985。

[60] 葛兆光:《道教与中国文化》,上海人民出版社,1987。

[61] 南怀瑾:《禅宗与道家》,复旦大学出版社,1991。

[62] 杨惠南:《一苇渡江·白莲东来——佛教的输入与本土化》(见《中国文化新论·宗教礼俗篇》),台湾联经出版事业公司,1983。

[63] 李泽厚、刘纲纪主编:《中国美学史》第二卷(下),中国社会科学出版社,1987。

[64] 范文澜:《中国通史简编》第三编(一),人民出版社,1965。

[65] 陈寅恪:《隋唐制度渊源略论稿》,中华书局,1963。

[66] 陈寅恪:《唐代政治史述论稿》,生活·读书·新知三联书店,1956。

[67] [英]崔瑞德主编:《剑桥中国史》第三册,台北南天书局,1987。

[68] 傅璇琮:《唐代科举与文学》,陕西人民出版社,1986。

[69] 岑仲勉:《隋唐史》(下),中华书局,1982。

[70] 向达:《唐代长安与西域文明》,生活·读书·新知三联书店,1957。

[71] 沈福伟:《中西文化交流史》,上海人民出版社,1985。

[72] 刘敦桢主编:《中国古代建筑史》,中国建筑工业出版社,1980。

[73] 汤用彤:《隋唐佛教史稿》,中华书局,1982。

［74］葛兆光：《禅宗与中国文化》，上海人民出版社，1986。

［75］常书鸿：《敦煌莫高窟·序》，文物出版社，1982。

［76］肖箑父、李锦全：《中国哲学史》（上），人民出版社，1982。

［77］宗白华：《中国书法中的灵学思想》（见《美学与意境》），人民出版社，1987。

［78］孙昌武：《唐代古文运动通论》，百花文艺出版社，1984。

［79］高国藩：《中国民俗探微》，河海大学出版社，1990。

［80］［英］崔瑞德编：《剑桥中国隋唐史》，中国社会科学出版社，1990。

［81］葛兆光、戴燕：《晚唐风韵》，香港中华书局，1990。

［82］柳诒征：《中国文化史》（下），中国大百科全书出版社，1988。

［83］中国硅酸盐学会编：《中国陶瓷史》，文物出版社，1982。

［84］郑学檬等：《简明中国经济通史》，黑龙江人民出版社，1984。

［85］张君劢：《新儒家思想史》，台北弘文馆出版社，1986。

［86］钱锺书：《钱锺书论学文选》第二卷，花城出版社，1990。

［87］钱锺书：《宋诗选注·序》，人民文学出版社，1958。

［88］杨海明：《唐宋词论稿》，浙江古籍出版社，1988。

［89］蔡美彪等：《中国通史》第三册，人民出版社，1978。

［90］于杰等：《金中都》，北京出版社，1989。

［91］梁启超：《饮冰室合集》专集七册，中华书局，1936。

［92］韩儒林等：《元朝史》，人民出版社，1986。

［93］余秋雨：《中国戏剧文化史述》，湖南人民出版社，1985。

［94］王国维：《宋元戏曲史》，商务印书馆，1924。

［95］黄冕堂：《明史管见》，齐鲁书社，1985。

［96］汤纲、南炳文：《明史》（上），上海人民出版社，1985。

［97］［美］范德：《明王朝初期的政体发展》(见《明清史国际学术讨论会论文集》)，天津人民出版社，1982。

［98］高阳：《古今食事》，台湾皇冠出版社，1986。

［99］孟森：《明清史讲义》，中华书局，1981。

［100］萧一山：《清代通史》，商务印书馆，1932。

［101］戴逸主编：《简明清史》（一），人民出版社，1980。

［102］万依等：《清代宫廷史》，辽宁人民出版社，1990。

［103］［美］费正清主编：《剑桥中国晚清史》，中国社会科学出版社，1985。